MARLENE DIEKMANN

Die präsenzlose Beschlussfassung in der GmbH im Lichte der Wandlung des Versammlungsbegriffs

Abhandlungen zum Deutschen und Europäischen Gesellschafts- und Kapitalmarktrecht

Herausgegeben von

Professor Dr. Holger Fleischer, LL.M., Hamburg
Professor Dr. Jens Koch, Köln
Professor Dr. Hanno Merkt, LL.M., Freiburg
Professor Dr. Gerald Spindler †

Band 306

Die präsenzlose Beschlussfassung in der GmbH im Lichte der Wandlung des Versammlungsbegriffs

Von

Marlene Diekmann

Duncker & Humblot · Berlin

Die Rechtswissenschaftliche Fakultät der Albert-Ludwigs-Universität Freiburg
hat diese Arbeit im Jahr 2025 als Dissertation angenommen.

Bibliografische Information der Deutschen Nationalbibliothek

Die Deutsche Nationalbibliothek verzeichnet diese Publikation in
der Deutschen Nationalbibliografie; detaillierte bibliografische Daten
sind im Internet über http://dnb.d-nb.de abrufbar.

Satz: 3w+p GmbH, Rimpar
Druck: Prime Rate Zrt., Budapest, Ungarn

ISSN 1614-7626
ISBN 978-3-428-19792-7 (Print)
ISBN 978-3-428-59792-5 (E-Book)

Gedruckt auf alterungsbeständigem (säurefreiem) Papier
entsprechend ISO 9706 ♾

Verlagsanschrift: Duncker & Humblot GmbH, Carl-Heinrich-Becker-Weg 9,
12165 Berlin, Germany | E-Mail: info@duncker-humblot.de
Internet: https://www.duncker-humblot.de

Vorwort

Die vorliegende Arbeit wurde im Sommersemester 2025 von der Juristischen Fakultät der Albert-Ludwigs-Universität als Dissertation angenommen. Die mündliche Prüfung fand am 5. November 2025 statt. Für die Drucklegung konnten Literatur und Rechtsprechung bis einschließlich Dezember 2025 berücksichtigt werden.

Die Arbeit entstand überwiegend während meiner Zeit als Wissenschaftliche Mitarbeiterin am Institut für Deutsches und Ausländisches Privatrecht, Abteilung II der Universität Freiburg. Dem Lehrstuhlinhaber und meinem Doktorvater, Professor Dr. Hanno Merkt, LL.M. (University of Chicago), gilt mein aufrichtiger Dank für die Betreuung dieser Arbeit, das mir entgegengebrachte Vertrauen, seine vielfältige Unterstützung sowie die schöne und lehrreiche Zeit am Lehrstuhl.

Professor Dr. Jan Lieder danke ich für die zügige Erstellung seines Zweitgutachtens. Neben meinem Doktorvater bin ich Professor Dr. Dr. h.c. mult. Holger Fleischer, LL.M. (University of Michigan) und Professor Dr. Jens Koch für die Aufnahme in diese Schriftenreihe dankbar. Professor Dr. Veil danke ich für sein offenes Ohr und seinen Zuspruch in der Abschlussphase der Arbeit. Ferner sei der Kanzlei Pinsent Masons für die Gewährung eines Promotionsstipendiums gedankt.

Meinen Kolleginnen und Kollegen in Freiburg und München gilt für die prägende gemeinsame Zeit und den wertvollen Austausch mein besonderer Dank.

Ganz herzlich danke ich außerdem meinen Freundinnen und Freunden, die mich bei der Anfertigung dieser Arbeit begleitet haben. Hervorheben möchte ich Carlo Sieben, dem ich für seine Unterstützung, konstruktive Kritik und Anregungen sowie für die Gesellschaft im Büro an viel zu heißen Sommertagen danke. Für ihre Mithilfe bei der Schlussredaktion bin ich außerdem Alena Hünermund, Henrike Nommensen, Anna Schneider, Johannes Kienel, Paula Grüßenmeier, Marc Bovermann und Dr. Lea Jäger zu Dank verpflichtet.

Von ganzem Herzen danke ich schließlich meinen Eltern, auf deren Unterstützung ich immer zählen kann und die meinen gesamten Lebensweg ermöglicht haben. Gleiches gilt für meine Schwester und meinen Partner, die mir essentielle Stützen im Leben sind. Ihnen ist diese Arbeit gewidmet.

München, im Februar 2026 *Marlene Diekmann*

Inhaltsverzeichnis

Kapitel 6

Abkürzungsverzeichnis

a. A.	andere Auffassung
a. F.	alte Fassung
AcP	Archiv für die civilistische Praxis
AG	Aktiengesellschaft
AktG	Aktiengesetz
AP	Arbeitsrechtliche Praxis – Nachschlagewerk des Bundesarbeitsgerichts
ARUG	Gesetz zur Umsetzung der Aktionärsrichtlinie
BAG	Bundesarbeitsgericht
BB	Betriebs-Berater (Zeitschrift)
BC	Zeitschrift für Bilanzierung, Rechnungswesen und Controlling
Bearb.	Bearbeiter
BeckRS	Beck-Rechtsprechung
Begr.	Begründer
Beschl. v.	Beschluss vom
BGH	Bundesgerichtshof
BT-Drs.	Drucksachen des Deutschen Bundestages
BVerfG	Bundesverfassungsgericht
BVerfGE	Entscheidungen des Bundesverfassungsgerichts
BVerwG	Bundesverwaltungsgericht
bzw.	beziehungsweise
COVMG	Gesetz über Maßnahmen im Gesellschafts-, Genossenschafts-, Vereins-, Stiftungs- und Wohnungseigentumsrecht zur Bekämpfung der Auswirkungen der COVID-19-Pandemie
DB	Der Betrieb (Zeitschrift)
ders.	derselbe
Die AG	Die Aktiengesellschaft (Zeitschrift)
dies.	dieselben
DiREG	Gesetz zur Ergänzung der Regelungen zur Umsetzung der Digitalisierungsrichtlinie
DNotZ	Deutsche Notar-Zeitschrift
DStR	Deutsches Steuerrecht (Zeitschrift)
et al.	et alia
EWiR	Entscheidungen zum Wirtschaftsrecht (Zeitschrift)
FG	Finanzgericht
Fn.	Fußnote
FormAnpG	Gesetz zur Anpassung der Formvorschriften des Privatrechts und anderer Vorschriften an den modernen Rechtsgeschäftsverkehr
GBO	Grundbuchordnung
GG	Grundgesetz für die Bundesrepublik Deutschland
GmbH	Gesellschaft mit beschränkter Haftung
GmbHG	Gesetz betreffend die Gesellschaften mit beschränkter Haftung

GmbHR	GmbHRundschau – Zeitschrift für Gesellschafts-, Unternehmens- und Steuerrecht
GSZ	Zeitschrift für das Gesamte Sicherheitsrecht
Hervorh. durch Verf.	Hervorhebung durch die Verfasserin
HGB	Handelsgesetzbuch
i. R. d.	im Rahmen des/der
i. R. v.	im Rahmen von
i. S. d.	im Sinne des
i. S. e.	im Sinne einer
i. V. m.	in Verbindung mit
IfSG	Infektionsschutzgesetz
JA	Juristische Arbeitsblätter – Zeitschrift für Studium und Referendariat
JuS	Juristische Schulung – Zeitschrift für Studium und Referendariat
KG	Kammergericht
LTZ	Legal Tech – Zeitschrift für die digitale Rechtsanwendung
m. w. N.	mit weiteren Nachweisen
m. W. v.	mit Wirkung von
MittBayNot	Mitteilungen des Bayrischen Notarvereins, der Notarkasse und der Landesnotarkammer Bayern (Zeitschrift)
MMR	Multimedia und Recht – Zeitschrift für das Recht der Digitalisierung, Datenwirtschaft und IT
MoMiG	Gesetz zur Modernisierung des GmbH-Rechts und zur Bekämpfung von Missbräuchen
MoPeG	Gesetz zur Modernisierung des Personengesellschaftsrechts
n. F.	neue Fassung
NJW	Neue Juristische Wochenschrift (Zeitschrift)
NJW-RR	Neue Juristische Wochenschrift Rechtsprechungs-Report Zivilrecht (Zeitschrift)
NJW-Spezial	Neue Juristische Wochenschrift Spezial (Zeitschrift)
npoR	Zeitschrift für das Recht der Nonprofit Organisationen
NVwZ	Neue Zeitschrift für Verwaltungsrecht
NZG	Neue Zeitschrift für Gesellschaftsrecht
OLG	Oberlandesgericht
RDi	Recht Digital (Zeitschrift)
Red.	Redakteur
RegBegr.	Regierungsbegründung
Rn.	Randnummer
RNotZ	Rheinische Notar-Zeitschrift
S.	Seite
sog.	sogenannte/sogenannter/sogenannten (kontextbezogen)
st. Rspr.	ständige Rechtsprechung
Sten. Ber.	Stenographische Berichte
u. a.	und andere
UmwG	Umwandlungsgesetz
Urt. v.	Urteil vom
VGH	Verwaltungsgerichtshof
vgl.	vergleiche
z. B.	zum Beispiel

ZD-Aktuell	Newsdienst ZD-Aktuell
ZEV	Zeitschrift für Erbrecht und Vermögensnachfolge
ZfPW	Zeitschrift für die gesamte Privatrechtswissenschaft
ZGR	Zeitschrift für Unternehmens- und Gesellschaftsrecht
ZHR	Zeitschrift für das Gesamte Handels- und Wirtschaftsrecht
ZIP	Zeitschrift für Wirtschaftsrecht
ZPG	Zeitschrift für das Recht der Personengesellschaften und Einzelunternehmen
ZPO	Zivilprozessordnung

Einführung

Die GmbH ist mit ganz erheblichem Abstand die am häufigsten vertretene eintragungspflichtige Gesellschaftsform in Deutschland.[1] Durch den stetigen Zuwachs der Anzahl von GmbHs[2] steigert sich auch die rechtstatsächliche Bedeutung dieser Gesellschaftsform immer weiter.

Die gesellschaftsinterne Willensbildung erfolgt in der GmbH durch Gesellschafterbeschlüsse, vgl. §§ 46 ff. GmbHG.[3] Innerhalb von Mehrpersonengesellschaften steht dabei jedem Gesellschafter[4] ein Recht zur Mitwirkung an der gesellschaftsinternen Willensbildung zu.[5] Dieses Mitwirkungsrecht wird von den Gesellschaftern in Gemeinschaft ausgeübt.[6]

So regelt § 48 Abs. 1 GmbHG seit der Einführung der Gesellschaftsform der GmbH durch Gesetz vom 20. 04. 1892 für die Beschlussfassung in Mehrpersonen-

---

[1] *Lieder/Hoffmann*, GmbHR 2025, 785, 786 ff. Rn. 6, 29. Die genaue Zahl divergiert derweil. Nach einer Erhebung von Lieder/Hoffmann gibt es 2025 über 1.500.000 GmbHs, *Lieder/Hoffmann*, GmbHR 2025, 785, 786 ff. Rn. 6, 29. Nach Erhebung des Statistisches Bundesamts gab es derweil 2023 nur ca. 834.000 Kapitalgesellschaften ingesamt, Unternehmen in Deutschland: Anzahl der rechtlichen Einheiten nach Rechtsform und Anzahl der Beschäftigten im Jahr 2023, https://de.statista.com/statistik/daten/studie/237346/umfrage/unternehmen-in-deutschland-nach-rechtsform-und-anzahl-der-beschaeftigten/, zuletzt abgerufen am: 19. 12. 2025. Im Internet findet sich zudem eine aktuelle Zahl von ca. 1.310.000 GmbHs, listflix.de, https://listflix.de/statistik/gmbhs/#:~:text=GmbHs-,Wie%20viele%20GmbHs%20gibt%20es%20in%20Deutschland?,1.294.134%20GmbHs%20in%20Deutschland.&text=Diese%20Zahl%20ergibt%20sich%20aus,%C3%BCber%20Listflix%20erfahen%20Sie%20hier., zuletzt abgerufen am: 19. 12. 2025.

[2] Vgl. *Kornblum*, GmbHR 2021, 681, 688 Rn. 16; *Lieder/Hoffmann*, GmbHR 2025, 785, 786 ff. Rn. 6, 29.

[3] Es ist streitig, ob die Gesamtheit der Gesellschafter (so m. w. N. *Römermann*, in: Michalski/Heidinger/Leible/Schmidt GmbHG, § 45 Rn. 11 f.) oder die Gesellschafterversammlung (so m. w. N. *Liebscher*, in: MüKo GmbHG, § 45 Rn. 81 ff.) als Willensbildungsorgan der GmbH zu qualifizieren ist. Da dieser Streitfrage aber rein terminologische Bedeutung zukommt (*Liebscher*, in: MüKo GmbHG, § 45 Rn. 82), erscheint eine Stellungnahme nicht geboten.

[4] Aus Gründen der besseren Lesbarkeit wird in dieser Arbeit bei Personenbezeichnungen und personenbezogenen Hauptwörtern das generische Maskulin verwendet. Die entsprechenden Begriffe beziehen sich – sofern nicht anders kenntlich gemacht – auf alle Geschlechter. Die verkürzte Sprachform hat einzig redaktionelle Gründe und beinhaltet keine Wertung.

[5] *Liebscher*, in: MüKo GmbHG, § 45 Rn. 82.

[6] *Römermann*, in: Michalski/Heidinger/Leible/Schmidt GmbHG, § 45 Rn. 10.

gesellschaften unverändert als Grundsatz: „Die Beschlüsse der Gesellschafter werden in Versammlung gefaßt.“

Mit Wirkung seit dem 01.08.2022 bestimmt § 48 Abs. 1 S. 2 GmbHG, eingefügt durch das Gesetz zur Ergänzung der Regelungen zur Umsetzung der Digitalisierungsrichtlinie (nachfolgend DiREG) vom 15.07.2022 (BGBl. I S. 1146) ergänzend: „Versammlungen können auch fernmündlich oder mittels Videokommunikation abgehalten werden, wenn sämtliche Gesellschafter sich damit in Textform einverstanden erklärt haben.“ Somit sieht das GmbHG nun neben den beiden in § 48 Abs. 2 GmbHG festgeschriebenen Möglichkeiten eines „schriftlichen [Beschlussv] erfahren[s]“[7] ein weiteres Verfahren für die Beschlussfassung außerhalb der reinen Präsenzversammlung vor. Angesichts der fortschreitenden Digitalisierung zwischenmenschlicher und unternehmerischer Kommunikation ist davon auszugehen, dass dieses Beschlussverfahren künftig eine immer zentralere Rolle einnehmen wird.

Ziel dieser Arbeit ist es daher, die durch § 48 Abs. 1 S. 2 GmbHG geschaffene Möglichkeit der Beschlussfassung in virtueller Gesellschafterversammlung näher zu untersuchen. Die präsenzlose Beschlussfassung nach § 48 Abs. 2 Alt. 1 oder Alt. 2 GmbHG wird hingegen nur dort behandelt, wo dies zur Beantwortung offener Fragen zu § 48 Abs. 1 S. 2 GmbHG erforderlich ist. Denn § 48 Abs. 2 GmbHG gilt ebenso wie der Grundsatz des § 48 Abs. 1 S. 1 GmbHG bereits seit Erlass des ursprünglichen GmbHG – und somit seit über 130 Jahren – in leicht abgewandelter Form.[8] Er war bereits Gegenstand ausführlicher Auseinandersetzung in Literatur und Rechtsprechung; eine erneute umfassende Erörterung verspricht kaum einen Erkenntnisgewinn.

Als Grundlage der Untersuchung wird im Nachfolgenden zunächst der Wandel des Versammlungsbegriffs im Recht der GmbH durch Einfügung des § 48 Abs. 1 S. 2 GmbHG aufgezeigt (Kap. 1). Dies mündet in dem Ergebnis, dass die Regelung des § 48 Abs. 1 S. 2 GmbHG keine „Digitalisierungsbremse im Recht der GmbH-Gesellschafterversammlung“[9] ist. Vielmehr würdigt sie durch das festgeschriebene Einverständniserfordernis die sich wandelnde Lebensrealität sowie die der virtuellen Versammlungsform innewohnenden Nachteile in begrüßenswerter Weise. So umfasst der Versammlungsbegriff im Recht der GmbH nunmehr auch virtuelle Versammlungen. Gleichzeitig schützt das Einverständniserfordernis die Gesellschafter davor, die Beschlussfassung in virtueller Versammlung mit ihren strukturellen Nachteilen aufgezwungen zu bekommen. Angesichts des geringen Aufwands einer virtuellen Versammlungsteilnahme wird es jedoch regelmäßig dem Interesse der GmbH-Gesellschafter entsprechen, Präsenzversammlungen und virtuelle Versammlungen vollständig gleichzustellen. Im nachfolgenden Kapitel wird daher un-

[7] *Altmeppen*, in: Altmeppen GmbHG, § 48 Rn. 38.

[8] Vgl. *Schindler*, in: BeckOK GmbHG, Stand: 01.11.2025, § 48 Rn. 1.

[9] *Bochmann*, NZG 2022, 531.

tersucht, unter welchen Voraussetzungen die Gesellschafter eine Satzungsbestimmung erlassen können, nach der die wirksame Beschlussfassung in virtueller Versammlung abweichend von § 48 Abs. 1 S. 2 GmbHG unabhängig von einem Einverständnis der einzelnen Gesellschafter stets möglich ist (Kap. 2).

Weiterhin wird aufgezeigt, dass der Gesetzgeber durch Einfügung des § 48 Abs. 1 S. 2 GmbHG zwar „die rechtlichen Unsicherheiten der bisherigen Rechtslage [insofern] beseitigt“[10] haben mag, als nunmehr eindeutig geregelt ist, dass eine wirksame Beschlussfassung in präsenzloser Versammlung (nur) bei allseitigen textförmlichen Einverständnis der Gesellschafter möglich ist. Hierdurch wurde jedoch keine umfassende Rechtssicherheit bezüglich der Beschlussfassung in präsenzloser Versammlung herbeigeführt. Vielmehr sind durch die gesetzliche Neuregelung zahlreiche neue Unsicherheiten entstanden. Denn der Gesetzgeber hat unter anderem bewusst darauf verzichtet, die übrigen Versammlungsvorschriften unter Berücksichtigung der Besonderheiten von Versammlungen i. S. d. § 48 Abs. 1 S. 2 GmbHG an die neue Rechtslage anzupassen[11]. Die entstandenen Unklarheiten und Probleme werden in den nachfolgenden Kapiteln herausgearbeitet und einer Lösung zugeführt.

Hierbei wird mit einer näheren Betrachtung des in § 48 Abs. 1 S. 2 GmbHG verankerten Erfordernisses allseitigen textförmlichen Einverständnisses begonnen (Kap. 3). Es wird dargestellt, warum auch die Zustimmung von vom Stimmrecht ausgeschlossenen Gesellschaftern erforderlich ist. Im Anschluss wird untersucht, wann, wem gegenüber und in welcher Form das Einverständnis zu erteilen ist.

Hiernach wird die Einberufung virtueller Versammlungen nach den §§ 49 ff. GmbHG erörtert (Kap. 4). Es wird aufgezeigt, weswegen die Geschäftsführung das Versammlungsformat zwar in der Einladung festlegen, hierdurch aber nicht bestimmen kann, in welcher Versammlungsform die Beschlussfassung erfolgt. Zudem werden das Verhältnis zwischen dem Minderheitsrecht aus § 50 Abs. 1 GmbHG und dem virtuellen Versammlungsformat untersucht sowie die zu beachtenden Modalitäten bei der Einladung zur virtuellen Versammlung betrachtet.

Bei den bisherigen Beschlussverfahren ist seit jeher umstritten, ob die Feststellung des Beschlusses eine konstitutive Voraussetzung für dessen Wirksamkeit darstellt. Entsprechende Unsicherheiten bestehen daher nun auch hinsichtlich des neuen Verfahrens nach § 48 Abs. 1 S. 2 GmbHG. Der Gesetzgeber hat es versäumt, diesbezüglich Klarheit zu schaffen; daher widmet sich der folgende Abschnitt der Problematik (Kap. 5).

Anschließend werden die Rechtsfolgen typischer in virtueller Versammlung auftretender Beschlussmängel bestimmt (Kap. 6). Aufgrund des i. R. d. MoPeG neu eingeführten handelsrechtlichen Beschlussmängelregimes ist das auf die GmbH anzuwendende Beschlussmängelregime nunmehr umstritten. Die Bestimmung der

---

[10] RegBegr. Gesetzesentwurf DiREG BT-Drs. 20/1672 S. 23.

[11] RegBegr. Gesetzesentwurf DiREG BT-Drs. 20/1672 S. 23.

Rechtsfolgen der Beschlussmängel beschränkt sich daher nicht auf eine Bewertung analog den §§ 241 ff. AktG. Vielmehr werden auch die Konsequenzen aufgezeigt, die sich bei analoger Anwendung der §§ 110 ff. HGB n.F. ergeben würden. Auf diese Weise wird zudem geklärt, ob sich aus einem Übergang zur analogen Anwendung der §§ 110 ff. HGB überhaupt abweichende Rechtsfolgen ergeben würden.

Sodann wird untersucht, inwieweit die Beschlussfassung in Verfahren zulässig ist, die Elemente der in § 48 Abs. 1 und Abs. 2 GmbHG vorgesehenen Beschlussverfahren miteinander kombinieren und so jedenfalls teilweise ohne physische Präsenz der Gesellschafter auskommen (Kap. 7). Der Fokus liegt hierbei auf dem hybriden Versammlungsformat, einer Kombination aus Präsenz- und virtueller Versammlung. Es wird untersucht, inwieweit der einzelne Gesellschafter einen Anspruch auf virtuelle Zuschaltung zu einer Präsenzversammlung hat.

Die Arbeit schließt mit einer Zusammenfassung der wesentlichen Erkenntnisse der Untersuchung in Thesenform ab.

Kapitel 1

Der Versammlungsbegriff im Recht der GmbH

Für ein Verständnis der Gesetzesbestimmung des § 48 Abs. 1 S. 2 GmbHG gilt es, sich in einem ersten Schritt mit dem Inhalt des Versammlungsbegriffs in § 48 Abs. 1 GmbHG vor und nach Gesetzesänderung durch das DiREG auseinanderzusetzen. Es gilt herauszuarbeiten, inwieweit die „Versammlung" des § 48 Abs. 1 GmbHG n. F. nun eine andere als die des § 48 Abs. 1 GmbHG a. F. ist.

So stand vor der Gesetzesänderung im Jahr 2022 bereits seit der Jahrhundertwende im Disput, was unter dem Begriff der „Versammlung" in § 48 Abs. 1 GmbHG a. F. zu verstehen war: Es bestand Uneinigkeit, ob sich auch virtuelle Zusammenkünfte unter den Versammlungsbegriff des § 48 Abs. 1 GmbHG a. F. subsumieren ließen.[12] 2006 äußerte sich der BGH in einem Urteil ohne eine weitere inhaltliche Auseinandersetzung mit dem Versammlungsbegriff dahingehend, dass Beschlüsse „gem. § 48 Abs. 1 GmbHG [a. F.] grundsätzlich in Versammlungen, also bei gleichzeitiger Anwesenheit der Gesellschafter gefasst [werden]"[13]. Offen blieb dabei, ob eine gleichzeitige körperliche Anwesenheit notwendig oder vielmehr auch eine gleichzeitige virtuelle Anwesenheit ausreichend war.[14] Diese Frage erlangte aber in der Zeit der Coronavirus-Pandemie (SARS-CoV-2) in den Jahren 2020/21 mit den aufgrund des Infektionsrisikos zum Selbstschutz notwendigen und zeitweise auch gesetzlich angeordneten Kontaktbeschränkungen entscheidende Bedeutung.[15] Es bestand zunehmend die Erwartung, Beschlüsse auch in nicht-körperlichen, rein virtuellen Zusammenkünften wirksam fassen zu können.[16] Diese Entwicklungen mündeten letztlich in der Einführung der Beschlussfassung in virtueller Versammlung durch Einfügung des § 48 Abs. 1 S. 2 GmbHG.[17] Indem der Gesetzgeber die wirksame Beschlussfassung in virtueller Versammlung gem. § 48 Abs. 1 S. 2 GmbHG von der zusätzlichen Voraussetzung eines allseitigen textförmlichen Einverständnisses abhängig macht, entschied er die bestehende Streitfrage indirekt dahingehend, dass virtuelle Versammlungen keine – den Präsenzzu-

---

[12] Dies bejahend *Zwissler*, GmbHR 2000, 28, 29; die Zulässigkeit einer Online-Versammlung hingegen von einer entsprechenden Regelung im Gesellschaftsvertrag abhängig machend *Erdmann*, MMR 2000, 526, 530 f.

[13] BGH, Urt. v. 16.01.2006 – II ZR/135/04, NJW 2006, 2044, 2045 Rn. 9.

[14] So auch *Schindler/Schaffner*, Virtuelle Beschlussfassung, § 3 Rn. 476.

[15] Vgl. *Heckschen/Hilser*, ZPG 2023, 41, 42.

[16] RegBegr. Gesetzesentwurf DiREG BT-Drs. 20/1672 S. 23.

[17] Vgl. RegBegr. Gesetzesentwurf DiREG BT-Drs. 20/1672 S. 23.

sammenkünftigen gleichwertigen – Versammlungen i. S. d. § 48 Abs. 1 (S. 1) GmbHG waren und sind.

Die darin zur Geltung kommende – dem § 48 Abs. 1 S. 2 GmbHG nunmehr unterliegende – gesetzgeberische Wertentscheidung erscheint fundiert und verdient daher Zustimmung. Dies wird im Folgenden aufzuzeigen sein.

A. Der Begriff der virtuellen Versammlung

Die Auseinandersetzung mit der Frage, inwiefern virtuelle Versammlungen dem Versammlungsbegriff des GmbH-Rechts zuzuordnen waren und sind, erfordert vorgängig eine begriffliche Klärung der virtuellen Versammlung i. S. d. GmbHG.

Eine Versammlung liegt allgemein dann vor, wenn sich mehrere Personen an einem Ort zu einem bestimmten Zweck zusammenfinden[18] – im Falle der Gesellschafterversammlung also gem. § 48 Abs. 1 S. 1 GmbHG die Gesellschafter zum Zwecke der verbindlichen Willensbildung durch Beschlussfassung. Erforderlich ist eine räumlich und zeitlich synchrone Zusammenkunft der Versammlungsteilnehmer.[19]

Eine Versammlung wird in dieser Arbeit dann als virtuelle Versammlung bezeichnet, wenn das zeitlich synchrone Zusammentreffen der teilnehmenden Personen nicht in körperlicher Präsenz stattfindet.[20] Die Teilnehmer verbinden sich vielmehr rein geistig mithilfe von digitalen Endgeräten und finden sich so in einem virtuellen Raum zusammen.[21] Entsprechend der in § 48 Abs. 1 S. 2 GmbHG verankerten gesetzgeberischen Entscheidung ist der Begriff weiter dahingehend zu konkretisieren, dass virtuelle Versammlungen i. S. d. GmbHG nur solche zeitlich synchronen Zusammenkünfte sind, die fernmündlich oder mittels Videokommunikation abgehalten werden.

Weitere grundsätzlich mögliche Formen virtueller Zusammenkünfte wie die Zusammenkunft in einem Chatroom[22] oder auch im sog. Metaverse[23], wo sich Personen unter Einsatz von Virtual-Reality-Brillen, verkörpert durch personalisierte

---

[18] *Heckschen/Hilser*, ZIP 2022, 461, 462.

[19] Vgl. *Notz*, in: BeckOGK BGB, Stand: 15.09.2018, § 32 Rn. 289.

[20] So zur virtuellen Hauptversammlung *Nutz*, Die virtuelle Hauptversammlung, in: Privatrecht 2050, Baden-Baden 2020, 281, 282; vgl. zu diesem Verständnis des Weiteren auch *Heckschen/Hilser*, ZIP 2022, 461, 465.

[21] So zur virtuellen Hauptversammlung *Nutz*, Die virtuelle Hauptversammlung, in: Privatrecht 2050, Baden-Baden 2020, 281, 282.

[22] *Guntermann*, Beschlussfassung im virtuellen Raum als rechtsformübergreifende Aufgabe, in: Beschlussfassung im virtuellen Raum, 125, 130; *Heckschen/Hilser*, ZIP 2022, 461, 465; *dies.*, ZPG 2023, 41, 42.

[23] *Guntermann*, Beschlussfassung im virtuellen Raum als rechtsformübergreifende Aufgabe, in: Beschlussfassung im virtuellen Raum, 125, 150.

Avatare in einem virtuellen Raum begegnen und interagieren können,[24] unterfallen dem Begriff der virtuellen Versammlung i. S. d. GmbHG dementsprechend nicht.[25]

B. Der Versammlungsbegriff im Recht der GmbH *quo ante* DiREG

Es wird damit begonnen, anhand des vierteiligen Auslegungskanons (sog. „Methodenkanon"[26]) – nach welchem sich der Inhalt einer Norm aus der Gesamtheit[27] des Wortlautes der Norm, der Systematik, der Entstehungsgeschichte sowie ihrem Sinn und Zweck ergibt[28] – herauszuarbeiten, warum sich virtuelle Versammlungen nicht bereits unter den Versammlungsbegriff des § 48 Abs. 1 GmbHG a. F. subsumieren ließen.

I. Wortlaut

§ 48 Abs. 1 GmbHG a. F. bestimmte – wie auch § 48 Abs. 1 S. 1 GmbHG n. F. – schlicht, dass „[d]ie Beschlüsse der Gesellschafter […] in Versammlung gefasst [werden]".

Jedenfalls dieser Wortlaut[29] hätte der Subsumtion virtueller Versammlungen unter den Versammlungsbegriff nicht entgegengestanden.

---

[24] *Guntermann*, Beschlussfassung im virtuellen Raum als rechtsformübergreifende Aufgabe, in: Beschlussfassung im virtuellen Raum, 125, 150.

[25] Dass Zusammenkünfte im Meta-Verse nicht als Versammlungen zu qualifizieren sind, die i. S. d. § 48 Abs. 1 S. 2 GmbHG mittels Videokommunikation abgehalten werden, ergibt sich aus der Gesetzesbegründung des DiREG. Aus dieser geht hervor, dass der Gesetzgeber durch die Gesetzesänderung lediglich der gewandelten Realität, in der „der Austausch in Konferenzschaltungen, sei es per Telefon oder Videoschaltungen, in Gremien und Organen […] mehr und mehr zum Normalfall [wird]" (RegBegr. Gesetzesentwurf DiREG BT-Drs. 20/1672 S. 23), Rechnung tragen wollte, nicht aber auch die Beschlussfassung in sonstigen neuartigen Formen virtueller Zusammenkünfte ermöglichen wollte.

[26] *Voßkuhle/Heitzer*, JuS 2023, 312, 313.

[27] Diesen Umstand besonders hervorhebend, *von Savigny*, System des heutigen Römischen Rechts – Erster Band, Berlin 1840, S. 215.

[28] St. Rspr., vgl. BVerfG, Beschl. v. 17.05.1960 – 2 BvL 11/59 u. 11/60, NJW 1960, 1563, 1564; BVerfG, Urt. v. 19.03.2013 – 2 BvR 2628/10, 2 BvR 2883/10, 2 BvR 2155/11, NJW 2013, 1058, 1062 Rn. 66. Begründet wurde diese Auslegungsmethodik durch von Savigny, nach welchem sich die Auslegung aus dem grammatischen, dem logischen, dem historischen und dem systematischen Element zusammensetzt, *von Savigny*, System des heutigen Römischen Rechts – Erster Band, Berlin 1840, S. 213.

[29] Eine Gesetzesinterpretation, die den eindeutigen Wortlaut der Norm und somit den klar erkennbaren gesetzgeberischen Willen außer Acht lässt, ist verfassungswidrig (sog. Wortlautgrenze), st. Rspr., vgl. BVerfG, Beschl. v. 15.10.1996 – 1 BvL 44/92, 1 BvL 48/92,

1. Kein expliziter Ausschluss virtueller Versammlungen aus dem Versammlungsbegriff des § 48 Abs. 1 GmbHG a. F.

So trifft das Gesetz in § 48 Abs. 1 (S. 1) GmbHG zum einen keine ausdrückliche Konkretisierung hinsichtlich der von dem Versammlungsbegriff umfassten Versammlungsformen. Die Norm statuiert beispielsweise nicht, dass die Beschlüsse der Gesellschafter in „Präsenzversammlung" oder einer „körperlichen" bzw. „physischen" Versammlung gefasst werden. Der Wortlaut des § 48 Abs. 1 GmbHG a.F. schloss eine Beschlussfassung in virtueller Versammlung mithin nicht explizit aus.

2. Wandel des Begriffsverständnisses

Ebenso ließen und lassen sich virtuelle Versammlungen nach dem gewandelten Verständnis des Versammlungsbegriffs grundsätzlich gleichermaßen wie Präsenzversammlungen als Versammlungen i. S. d. § 48 Abs. 1 (S. 1) GmbHG verstehen.

Zwar umfasste der Versammlungsbegriff zum Zeitpunkt des Erlasses des § 48 Abs. 1 GmbHG a. F. einzig Präsenzzusammenkünfte,[30] denn das Telefon etablierte sich Ende des 19. Jahrhunderts erst allmählich als Kommunikationsmedium in Deutschland.[31] Das Internet (World Wide Web) setzte sich sogar erst ein Jahrhundert später als Massenmedium durch.[32] Entsprechend war die Möglichkeit der Abhaltung einer virtuellen Versammlung 1892 für niemanden – auch nicht für den historischen Gesetzgeber – vorhersehbar.[33] Die körperliche Präsenz der Teilnehmer war daher lange Zeit begriffsnotwendig für eine Versammlung.[34]

Das im Zeitpunkt der Gesetzesentstehung geltende Verständnis eines Gesetzesbegriffes ist jedoch nicht zwingend das maßgebliche.[35] Vielmehr ist die einem Begriff innewohnende Bedeutung dynamisch und abhängig von der sich wandelnden Auslegungsgrundlage.[36] Diese hat sich, wie im Folgenden aufgezeigt wird, gewandelt, was eine abweichende Behandlung rechtfertigen könnte.

BVerfGE 95, 64, 93; BVerfG, Beschl. v. 19.01.1999–1 BvR 2161/94, BVerfGE 99, 341, 358; BVerfG, Beschl. v. 16.12.2014–1 BvR 2142/11, BVerfGE 138, 64, 94 Rn. 86. Der Wortlaut einer Norm muss daher stets den Ausgangspunkt der Auslegung darstellen, BVerfG, Urt. v. 19.03.2013–2 BvR 2628/10, 2 BvR 2883/10, 2 BvR 2155/11, NJW 2013, 1058, 1062 Rn. 66; *Larenz/Canaris*, Methodenlehre der Rechtswissenschaft, Berlin u. a. 1995, S. 141; *Möllers*, Juristische Methodenlehre, München 2025, § 4 Rn. 66.

[30] So auch *Zwissler*, GmbHR 2000, 28, 29; *Hohlfeld*, GmbHR 2000, R53; *Beck*, GmbHR 2021, 901, 902 Rn. 5.

[31] *Morat*, Telefon, in: Handbuch Sound, Stuttgart 2018, S. 367.

[32] *Ridder*, Media Perspektiven 2002, 121, 121 ff.

[33] *Piper*, NZG 2012, 735, 737; *Schindler/Schaffner*, Virtuelle Beschlussfassung, § 3 Rn. 483; auf diese verweisend auch *Stelzhammer*, GmbHR 2022, 187 Rn. 3.

[34] *Stelzhammer*, GmbHR 2022, 187 Rn. 3.

[35] *Jarass*, in: Jarass/Pieroth GG, Art 20 Rn. 60.

[36] Vgl. *Jarass*, in: Jarass/Pieroth GG, Art. 20 Rn. 60.

a) Allgemeiner Sprachgebrauch

So kam es seit der Einführung des § 48 Abs. 1 GmbHG a.F. im Jahr 1892 zu einem erheblichen Wandel in der zwischenmenschlichen Kommunikation. Ein Leben ohne digitale Interaktion ist kaum noch denkbar – sei es in sozialen Netzwerken wie Facebook und X (Twitter), über Messenger-Apps wie WhatsApp und Telegram oder über Videokommunikation beispielsweise über die Plattform Zoom. Gerade auch in der Zeit der Coronavirus-Pandemie gewannen diese Formen der Interaktion nochmals an Bedeutung, denn die Nutzung der genannten Kommunikationswege wurde aufgrund der Kontaktbeschränkungen zeitweise sogar zu einer Notwendigkeit. Nur hierdurch war es in den Zeiten, in denen Präsenztreffen mit Personen außerhalb des eigenen Haushaltes nur eingeschränkt zulässig oder umsetzbar waren, möglich, mit Mitmenschen in Kontakt zu bleiben. Gerade auch die Option der Zusammenkunft in Videokonferenz wurde vermehrt in den unterschiedlichsten gesellschaftlichen Kontexten wahrgenommen, wodurch diese Form der Versammlung endgültig Teil der Norm wurde. So wurden etwa Lehrveranstaltungen an Hochschulen,[37] Geschäftstermine,[38] ärztliche Sprechstunden[39] und Therapiesitzungen[40] mittels Videokommunikation abgehalten.

Dieser Wandel spiegelt sich auch im allgemeinen Sprachgebrauch wider, indem es mit der Zeit zu einer „räumlichen Konnotation der Virtualität"[41] kam. Wir sprechen beispielsweise von sog. Chat*räumen* und dem Internet als sog. Cyber*space*.[42]

Damit lässt sich sagen, dass es nach dem allgemeinen Sprachverständnis bereits von der Gesetzesänderung durch das DiREG keiner physischen Anwesenheit der Teilnehmenden einer Zusammenkunft mehr bedurfte, um die Zusammenkunft als Versammlung zu qualifizieren.[43]

b) Juristischer Sprachgebrauch

Auch der juristische Sprachgebrauch erfuhr einen Wandel. Das juristische Begriffsverständnis präzisiert das des allgemeinen Sprachgebrauchs.[44] Daher geht es dem allgemeinsprachlichen grundsätzlich vor.[45]

---

[37] *Neuber/Göbel*, Zuhause statt Hörsaal, in: CoViD-19 und die digitale Hochschulbildung, 56, 68 f.

[38] *Schramm*, Effekte der COVID-19-Pandemie auf berufsbedingten Verkehr, geschäftliche Meetings, Home-Office und Klimabilanz, Berlin 2020, S. 21.

[39] *Berger/Reichebner/Eriksen* u. a., Gesundheits- und Sozialpolitik 2020, 49, 56.

[40] *Berger/Reichebner/Eriksen* u. a., Gesundheits- und Sozialpolitik 2020, 49, 56.

[41] *Wenzel*, MMR 2021, 220, 221.

[42] *Wenzel*, MMR 2021, 220, 221.

[43] BGH, Beschl. v. 05.10.2021 – II ZB 7/21, NJW-RR 2021, 1556, 1557 Rn. 16 f.

[44] *Larenz/Canaris*, Methodenlehre der Rechtswissenschaft, Berlin u. a. 1995, S. 141 f.

[45] *Larenz/Canaris*, Methodenlehre der Rechtswissenschaft, Berlin u. a. 1995, S. 143, 164.

Der Begriff der Versammlung wird vom Gesetzgeber vielfältig und in den unterschiedlichsten Gesetzestexten eingesetzt. Eine umfassende Auseinandersetzung mit dem Versammlungsbegriff im juristischen Sprachgebrauch wäre keinesfalls zielführend. Stattdessen wird im Folgenden, um die Entwicklung des Versammlungsbegriffs im juristischen Sprachgebrauch aufzuzeigen, nur auf gesetzlichen Bestimmungen eingegangen, die entweder entscheidend für die gesamte deutsche Rechtsordnung sind oder thematisch eng mit dem GmbHG verknüpft sind. Konkret beleuchtet wird der verfassungsrechtliche Versammlungsbegriff, ebenso wie der Versammlungsbegriff im UmwG, im AktG sowie im neuen Recht der Personenhandelsgesellschaften nach den §§ 105 ff. HGB.

aa) Verfassungsrecht (Art. 8 GG)

Art. 8 Abs. 1 GG bestimmt: „Alle Deutschen haben das Recht, sich ohne Anmeldung oder Erlaubnis friedlich zu versammeln."

Eine Versammlung im Sinne des Art. 8 Abs. 1 GG ist eine „Zusammenkunft mehrerer Menschen zur Verfolgung eines gemeinsamen Zweckes"[46]. Der mit der Versammlung verfolgte Zweck muss nach Auffassung des BVerfG, des BVerwG sowie der herrschenden Auffassung in der Literatur in der Teilhabe an der öffentlichen Meinungsbildung bestehen, darf also nicht bloß rein privater Natur sein.[47]

Im Hinblick auf die Form, in der das gemeinsame Ziel der Teilhabe an der öffentlichen Meinungsbildung verfolgt wird, ist der grundrechtliche Versammlungsbegriff entwicklungsfähig.[48] Hintergrund dessen ist, dass Art. 8 Abs. 1 GG auch ein Selbstbestimmungsrecht hinsichtlich der Art der Veranstaltung sowie der Modalitäten der Durchführung gewährleistet.[49] So umfasst der grundgesetzliche Versammlungsbegriff gleichfalls moderne Varianten des kollektiven Verhaltens wie Flashmobs[50], Mahnfeuer[51] sowie unter gewissen Voraussetzungen auch Musik- und Tanzveranstaltungen[52]. An die Offenheit des Art. 8 Abs. 1 GG hinsichtlich der geschützten Versammlungsformen anknüpfend, steht bei dem verfassungsrechtlichen Versammlungsbegriff im Disput, ob dieser virtuelle Zusammenkünfte um-

---

[46] *Kaiser*, in: Dreier GG, Art. 8 Rn. 28.

[47] BVerfG, Urt. v. 20.06.2014 – 1 BvR 980/13, NJW 2014, 2706, 2707 Rn. 15; BVerwG, Urt. v. 07.06.1978 – 7 C 5/78, NJW 1978, 1933, 1935; BVerwG, Urt. v. 16.05.2007 – 6 C 23/06, NVwZ 2007, 1431, 1432 Rn. 15; *Kaiser*, in: Dreier GG, Art. 8 Rn. 29; *Jarass*, in: Jarrass/Pieroth GG, Art. 8 Rn. 3a; a. A. *Höfling/Ogorek*, in: Sachs GG, Art. 8 Rn. 18 f.

[48] *Kaiser*, in: Dreier GG, Art. 8 Rn. 33; *Möhlen*, MMR 2013, 221, 228.

[49] St. Rspr., vgl. BVerfG, Beschl. v. 14.05.1985 – 1 BvR 233/81, 1 BvR 341/81, NJW 1985, 2395, 2396; BVerfG, Urt. v. 22.02.2011 – 1 BvR 699/06, NJW 2011, 1201, 1204 Rn. 64; BVerfG, Beschl. v. 20.12.2012 – 1 BvR 2794/10, NVwZ 2013, 570, 571 Rn. 16.

[50] Vgl. BVerfG, Beschl. v. 18.07.2015 – 1 BvQ 25/15, NJW 2015, 2485, 2486 Rn. 9 f.

[51] VGH Kassel, Beschl. v. 29.12.1987 – 3 TH 4068/87, NJW 1988, 2125.

[52] BVerwG, Urt. v. 16.05.2007 – 6 C 23/06, NVwZ 2007, 1431, 1432 Rn. 15.

fasst. Teilweise wird dies bejaht.[53] Die derzeit noch klar überwiegende Ansicht in der Literatur fordert für eine Versammlung im verfassungsrechtlichen Sinne derweil nach wie vor die gleichzeitige körperliche Anwesenheit der Teilnehmenden und verneint den Schutz virtueller Zusammenkünfte durch Art. 8 Abs. 1 GG.[54]

Eine nähere Auseinandersetzung mit dem Streitstand ist an dieser Arbeit jedoch nicht angezeigt, da sich aus dem Inhalt des grundgesetzlichen Versammlungsbegriffs mangels Wertungsparallelität keine Rückschlüsse auf den Inhalt des Versammlungsbegriffs im Recht der GmbH ziehen lassen.[55] So ist der § 48 Abs. 1 GmbHG maßgeblich auf die Ermöglichung einer vertraulichen gesellschaftsinternen Meinungsbildung gerichtet[56] und weicht daher in seiner Zwecksetzung von dem Ziel der Gewährleistung gemeinschaftlicher, kommunikativer und auf die Teilhabe an der öffentlichen Meinungsbildung gerichteter Zusammenkünfte nach Art. 8 Abs. 1 GG ab.

bb) Umwandlungsrecht (§ 13 Abs. 1 S. 2 UmwG)

§ 13 Abs. 1 UmwG bestimmt seit 1995 unverändert: „Der Verschmelzungsvertrag wird nur wirksam, wenn die Anteilsinhaber der beteiligten Rechtsträger ihm durch Beschluss (Verschmelzungsbeschluss) zustimmen. Der Beschluss kann nur in einer *Versammlung* der Anteilsinhaber gefasst werden." (Hervorh. durch Verf.)

Der BGH entschied in einem vielbeachteten Beschluss vom 05.10.2021, dass das in § 13 Abs. 1 S. 2 UmwG normierte Versammlungserfordernis einer Beschlussfassung in virtueller Versammlung nicht entgegenstehe.[57] Vielmehr könnten auch rein virtuelle Versammlungen vom Begriff der Versammlung in § 13 Abs. 1 S. 2 UmwG umfasst sein.[58] Voraussetzung hierfür sei allerdings erstens, dass die Beschlussfassung in virtueller Versammlung für den jeweiligen, eine Verschmelzung anstrebenden Rechtsträger zulässig ist.[59] Weiterhin müssten zweitens die Möglichkeiten der Anteilsinhaber zum Meinungsaustausch mit den Gesellschaftsorganen und untereinander in einer mit den Möglichkeiten bei physischer Versammlung vergleichbaren Weise gewährleistet sein.[60]

---

[53] *Möhlen*, MMR 2013, 221, 227 f.; *Wenzel*, MMR 2021, 220, 225.

[54] *Depenheuer*, in: Dürig/Herzog/Scholz GG, Art. 8 Rn. 46; *Kaiser*, in: Dreier GG, Art. 8 Rn. 33; *Gusy*, in: Huber/Voßkuhle GG, Art. 8 Rn. 21; *Jarass*, in: Jarass/Pieroth GG, Art. 8 Rn. 4; *Ernst*, in: von Münch/Kunig GG, Art. 8 Rn. 49; *Peters/Janz*, GSZ 2021, 161, 162 ff.

[55] Vgl. *Möllers*, Juristische Methodenlehre, München 2025, § 4 Rn. 131; *Kaiser*, in: Dreier GG, Art. 8 Rn. 34.

[56] Ausführlich zur *ratio legis* des § 48 Abs. 1 GmbHG siehe unten Kap. 1 B. IV. 1.

[57] BGH, Beschl. v. 05.10.2021 – II ZB 7/21, NJW-RR 2021, 1556, 1557 Rn. 14.

[58] BGH, Beschl. v. 05.10.2021 – II ZB 7/21, NJW-RR 2021, 1556, 1557 Rn. 16.

[59] BGH, Beschl. v. 05.10.2021 – II ZB 7/21, NJW-RR 2021, 1556, 1557 Rn. 16.

[60] BGH, Beschl. v. 05.10.2021 – II ZB 7/21, NJW-RR 2021, 1556, 1557 Rn. 16.

Durch seine Auslegung des Versammlungsbegriffs in § 13 Abs. 1 S. 2 UmwG brachte der BGH zum Ausdruck, dass der traditionelle Versammlungsbegriff seiner Auffassung nach grundsätzlich auch ohne Tätigwerden des Gesetzgebers einer Erweiterung auf virtuelle Formate zugänglich ist.[61]

Aus dem Beschluss des BGH ließ sich jedoch keinesfalls die Schlussfolgerung ziehen, dass virtuelle Versammlungen stets auch unter den Versammlungsbegriff gesellschaftsrechtlicher Normen, wie der des § 48 Abs. 1 (S. 1) GmbHG fallen.[62] So knüpft § 13 Abs. 1 UmwG erst auf sekundärer Ebene an die für den eine Verschmelzung anstrebenden Rechtsträger geltende Rechtslage an.[63] Hiervon geht der BGH aus, wenn er für eine Subsumtion virtueller Versammlungen unter den Versammlungsbegriff des § 13 UmwG explizit als Voraussetzung statuiert, dass die Beschlussfassung in virtueller Versammlung nach dem Gesetz oder der Satzung für das entsprechende Rechtssubjekt zulässig ist. Es gibt demnach keinen einheitlichen Versammlungsbegriff i. S. d. § 13 Abs. 1 S. 2 UmwG. Der Inhalt desselben bestimmt sich vielmehr nach dem Begriffsinhalt im Recht des die Umwandlung anstrebenden Rechtsträgers. Evident muss daher ein Rückschluss von dem in § 13 Abs. 1 S. 2 UmwG verankerten Versammlungsbegriff auf den Inhalt des Versammlungsbegriffs im Recht des die Umwandlung anstrebenden Rechtsträgers ausscheiden.

cc) Aktienrecht (§§ 118, 118a AktG)

Gem. § 118 Abs. 1 S. 1 AktG „[üben] die Aktionäre […] ihre Rechte in den Angelegenheiten der Gesellschaft [grundsätzlich] in der Hauptversammlung aus […].“ Seit dem 01.09.2009 ist in § 118 Abs. 1 S. 2 AktG die Möglichkeit vorgesehen, den Aktionären durch Satzungsregelung (indirekt) die Wahl zu eröffnen, ihre Rechte in Wege elektronischer Kommunikation auszuüben. Dass eine Satzungsregelung bereits Voraussetzung für eine mögliche Online-Teilnahme der Aktionäre ist, machte im Umkehrschluss klar, dass eine rein virtuelle Hauptversammlung ohne Möglichkeit zur Präsenzteilnahme dem Versammlungsbegriff des § 118 Abs. 1 S. 1 AktG nicht unterfällt. Dass auch § 118 Abs. 1 S. 2 AktG die Abhaltung einer virtuellen Hauptversammlung nicht ermöglicht,[64] wurde jedenfalls durch § 1 Abs. 1 S. 2 COVMG sowie dessen Folgevorschrift des § 118a AktG[65] deutlich. Denn in diesen Bestimmungen ist die Abhaltung einer virtuellen Hauptversammlung aus-

---

[61] *Bochmann*, NZG 2022, 531, 532.

[62] Wie hier *Heckschen/Hilser*, ZIP 2022, 462, 470; a. A. *Bochmann*, EWiR 2021, 677, 678; *Kaspras/Schirrmacher*, GmbHR 2021, 1333, 1334 f.; *Leuering/Rubner*, NJW-Spezial 2021, 751.

[63] *Wicke*, DStR 2022, 498, 499.

[64] RegBegr. Gesetzesentwurf ARUG BT-Drs. 16/11642 S. 26; *Koch*, in: Koch AktG, § 118 Rn. 10; *Beck*, RNotZ 2014, 160, 164.

[65] *Harnos*, Beschlussfassung in der virtuellen Hauptversammlung, in: Beschlussfassung im virtuellen Raum, 59, 61.

drücklich vorgesehen, die Zulässigkeit wird aber wiederum an gesonderte Voraussetzungen geknüpft. § 118a Abs. 1 S. 1 AktG setzt eine entsprechende Satzungsregelung voraus, während S. 2 die Voraussetzungen, die bei der Abhaltung der virtuellen Hauptversammlung einzuhalten sind, detailliert normiert.

Im Recht der AG lassen sich Präsenzhauptversammlung und virtuelle Hauptversammlung somit nicht gleichgestellt unter den Versammlungsbegriff des § 118 Abs. 1 S. 1 AktG subsumieren. Die Abhaltung einer virtuellen Hauptversammlung ist in § 118a AktG verankert, setzt aber eine entsprechende Satzungsregelung voraus und stellt nur bei Wahrung der gesetzlich festgeschriebenen Voraussetzungen eine vollwertige Alternative zur Hauptversammlung in Präsenz dar.[66]

Zwar dient die Hauptversammlung der AG ebenso wie die Gesellschafterversammlung der GmbH der gesellschaftsinternen Willensbildung,[67] jedoch lässt sich eine Äquivalenz der internen Willensbildung von GmbH und AG aufgrund der abweichenden Binnenstrukturen im Regelfall nicht herstellen.[68] Mangels Wertungsparallelität lässt die aktienrechtliche Lösung daher keinen zwingenden Schluss über die Zulässigkeit der Beschlussfassung in virtueller Versammlung im GmbH-Recht zu.

So sind AG und GmbH zwar ihrer gesetzlichen Konzeption nach gleichermaßen Kapitalgesellschaften.[69] Die Rechtstatsächlichkeit der beiden Gesellschaftsformen ist jedoch eine sehr unterschiedliche.[70] Charakteristisch für die AG ist ihre Kapitalsammelfunktion und damit im Grundsatz eine große Zahl anonymer Anteilseigner.[71] Auch wenn der historische Gesetzgeber bei der Entwicklung der Gesellschaftsform der GmbH gleichermaßen als Leitbild von einem großen Gesellschafterkreis ausging,[72] zeichnet sich die GmbH tatsächlich in aller Regel durch einen kleinen Gesellschafterkreis mit enger Bindung aus – ist also personalistisch geprägt.[73] Eine Untersuchung von 907 GmbH-Satzungen[74] in zwei Amtsgerichtsbe-

---

[66] Vgl. *Paschos*, in: BeckOGK AktG, Stand: 01.02.2025, § 118a Rn. 1.

[67] *Herrler*, in: Grigoleit AktG, § 118 Rn. 1; *Liebscher*, in: Henssler/Strohn Gesellschaftsrecht, § 118 Rn. 2; *Kubis*, in: MüKo AktG, § 118 Rn. 9.

[68] So auch *Teichmann*, in: Gehrlein/Ekkenga/Simon GmbHG, § 48 Rn. 4; *Ebel/Wörner*, NZG 2021, 963, 964.

[69] Zur AG *Schmidt/Bayer/Vetter*, in: Schmidt/Lutter AktG, Einl. Rn. 1. Zur GmbH *Fleischer*, in: MüKo GmbHG, Eil. Rn. 8, *Löbbe*, Das Beschlussmängelrecht der Personenhandelsgesellschaften nach dem MoPeG Regierungsentwurf – ein Überblick, in: FS Heidel, 2021, 575, 596.

[70] *Ebel/Wörner*, NZG 2021, 963, 964; *Löbbe*, Das Beschlussmängelrecht der Personenhandelsgesellschaften nach dem MoPeG Regierungsentwurf – ein Überblick, in: FS Heidel, 2021, 575, 596; *Liebscher/Günthner*, ZIP 2022, 713, 721.

[71] *Habersack*, in: MüKo AktG, Eil. Rn. 5; *Grigoleit*, in: Grigoleit AktG, § 1 Rn. 32.

[72] Vgl. Sten. Ber. über die Verhandlungen des Reichtags, I. Session, 1890/1892, 5. Anlagenband, S. 3728.

[73] *Fleischer*, in: MüKo GmbHG, Eil. Rn. 37 f.; *Immenga*, Die personalistische Kaitalgesellschaft, Bad Homburg v.d.H. 1970, S. 18 f.; *Henze*, Zur Treupflicht unter Aktionären, in: FS

zirken Mitte der Neunigerjahre ergab, dass der Anteil von Gesellschaften mit 5 oder mehr Gesellschaftern nur bei 3,2% lag.[75] Bei Stichprobenerhebungen an zwei Amtsgerichten im Jahr 2000 wurde der Anteil von Gesellschaften mit mehr als 5 Gesellschaftern gleichfalls auf lediglich 2,0% bzw. 3,5% bestimmt.[76] Die Auswertungen einer kommerziellen Ownership Database ergaben im Jahr 2014 sogar, dass der Anteil von Gesellschaften mit mehr als 5 Gesellschaftern insgesamt nur bei nur 1,49% lag.[77] Die GmbH ist somit „die Kleinunternehmensform par excellence“[78].

dd) Recht der Personenhandelsgesellschaften (§ 109 Abs. 1 HGB)

Bis zum 01.01.2024 schrieb § 119 Abs. 1 HGB a.F. für Personenhandelsgesellschaften einzig vor, dass es für die Beschlussfassung der Zustimmung aller zur Mitwirkung berufenen Gesellschafter bedurfte. Hinsichtlich des Beschlussverfahrens existierten keine gesetzlichen Vorgaben.[79] Seit dem 01.01.2024 regelt hingegen § 109 Abs. 1 HGB (i.V.m. § 161 Abs. 2 HGB), dass die Beschlüsse der Gesellschafter einer Personenhandelsgesellschaft – das heißt einer offenen Handelsgesellschaft oder einer Kommanditgesellschaft in Versammlung gefasst werden. Diese Änderung erfolgte durch das MoPeG vom 10.08.2021. In der Regierungsbegründung des Gesetzesentwurfs – bereits veröffentlicht am 07.03.2021 – wurde die Entscheidung, eine Beschlussfassung in Versammlung vorzuschreiben, damit begründet, dass eine „Versammlung [...] im Regelfall durch die Möglichkeit zur Rede und direkten Widerrede im Kreis der Versammlungsteilnehmer eine optimale Willensbildung und Entscheidungsfindung bei gleichmäßiger Informationsversor-

---

Kellermann, 1991, 141, 144; *Raiser*, Nichtigkeits- und Anfechtungsklagen, in: FS 100 Jahre GmbHG, 1992, 587, 600; *Bayer/Lieder*, NZG 2011, 1170, 1171; *Löbbe*, Das Beschlussmängelrecht der Personenhandelsgesellschaften nach dem MoPeG Regierungsentwurf – ein Überblick, in: FS Heidel, 2021, 575, 596; *Liebscher*, Die präsenzlose Beschlussfassung in der GmbH – eine kritische Würdigung der COVID-Gesetzgebung, in: FS Henssler, 2023, 1043, 1055; *Guntermann*, GmbHR 2024, 397, 398 Rn. 5.

[74] In dieser Arbeit werden die Begriffe der Satzung und des Gesellschaftsvertrag synonym als Bezeichnung für das Organisationstatut der GmbH verwendet. Dies entspricht zum einen dem Gesetz, welches beide Begriffe verwendet, vgl. insbesondere § 53 GmbHG, dessen amtliche Normüberschrift (ergänzt durch das MoMiG) von einer „Satzungsänderung“ spricht, dessen Gesetzestext in Abs. 1 hingegen von einer „Änderung des Gesellschaftsvertrages“. Zudem wird dies ganz allgemein so praktiziert, vgl. *Ulmer/Casper*, in: Habersack/Casper/Löbbe GmbHG, § 53 Rn. 7; *Harbarth*, in: MüKo GmbHG, § 53 Rn. 8; *Priester/Tebben*, in: Scholz GmbHG, § 53 Rn. 4.

[75] *Koch*, Das Anfechtungsklageerfordernis im GmbH-Beschlussmängelrecht, Frankfurt a.M. 1997, S. 20 f.

[76] *Kornblum/Hampf/Naß*, GmbHR 2000, 1240, 1245.

[77] *Bayer/Hoffmann*, GmbHR 2014, 12, 13.

[78] *Zöllner/Noack*, ZGR 1989, 525, 535.

[79] *Neuhöfer*, MittBayNot 2023, 566, 569.

gung [gewährleiste]“[80]. „Eine Versammlung [liege] demnach dann vor, wenn mehrere Personen zu einem bestimmten Zweck, aber nicht notwendigerweise an einem bestimmten Ort, zusammenkommen“[81]. Daher sei auch eine Beschlussfassung in virtueller Versammlung wie in Telefon- oder Videokonferenz zulässig.[82] Mithin fallen Präsenzversammlungen und virtuelle Versammlungen gleichermaßen unter den Versammlungsbegriff des § 109 Abs. 1 HGB.

Eine Übertragbarkeit dieses weiten Verständnisses des Versammlungsbegriffs auf das übrige Gesellschaftsrecht wurde intensiv diskutiert, aufgrund der Wortlautgleichheit von § 109 Abs. 1 HGB und § 48 Abs. 1 GmbHG a.F. insbesondere auch für das GmbH-Recht.[83]

Dementgegen spricht obgleich, dass in diesem Fall der Erlass der Bestimmungen des vom 15.09.2021–31.08.2022 geltenden COVMG, die die Beschlussfassung in virtueller Versammlung für einzelne Gesellschaftsformen gestatteten, überflüssig gewesen wäre.[84] Insbesondere ist insofern der Wortlaut der §§ 3 Abs. 1 S. 1, 5 Abs. 2 COVMG hervorzuheben,[85] in denen der Gesetzgeber die Beschlussfassung in virtueller Versammlung „[a]bweichend“ vom geltenden Recht zulässt. Diese Wortwahl verdeutlicht die Erweiterungsfunktion der Bestimmungen des COVMG. Zu berücksichtigen ist zwar, dass für die GmbH die Beschlussfassung in virtueller Gesellschafterversammlung nicht ausdrücklich durch das COVMG gestattet wurde. Stattdessen wurden durch § 2 COVMG die Anforderungen an die Beschlussfassung im Verfahren nach § 48 Abs. 2 GmbHG abgesenkt. Unbeschadet dessen, spricht gegen eine Übertragbarkeit des weiteren Begriffsverständnisses auf den Versammlungsbegriff im GmbH-Recht aber weiterhin, dass die Gleichstellung von Präsenzversammlung und virtueller Versammlung unter den Versammlungsbegriff des § 109 Abs. 1 HGB nicht im Gesetz selbst erfolgte, sondern lediglich in der Begründung des Regierungsentwurfs. Diese mag zwar einen „Fingerzeig“[86] darstellen und kann zur Ermittlung des gesetzgeberischen Willens herangezogen werden,[87] Teil der gesetzlichen Regelung ist sie aber nicht. Die Prämisse, der Gesetzgeber wollte allein durch einen kurzen Abschnitt in einer Regierungsbegründung den Versammlungsbegriff im Gesellschaftsrecht insgesamt oder auch nur im GmbH-Recht reformieren, überzeugt nicht.[88]

---

[80] RegBegr. Gesetzesentwurf MoPeG BT-Drs. 19/27635 S. 226.

[81] RegBegr. Gesetzesentwurf MoPeG BT-Drs. 19/27635 S. 226.

[82] RegBegr. Gesetzesentwurf MoPeG BT-Drs. 19/27635 S. 226.

[83] Dagegen *Wicke*, DStR 2022, 498, 500; *Heckschen/Hilser*, ZIP 2022, 461, 466f.; dafür: *Bochmann*, NZG 2022, 531, 534.

[84] *Wicke*, DStR 2022, 498, 500.

[85] *Wicke*, DStR 2022, 498 Fn. 23.

[86] *Heckschen*, GmbHR 2023, 105, 107 Rn. 8.

[87] *Wank/Maties*, Die Auslegung von Gesetzen, München 2023, § 7 III.

[88] *Heckschen/Hilser*, ZIP 2022, 462, 467. Diese Auffassung wurde durch die Einfügung des § 48 Abs. 1 S. 2 GmbHG bestätigt.

Somit ließ sich auch aus der Gesetzesbegründung zu § 109 HGB n.F. keine maßgebliche Wertung für den Inhalt des Versammlungsbegriffs in § 48 Abs. 1 GmbHG a.F. ableiten.

3. Zwischenergebnis

Der Versammlungsbegriff befindet sich aufgrund des Vormarschs der Digitalisierung und einer sich damit verändernden Lebensrealität im Wandel. Jedenfalls im allgemeinen Sprachgebrauch lassen sich beispielsweise Videokonferenzen mittlerweile unproblematisch als Versammlung bezeichnen. Diese Entwicklung stieß auch im juristischen Begriffsverständnis einen Wandel an. Zu einer allgemeinen Gleichstellung von Präsenzversammlungen und virtuellen Versammlungen unter dem Versammlungsbegriff in sämtlichen gesetzlichen Regelungen ist es indes noch nicht gekommen. Vielmehr wurden durch den Gesetzgeber teils stattdessen differenziertere Regelungen gewählt, die die Besonderheiten beider Formate berücksichtigen. Mangels Wertungsparallelität ließ sich aus keiner dieser Lösungen eine klare Antwort auf die Frage nach dem Inhalt des Versammlungsbegriffs des § 48 Abs. 1 GmbHG a.F. ableiten. Jedenfalls festzuhalten ist aber, dass eine Subsumtion von virtuellen Versammlungen unter den Versammlungsbegriff des § 48 Abs. 1 GmbHG a.F. – vor der Gesetzesänderung durch das DiREG – nicht (mehr) gegen die sog. Wortlautgrenze[89] verstoßen hätte.

II. Systematik

§ 48 GmbHG ist in den Abschnitt „Vertretung und Geschäftsführung" eingeordnet, der die §§ 35–52 GmbHG umfasst. Im direkten sachlichen Zusammenhang zu § 48 Abs. 1 GmbHG, stehen aber nur die §§ 49–51 GmbHG als die Einberufung der Gesellschafterversammlung regelnde Vorschriften sowie § 48 Abs. 2 GmbHG als Ausnahmeregelung zu dem in Abs. 1 normierten Grundsatz der Beschlussfassung in Versammlung.[90]

Auch aus diesem systematischen Zusammenhang ergab sich nicht, dass der Versammlungsbegriff des § 48 Abs. 1 GmbHG a.F. einzig Präsenzversammlungen umfasste. Dies wird insbesondere auch dadurch deutlich, dass die genannten Bestimmungen durch das DiREG keine Änderung erfahren haben – die §§ 49–51 GmbHG also nun gleichermaßen auf die Einberufung einer virtuellen Gesellschafterversammlung i.S.d. § 48 Abs. 1 S. 2 GmbHG Anwendung finden.

---

[89] Siehe Fn. 29.

[90] Vgl. *Hillmann*, in: Henssler/Strohn Gesellschaftsrecht, § 48 Rn. 1; *Masuch*, in: Bork/Schäfer GmbHG, § 48 Rn. 2.

Es soll einzig auf die Bestimmung des § 48 Abs. 2 GmbHG näher eingegangen werden, da im Disput über den Inhalt des Versammlungsbegriffs des § 48 Abs. 1 GmbHG a.F. von Beck vorgebracht wurde, dass diese Regelung zeige, dass im Recht der GmbHG grundsätzlich von einer Präsenzversammlung auszugehen sei.[91]

§ 48 Abs. 2 GmbHG bestimmt, dass es der Abhaltung einer Versammlung nicht bedarf, wenn sich sämtliche Gesellschafter in Textform entweder mit der zu treffenden Bestimmung selbst oder mit der Abgabe der Stimmen in Textform einverstanden erklären. § 48 Abs. 2 GmbHG eröffnet also zwei mögliche Wege der Beschlussfassung außerhalb einer Gesellschafterversammlung: Zum einen ist die Beschlussfassung nach § 48 Abs. 2 Alt. 1 GmbHG im „einstufigen Verfahren"[92] möglich, indem alle Gesellschafter (Einstimmigkeit) schlicht ihr inhaltliches Einverständnis mit dem Beschlussantrag textförmlich erklären.[93] Des Weiteren kann die Beschlussfassung gem. § 48 Abs. 2 Alt. 2 GmbHG auch in einem „zweistufigen Verfahren"[94] erfolgen, in welchem alle Gesellschafter (Einstimmigkeit) ihr Einverständnis mit der Abgabe der Stimmen in Textform erklären und mit textförmlicher Stimmabgabe unter Geltung der regulären Mehrheitserfordernisse über den Beschlussgegenstand entscheiden.[95]

Aus dem Umstand, dass das Gesetz die Ausnahmeregelung des § 48 Abs. 2 GmbHG enthielt, vor der Gesetzesänderung durch das DiREG jedoch keine entsprechende Regelung für virtuelle Zusammenkünfte vorsah, ließ sich jedoch entgegen der Annahme Becks hinsichtlich des Inhalts des Versammlungsbegriffs des § 48 Abs. 1 GmbHG a.F. keine Erkenntnis ableiten. So wäre eine entsprechende Ausnahmeregelung eben dann nicht erforderlich gewesen, wenn sich virtuelle Zusammenkünfte gleichermaßen wie Präsenzzusammenkünfte unter den Versammlungsbegriff des § 48 Abs. 1 GmbHG a.F. subsumieren ließen.

Der systematische Zusammenhang, in welchem § 48 Abs. 1 GmbHG steht, hätte mithin Raum für die Subsumtion virtueller Versammlungen unter den Versammlungsbegriff des § 48 Abs. 1 GmbHG a.F. geboten.

III. Historie

Zu dem Ergebnis, dass virtuelle Zusammenkünfte nicht von dem Versammlungsbegriff des § 48 Abs. 1 GmbHG a.F. umfasst waren, führt derweil bereits eine Betrachtung des Willens des historischen Gesetzgebers.

---

[91] *Beck*, RNotZ 2014, 160, 166.

[92] *Porschke*, LTZ 2023, 102, 103.

[93] *Römermann*, in: Michalski/Heidinger/Leible/Schmidt GmbHG, § 48 Rn. 203; *Masuch*, in: Bork/Schäfer GmbHG, § 48 Rn. 13; *Wicke*, in: Wicke GmbHG, § 48 Rn. 5.

[94] *Porschke*, LTZ 2023, 102, 103.

[95] *Altmeppen*, in: Altmeppen GmbHG, § 48 Rn. 38; *Schindler*, in: BeckOK GmbHG, Stand: 01.11.2025, § 48 Rn. 88.

1. Versammlungsbegriff des GmbHG nach dem Willen des historischen Gesetzgebers

Zur Ermittlung des Willens des historischen Gesetzgebers sind grundsätzlich alle schriftlich niedergelegten Zeugnisse verwertbar, die gegebenenfalls einen Hinweis auf die dem Gesetz zugrundeliegenden Wertungen geben können.[96] Ein Beispiel hierfür bilden insbesondere die während des Gesetzgebungsverfahrens entstandenen amtlichen Materialien, wie Gesetzesentwürfe, die dazugehörigen Begründungen und Beratungsprotokolle.[97]

Die Begründung des Entwurfs des GmbH-Gesetzes von 1892 enthält keinerlei Äußerungen zum Inhalt des Versammlungsbegriffs des GmbH-Rechts.[98] Zu diesem Zeitpunkt war es aber aufgrund des Standes der technischen Entwicklung schlicht unmöglich, dass der Gesetzgeber die künftigen Möglichkeiten, Versammlungen auch virtuell abzuhalten, vorhersah.[99] Folglich konnte der Versammlungsbegriff des § 48 Abs. 1 GmbH a.F. nach seinem Willen die virtuelle Versammlung noch nicht umfassen.[100]

2. Keine Offenheit des Versammlungsbegriffs des GmbHG gegenüber künftiger technischer Entwicklungen

Des Weiteren erscheint es abwegig, dass der Gesetzgeber im Erlasszeitpunkt eine Offenheit des in § 48 Abs. 1 GmbHG verankerten Versammlungsbegriffs gegenüber künftigen technischen Entwicklungen vorsah. Die vom BGH in seinem Beschluss von 2021 zu § 13 Abs. 1 S. 2 UmwG getroffene Wertung kann nicht übertragen werden.

a) BGH zum Versammlungsbegriff des § 13 Abs. 1 S. 2 UmwG

So vertrat der BGH in seinem Beschluss von 2021 zu § 13 Abs. 1 S. 2 UmwG[101] zwar die Auffassung, es sei trotz des Fehlens eines entsprechenden Hinweises in den Gesetzesmaterialien anzunehmen, dass diese Norm nach dem Willen des Gesetzgebers für kommunikationstechnische Entwicklungen offen sein und der ent-

[96] *Bydlinski*, Juristische Methodenlehre und Rechtsbegriff, Wien 1991, S. 449.

[97] *Larenz/Canaris*, Methodenlehre der Rechtswissenschaft, Berlin u.a. 1995, S. 151; *Bydlinski*, Juristische Methodenlehre und Rechtsbegriff, Wien 1991, S. 449; *Möllers*, Juristische Methodenlehre, München 2025, § 4 Rn. 165 ff.

[98] Vgl. Sten. Ber. über die Verhandlungen des Reichtags, I. Session, 1890/1892, 5. Anlagenband, S. 3752. Zu diesem Zeitpunkt war die später unter § 48 GmbHG erlassene Bestimmung noch unter § 49 GmbHG vorgesehen.

[99] Siehe oben Kap. 1 B. I. 2.

[100] So auch *Walter*, Die virtuelle Haupt- und Gesellschafterversammlung – Rechtsfragen de lege lata und Überlegungen de le ferenda, Berlin 2021, S. 243.

[101] Siehe auch bereits oben Kap. 1 B. I. 2. b) bb).

haltene Versammlungsbegriff daher im Ergebnis auch nichtphysische Formen der Zusammenkunft umfassen sollte.[102] Diese Annahme begründet er jedoch einerseits damit, dass der Gesetzgeber das Versammlungserfordernis in Kenntnis der zum Zeitpunkt des Erlasses der Norm bereits existierenden Möglichkeiten der Telefon- und Videokonferenz normiert habe.[103] Zudem habe sich die beabsichtigte Offenheit des Versammlungsbegriffs für eine inhaltliche Weiterentwicklung durch die Begründung der rückwirkenden Anpassung des § 3 Abs. 1 GesRuaCOVBekG offenbart.[104]

b) Keine Übertragbarkeit der Wertung auf den Versammlungsbegriff des § 48 Abs. 1 GmbHG a. F.

Durch diese Begründung wird deutlich, dass sich die Wertung des BGH sich nicht auf den Versammlungsbegriff des § 48 Abs. 1 GmbHG a. F. übertragen ließ.

§ 48 Abs. 1 GmbHG a. F. wurde über ein Jahrhundert früher durch den Gesetzgeber verabschiedet als § 13 Abs. 1 S. 2 UmwG. Bei der Einführung des Versammlungsbegriffs des § 13 Abs. 1 S. 2 UmwG mit Geltung ab dem 01.01.1995, beruhend auf dem Gesetzesentwurf vom 01.02.1994, war die Möglichkeit, sich zukünftig auch virtuell versammeln zu können, zumindest zu erahnen:[105] Bereits seit den 1970er Jahren waren die Privathaushalte in Deutschland flächendeckend mit Telefonen versorgt.[106] Auch das Internet entwickelte sich ab Mitte der 1990er Jahre zu einem neuen Massenmedium.[107] Bei der Verabschiedung des GmbHG war die technische Entwicklung auf einem deutlich anderen Entwicklungsstand.[108] Die heute vorhandenen technischen Möglichkeiten waren kaum vorstellbar.[109] Dementsprechend war die Perspektive einer rein virtuellen Versammlung mit an Sicherheit grenzender Wahrscheinlichkeit nicht im Bewusstsein des Gesetzgebers verankert.

Hinzu kommt, dass sich ein entsprechender Wille des historischen Gesetzgebers von § 48 Abs. 1 GmbHG a. F. nicht in vergleichbarer Weise durch eine Äußerung des modernen Gesetzgebers manifestiert hat. Vielmehr wurde die virtuelle Beschlussfassung noch im Jahr 2000 in der Begründung des Entwurfs des FormAnpG

---

[102] BGH, Beschl. v. 05.10.2021 – II ZB 7/21, NJW-RR 2021, 1556, 1557 Rn. 18.

[103] BGH, Beschl. v. 05.10.2021 – II ZB 7/21, NJW-RR 2021, 1556, 1557 Rn. 18; so auch *Piper*, NZG 2012, 735, 737; a. A. *Lieder*, Virtuelle Versammlungen, in: FS Vetter, 2019, 419, 443.

[104] BGH, Beschl. v. 05.10.2021 – II ZB 7/21, NJW-RR 2021, 1556, 1557 Rn. 18.

[105] *Piper*, NZG 2012, 735, 737.

[106] *Morat*, Telefon, in: Handbuch Sound, Stuttgart 2018, S. 367.

[107] *Ridder*, Media Perspektiven 2002, 121, 121 ff.

[108] Siehe oben Kap. 1 B. I. 2.

[109] Siehe oben Kap. 1 B. I. 2.

als Beschlussfassung außerhalb der Gesellschafterversammlung verstanden und nicht dem Verfahren nach § 48 Abs. 1 GmbHG a.F. zugeordnet.[110]

Bereits die Argumentation des BGH zum Versammlungsbegriff des § 13 Abs. 1 S. 2 UmwG erscheint keinesfalls zwingend.[111] Hinsichtlich des Versammlungsbegriffs des § 48 Abs. 1 GmbHG a.F. wäre die Annahme, dass dieser nach dem Willen des historischen Gesetzgebers für kommunikationstechnische Entwicklungen offen sein und somit im Ergebnis auch virtuelle Zusammenkünfte umfassen sollte, aber eine bloße – fernliegende – Mutmaßung.

3. Aber: Subsidiarität des konkreten Willens des historischen Gesetzgebers

Dieser subjektive Wille des historischen Gesetzgebers müsste aber gegebenenfalls gegenüber den anderen Auslegungsmethoden zurücktreten.[112] Andernfalls käme es zu einer Versteinerung des Gesetzes mit dem ihm zum Entstehungszeitpunkt innewohnenden Inhalt.[113] Eine solche würde aber dem Umstand zuwiderlaufen, dass ein Gesetz stets in dem Kontext der Gesellschaft steht, deren Verhältnisse es regeln soll.[114] Diese Aufgabe kann eine Norm nur dann erfüllen, wenn sich ihr Inhalt im Falle einer tiefgreifenden Veränderung der Lebensrealität mitändert.[115]

IV. Telos

Die *ratio legis* des § 48 Abs. 1 GmbHG a.F. stand jedoch einer Subsumtion virtueller Versammlungen unter den in der Bestimmung enthaltenen Versammlungsbegriff gleichermaßen entgegen.

Dies wird im Folgenden wie folgt aufgezeigt: Zunächst wird der Sinn und Zweck der in § 48 Abs. 1 (S. 1) GmbHG getroffenen Regelung herausgearbeitet. Im Anschluss werden die Vor- und Nachteile einer Beschlussfassung in virtueller Versammlung dargestellt und im Hinblick auf die *ratio legis* eingeordnet. Hierbei wird deutlich, dass der Großteil der in der Literatur pauschal hervorgehobenen Vorteile virtueller Beschlussfassung, diese zwar attraktiv erscheinen lassen mag, nicht aber den hinter der Normierung einer Beschlussfassung in Versammlung stehenden Zweck fördert. Demgegenüber sind mit der Beschlussfassung in virtueller Ver-

---

[110] RegBegr. Gesetzesentwurf FormAnpG, BT-Dr. 14/4987 S. 23 („die schriftliche Abstimmung kann also erleichtert werden (z.B. telefonische Abstimmung" […]).

[111] Die Offenheit des Versammlungsbegriffs in § 13 Abs. 1 S. 2 UmwG ablehnend *Erdmann*, MMR 2000, 526, 531.

[112] BVerfG, Beschl. v. 14.02.1973 – 1 BvR 112/65, BVerfGE 34, 269, 286 ff.; *Bydlinski*, Juristische Methodenlehre und Rechtsbegriff, Wien 1991, S. 562 f.

[113] BVerfG, Beschl. v. 14.02.1973 – 1 BvR 112/65, BVerfGE 34, 269, 288.

[114] BVerfG, Beschl. v. 14.02.1973 – 1 BvR 112/65, BVerfGE 34, 269, 288.

[115] BVerfG, Beschl. v. 14.02.1973 – 1 BvR 112/65, BVerfGE 34, 269, 288.

sammlung zahlreiche Nachteile und Gefahren verbunden, die dem Sinn und Zweck des § 48 Abs. 1 GmbHG a.F. zuwiderlaufen und den Vorteilen daher in ihrer rechtlichen Bedeutung überwiegen.

1. Sinn und Zweck des Grundsatzes der Beschlussfassung in Versammlung

Eine Versammlung ist eine Zusammenkunft mehrerer Personen zu einem bestimmten Zweck.[116] Der Zweck der Versammlung in § 48 Abs. 1 (S. 1) GmbHG besteht – wie sich aus dem Inhalt der Norm klar ergibt – in der gesellschaftsinternen Willensbildung durch Beschlussfassung.

Eine GmbH ist rechtstatsächlich in aller Regel eine personalistisch geprägte Gesellschaft mit unter fünf Gesellschaftern.[117] Innerhalb dieser Gesellschaftsstruktur muss ein Konsens oder jedenfalls eine Mehrheitsmeinung gefunden werden. Um in einer Personengruppe zu einem Meinungskonsens zu kommen, bedarf es in aller Regel eines Diskurses zwischen den einzelnen Personen. Ein solcher Meinungsaustausch wird innerhalb einer Gesellschafterversammlung ermöglicht.

Hintergrund der Normierung des Grundsatzes der Beschlussfassung gerade in Versammlung ist somit die Prämisse, dass es vor der verbindlichen Willensbildung durch Beschlussfassung zumeist eines Meinungsaustauschs bedarf oder ein solcher zumindest sinnvoll ist.[118] Den Gesellschaftern wird durch die Grundsatzregelung des § 48 Abs. 1 (S. 1) GmbHG die „wirksamste Möglichkeit zur Wahrnehmung der Mitgliedschaftsrechte und zur Einflußnahme auf die Geschicke der Gesellschaft"[119] gewährleistet. Dementsprechend umfasst das Recht der GmbH-Gesellschafter zur Teilnahme an der Gesellschafterversammlung nicht nur ein „Recht auf [bloße] Anwesenheit"[120], sondern ebenso ein „Recht auf Teilhabe an der Beratung der Versammlungsgegenstände"[121].

2. Vorteile einer Beschlussfassung in virtueller Versammlung

a) Geringerer zeitlicher, organisatorischer und finanzieller Aufwand

Im Vergleich zur Beschlussfassung in Präsenzversammlung ist die virtuelle Beschlussfassung zunächst mit einem geringeren zeitlichen, organisatorischen und

---

116 *Heckschen/Hilser*, ZIP 2022, 461, 462.

117 Siehe oben Kap. 1 B. I. 2. b) cc).

118 *Liebscher*, in: MüKo GmbHG, § 48 Rn. 6; vgl. *Schindler*, in: BeckOK GmbHG, Stand: 01.11.2025, § 48 Rn. 3; *Denga*, in: BeckOGK GmbHG, Stand: 01.10.2025, § 48 Rn. 1.

119 *Vogel*, Gesellschafterbeschlüsse und Gesellschafterversammlung, Köln 1986, S. 138.

120 *Hüffer/Schäfer*, in: Habersack/Casper/Löbbe GmbHG, § 48 Rn. 12; *Römermann*, in: Michalski/Heidinger/Leible/Schmidt GmbHG, § 48 Rn. 31.

121 *Hüffer/Schäfer*, in: Habersack/Casper/Löbbe GmbHG, § 48 Rn. 12.

finanziellen Aufwand verbunden – sowohl für die Gesellschaft als auch für die Gesellschafter.

Während die Präsenzgesellschafterversammlung grundsätzlich– sofern ein anderes nicht satzungsmäßig oder durch Einverständnis aller Gesellschafter bestimmt ist – analog § 121 Abs. 5 S. 1 AktG am Sitz der GmbH stattfindet,[122] können die Gesellschafter der virtuellen Versammlung von einem beliebigen Aufenthaltsort weltweit beiwohnen.

aa) Für die GmbH

Dies führt zum einen dazu, dass die Organisation einer virtuellen Gesellschafterversammlung mit einem geringeren Aufwand für die Gesellschaft verbunden sein kann.[123] Beispielsweise muss, sofern kein geeigneter Versammlungsraum am Sitz der Gesellschaft vorhanden ist, ein solcher nicht extra angemietet werden.[124] Des Weiteren muss sich nicht – sofern dies denn bei einer Präsenzversammlung angezeigt wäre – um die Verköstigung der Gesellschafter oder Sicherheitspersonal gekümmert werden.[125] In diesem Fall reduziert sich auch der zeitliche Aufwand auf Seiten der GmbH, ebenso wie die finanzielle Belastung[126]. Es ist anzunehmen, dass selbst wenn einmalig ein IT-Dienstleister zur Einrichtung des gewählten Formats in Anspruch genommen wird, die hieraus resultierenden Kosten auf Dauer geringer sein werden als die immer wieder anfallenden Kosten der Ausrichtung von Präsenzversammlungen.[127]

Bei der GmbH kommen diese Vorteile indes, anders als bei der AG,[128] nur in Ausnahmefällen spürbar zum Tragen. So wird mit der Ausrichtung einer Präsenzversammlung für in der Regel unter fünf Gesellschafter[129] gewöhnlich kaum ein

---

[122] BGH, Urt. v. 28.01.1985 – II ZR 79/84, BeckRS 2009, 10067 (zu § 121 Abs. 4 AktG a.F. als Äquivalent zu § 121 Abs. 5 S. 1 AktG); ebenso OLG Düsseldorf, Beschl. v. 25.01. 1989–3 Wx 21/89, NJW 1989, 2200, 2201; *Wolff*, in: Münchener Handbuch des Gesellschaftsrechts Band 3, § 39 Rn. 55; *Noack*, in: Noack/Servatius/Haas GmbHG, § 51 Rn. 15.

[123] *Heckschen*, GmbHR 2023, 105, 108 Rn. 12.

[124] *Heckschen*, GmbHR 2023, 105, 108 Rn. 12.

[125] *Heckschen*, GmbHR 2023, 105, 108 Rn. 12; so auch hinsichtlich virtueller Hauptversammlungen in der AG *Lieder*, Virtuelle Versammlungen, in: FS Vetter, 2019, 419, 432.

[126] *Heckschen*, GmbHR 2023, 105, 108 Rn. 12; so auch hinsichtlich virtueller Hauptversammlungen in der AG *Lieder*, Virtuelle Versammlungen, in: FS Vetter, 2019, 419, 432.

[127] *Heckschen*, GmbHR 2023, 105, 108 Rn. 12; so auch hinsichtlich virtueller Hauptversammlungen in der AG *Lieder*, Virtuelle Versammlungen, in: FS Vetter, 2019, 419, 432.

[128] Bei der Deutschen Bank AG verringerten sich die für die Durchführung der Hauptversammlung anfallenden Kosten trotz einer höheren virtuellen Teilnehmeranzahl durch die Umstellung Präsenzhauptversammlung zu virtueller Hauptversammlung beispielsweise um knapp 40%, da die Kosten für die Anmietung eines großen Veranstaltungsraums sowie für Verpflegung, Sicherheit und Unterbringung tausender Anteilseigner eingespart werden konnten, *Rotsch/Jakob*, ZHR 2024, 611, 615.

[129] Siehe oben Kap. 1 B. I. 2. b) cc).

Aufwand verbunden sein – sei es organisatorischer, zeitlicher oder finanzieller Art. Für diese Personenzahl wird zumeist ein geeigneter Versammlungsraum (am Sitz der Gesellschaft) verfügbar sein und auch sonstige Aufwendungen werden in der Regel nur in geringem Maße anfallen. Etwas anderes gilt in den atypischen Fällen, in denen die GmbH deutlich mehr Gesellschafter hat.

bb) Für die Gesellschafter

Einen erheblich geringeren organisatorischen, zeitlichen und finanziellen Aufwand begründet die virtuelle Versammlungsteilnahme indes – mangels Anreiseerfordernis – für Gesellschafter, deren Wohnort sich nicht in unmittelbarer Nähe des Sitzes der GmbH oder dem gewählten Versammlungsort befindet.[130] Aber auch für die übrigen Gesellschafter der GmbH schafft die Beschlussfassung in virtueller Versammlung örtliche Flexibilität. Erforderlich ist, wenn die Versammlung fernmündlich abgehalten wird, lediglich eine Möglichkeit zu telefonieren, während die Teilnahme an einer Videokonferenz ein internetfähiges Endgerät mit Kamera voraussetzt. Der Besitz der erforderlichen Endgeräte ist in Deutschland inzwischen zum allgemeinen Standard geworden. Auch Mobilfunknetze sind heute nahezu flächendeckend global verfügbar.[131] Selbst für den Fall, dass ein Gesellschafter über keine eigene Ausstattung verfügen sollte, dürfte die Beschaffung – sei es durch Kauf, Leihe oder die Nutzung öffentlich zugänglicher Einrichtungen wie etwa eines Internetcafés – regelmäßig mit erheblich geringerem Aufwand verbunden sein als eine mitunter weite Anreise zum Versammlungsort.

b) Bessere Legitimierung der Beschlüsse und häufigere Abhaltung von Gesellschafterversammlungen

Mit dem zum Teil erheblich geringeren Aufwand einer virtuellen Versammlungsteilnahme wird jedenfalls teilweise einhergehen, dass Gesellschaftern die Teilnahme an der gesellschaftsinternen Willensbildung einzig bei der Beschlussfassung in einer virtuellen Gesellschafterversammlung möglich ist.[132] Die Teilnahme von mehr Gesellschaftern an der Beschlussfassung führt zu einer stärkeren Le-

---

[130] Vgl. *Bochmann*, NZG 2022, 531, 535; vgl. des Weiteren zur virtuellen Hauptversammlung *Lieder*, Virtuelle Versammlungen, in: FS Vetter, 2019, 419, 429 f.; *Redeke*, Die AG 2022, 98, 103 Rn. 17; sowie zur sog. Tele-HV *Zätzsch/Gröning*, NZG 2000, 393, 395.

[131] *Behnke/Karla/Mülder*, Grundkurs Mobilfunk und Mobile Business, Wiesbaden 2022, S. 25.

[132] Vgl. *Heckschen*, GmbHR 2023, 105, 108 Rn. 12; *Voßen-MacCormaic/Pangerl*, Der Konzern 2023, 481, 486; so zur virtuellen Hauptversammlung *Lieder*, Virtuelle Versammlungen, in: FS Vetter, 2019, 419, 429; *Redeke*, Die AG 2022, 98, 102 Rn. 13; vgl. zur sog. Tele-HV *Zätzsch/Gröning*, NZG 2000, 393, 395. An der Präsenzhauptversammlung der Deutschen Bank AG nahmen 2019 ca. 3.700 Aktionäre teilt, an der virtuellen Hauptversauptversammlung 2024 derweil über 8.300 Aktionäre, *Rotsch/Jakob*, ZHR 2024, 611, 615.

gitimation des Abstimmungsergebnisses, indem beispielsweise Zufallsmehrheiten verhindert werden.[133]

Des Weiteren wird angeführt, dass Beschlüsse in virtuellen Versammlungen aufgrund des geringeren organisatorischen Aufwands schneller und flexibler gefasst werden können als in Präsenzzusammenkünften.[134] Einer spontanen Abhaltung virtueller Gesellschafterversammlungen steht allerdings die in § 51 Abs. 1 S. 2 GmbHG festgeschriebene Einberufungsfrist von mindestens einer Woche im Grundsatz entgegen.[135]

Zudem wird vorgebracht, dass virtuelle Versammlungen häufiger abgehalten werden könnten und daher einen regelmäßigeren Meinungsaustausch zwischen den GmbH-Gesellschaftern ermöglichen würden.[136] Gerade auch überwiegend rein informative Zusammenkünfte könnten kontinuierlicher stattfinden.[137] Angesichts des geringeren organisatorischen Aufwands, der mit virtuellen Gesellschafterversammlungen verbunden ist, liegt es tatsächlich nahe, dass die Schwelle zu deren Einberufung niedriger ist als bei Präsenzversammlungen. In der Folge erscheint es ebenso plausibel, dass die Möglichkeit zur virtuellen Meinungsbildung eine regelmäßigere und kontinuierlichere Durchführung von Gesellschafterversammlungen begünstigen kann.

c) Nachhaltigkeit

Zuletzt bringt die aus der virtuellen Abhaltung von Versammlungen resultierende reduzierte Reisetätigkeit grundsätzlich ökologische Vorteile dieser Versammlungsform gegenüber der Präsenzversammlung mit sich:[138] Bei einer Reduzierung der Reisetätigkeit werden weniger Treibhausgasemissionen freigesetzt, weshalb virtuelle Versammlungen einen geringeren CO2-Fußabdruck als Präsenzzusammenkünfte haben.[139]

Allerdings ist auch dieser theoretische Vorteil virtueller Versammlungen im Lichte der Realstruktur der GmbH zu sehen. Bei der AG, bei der für die Hauptversammlung regelmäßig eine nicht geringe Anzahl ausländischer Investoren anreisen würde,[140] mag die virtuelle Abhaltung tatsächlich zu einer erheblichen Re-

[133] *Redeke*, Die AG 2022, 98, 102 Rn. 14.

[134] *Bochmann*, NZG 2022, 531, 535.

[135] Dazu, dass die Wochenfrist des § 51 Abs. 1 S. 2 GmbHG auch bei der Einberufung virtueller Versammlungen zu wahren ist siehe unten Kap. 4 D. II.

[136] *Heckschen*, GmbHR 2023, 105, 108 Rn. 12.

[137] *Heckschen*, GmbHR 2023, 105, 108 Rn. 12.

[138] *Bochmann*, NZG 2022, 531, 535; *Heckschen*, GmbHR 2023, 105, 108 Rn. 12.

[139] Vgl. *Schwab*, Audit Committee Quarterly, II/2023 47, 48.

[140] *Lieder*, Virtuelle Versammlungen, in: FS Vetter, 2019, 419, 429 f.

duzierung des CO2-Fußabdrucks führen.[141] Demgegenüber müssen bei der GmbH im Regelfall maximal fünf Gesellschafter eine Anreise auf sich nehmen, von denen normalerweise kaum der Großteil im Ausland wohnhaft sein wird. Daher sind die ökologischen Vorteile einer virtuellen Gesellschafterversammlung im Gegensatz zu denen einer virtuellen Hauptversammlung zu vernachlässigen.

d) Einordnung der Vorteile im Hinblick auf den Normzweck

Im Lichte der *ratio legis* des § 48 Abs. 1 (S. 1) GmbHG erweist sich der Großteil der genannten, in der Literatur vorgebrachten Vorteile einer Beschlussfassung in virtueller Versammlung jedoch als rechtlich unerheblich. Denn der Vorteil des geringeren organisatorischen, zeitlichen und finanziellen Aufwands der Teilnahme an einer virtuellen Versammlung sowie die sich hieraus ergebende erhöhte Flexibilität der Gesellschafter mögen die virtuelle Versammlungsform zwar attraktiv erscheinen lassen, fördern jedoch die gesellschaftsinterne Meinungsbildung und somit den Zweck des § 48 Abs. 1 (S. 1) nicht. Gleiches gilt für den – nur in Ausnahmefällen überhaupt in erheblicher Weise – reduzierten Aufwand auf Seiten der GmbHG ebenso wie für die – in aller Regel kaum ins Gewicht fallenden – ökologischen Vorteile, die mit der Meinungsbildung in virtueller Gesellschafterversammlung einhergehen.

Von rechtlicher Bedeutung erscheint hingegen, dass die größere örtliche Flexibilität bei virtuellen Gesellschafterversammlungen es einzelnen Gesellschaftern erst ermöglichen wird, an der Versammlung teilzunehmen und sich so an dem gesellschaftsinternen Willensbildungsprozess zu beteiligen. Denn auf diese Weise fördert die virtuelle Beschlussfassung den Zweck des § 48 Abs. 1 S. 1 GmbHG, einen tatsächlichen Meinungsaustausch innerhalb der Gesellschaftergemeinschaft zu gewährleisten. Je breiter die Beteiligung an der Versammlung sowie der in ihr stattfindenden Meinungsbildung ist, desto größer ist letztlich die Legitimation der gefassten Beschlüsse. Ebenso beachtlich ist der Umstand, dass es durchaus plausibel erscheint, dass die Möglichkeit einer virtuellen Versammlung eine kontinuierlichere Abhaltung von Gesellschafterversammlungen begünstigt. Ist dies der Fall, würde die virtuelle Beschlussfassung einen kontinuierlicheren innergesellschaftlichen Willensbildungsprozess durch stetigen Meinungsaustausch fördern.

3. Nachteile einer Beschlussfassung in virtueller Versammlung

Mit einer Beschlussfassung in virtueller Versammlung sind neben den Vorteilen jedoch insbesondere auch Nachteile verbunden, die den Vorteilen in ihrer Bedeutung überwiegen.

---

[141] Bei der Deutschen Bank AG konnten die CO2-Emissionen durch die Umstellung von Präsenz- zu virtueller Hauptversammlung beispielweise um 80% verringert werden, *Rotsch/Jakob*, ZHR 2024, 611, 615.

a) Kein Ausschluss von Gesellschaftern mit Digitalferne

Zunächst wird teils als Argument gegen die Digitalisierung von Gesellschafterversammlungen angeführt, dass virtuelle Zusammenkünfte digitalferne Personen von der Willensbildung ausschließen würden.[142]

Hiergegen ist allerdings einzuwenden, dass die Benutzung eines Telefons sowie auch des Internets gesellschaftlicher Standard geworden ist. In Deutschland nutzen 2024 nach einer ARD/ZDF-Medienstudie 96% der Einwohner ab 14 Jahren das Internet zumindest selten.[143] Angesichts des Umstandes, dass Telefondienste bereits deutlich länger als das Internet allgemeingesellschaftlich zugänglich sind,[144] ist bezüglich dieser von einer noch höheren Nutzerzahl auszugehen. Hieraus folgt, dass vom Besitz eines für die Teilnahme an einer virtuellen Gesellschafterversammlung benötigten Endgeräts als Regelfall ausgegangen werden kann, ebenso wie von einem Telefon- bzw. Internetzugang. Ferner kann eine hinreichende Fähigkeit zur Bedienung des Endgeräts unterstellt werden. Sollte sich die Sachlage im Einzelfall anders darstellen, kann es jedenfalls nicht als unzumutbar bewertet werden, sich – gegebenenfalls unter geringem finanziellen Aufwand – den technischen Mittel Dritter zu bedienen und auch deren Unterstützung in Anspruch zu nehmen.[145]

Wie Teichmann zutreffend festgestellt hat, verhält es sich im Fall eines Gesellschafters, der aufgrund fehlender Ausstattung oder Technikkenntnisse Schwierigkeiten hat, an einer virtuellen Versammlung teilzunehmen, im Ergebnis „nicht viel anders als bei Personen, die einen weiten Weg zur [Präsenz-Gesellschafterversammlung] zurücklegen müssen und über kein eigenes Fahrzeug verfügen".[146] Die Teilnahme an einer virtuellen Versammlung ist damit jedenfalls unter Inanspruchnahme der Hilfe Dritter möglich und zumutbar.[147] Mithin wird kein Gesellschafter bei der Wahl eines virtuellen Versammlungsformates von der Gesellschafterversammlung ausgeschlossen.

---

[142] *Leinekugel*, DB 2022, 2840, 2845.

[143] Statista, Anteil der Internetnutzer in Deutschland in den Jahren 1997 bis 2025, https://de.statista.com/statistik/daten/studie/36009/umfrage/anteil-der-internetnutzer-in-deutschland-seit-1997/, zuletzt abgerufen am: 19. 12. 2025. Gerade auch in der Altersgruppe der über 70-Jährigen, denen vorrangig eine gewisse Digitalferne nachgesagt wird, ist Zahl der Internetnutzer in den letzten zehn Jahren stark gestiegen, Statista, Anteil der Internetnutzer nach Altersgruppen in Deutschland in den Jahren 1997 bis 2025, https://de.statista.com/statistik/daten/studie/36149/umfrage/anteil-der-internetnutzer-in-deutschland-nach-altersgruppen-seit-1997/, zuletzt abgerufen am 19. 12. 2025.

[144] Siehe oben Kap. 1 B. III. 2. b).

[145] *Teichmann*, ZfPW 2019, 247, 262.

[146] *Teichmann*, ZfPW 2019, 247, 262.

[147] So auch *Beck*, GmbHR 2021, 901, 904 Rn. 22; *Redeke*, Die AG 2022, 98, 100 Rn. 8; *Lieder*, Virtuelle Versammlungen, in: FS Vetter, 2019, 419, 434.

b) Gefahr technischer Störungen

Ein evidenter Nachteil fernmündlich oder mittels Videokommunikation abgehaltener Versammlungen ist derweil die Gefahr technischer Störungen, die die Kommunikation zwischen den Versammlungsteilnehmern abbrechen lassen oder zumindest erschweren können.[148]

Kommunikations- und Datenverbindungen sind selbst in den Ballungsräumen Deutschlands nicht verlässlich stabil.[149] Aufgrund technischer Unwägbarkeiten kann es daher bei Telefonkonferenzen dazu kommen, dass die Telefonverbindung abrupt abbricht oder zumindest so gestört ist, dass Stimmen nur abgehackt oder verzerrt beim Gesprächspartner ankommen.[150] Bei der Zusammenkunft über eine Videokommunikationsplattform treten noch die Gefahren hinzu, dass sich ein Gesellschafter nicht in die Konferenz einwählen kann, dass die Videofunktion ausfällt oder dass es zu einer Übertragung verzerrter bzw. zeitversetzter Bilder kommt.[151]

Gerade während der Corona-Pandemie hat sich gezeigt, dass derartige technische Störungen keinesfalls einen Ausnahmefall darstellen. Eine vergleichbare Gefahrenlage besteht bei Präsenzversammlungen nicht.[152]

c) Geringere Kommunikationsqualität

Aber selbst wenn technische Störungen nicht zu einer Beeinträchtigung der Kommunikation führen, ist die in virtueller Versammlung ermöglichte Qualität der Kommunikation geringer als die in Präsenzzusammenkunft.

aa) Nonverbale Kommunikation nur eingeschränkt möglich

Zwar lässt eine Zusammenkunft via Telefon oder Videokommunikation *prima facie* eine ähnliche Interaktion wie eine Präsenzversammlung zu: Die Teilnehmer können die Äußerungen der übrigen Teilnehmer wahrnehmen, in Echtzeit auf diese reagieren und ihre eigene Meinung kundtun.[153]

---

[148] *Leinekugel*, DB 2022, 2840, 2844; *Heckschen*, GmbHR 2023, 105, 110 Rn. 26; *Noack*, „Mittels Videokommunikation" – virtuelle Gesellschafterversammlungen bei der GmbH, in: FS Heckschen, 2024, 475, 480.

[149] *Heckschen*, GmbHR 2023, 105, 110 Rn. 26.

[150] Vgl. *Leinekugel*, DB 2022, 2840, 2844; *Heckschen*, GmbHR 2023, 105, 110 Rn. 26.

[151] Vgl. *Leinekugel*, DB 2022, 2840, 2844; *Heckschen*, GmbHR 2023, 105, 110 Rn. 26.

[152] A. A. *Rotsch/Jakob*, ZHR 2024, 611, 617. Gegen die Argumentation von Rotsch/Jakob, dass beispielsweise Stau oder ein eingeschränkter Bahnbetrieb die Teilnahme an der Präsenzversammlung ähnlich gefährenden würden wie technische Probleme die virtuelle Versammlungsteilnahme, ist einzuwenden, dass die Gefahr einer Beeinträchtigung durch technische Probleme – anders als bloße Risiken bei der Anreise – insbesondere auch nach Erreichen des virtuellen Versammlungsortes weiterbesteht.

[153] *Erdmann*, MMR 2000, 526, 527 f.; *Zwissler*, GmbHR 2000, 28, 29.

Diese oberflächliche Betrachtung ignoriert allerdings die Tatsache, dass zwischenmenschliche Kommunikation zu einem ganz erheblichen Teil nonverbal stattfindet.[154] Auch wenn der genaue Anteil der nonverbalen Kommunikation kaum konkret bestimmbar ist,[155] ist es absolut unstreitig, dass Elemente wie Mimik, Gestik, Körperhaltung, Blick- und Stimmverhalten einen ganz erheblichen Einfluss auf die Interaktion und Verständigung haben.[156] Nonverbale Signale helfen zum einen bei der Unterstützung der verbalen Botschaften selbst.[157] Zum anderen senden sie aber auch unabhängig vom Inhalt des Gesagten Botschaften.[158] Insbesondere Emotionen werden mithilfe von Mimik, Körperhaltung und Tonfall übermittelt.[159]

Bei virtuellen Zusammenkünften sind nonverbale Signale, die der Gesprächspartner sendet, teils gar nicht oder nur eingeschränkt wahrnehmbar, wobei der Grad der Beeinträchtigung nach der konkreten Versammlungsform variiert:[160] Bei Telefonkonferenzen können Signale wie Mimik, Gestik, Körperhaltung und Blickverhalten aufgrund fehlender visueller Kontaktmöglichkeit zum Gesprächspartner nicht erfasst werden. Einzig das Stimmverhalten ist wahrnehmbar. Bei Zusammenkünften via Videokonferenz sind derweil auch visuelle Signale grundsätzlich empfangbar, zumindest innerhalb des übertragenen Bildausschnitts. Voraussetzung hierfür ist selbstverständlich, dass die übertragene Bildqualität ausreichend ist. Problematisch ist allerdings, dass bei Videokonferenzen in der Regel alle Teilnehmer in einer Galerieansicht auf dem Bildschirm zu sehen sind. Hierdurch wird das zentrale Sehvermögen des Gehirns herausgefordert und häufig auch überfordert, da es versucht, sämtliche Teilnehmenden zu dekodieren, sodass es letztlich selbst bei dem Sprecher nicht gelingt.[161] Hieraus folgt, dass die nonverbalen Kommunikati-

---

[154] *Argyle*, Kommunikation & Körpersprache, Paderborn 2012, S. 11 ff.; *Burgoon/Manusov/Guerrero*, Nonverbal Communication, New York 2022, S. 407 ff. Dieses Argument ebenfalls vorbringend *Leinekugel*, DB 2022, 2840, 2844; *ders.*, in: BeckOK GmbHG, Stand: 01.11.2025, Anh. § 47 Rn. 29; zustimmend *Heckschen*, GmbHR 2023, 105, 108 f. Rn. 16.

[155] Teils wird auf die sog. Mehrabian-Formel verwiesen und verallgemeinernd behauptet, der Anteil der nonverbalen Kommunikation an der gesamten Kommunikation betrage 93 %, vgl. etwa *Barowski*, BC 2017, 217, 218 f. Dies entspricht jedoch nicht den tatsächlichen Forschungsergebnissen von Mehrabian et al.; vielmehr wurde diese konkrete Prozentzahl einzig für spezifische Einzelfallsituationen bestimmt, *Burgoon/Manusov/Guerrero*, Nonverbal Communication, New York 2022, S. 4.

[156] *Rump/Brandt/Eilers*, Zoom-Fatigue – Eine Untersuchungsreihe zu den Konsequenzen der Steigenden Nutzung virtueller Meetings, in: Arbeiten in der neuen Normalität, 189, 192; *Leinekugel*, DB 2022, 2840, 2844; *Heckschen*, GmbHR 2023, 105, 108 f. Rn. 16; *Wicke*, DStR 2022, 498, 499 f.

[157] *Argyle*, Körpersprache & Kommunikation, Paderborn 2012, S. 13, 16.

[158] *Argyle*, Körpersprache & Kommunikation, Paderborn 2012, S. 13.

[159] *Burgoon/Manusov/Guerrero*, Nonverbal Communication, New York 2022, S. 299 ff.

[160] So auch *Heckschen*, GmbHR 2023, 105, 108 f. Rn. 16.

[161] *Sklar*, „Zoom fatigue" is taxing the brain. Here's why that happens., nationalgeographic.com, Beitrag vom 24.04.2020: https://www.nationalgeographic.com/science/2020/04/coronavirus-zoom-fatigue-is-taxing-the-brain-here-is-why-that-happens/, zuletzt abgerufen am 19.12.2025.

onssignale bei Videokommunikation umso schlechter empfangbar sind, desto mehr Personen an der Videozusammenkunft teilnehmen.[162]

bb) Schlechtere Gesprächsatmosphäre

Maßgebliche Folge der eingeschränkten Möglichkeit zur nonverbalen Kommunikation ist, dass die Gesprächsatmosphäre in virtuellen Versammlungen einer harmonischen Entscheidungsfindung weniger förderlich ist als bei Präsenztreffen. Menschen vertrauen stärker auf nonverbale Signale als auf den ausdrücklich artikulierten Gesprächsinhalt.[163] Sind solche Signale nur eingeschränkt verfügbar, können sie Unsicherheiten zwischen den Gesprächspartnern nur begrenzt abbauen und damit auch nur eingeschränkt zur Verständigung beitragen.[164] Zudem sind in virtuellen Versammlungen situative, spontane Reaktionen nur in deutlich eingeschränktem Maße möglich,[165] unter anderem weil sich passende Zeitpunkte für diese weniger klar erkennen lassen. Darüber hinaus sind Zwiegespräche zwischen einzelnen Gesellschaftern im Grundsatz nicht realisierbar.[166] Die Gesprächsatmosphäre wird darüber hinaus in virtuellen Versammlungen dadurch gestört, dass die Teilnehmenden häufig nicht ausschließlich den Diskurs verfolgen, sondern parallel noch auf anderen Medien agieren.[167]

Daher erscheint die Durchführung einer virtuellen Versammlung insbesondere dann problematisch, wenn über Gegenstände abgestimmt werden soll, hinsichtlich derer unter den Gesellschaftern Uneinigkeit besteht.[168] Denn wenn nonverbale Kommunikation nur eingeschränkt möglich ist, wird es spürbar schwieriger, einen konsensfähigen Gesellschaftswillen herauszubilden.[169]

cc) Zoom-Fatigue

In ebendiese Richtung wirkt auch das Phänomen der sog. „Zoom-Fatigue“[170]. Es beschreibt den Zustand der Erschöpfung, welcher durch die (vermehrte) Teilnahme an Videokonferenzen entsteht.[171]

---

[162] Vgl. *Heckschen*, GmbHR 2023, 108 f. Rn. 16.

[163] *Burgoon/Manusov/Guerrero*, Nonverbal Communication, New York 2022, S. 10.

[164] Vgl. *Ballof/Stich/Stich*, Audit Committee Quarterly III/2024, 51, 52 f.

[165] *Leinekugel*, DB 2022, 2840, 2844; *Bochmann*, NZG 2022, 531, 535; *Heckschen*, GmbHR 2023, 105, 110 Rn. 25; *Heppe/Bauer*, NZG 2024, 626, 628 Rn. 22.

[166] *Heppe/Bauer*, NZG 2024, 626, 628 Rn. 22.

[167] *Heckschen*, GmbHR 2023, 105, 110 Rn. 25.

[168] *Leinekugel*, DB 2022, 2840, 2843.

[169] *Leinekugel*, DB 2022, 2840, 2843 f.; *ders.*, in: BeckOK GmbHG, Stand: 01.11.2025, Anh. § 47 Rn. 29; *Ballof/Stich/Stich*, Audit Committee Quarterly III/2024, 51, 52 f.

[170] *Bochmann*, NZG 2022, 531, 535.

Dieser Erschöpfungszustand begründet sich ebenfalls in dem Umstand, dass Teilnehmer von Videokonferenzen nonverbale Signale nur begrenzt wahrnehmen können.[172] Denn ein Teil des menschlichen Gehirns ist im zwischenmenschlichen Kontakt stets auf die Ermittlung und Dekodierung nonverbaler Hinweise konzentriert.[173] Die gestörte Wahrnehmbarkeit solcher Eindrücke überlastet das Gehirn, da es versucht, Gesprochenes wahrzunehmen, die schwer erkennbaren nonverbalen Signale zu entschlüsseln und fehlende Hinweise zu finden sowie diese sodann kognitiv ergänzend auszugleichen.[174] Ein Faktor, der die Belastung noch verstärkt, ist, dass auf dem Computerbildschirm zumeist alle Teilnehmenden der Videokonferenz in einer Galerieansicht angezeigt werden, weshalb das Gehirn nicht nur mit der Dekodierung einer Person befasst ist, sondern mit der aller Teilnehmer.[175] Hinzu kommt, dass man in aller Regel nicht nur die anderen Teilnehmer, sondern auch sich selbst auf dem Bildschirm sieht.[176] Dies führt zu einer gesteigerten Wahrnehmung der eigenen Person,[177] was zur Folge haben kann, dass der Einzelne dazu bewegt wird, das eigene Verhalten oder Aussehen zu kontrollieren, sodass ein weiteres Element der Überforderung entsteht.

d) Eingeschränkte Vertraulichkeit

Nach der gesetzlichen Konstruktion haben allein die Gesellschafter der GmbH, die in der Gesellschafterliste eingetragen sind (bzw. gegebenenfalls deren Vertreter)[178] ein unbedingtes Recht zur Teilnahme an der Gesellschafterversammlung

---

[171] *Rump/Brandt/Eilers*, Zoom-Fatigue – Eine Untersuchungsreihe zu den Konsequenzen der Steigenden Nutzung virtueller Meetings, in: Arbeiten in der neuen Normalität, 189, 190.

[172] *Rump/Brandt/Eilers*, Zoom-Fatigue – Eine Untersuchungsreihe zu den Konsequenzen der Steigenden Nutzung virtueller Meetings, in: Arbeiten in der neuen Normalität, 189, 192.

[173] *Rump/Brandt/Eilers*, Zoom-Fatigue – Eine Untersuchung zu den Konsequenzen der steigenden Nutzung virtueller Meetings, in: Arbeiten in der neuen Normalität, 189, 192; *Sklar*, „Zoom fatigue“ is taxing the brain. Here’s why that happens., nationalgeographic.com, Beitrag vom 24.04.2020: https://www.nationalgeographic.com/science/2020/04/coronavirus-zoom-fatigue-is-taxing-the-brain-here-is-why-that-happens/, zuletzt abgerufen am 19.12.2025.

[174] *Rump/Brandt/Eilers*, Zoom-Fatigue – Eine Untersuchung zu den Konsequenzen der steigenden Nutzung virtueller Meetings, in: Arbeiten in der neuen Normalität, 189, 192.

[175] *Sklar*, „Zoom fatigue“ is taxing the brain. Here’s why that happens., nationalgeographic.com, Beitrag vom 24.04.2020: https://www.nationalgeographic.com/science/2020/04/coronavirus-zoom-fatigue-is-taxing-the-brain-here-is-why-that-happens/, zuletzt abgerufen am 19.12.2025.

[176] *Rump/Brandt/Eilers*, Zoom-Fatigue – Eine Untersuchung zu den Konsequenzen der steigenden Nutzung virtueller Meetings, in: Arbeiten in der neuen Normalität, 189, 192.

[177] *Rump/Brandt/Eilers*, Zoom-Fatigue – Eine Untersuchung zu den Konsequenzen der steigenden Nutzung virtueller Meetings, in: Arbeiten in der neuen Normalität, 189, 192.

[178] *Liebscher*, in: MüKo GmbHG, § 48 Rn. 30, 32; *Noack*, in: Noack/Servatius/Haas GmbHG, § 48 Rn. 9 f.; *Altmeppen*, in: Altmeppen GmbHG, § 48 Rn. 6; *Vogel*, Gesellschafterbeschlüsse und Gesellschafterversammlung, Köln 1986, S. 139; *Wolf*, Wege zur virtuellen Haupt- und Gesellschafterversammlung, Frankfurt a. M. 2004, S. 215.

i. S. d. § 48 Abs. 1 GmbHG.[179] Selbst Fremdgeschäftsführer[180] und Berater[181] haben im Grundsatz keinen Partizipationsanspruch. Diese Beschränkung des Teilnehmerkreises hat den Zweck, den Gesellschaftern einen geschützten Raum zur Willensbildung zu bieten.[182] Es soll ihnen möglich sein, die Beschlüsse zu fassen, ohne durch Dritte beeinflusst zu werden.[183] So stellt die Zulassungsbeschränkung zum einen sicher, dass den Gesellschaftern aufgrund der von ihnen in der Gesellschafterversammlung vertretenen Ansichten keine negativen Konsequenzen von Seiten Dritter drohen.[184] Zudem sollen die Gesellschafter in ihrem Vorgehen bei der Willensbildung in keiner Weise gehemmt sein – insbesondere sollen alle notwendigen Themen umfassend behandelt werden können, auch wenn hierfür Geschäftsgeheimnisse oder andere vertrauliche Informationen zur Sprache gebracht werden müssen.[185]

Dass tatsächlich nur die zugelassenen Personen an der Gesellschafterversammlung teilnehmen, kann bei Präsenzversammlungen unter anderem durch eine Anwesenheitsfeststellung sichergestellt werden.[186] Eine GmbH hat zudem in aller Regel nicht mehr als fünf Gesellschafter.[187] Daher können die in dem Versammlungsraum versammelten Gesellschafter zumeist leicht überblicken, ob einzig die zugelassenen Personen anwesend sind.

Bei virtuellen Versammlungen lässt sich die Vertraulichkeit der geteilten Inhalte nicht vergleichbar gewährleisten,[188] wobei größere Bedenken gegenüber fern-

---

[179] *Bergjan*, in: Saenger/Inhester GmbHG, § 48 Rn. 5; *Goette/Goette*, Die GmbH, § 7 Rn. 45; *Vogel*, Gesellschafterbeschlüsse und Gesellschafterversammlung, Köln 1986, S. 137 ff.; *Wolf*, Wege zur virtuellen Haupt- und Gesellschafterversammlung, Frankfurt a. M. 2004, S. 216; *Leinekugel*, DB 2022, 2840, 2843.

[180] *Noack*, in: Noack/Servatius/Haas GmbHG, § 48 Rn. 12; *Liebscher*, in: MüKo GmbHG, § 48 Rn. 52; *Altmeppen*, in: Altmeppen GmbHG, § 48 Rn. 10; *Vogel*, Gesellschafterbeschlüsse und Gesellschafterversammlung, Köln 1986, S. 140.

[181] BGH, Urt. v. 27.04.2009 – II ZR 167/07, NJW 2009, 2300, 2301 Rn. 17; OLG Naumburg, Urt. v. 25.01.1996–2 U 31/95, GmbHR 1996, 934, 936; *Liebscher*, in: MüKo GmbHG, § 48 Rn. 43; *Noack*, in: Noack/Servatius/Haas GmbHG, § 48 Rn. 13.

[182] *Heckschen*, Aspekte der (Nicht-)Vergleichbarkeit des Diskurses in Präsenz und im virtuellen Raum, in: Beschlussfassung im virtuellen Raum, 29, 39.

[183] *Heckschen*, Aspekte der (Nicht-)Vergleichbarkeit des Diskurses in Präsenz und im virtuellen Raum, in: Beschlussfassung im virtuellen Raum, 29, 39.

[184] *Heckschen*, Aspekte der (Nicht-)Vergleichbarkeit des Diskurses in Präsenz und im virtuellen Raum, in: Beschlussfassung im virtuellen Raum, 29, 39.

[185] *Leinekugel*, DB 2022, 2840, 2843; *Heckschen*, Aspekte der (Nicht-)Vergleichbarkeit des Diskurses in Präsenz und im virtuellen Raum, in: Beschlussfassung im virtuellen Raum, 29, 39.

[186] *Liebscher*, in: MüKo GmbHG, § 48 Rn. 132; *Heckschen*, Aspekte der (Nicht-)Vergleichbarkeit des Diskurses in Präsenz und im virtuellen Raum, in: Beschlussfassung im virtuellen Raum, 29, 40.

[187] Siehe oben Kap. 1 B. I. 2. b) cc).

[188] Ebenso *Leinekugel*, DB 2022, 2840, 2843; *ders.*, in: BeckOK GmbHG, Stand: 01. 11. 2025, Anh. § 47 Rn. 29; *Heckschen*, GmbHR 2023, 105, 109 f. Rn. 22 ff.; *ders.*, Aspekte der

mündlich abgehaltenen Versammlungen bestehen. Es ist bereits schwer nachprüfbar, dass einzig GmbH-Gesellschafter aktiv an der Zusammenkunft teilnehmen, jedenfalls nicht gleichermaßen zu gewährleisten ist aber, dass nur diese die Versammlung mitverfolgen.

aa) Risiko einer unbefugten aktiven Teilnahme Dritter

Zwar ist bei Telefon- und Videokonferenzen dem Grundsatz nach jedenfalls eine auditive Kontrolle der Identität der Versammlungsteilnehmer möglich, wenn man lebensnah annimmt, dass den Gesellschaftern die Stimmen ihrer Mitgesellschafter bekannt sind. Zusätzlich ist bei mittels Videokommunikation abgehaltenen Versammlungen eine visuelle Identitätskontrolle der Mitteilnehmer möglich.

Diese Kontrollmöglichkeiten können allerdings mittlerweile unterlaufen werden. Wie unter anderem ein Vorfall 2022 verdeutlicht hat, ist es mittlerweile grundsätzlich möglich, an einer Videokonferenz unter falscher Identität teilzunehmen: Die damalige Bürgermeisterin von Berlin, Franziska Giffey, videotelefonierte über den Zeitraum einer halben Stunde mit einer Person, die aussah wie Vitali Klitschko, der Bürgermeister von Kiew, es aber tatsächlich nicht war.[189] Derartige Täuschungen verweisen auf eine noch weiterreichende Problematik: sog. Deepfakes, welche zunehmend für erhebliches mediales und gesellschaftliches Aufsehen sorgen.[190] Bei diesen handelt es sich um authentisch wirkende Foto-, Video- oder Audioinhalte, die durch Techniken der Künstlichen Intelligenz mithilfe der Verwertung vorhandener Bild-, Video- oder Audiodateien generiert werden.[191] Es ist so möglich, das Aussehen, das Verhalten und die Stimme einer Person zu imitieren und die betreffende Person letztlich nach Belieben handeln und sprechen zu lassen.[192] Zu beachten ist indes, dass es für jede Art der Manipulation verwertbare Medieninhalte benötigt

(Nicht-)Vergleichbarkeit des Diskurses in Präsenz und im virtuellen Raum, in: Beschlussfassung im virtuellen Raum, Baden-Baden 2023, 29, 40 ff.

[189] *Flade*, Deepfakes als Angriffswaffe, tagesschau.de, Beitrag vom 27.06.2022: https://www.tagesschau.de/investigativ/wdr/deep-fakes-103.html, zuletzt abgerufen am: 19.12.2025; zeit.de, Beitrag vom 25.06.2022: https://www.zeit.de/politik/deutschland/2022-06/deepfake-franziska-giffey-staatschutz, zuletzt abgerufen am: 17.06.2026. Es wird bezweifelt, dass es sich bei der Darstellung Klitschkos um einen Deepfake handelte, *Schiffer*, Falscher Klitschko: warum die Deefake-Panik ein Problem ist, br.de; Beitrag vom 06.07.2022: https://www.br.de/nachrichten/netzwelt/falscher-klitschko-warum-die-deepfake-panik-ein-problem-ist, TAmXHM2, zuletzt abgerufen am 19.12.2025.

[190] Vgl. *Thompson*, How ‚Deepfake Elon Musk' Became the Internet's Biggest Scammer, nytimes.com, Beitrag vom 14.08.2024: https://www.nytimes.com/interactive/2024/08/14/technology/elon-musk-ai-deepfake-scam.html, zuletzt abgerufen am: 19.12.2025; *Trait*, US senator targeted by deepfake caller posing as Ukrainian diplomat, theguardian.com, Beitrag vom 26.09.2024: https://www.theguardian.com/us-news/2024/sep/26/ben-cardin-dmytro-kuleba-deepfake-ukraine, zuletzt abgerufen am 19.12.2025.

[191] *Lantwin*, MMR 2019, 574.

[192] *Lantwin*, MMR 2019, 574.

und die Ergebnisse umso authentischer werden, je umfangreicher die zum Training verwendeten Daten sind.[193] Dass die für eine Imitation benötigten Foto-, Video- oder Audiodateien gerade bei Personen des öffentlichen Lebens wie dem Boxer und Politiker Klitschko, die regelmäßig medial auftreten, einfach zu beschaffen sind, leuchtet ein.[194] Anders ist es bei dem durchschnittlichen Gesellschafter. Dennoch wurden Deepfakes im Unternehmenskontext bereits mehrfach erfolgreich für rechtswidrige Handlungen verwendet. Beispielsweise wurde 2019 ein britisches Unternehmen mit Hilfe dieser Technik um etwa 220.000 Euro betrogen. Anrufer simulierten in einem Telefonat die Stimme des Vorstandsvorsitzenden des Mutterunternehmens und forderten den Geschäftsführer zur Überweisung der Summe auf.[195] Ebenso wurde 2020 ein Niederlassungsleiter in Hongkong mittels Stimmimitation des Direktors des Mutterunternehmens dazu gebracht, 35 Millionen Dollar zu überweisen.[196] Zuletzt wurde 2024 auch ein Fall bekannt, wo der Finanzchef eines britischen Unternehmens bei einem Videotelefonat imitiert wurde und ein Schaden von 23 Mio. Euro entstand.[197]

Dennoch sind die von technischen Imitationen ausgehenden Gefahren für die Vertraulichkeit von GmbH-Gesellschafterversammlungen derzeit noch als sehr gering einzustufen. So dürfte das für die Erstellung einer überzeugenden Fälschung stets benötigte Ton- und insbesondere Videomaterial von GmbH-Gesellschafter überwiegend nur schwer zu beschaffen sein. Der Anreiz, Gesellschafterversammlungen zu infiltrieren, wird zudem in aller Regel deutlich geringer sein, als bei den oben beschriebenen sog. *CEO-Frauds*[198], bei denen die Fälschung unmittelbar auf eine Geldüberweisung abzielt.

bb) Risiko eines unzulässigen Mitverfolgens der geteilten Inhalte durch Dritte sowie erhöhte Gefahr unbefugter Aufzeichnungen

Jedenfalls besteht bei virtuellen Versammlungen aber ein erhöhtes Risiko, dass unbefugte Dritte den Versammlungsverlauf mitverfolgen und es zu unberechtigten Aufzeichnungen des Gesprächsverlaufs kommt.

---

[193] *Lantwin*, MMR 2019, 574.

[194] Vgl. *Lennartz*, NJW 2023, 3543; *Scheben*, Audit Committee Quarterly III/2024, 15.

[195] *Fromme*, Falscher Chef – Betrüger erbeutet 220 000 Euro mit gefälschter Stimme, sueddeutsche.de, Beitrag vom 10.09.2019: https://www.sueddeutsche.de/digital/ki-deepfake-versicherung-betrug-1.4493902, zuletzt abgerufen am: 19.12.2025.

[196] *Brewster*, Fraudster Cloned Company Director's Voice in $35 Million Heist, Police Find, forbes.com, Beitrag vom 14.10.2012: https://www.forbes.com/sites/thomasbrewster/2021/10/14/huge-bank-fraud-uses-deep-fake-voice-tech-to-steal-millions/?sh=51cfaa247559, zuletzt abgerufen am 19.12.2025.

[197] *Scheben*, Audit Committee Quarterly III/2024, 15, 16.

[198] Bsi.bund.de: https://www.bsi.bund.de/DE/Themen/Unternehmen-und-Organisationen/Informationen-und-Empfehlungen/Kuenstliche-Intelligenz/Deepfakes/deepfakes_node.html, zuletzt abgerufen am: 19.12.2025.

(1) Risiko eines unzulässigen Mitverfolgens durch nicht autorisierte Privatpersonen sowie erhöhte Gefahr unbefugter Aufzeichnungen

So besteht zum einen eine erhöhte Gefahr, dass nicht autorisierte Privatpersonen die virtuelle Versammlung unbemerkt mitverfolgen.[199]

Bei in Präsenz abgehaltenen Gesellschafterversammlungen lässt sich durch die anwesenden Gesellschafter mittels visueller Kontrolle einfach nachvollziehen, dass sich ausschließlich die zur Teilnahme berechtigten Personen in dem Versammlungsraum aufhalten und die geteilten Inhalte mitverfolgen. Durch geeignete Kontrollmaßnahmen lässt sich zudem – sofern indiziert – sicherstellen, dass sich keine technischen Überwachungsmittel im Versammlungsraum befinden und solche auch nicht von einzelnen Gesellschaftern mit sich geführt werden.

Anders liegt der Fall bei virtuellen Zusammenkünften. Trotz der modernen Sicherheitsstandards besteht bei diesen stets ein Restrisiko, dass sie gehackt werden, sich also ein Dritter unbefugt und heimlich Zugang zu dem virtuellen Versammlungsraum und damit zu dem Gesprächsinhalt verschafft.[200] Zudem wäre es nur mit erheblichem technischen Aufwand, etwa durch die Einrichtung von sog. 360-Grad-Kameras in allen realen Räumen, aus welchen einzelnen Gesellschafter teilnehmen, möglich, effektiv zu kontrollieren, dass sich in diesen keine weitere Person aufhält, die den Versammlungsverlauf unbemerkt mitverfolgt.[201] Dass Gesellschafter regelmäßig auf solche Maßnahmen zurückgreifen, erscheint kaum realistisch.

Die dargelegten Umstände verstärken auch die Gefahr, dass heimlich Aufzeichnungen des Versammlungsverlaufs angefertigt werden.[202] Sowohl die Gesellschafter selbst als auch den Versammlungsverlauf mitverfolgende Dritte können die geteilten Versammlungsinhalte leichter unbemerkt mitschneiden.

Zu beachten ist in diesem Zusammenhang grundsätzlich, dass die GmbH-Gesellschafter gegenüber der Gesellschaft[203] sowie ihren Mitgesellschaftern[204] zur

---

[199] *Leinekugel*, DB 2022, 2840, 2843; *Heckschen*, GmbHR 2023, 105, 110 Rn. 24; *ders.*, Aspekte der (Nicht-)Vergleichbarkeit des Diskurses in Präsenz und im virtuellen Raum, in: Beschlussfassung im virtuellen Raum, 29, 40; *Noack*, „Mittels Videokommunikation" – virtuelle Gesellschafterversammlungen bei der GmbH, in: FS Heckschen, 2024, 475, 480.

[200] *Heckschen*, Aspekte der (Nicht-)Vergleichbarkeit des Diskurses in Präsenz und im virtuellen Raum, in: Beschlussfassung im virtuellen Raum, 29, 43.

[201] Ohne solche Maßnahmen lässt sich die Nichtanwesenheit Dritter auch bei Versammlungen mittels Videokommunikation einzig in den jeweils übertragenen Bildausschnitten und damit nicht umfassend überprüfen, vgl. *Leinekugel*, DB 2022, 2840, 2843; *Heckschen*, GmbHR 2023, 105, 110 Rn. 24.

[202] *Leinekugel*, DB 2022, 2840, 2843; *Heckschen*, GmbHR 2023, 105, 110 Rn. 24.

[203] BGH, Urt. v. 01.04.1953 – II ZR 235/52, NJW 1953, 780, 781; BGH, Urt. v. 05.06.1975 – II ZR 23/74, NJW 1976, 191; *Merkt*, in: MüKo GmbHG, § 13 Rn. 107; *Wilhelmi*, in: BeckOK GmbHG, Stand: 01.08.2025, § 13 Rn. 180; *Seibt*, in: Scholz GmbHG, § 14 Rn. 73; *Guntermann*, Beschlussfassung im virtuellen Raum als rechtsformübergreifende Aufgabe, in: Beschlussfassung im virtuellen Raum, 125, 146 f. Die Treuepflicht der Gesellschafter gegenüber der Gesellschaft wird als „Vertikale Treuepflicht" bezeichnet, BGH, Urt. v. 14.02.2019 –

Treue verpflichtet sind.[205] So ist die Beziehung eines GmbH-Gesellschafters zu der Gesellschaft sowie seinen Mitgesellschaftern „nicht rein kapitalistisch[er], sondern auch persönlicher Art“[206]. Die Gesellschafter sind in der Körperschaft der GmbH dauerhaft verbunden und folglich aufeinander angewiesen.[207] Daher bindet die Treuepflicht die GmbH-Gesellschafter dahingehend, die Interessen der Gesellschaft zu fördern und Rücksicht auf die Belange ihrer Mitgesellschafter zu nehmen.[208] Sie haben alles zu unterlassen, was zu einer Schädigung der Gesellschaftsinteressen führen könnte.[209] Dementsprechend untersagt die mitgliedschaftliche Treuepflicht es den Gesellschaftern, den Versammlungsverlauf selbst aufzuzeichnen oder zuzulassen, dass Dritte den Versammlungsverlauf unbefugterweise mitverfolgen oder aufzeichnen.[210] Hinzu kommt, dass § 201 Abs. 1 Nr. 1 StGB das Aufzeichnen der in

IX ZR 149/16, NJW 2019, 1289, 1290 Rn. 17; *Lieder*, in: Michalski/Heidinger/Leible/Schmidt, § 13 Rn. 140.

[204] BGH, Urt. v. 05.06.1975 – II ZR 23/74, NJW 1976, 191; *Merkt*, in: MüKo GmbHG, § 13 Rn. 108 ff.; *Wilhelmi*, in: BeckOK GmbHG, Stand: 01.08.2025, § 13 Rn. 180; *Seibt*, in: Scholz GmbHG, § 14 Rn. 73; *Guntermann*, Beschlussfassung im virtuellen Raum als rechtsformübergreifende Aufgabe, in: Beschlussfassung im virtuellen Raum, 125, 146 f. Die Treuepflicht im Verhältnis der Gesellschafter untereinander wird als „Horizontale Treuepflicht“ bezeichnet, BGH, Urt. v. 14.02.2019 – IX ZR 149/16, NJW 2019, 1289, 1290 Rn. 17; *Lieder*, in: Michalski/Heidinger/Leible/Schmidt, § 13 Rn. 141.

[205] Die Treuepflicht wird von der ganz herrschenden Meinung als rechtsformübergreifendes Verbandsprinzip anerkannt wobei die Begründung allerdings streitig ist; für § 242 BGB als Rechtsgrundlage OLG München, Beschl. v. 28.07.2008 – 7 U 3004/08, NZG 2009, 25, 26; *Wilhelmi*, in: BeckOK GmbHG, Stand: 01.08.2025, § 13 Rn. 179; für § 242 BGB im Zusammenspiel mit Förderpflicht des § 705 BGB *Lieder*, in: Michalski/Heidinger/Leible/Schmidt GmbHG, § 13 Rn. 135; *Pentz*, in: Rowedder/Pentz, § 13 Rn. 36; für Gesellschaftsvertrag *Seibt*, in: Scholz GmbHG, § 14 Rn. 71; für Richter- oder Gewohnheitsrecht *Merkt*, in: MüKo GmbHG, § 13 Rn. 101; für § 241 Abs. 2 BGB *Reif/Walter*, JuS 2021, 630, 631; §§ 705, 242 BGB wie auch Gewohnheitsrecht als Rechtsgrundlage anführend *Raiser/Veil*, in: Habersack/Casper/Löbbe GmbHG, § 14 Rn. 77; differenzierend hinsichtlich der vertikalen und horizontalen Treuepflicht *Winter*, Mitgliedschaftliche Treuebindungen im GmbH-Recht, München 1988, S. 63–85; ebenso *Hüffer*, Zur gesellschaftsrechtlichen Treuepflicht als richterrechtlicher Generalklausel, in: FS Steindorff, 1990, 59, 64 ff.; die Treupflicht-Formel ablehnend *Flume*, ZIP 1996, 161; ebenfalls kritisch *Altmeppen*, in: Altmeppen GmbHG, § 13 Rn. 29 ff. Diese Frage ist für die vorliegende Arbeit indes nicht von Relevanz.

[206] BGH, Urt. v. 01.04.1953 – II ZR 235/52, NJW 1953, 780, 781.

[207] *Merkt*, in: MüKo GmbHG, § 13 Rn. 92.

[208] BGH, Urt. v. 14.02.2019 – IX ZR 149/16, NJW 2019, 1289, 1290 Rn. 17.

[209] BGH, Urt. v. 01.04.1953 – II ZR 253/52, NJW 1953, 780, 781; *Hueck*, Der Treuegedanke im modernen Privatrecht, München 1947, S. 18 f.; *Merkt*, in: MüKo GmbHG, § 13 Rn. 93; *Lieder*, in: Michalski/Heidinger/Leible/Schmidt, § 13 Rn. 131.

[210] *Schindler/Schaffner*, Virtuelle Beschlussfassung, § 3 Rn. 558; *Leinekugel*, DB 2022, 2840, 2843; *Guntermann*, Beschlussfassung im virtuellen Raum als rechtsformübergreifende Aufgabe, in: Beschlussfassung im virtuellen Raum, 125, 147; vgl. zudem zu der bei Mitgliedsversammlungen von Vereinen durch die Mitglieder zu wahrenden Vertraulichkeit von Zugangsdaten *Schwenn/Blacher*, npoR 2020, 154, 156.

der Gesellschafterversammlung geteilten Inhalte ohne Einwilligung der Gesellschafter unter Strafe stellt.[211]

Weder die mitgliedschaftliche Treuepflicht noch das Sanktionsrisiko nach § 201 Abs. 1 Nr. 1 StGB stellen jedoch hinreichende Präventionsmechanismen dar.[212] Zunächst bindet die Treuepflicht einzig die Gesellschafter, nicht aber Dritte, die ein Interesse daran haben, sich Zugang zur virtuellen Versammlung zu verschaffen. Des Weiteren können, wie sich aus den vorherigen Ausführungen ergibt, die Treuepflichtverletzung sowie auch die Verwirklichung des Tatbestandes des § 201 Abs. 1 Nr. 1 StGB gerade unbemerkt erfolgen.[213] Es ist in der kriminologischen Forschung anerkannt, dass Normverstöße bei leichten Delikten – wie den hier behandelten – umso häufiger vorkommen, desto geringer das wahrgenommene Entdeckungsrisiko und damit die Wahrscheinlichkeit einer Sanktion ist.[214] Hinzu kommt, dass selbst wenn das Vergehen erkannt würde, dieses in aller Regel kaum nachweisbar sein wird.[215]

(2) Staatliche Überwachung

Zum anderen besteht bei virtuellen Versammlungen gegenüber Präsenzzusammenkünften ein erhöhtes Risiko staatlicher Überwachung, beispielsweise wenn ein Gesellschafter aus einem Land teilnimmt, in welchem die gesamte digitale Kommunikation einer solchen unterliegt.[216] Das wohl bekanntestes Beispiel hierfür ist die Volksrepublik China. In China kann grundsätzlich jede digitale Aktivität mittels Geräten wie Smartphones oder Laptops durch staatliche Stellen systematisch aufgezeichnet werden.[217] Hieran hat auch das *Personal Information Protection Law of the People's Republic of China* nichts geändert, da dieses zahlreiche Vorschriften enthält, welche staatlichen Stellen weiterhin eine weitreichende Überwachung ermöglichen.[218] Wie auch Heckschen zu Bedenken gibt, müssen sich die Gesellschafter in dem Fall, dass einer der Gesellschafter der virtuellen Versammlung aus

---

[211] OLG Karlsruhe, Urt. v. 18. 12. 1997 – 4 U 128 – 97, NJW-RR 1998, 1116.

[212] So auch *Leinekugel*, DB 2022, 2840, 2843; a. A. *Guntermann*, Beschlussfassung im virtuellen Raum als rechtsformübergreifende Aufgabe, in: Beschlussfassung im virtuellen Raum, 125, 147.

[213] Hierauf verweisend auch *Leinekugel*, DB 2022, 2840, 2843.

[214] Zweiter Periodischer Sicherheitsbericht 2006 (Langfassung) (pdf) S. 665 f., abrufbar unter https://www.bka.de/DE/AktuelleInformationen/StatistikenLagebilder/PeriodischerSicherheitsbericht/periodischersicherheitsbericht_node.html, zuletzt abgerufen am: 19. 12. 2025; *Dölling/Hermann/Laue*, Kriminologie, Berlin 2022, § 2 Rn. 14, § 6 Rn. 11, 16 f., 47.

[215] *Leinekugel*, DB 2022, 2840, 2843.

[216] *Heckschen*, GmbHR 2023, 105, 110 Rn. 24.

[217] *Langer*, Digitale Profile, Reputation Scoring und Social Credits am Beispiel Chinas National Credit Management System, in: Demokratietheorie im Zeitalter der Frühdigitalisierung, Wiesbaden 2020, 305, 317.

[218] Vgl. *Marquard/Cornelsen*, ZD-Aktuell 2023, 01384.

einem solchen Überwachungsstaat bewohnt, bewusst sein, dass ihre „Geschäftsgeheimnisse quasi auf dem Markt gehandelt werden“[219].

e) Einordnung der Nachteile

Die Mehrzahl der dargestellten Nachteile virtueller Versammlungen erscheint im Hinblick auf die *ratio legis* des § 48 Abs. 1 GmbHG als von rechtlicher Bedeutung. Zweck der Versammlung in § 48 Abs. 1 GmbHG ist nach dem Gesetz die gesellschaftsinterne Willensbildung durch Beschlussfassung. Dass die Beschlussfassung in Versammlung als Grundsatz normiert wurde, ist der Annahme geschuldet, dass ein der Beschlussfassung vorgeschalteter Meinungsaustausch für diese essentiell oder zumindest förderlich ist.[220]

Dieser bezweckte Meinungsaustausch kann in virtueller Versammlung durch technische Störungen erheblich erschwert oder sogar unterbrochen werden. Aber selbst in Fällen, in denen technische Störungen ausbleiben, ist die Kommunikationsqualität in virtueller Versammlung unter anderem durch eine eingeschränkte Möglichkeit zur nonverbalen Kommunikation erheblich geringer als in Präsenzzusammenkünften. Nonverbale Signale tragen wesentlich zur Verständigung bei, indem sie Unsicherheiten im Kommunikationsprozess verringern. Sie nehmen insofern sogar eine wichtigere Rolle ein, als die ausdrücklich kommunizierten Inhalte. Eine eingeschränkte Möglichkeit zur nonverbalen Kommunikation wirkt sich daher nachteilig auf die Gesprächsatmosphäre aus. Diese wird des Weiteren auch dadurch beeinträchtigt, dass in virtuellen Versammlungen situative Einwürfe nur erschwert möglich sind, Zwiegespräche im Grundsatz nicht stattfinden können und die Teilnehmenden häufig von dem eigentlichen Diskurs abgelenkt sind. All dies beeinträchtigt die Willens- und Konsensbildung – insbesondere bei kontroversen Beschlussthemen.

Hinzu kommt, dass sich bei virtuellen Versammlungen die gesetzlich vorgesehene Vertraulichkeit der in Gesellschafterversammlung geteilten Inhalte nicht in vergleichbarer Weise wie bei Präsenzversammlungen gewährleisten lässt. So kann insbesondere kaum sichergestellt werden, dass ausschließlich zur Teilnahme berechtigte Personen den Versammlungsverlauf mitverfolgen. Zum einen besteht stets ein Restrisiko, dass die virtuelle Versammlung gehackt wird. Zum anderen lässt sich nur mit erheblichem technischem Aufwand kontrollieren, dass sich in den physischen Räumen, aus denen die einzelnen Gesellschafter zugeschaltet sind, kein unbefugter Dritter aufhält. Auch dies vermag sich negativ auf die Kommunikationsqualität auszuwirken, wenn Gesellschafter aufgrund drohender nachteiliger Konsequenzen davon absehen, spezifische Sachverhalte zu thematisieren.

---

[219] *Heckschen*, GmbHR 2023, 105, 110 Rn. 24.

[220] Siehe oben Kap. 1 B. IV. 1.

4. Zwischenergebnis

Letztlich zeigt sich damit ein klares Übergewicht der Aspekte, welche die Zielsetzung des § 48 Abs. 1 GmbHG bei virtuellen Zusammenkünften behindern. Viele der Vorteile steigern lediglich die Attraktivität dieser Versammlungsform, ohne maßgeblich den Normzweck des § 48 Abs. 1 GmbHG zu verwirklichen. Die Nachteile der virtuellen Beschlussfassung wirken sich indes nachteilig auf den Willensbildungsprozess aus, wobei insbesondere die eingeschränkte Kommunikationsqualität hervorzuheben ist, die die Herausbildung eines konsensfähigen Gesellschaftswillens stets negativ beeinflusst.

V. Ergebnis

Der Stand der Technik zum Zeitpunkt der Gesetzeskonzeption des § 48 Abs. 1 GmbHG a.F. schließt es aus, dass der historische Gesetzgeber virtuelle Versammlungen in seinen Willen aufgenommen hat. Auch die Annahme, dass der Versammlungsbegriff für kommunikationstechnische Entwicklungen offen sein sollte, erscheint fernliegend. Die seit dem Erlass des § 48 Abs. 1 GmbHG a.F. eingetretene tiefgreifende Veränderung der Lebensrealität führt aber dazu, dass sich das Gesetz über hundert Jahre später grundsätzlich inhaltlich fortentwickeln dürfen muss, um seinen Zweck weiterhin effektiv erfüllen zu können. Daher wäre jedenfalls die sog. Wortlautgrenze durch eine Subsumtion von virtuellen Zusammenkünften unter den Versammlungsbegriff des § 48 Abs. 1 GmbHG a.F. nicht überschritten worden. Aufgrund des technischen Fortschritts, der eine Allgegenwärtigkeit digitaler Kommunikation etablierte, konnten virtuelle Zusammenkünfte nach dem allgemeinen Sprachgebrauch unter den Versammlungsbegriff subsumiert werden. Im juristischen Sprachgebrauch setzte sich hingegen nur eine partielle Gleichstellung der Versammlungsformen durch. Auch der systematische Zusammenhang des § 48 Abs. 1 GmbHG hätte einer Subsumtion virtueller Versammlungen unter den Versammlungsbegriff nicht entgegengestanden.

Die Subsumtion virtueller Versammlungen unter den Versammlungsbegriff wäre jedoch nicht mit der maßgeblichen[221] *ratio legis* der Norm in Einklang zu bringen. So sind mit virtuellen Versammlungen viele die Kommunikation zwischen den Gesellschaftern und damit die gesellschaftsinterne Meinungsbildung (potentiell) beeinträchtigende Nachteile verbunden. Insbesondere die eingeschränkte Möglichkeit zur nonverbalen Kommunikation, das Risiko technischer Störungen sowie die eingeschränkte Vertraulichkeit der geteilten Inhalte sind in der Lage, die gesellschaftsinterne Willensbildung zu beeinträchtigen. Diese Nachteile überwie-

[221] Eine Auslegung darf nicht die dem Gesetz zugrundeliegende Wertentscheidung missachten, BVerfG, Beschl. v. 25.01.2011 – 1 BvR 918/10, BVerfGE 128, 193, 210; *Larenz/ Canaris*, Methodenlehre der Rechtswissenschaft, Berlin u.a. 1995, S. 139.

gen die virtuellen Zusammenkünfte innewohnenden, die Meinungsbildung fördernden, Vorteile in Quantität und Konsequenz.

Vor diesem Hintergrund erscheint auch die Entscheidung des modernen Gesetzgebers, Präsenzversammlungen und virtuelle Versammlungen nicht unter dem § 48 Abs. 1 GmbHG a. F. bzw. § 48 Abs. 1 S. 1 GmbHG n. F. gleichzusetzen, fundiert und zustimmungswürdig.[222]

C. Der Versammlungsbegriff im Recht der GmbH unter dem DiREG

Die vorausgegangene Betrachtung zeigt jedoch, dass die zunehmende Digitalisierung der zwischenmenschlichen Interaktion eine Weiterentwicklung des Versammlungsbegriffs in Normen des gesamten Rechtssystems angestoßen hat. Diese Entwicklung führte auch zu einem Streit über die Gleichstellung der beiden Versammlungsformen unter dem bisherigen Versammlungsbegriff des GmbHG.

Der Gesetzgeber hat auf die Entwicklungen durch Einfügung des § 48 Abs. 1 S. 2 GmbHG reagiert. Diese Bestimmung trägt sowohl der sich wandelnden Lebensrealität als auch den strukturellen Nachteilen der virtuellen Versammlungsform Rechnung. So umfasst der Versammlungsbegriff im Recht der GmbH nunmehr auch virtuelle Versammlungen. Eine rechtliche Gleichstellung mit Präsenzversammlungen erfolgte hingegen nicht.

I. Erweiterter Versammlungsbegriff des § 48 Abs. 1 GmbHG n. F.

Dass nach der Gesetzesreform durch das DiREG nun virtuelle Versammlungen ebenso unter den Versammlungsbegriff des § 48 Abs. 1 GmbHG n. F. fallen wie Präsenzversammlungen,[223] ergibt sich aus dem objektivierten Willen des Gesetzgebers, wie er in der Norm prägnant zum Ausdruck kommt. Dieser soll im Folgenden wiederum anhand der anerkannten Auslegungsmethoden aufgezeigt werden.

Bereits der Wortlaut des § 48 Abs. 1 S. 2 GmbHG „Versammlungen können auch fernmündlich oder mittels Videokommunikation abgehalten werden“, zeigt die Eingliederung von virtuellen Versammlungen in den neuen Versammlungsbegriff

---

[222] So im Ergebnis auch *Wertenbruch*, in: MüKo GmbHG, § 48 Rn. 164.

[223] *Bochmann*, Statutarische Gestaltung virtueller Gesellschafterversammlungen nach dem DiREG, in: FS Heidinger, 2023, 37, 38; *Wertenbruch*, GmbHR 2023, 157, 158 Rn. 3; *Noack*, „Mittels Videokommunikation“ – virtuelle Gesellschafterversammlungen bei der GmbH, in: FS Heckschen, 2024, 475, 478.

des § 48 Abs. 1 GmbHG.[224] So knüpft diese Regelung ihrem Wortlaut nach („Versammlungen … auch") an den in § 48 Abs. 1 (S. 1) GmbHG normierten Grundsatz an, nach welchem die Gesellschafter ihre Beschlüsse in Versammlung fassen. Satz 2 ergänzt diese Bestimmung nunmehr dahingehend, dass neben einer Beschlussfassung in Präsenzzusammenkunft – die dem Versammlungsbegriff des Satz 1 unstreitig inhärent war und ist – auch eine Beschlussfassung in fernmündlicher oder videokommunikativer Versammlung zulässig ist.

Der Wortlaut wird durch die systematische Stellung der ergänzten Regelung noch unterstrichen.[225] Die Zulässigkeit der Beschlussfassung in virtueller Versammlung wird in Satz 2 des § 48 Abs. 1 GmbHG normiert und nicht wie die Beschlussfassung im schriftlichen Verfahren in einem eigenen Absatz oder gar in einem eigenen Paragrafen. Dies hebt hervor, dass die Beschlussfassung in virtueller Versammlung – anders das schriftliche Verfahren nach § 48 Abs. 2 GmbHG – keinen Ausnahmetatbestand zum gesetzlichen Regelfall der Beschlussfassung in Versammlung nach § 48 Abs. 1 S. 1 GmbHG darstellt.[226]

Die Erweiterung des Versammlungsbegriffs wird schließlich auch aus einer expliziten Äußerung in der Begründung des Gesetzesentwurfs des DiREG deutlich,[227] nach welcher „[durch die Ergänzung von § 48 Abs. 1 S. 2 GmbHG] die Möglichkeit der Willensbildung im Rahmen einer Gesellschafterversammlung auf nichtphysische Zusammenkünfte erweitert [wird]"[228].

Es gibt somit nun einen neuen, virtuelle Zusammenkünfte in Telefon- oder Videokonferenz umfassenden, Versammlungsbegriff im GmbH-Recht.

II. Jedoch keine Gleichwertigkeit der Versammlungsformen

Durch diese Erweiterung des Versammlungsbegriffs des § 48 Abs. 1 GmbHG ist es jedoch zu keiner Gleichstellung von Präsenzversammlungen und virtuellen Versammlungen gekommen. Vielmehr hat der Gesetzgeber bei der Reform des § 48 Abs. 1 GmbHG anerkannt, dass virtuelle Versammlungen nicht immer gleich geeignet zur gesellschaftsinternen Willensbildung sind, wie die Präsenzversamm-

---

[224] *Wertenbruch*, GmbHR 2023, 157, 158 Rn. 3; vgl. *Bochmann*, Statutarische Gestaltung virtueller Gesellschafterversammlungen nach dem DiREG, in: FS Heidinger, 2023, 37, 38.

[225] *Wertenbruch*, GmbHR 2023, 157, 158 Rn. 3; *Bochmann*, Statutarische Gestaltung virtueller Gesellschafterversammlungen nach dem DiREG, in: FS Heidinger, 2023, 37, 40.

[226] *Denga*, in: BeckOGK GmbHG, Stand: 01.10.2025, § 48 Rn. 11; *Wertenbruch*, GmbHR 2023, 157, 158 Rn. 2 f.

[227] *Wertenbruch*, in: MüKo GmbHG, Anh. § 47 Rn. 64; *ders.*, GmbHR 2023, 157, 158 Rn. 2; *Bochmann*, Statutarische Gestaltung virtueller Gesellschafterversammlungen nach dem DiREG, in: FS Heidinger, 2023, 37, 40 f.

[228] RegBegr. Gesetzesentwurf DiREG, BT-Dr. 20/1672 S. 23.

lung.[229] Aus diesem Grund soll die Präsenzversammlung nach seinem Willen auch nach der Gesetzesänderung durch das DiREG gerade in Situationen mit Konfliktpotential noch den Regelfall der Versammlung darstellen.[230] Daher ist die wirksame Beschlussfassung in virtueller Versammlung nach § 48 Abs. 1 S. 2 GmbHG nur unter der Voraussetzung möglich, dass sich „sämtliche Gesellschafter [...] damit in Textform einverstanden erklärt haben". Hintergrund dieser Regelung ist, wie in der Begründung des Gesetzesentwurfes des DiREG ausdrücklich klargestellt wird, dass die „[virtuelle] Versammlungsform keinem Gesellschafter aufgezwungen werden soll."[231]

Bochmann vertritt die Auffassung, dass das Einvernehmenserfordernis die Gesellschafter einzig davor schützen solle, die virtuelle Versammlungsform *ad hoc* statt einer Zusammenkunft in Präsenz aufgezwungen zu bekommen.[232] Das Einvernehmenserfordernis schütze lediglich eine „formale, verfahrensbezogene Position".[233] Diese Auffassung verkennt hingegen den Kontext der wiedergegebenen Äußerung. So ist das Einvernehmenserfordernis, wie sich aus dem Folgesatz der Gesetzesbegründung ergibt, Ergebnis der Wertentscheidung, dass die Präsenzversammlung in Fällen, in denen aufgrund Uneinigkeit im Gesellschafterkreis Konfliktpotential und somit Diskussionsbedarf abzusehen ist, nach wie vor als die geeignetere Versammlungsform anzusehen ist.[234] Sie soll daher unverändert das „Mittel der Wahl"[235] darstellen.

Der Gesetzgeber hat also mit dem Einvernehmenserfordernis den mit der Beschlussfassung in virtueller Versammlung strukturell verbundenen Nachteilen Rechnung getragen.[236] Er hat gewürdigt, dass die Kommunikationsqualität in Telefon- und Videokonferenz eine geringere als in Präsenzversammlungen ist, was der gesellschaftsinternen Willensbildung gerade in Konfliktfällen zuwiderlaufen kann. Daher ist es nach der gesetzlichen Konzeption des § 48 Abs. 1 S. 2 GmbHG erforderlich, dass alle Gesellschafter über das ihnen grundsätzlich gesetzlich eingeräumte Recht zur Teilnahme an einer Präsenzversammlung disponieren.[237] Ist dies der Fall, nehmen sie die mit der Beschlussfassung in virtueller Versammlung verbundenen Nachteile billigend in Kauf.

---

[229] So auch *Wicke*, in: Wicke GmbHG, § 48 Rn. 4h; *Leinekugel*, DB 2022, 2840, 2842 f.

[230] RegBegr. Gesetzesentwurf DiREG, BT-Drs. 20/1672 S. 23.

[231] RegBegr. Gesetzesentwurf DiREG, BT-Drs. 20/1672 S. 23.

[232] *Bochmann*, Statutarische Gestaltung virtueller Gesellschafterversammlungen nach dem DiREG, in: FS Heidinger, 2023, 37, 42 f.

[233] *Bochmann*, Statutarische Gestaltung virtueller Gesellschafterversammlungen nach dem DiREG, in: FS Heidinger, 2023, 37, 43.

[234] RegBegr. Gesetzesentwurf DiREG, BT-Drs. 20/1672 S. 23.

[235] RegBegr. Gesetzesentwurf DiREG, BT-Drs. 20/1672 S. 23.

[236] So auch *Leinekugel*, DB 2022, 2840, 2842; *Heckschen/Knaier*, NZG 2022, 885, 890 f.

[237] *Wicke*, in: Wicke GmbHG, § 48 Rn. 4d; *Heckschen/Knaier*, NZG 2022, 885, 890 f.

D. Zusammenfassung

Die Versammlung des § 48 Abs. 1 GmbHG n.F. weicht von derjenigen des § 48 Abs. 1 GmbHG a.F. ab. Während sich virtuelle Versammlungen aufgrund der mit der Beschlussfassung in virtueller Versammlung verbundenen Nachteile und Risiken nicht unter den Versammlungsbegriff des § 48 Abs. 1 GmbHG a.F. subsumieren ließen, umfasst die „Versammlung" des § 48 Abs. 1 GmbHG n.F. nun nach der Einfügung von S. 2 auch fernmündliche oder mittels Videokommunikation abgehaltene – virtuelle – Versammlungen. Die beiden Versammlungsformen sind einander dabei jedoch nicht gleichgestellt, da eine wirksame Beschlussfassung gem. § 48 Abs. 1 S. 2 GmbHG das textförmliche Einverständnis sämtlicher Gesellschafter voraussetzt. Insbesondere in Anbetracht der geringeren Kommunikationsqualität in virtuellen Versammlungen erscheint diese Entscheidung als richtig.

Kapitel 2

Die Gleichstellung von Präsenzversammlung und virtueller Versammlung durch Regelung im Gesellschaftsvertrag

Trotz der virtuellen Zusammenkünften immanenten strukturellen Nachteile für die gesellschaftsinterne Meinungsbildung wird es angesichts des geringeren Aufwands einer virtuellen Versammlungsteilnahme nicht selten dem Interesse von GmbH-Gesellschaftern entsprechen, Präsenzversammlungen und virtuelle Versammlungen vollständig gleichzustellen.

Im Folgenden ist daher zu untersuchen, ob und unter welchen Voraussetzungen die Gesellschafter durch Satzungsbestimmung, die wirksame Beschlussfassung in virtueller Versammlung – abweichend von § 48 Abs. 1 S. 2 GmbHG – unabhängig von allseitigem Einverständnis implementieren können.

A. Satzungsautonomie gem. § 45 Abs. 2 GmbHG ermöglicht abweichende Regelung der Durchführung der Beschlussfassung

Gem. § 45 Abs. 2 GmbHG finden die §§ 47 bis 51 GmbHG nur in Ermangelung besonderer Bestimmungen des Gesellschaftsvertrages Anwendung. Das GmbHG erklärt das Innenrecht der GmbH somit für grundsätzlich dispositiv,[238] gewährt den GmbH-Gesellschaftern also „Satzungsautonomie“[239]. Hieran hat auch die Einfügung des § 48 Abs. 1 S. 2 GmbHG nichts geändert.[240] Demnach eröffnet § 45 Abs. 2 GmbHG den Gesellschaftern grundsätzlich die Möglichkeit, das Beschlussfassungsverfahren im Gesellschaftsvertrag abweichend von § 48 GmbHG zu regeln.[241]

---

[238] *Bayer*, in: Lutter/Hommelhoff GmbHG, § 48 Rn. 29; *Bochmann*, NZG 2022, 531, 534; *ders.*, Statutarische Gestaltung virtueller Gesellschafterversammlungen nach dem DiREG, in: FS Heidinger, 2023, 37, 37.

[239] *Lübke*, in: BeckOGK GmbHG, Stand: 01.07.2025, § 45 Rn. 15; *Schindler*, in: BeckOK GmbHG, Stand: 01.11.2025, § 45 Rn. 1; *Blath*, RNotZ 2017, 218, 224; *Lieder*, Virtuelle Versammlungen, in: FS Vetter, Köln 2019, 419, 422.

[240] Ausdrücklich RegBegr. Gesetzesentwurf DiREG BT-Drs. 20/1672 S. 23.

[241] *Schindler*, in: BeckOK GmbHG, Stand: 01.11.2025, § 48 Rn. 103 ff. Speziell zur abweichenden Regelung virtueller Versammlungen *Denga*, in: BeckOGK GmbHG, Stand: 01.10.2025, § 48 Rn. 12; *Leinekugel*, DB 2022, 2840, 2849; *Bochmann*, Statutarische Ge-

Die Satzungsautonomie findet ihre Grenze jedoch dort, wo durch eine Satzungsbestimmung in ein unverzichtbares Recht der Gesellschafter eingegriffen würde.[242] Unverzichtbare Rechte sind unter anderem das Teilnahmerecht der Gesellschafter in seinem Kernbereich[243] sowie die gesetzlich vorgesehenen Minderheitsrechte[244]. Der Kernbereich des mitgliedschaftlichen Teilnahmerechts wird durch eine gesellschaftsvertragliche Regelung verletzt, wenn einem „Gesellschafter eine von seinem eigenen Willen getragene Wahrnehmung seiner Gesellschafterrechte nicht mehr zugestanden wird".[245] Unzulässig ist vor diesem Hintergrund beispielsweise eine Regelung, die Gesellschafter, die einem Stimmverbot unterliegen, von der Teilnahme an der Gesellschafterversammlung gänzlich ausschließt,[246] ebenso wie eine Bestimmung, durch die einem Gesellschafter eine Vertretung durch eine Person angeordnet wird, auf deren Verhalten er keinerlei Einfluss hat[247]. Außerhalb des Kernbereichs ist eine Beschränkung des Teilnahmerechts durch Satzungsbestimmung derweil zulässig.[248] Durch eine von § 48 Abs. 1 S. 2 GmbHG abweichende Satzungsregelung zur Zulässigkeit einer Beschlussfassung in virtueller Versammlung, wird keinem Gesellschafter die Möglichkeit zur Teilnahme an der Gesellschafterversammlung genommen, sondern lediglich deren mögliche Form festgelegt. Den Gesellschaftern bleibt eine vom eigenen Willen getragene Wahrnehmung ihrer mitgliedschaftlichen Rechte – wie beispielsweise dem Stimmrecht – vollumfänglich möglich.

Es steht den Gesellschaftern demnach frei, virtuelle Versammlungen solchen in Präsenz durch eine gesellschaftsvertragliche Regelung vollständig gleichzustel-

---

staltung virtueller Gesellschafterversammlungen nach dem DiREG, in: FS Heidinger, 2023, 37, 37; *Tillkorn/Peter*, Audit Commitee Quarterly III/2023, 56, 57; *Noack*, „Mittels Videokommunikation" – virtuelle Gesellschafterversammlungen bei der GmbH, in: FS Heckschen, 2024, 475, 481; *Gräfin Wolffskeel von Reichenberg*, RDi 2025, 95, 97 Rn. 15.

[242] BGH, Urt. v. 17.10.1988 – II ZR 18/88, NJW-RR 1989, 347, 348; *Ulmer/Casper*, in: Habersack/Casper/Löbbe GmbHG, § 53 Rn. 68; *Blath*, RNotZ 2017, 218, 220; so weiterhin zum Personengesellschaftsrecht BGH, Urt. v. 21.10.2014 – II ZR 84/13, NJW 2015, 859, 862 Rn. 19.

[243] BGH, Urt. v. 17.10.1988 – II ZR 18/88, NJW-RR 1989, 347, 348; *Ulmer/Casper*, in: Habersack/Casper/Löbbe GmbHG, § 53 Rn. 68; *Noack*, in: Noack/Servatius/Haas GmbHG, § 48 Rn. 7; *Seibt*, in: Scholz GmbHG, § 48 Rn. 18; *Schindler/Schaffer*, Virtuelle Beschlussfassung, § 3 Rn. 455; *Blath*, RNotZ 2017, 218, 220.

[244] *Liebscher*, in: MüKo GmbHG, § 45 Rn. 63; *Ulmer/Casper*, in: Habersack/Casper/Löbbe GmbHG, § 53 Rn. 68; *Schmidt/Bochmann*, in: Scholz GmbHG, § 45 Rn. 4; *Blath*, RNotZ 2017, 218, 220.

[245] BGH, Urt. v. 17.10.1988 – II ZR 18/88, NJW-RR 1989, 347, 348.

[246] BGH, Urt. v. 28.01.1985 – II ZR 79/84, BeckRS 2009, 10067; OLG Dresden, Urt. v. 25.08.2016–8 U 347/16, NJW-RR 2016, 1374, 1375 Rn. 12; *Schindler*, in: BeckOK GmbHG, Stand: 01.11.2025, § 45 Rn. 19.

[247] BGH, Urt. v. 17.10.1988 – II ZR 18/88, NJW-RR 1989, 347, 348.

[248] BGH, Urt. v. 17.10.1988 – II ZR 18/88, NJW-RR 1989, 347, 348; OLG Dresden, Urt. v. 25.08.2016–8 U 347/16, NJW-RR 2016, 1374, 1375 f. Rn. 12; *Seibt*, in: Scholz GmbHG, § 48 Rn. 18; *Born*, in: BeckOGK GmbHG, Stand: 01.10.2025, § 53 Rn. 181.

len.[249] Noch weitergehend können sie die Beschlussfassung in virtueller Versammlung auch zum Regelfall erklären.[250]

Gegensätzlich steht es den Gesellschaftern ebenfalls offen, die Beschlussfassung in virtueller Versammlung entgegen § 48 Abs. 1 S. 2 GmbHG gänzlich auszuschließen.[251]

B. Formelle Anforderungen an den Erlass einer die Beschlussfassung in virtueller Versammlung abweichend regelnden Satzungsbestimmung

Zu untersuchen ist jedoch weiterhin, welche formellen Anforderungen beim Erlass einer Satzungsbestimmung, die virtuelle Versammlungen abweichend von § 48 Abs. 1 S. 2 GmbHG mit Präsenzversammlungen gleichstellt, einzuhalten sind.

I. Bei Aufnahme in den ursprünglichen Gesellschaftsvertrag

Unproblematisch beantworten lässt sich diese Frage mit Blick auf § 2 GmbHG für den Fall, dass eine entsprechende Regelung bereits bei Abschluss des ursprünglichen Gesellschaftsvertrages mit in diesen einbezogen wird:

Der Gesellschaftsvertrag ist gem. § 2 Abs. 1 S. 2 GmbHG von sämtlichen Gesellschaftern zu unterzeichnen – also grundsätzlich eigenhändig zu unterschreiben.[252] Nur wenn die Gründung der GmbH im Online-Beurkundungsverfahren erfolgt, genügen gem. § 2 Abs. 3 S. 2 GmbHG die qualifizierten elektronischen Signaturen der Gesellschafter. Mithin setzt die wirksame Einigung über jede Satzungsregelung – also auch eine solche, die die Zulässigkeit einer Beschlussfassung

---

[249] *Schindler*, in: BeckOK GmbHG, Stand: 01.11.2025, § 48 Rn. 104; *Leinekugel*, DB 2022, 2840, 2849; *Wicke*, in: Wicke GmbHG, § 48 Rn. 4h.

[250] *Schindler*, in: BeckOK GmbHG, Stand: 01.11.2025, § 48 Rn. 104; *Leinekugel*, DB 2022, 2840, 2849.

[251] *Schindler*, in: BeckOK GmbHG, Stand: 01.11.2025, § 48 Rn. 106; *Leinekugel*, DB 2022, 2840, 2849; *Wicke*, in: Wicke GmbHG, § 48 Rn. 4h; *Noack*, „Mittels Videokommunikation" – virtuelle Gesellschafterversammlungen bei der GmbH, in: FS Heckschen, 2024, 475, 481; *Gräfin Wolffskeel von Reichenberg*, RDi 2025, 95, 97 Rn. 15. Zu beachten ist insofern, dass eine Regelung, die einzig bestimmt, dass „Beschlüsse in Gesellschafterversammlung gefasst werden" für den Ausschluss der Beschlussfassung in virtueller Versammlung oder schriftlichen Verfahren nicht genügt, *Schindler*, in: BeckOK GmbHG, Stand: 01.11.2025, § 48 Rn. 106; so des Weiteren zum Ausschluss des schriftlichen Verfahrens BGH, Urt. v. 01.12.1954 – II ZR 285/53, NJW 1955, 220; *Denga*, in: BeckOGK GmbHG, Stand: 01.10.2025, § 48 Rn. 77. Vielmehr bedarf es einer ausdrücklichen Bestimmung oder jedenfalls zusätzlicher Anhaltspunkte, vgl. BGH, Urt. v. 01.12.1954 – II ZR 285/53, NJW 1955, 220.

[252] *Servatius*, in: Noack/Servatius/Haas GmbHG, § 2 Rn. 14.

in virtueller Versammlung abweichend von § 48 Abs. 1 S. 2 GmbHG regelt – im Gründungsstadium ein förmlich zu erklärendes Einverständnis aller Gesellschafter voraus. Nach § 2 Abs. 1 S. 1 GmbHG ist der Gesellschaftsvertrag und somit auch die betreffende Regelung zudem notariell zu beurkunden.

II. Bei Satzungsänderung

Weniger eindeutig lässt sich die Frage nach den einzuhaltenden formellen Anforderungen derweil beantworten, wenn eine entsprechende Bestimmung erst nachträglich in einen bereits bestehenden Gesellschaftsvertrag eingefügt werden soll.

1. Im Grundsatz: Beschlussfassung mit Drei-Viertel-Mehrheit der abgegebenen Stimmen sowie notarielle Beurkundung des Beschlusses, § 53 Abs. 2 S. 1 GmbHG

Nach der Konzeption des GmbHG befinden sich die gesetzlichen Vorgaben für die nachträgliche Aufnahme einer Bestimmung in den Gesellschaftsvertrag grundsätzlich in Abschnitt 4 des Gesetzes.[253] Die zentralen Normen für einen Satzungsänderungsbeschluss sind dabei die §§ 53 f. GmbHG.[254] § 53 GmbHG („Form der Satzungsänderung“) gilt seinem Wortlaut nach für den Beschluss von Satzungsänderungen jeglicher Art und folglich auch für den Beschluss einer Satzungsregelung, nach der die Beschlussfassung in virtueller Versammlung stets zulässig ist.[255] Keine der im Abschnitt enthaltenen Sondervorschriften greift ein.[256]

Mithin ist für die Aufnahme einer entsprechenden Satzungsbestimmung gem. § 53 Abs. 1, Abs. 2 S. 1 GmbHG dem Grundsatz nach ein mit einer Mehrheit von drei Vierteln der abgegebenen Stimmen getroffener und notariell beurkundeter Beschluss erforderlich.

Der gesetzlichen Konzeption nach gilt somit hinsichtlich des Beschlusses von Satzungsänderungen – wie auch gem. § 47 Abs. 1 GmbHG für die Beschlussfas-

---

[253] *Altmeppen*, in: Altmeppen GmbHG, § 53 Rn. 1; *Gummert*, in: Henssler/Strohn GmbHG, § 53 Rn. 1.

[254] *Harbarth*, in: MüKo GmbHG, § 53 Rn. 1; *Altmeppen*, in: Altmeppen GmbHG, § 53 Rn. 1; *Tebben*, in: Scholz GmbHG, § 53 Rn. 1.

[255] *Wertenbruch*, GmbHR 2023, 157, 162 Rn. 17; auf diesen verweisend *Denga*, in: BeckOGK GmbHG, Stand: 01.10.2025, § 48 Rn. 12; so zudem zur Rechtslage vor dem DiREG *Lieder*, Virtuelle Versammlungen, in: FS Vetter, 2019, 419, 423; *Beck*, GmbHR 2021, 901, 904 f. Rn. 28.

[256] Vgl. *Wertenbruch*, GmbHR 2023, 157, 162 Rn. 17.

sung im Übrigen – im Grundsatz das sog. Mehrheitsprinzip.[257] Dieses erlaubt es der Gesellschaftermehrheit, ihre Interessen gegebenenfalls auch zu Lasten einer Minderheit durchzusetzen.[258] Die Herrschaft der Gesellschaftermehrheit ist jedoch Schranken unterworfen.[259] Insbesondere schränkt das Gesetz das Mehrheitsprinzip selbst durch gesonderte – unter anderem in §§ 53 Abs. 4[260], 48 Abs. 1 S. 2 GmbHG normierte – Zustimmungserfordernisse ein. Aber auch über die gesetzlichen Regelungen hinausgehend wird in gewissen Konstellationen aus Gründen des Minderheitenschutzes ein Zustimmungserfordernis diskutiert.[261]

2. Kein Erfordernis einer allseitigen Zustimmung

Im Folgenden wird aufgezeigt, dass keine der genannten Schranken einer Satzungsbestimmung entgegensteht, die die Zulässigkeit einer Beschlussfassung in virtueller Versammlung abweichend von § 48 Abs. 1 S. 2 GmbHG regelt. Eine Zustimmung sämtlicher Gesellschafter ist somit nicht erforderlich.

Diese These wird durch die detaillierte Betrachtung dreier Aspekte untermauert: Es wird dargelegt, dass ein solcher Satzungsänderungsbeschluss weder eine Leistungspflicht der Gesellschafter mehrt (weshalb § 53 Abs. 4 GmbHG nicht eingreift), noch der Zustimmungsvorbehalt des § 48 Abs. 1 S. 2 GmbHG hier Wirkung entfaltet, noch das Teilnahmerecht der Gesellschafter durch den Beschluss beeinträchtigt wird.

a) Kein Fall des § 53 Abs. 4 GmbHG

§ 53 Abs. 4 GmbHG erfordert es nicht, dass alle Gesellschafter einer nachträglichen Satzungsregelung zustimmen, nach der die Beschlussfassung in virtueller Versammlung abweichend von § 48 Abs. 1 S. 2 GmbHG – der Präsenzversammlung gleichgestellt – stets zulässig ist.[262]

---

[257] BGH, Urt. v. 25.09.1989 – II ZR 304/88, NJW-RR 1990, 99; *Schmidt*, Gesellschaftsrecht, § 16 II. 1; *Ulmer/Casper*, in: Habersack/Casper/Löbbe GmbHG, § 53 Rn. 66; *Blath*, RNotZ 2017, 218, 218.

[258] *Harbarth*, in: MüKo GmbHG, § 53 Rn. 105; *Schmidt*, Gesellschaftsrecht, § 16 II. 1.

[259] *Harbarth*, in: MüKo GmbHG, § 53 Rn. 100; *Hoffmann/Bartlitz*, in: Michalski/Heidinger/Leible/Schmidt GmbHG, § 53 Rn. 5.

[260] Durch das Gesetz zur Ergänzung der Regelungen zur Umsetzung der Digitalisierungsrichtlinie und zur Änderung weiterer Vorschriften vom 15.07.2022 wurde der § 53 Abs. 3 GmbHG a.F. mit Wirkung vom 01.08.2023 wortgleich in § 53 Abs. 4 GmbHG a.F. überführt. Mangels inhaltlicher Änderung lassen sich die zu § 53 Abs. 3 a.F. entwickelten fachwissenschaftlichen Auffassungen auf § 53 Abs. 4 n.F. unverändert übertragen.

[261] Siehe unten Kap. 2 B. II. 2. c).

[262] So auch *Noack*, „Mittels Videokommunikation" – virtuelle Gesellschafterversammlungen bei der GmbH, in: FS Heckschen, 2024, 475, 482.

§ 53 Abs. 4 GmbHG bestimmt, dass „eine Vermehrung der den Gesellschaftern nach dem Gesellschaftsvertrag obliegenden Leistungen" der „Zustimmung sämtlicher beteiligter Gesellschafter" bedarf. Diese Regelung ist nicht so zu verstehen, dass eine einstimmige Beschlussfassung erforderlich wäre.[263] Vielmehr ist zwischen Zustimmung und Beschlussfassung zu differenzieren.[264] Das Zustimmungserfordernis des § 53 Abs. 4 GmbHG stellt eine zusätzliche Wirksamkeitsvoraussetzung für den satzungsändernden Beschluss dar.[265] Gefordert ist zudem lediglich die Zustimmung „sämtlicher beteiligter Gesellschafter". Dies bedeutet, dass zu einer wirksamen Beschlussfassung nicht zwangsläufig die Zustimmung aller Gesellschafter erforderlich ist.[266] Vielmehr müssen nur diejenigen Gesellschafter ihre Zustimmung erklären, deren Leistungspflichten nach dem Gesellschaftsvertrag vermehrt werden, denen der Beschluss also Nachteile bringt.[267]

Unter den Begriff der Leistungsmehrung in § 53 Abs. 4 GmbHG ist die Normierung einer unmittelbaren Pflicht jeglicher Art zu verstehen, die sich in ihrer konkreten Form noch nicht aus dem ursprünglichen Gesellschaftsvertrag ergibt.[268] Lediglich mittelbar durch die Satzungsregelung herbeigeführte Leistungsmehrungen sind nicht erfasst.[269] § 53 Abs. 4 regelt somit eine zusätzliche Voraussetzung für den Fall, dass durch eine gesellschaftsvertragliche Bestimmung eine Pflicht unmittelbar neu eingeführt, erweitert oder auch verstärkt wird.[270]

Nach diesem Maßstab macht § 53 Abs. 4 GmbHG die Zustimmung eines oder mehrerer Gesellschafter zur Fassung eines die Satzung ändernden Beschlusses, der zur Folge hat, dass virtuelle Versammlungen unter keinem Zustimmungsvorbehalt mehr stehen, nicht erforderlich.[271] So wird durch die Aufnahme einer solchen Re-

---

[263] *Tebben*, in: Scholz GmbHG, § 53 Rn. 93; *Inhester*, in: Saenger/Inhester GmbHG, § 53 Rn. 40; *Ulmer/Casper*, in: Habersack/Casper/Löbbe GmbHG, § 53 Rn. 89; *Löffler*, NJW 1989, 2656, 2658; diesbezüglich etwas unklar *Heckschen/Hilser*, ZIP 2022, 461, 465.

[264] BGH, Urt. v. 14.05.1956 – II ZR 229/54; NJW 1956, 1198, 1199 f.; *Trölizsch*, in: BeckOK GmbHG, Stand: 01.11.2025, § 53 Rn. 24.

[265] BGH, Urt. v. 14.05.1956 – II ZR 229/54; NJW 1956, 1198, 1199; *Born*, in: BeckOGK GmbHG, Stand: 01.10.2025, § 53 Rn. 238; *Tebben*, in: Scholz GmbHG, § 53 Rn. 93; *Bayer*, in: Lutter/Hommelhoff GmbHG, § 53 Rn. 20.

[266] Vgl. *Harbarth*, in: MüKo GmbHG, § 53 Rn. 138.

[267] *Harbarth*, in: MüKo GmbHG, § 53 Rn. 138.

[268] *Born*, in: BeckOGK GmbHG, Stand: 01.10.2025, § 53 Rn. 234 ff.; *Harbarth*, in: MüKo GmbHG, § 53 Rn. 142; *Ulmer/Casper*, in: Habersack/Casper/Löbbe GmbHG, § 53 Rn. 86. Zur Frage, ob auch ein Eingriff in ein mitgliedschaftliches Recht ein Fall des § 53 Abs. 4 GmbHG darstellt, siehe unten Kap. 2 B. II. 2. c) aa) (2).

[269] *Ulmer/Casper*, in: Habersack/Casper/Löbbe GmbHG, § 53 Rn. 86; *Schnorbus*, in: Rowedder/Pentz GmbHG, § 53 Rn. 70; *Born*, in: BeckOGK GmbHG, Stand: 01.10.2025, § 53 Rn. 236; *Hoffmann/Bartlitz*, in: Michalski/Heidinger/Leible/Schmidt GmbHG, § 53 Rn. 106; *Blath*, RNotZ 2017, 218, 221.

[270] *Born*, in: BeckOGK GmbHG, Stand: 01.10.2025, § 53 Rn. 234.

[271] So auch *Noack*, „Mittels Videokommunikation" – virtuelle Gesellschafterversammlungen bei der GmbH, in: FS Heckschen, 2024, 475, 482.

gelung in den Gesellschaftsvertrag keinem Gesellschafter unmittelbar eine Pflicht auferlegt. Vielmehr wird lediglich eine Tatsache statuiert. Anders läge der Fall beispielsweise, wenn sich einer oder alle Gesellschafter durch eine Satzungsregelung im Hinblick auf gewisse Beschlussgegenstände zur Abgabe einer Zustimmungserklärung gem. § 48 Abs. 1 S. 2 GmbHG verpflichten würden.

b) Keine Geltung des Einvernehmenserfordernisses des § 48 Abs. 1 S. 2 GmbHG

Insbesondere drängt sich jedoch, wenn die Beschlussfassung in virtueller Versammlung entgegen dem § 48 Abs. 1 S. 2 GmbHG durch Satzungsregelung für stets zulässig erklärt wird, mit Nachdruck die Frage nach einer möglichen Geltung des Erfordernisses allseitigen Einverständnisses gem. § 48 Abs. 1 S. 2 GmbHG als Voraussetzung für den Satzungsänderungsbeschluss auf.[272]

aa) Wortlaut

So formuliert § 48 Abs. 1 S. 2 GmbHG allgemein, dass „Versammlungen [nur dann] auch fernmündlich oder mittels Videokommunikation abgehalten werden [können], wenn sämtliche Gesellschafter sich damit in Textform einverstanden erklären." Der Wortlaut der Bestimmung differenziert also nicht zwischen einzelfallbezogener oder genereller Entscheidung für eine Beschlussfassung in virtueller Versammlung. Er impliziert daher, sofern man ihn isoliert betrachtet, dass die Zustimmung sämtlicher Gesellschafter gerade auch zu dem Erlass einer Satzungsregelung notwendig ist, nach der eine Beschlussfassung künftig stets in virtueller Versammlung erfolgen kann oder wird.

bb) Systematik

Ein anderes Bild ergibt sich derweil, wenn man die Regelung des § 48 Abs. 1 S. 2 GmbHG nicht isoliert, sondern im Gesamtzusammenhang des GmbHG betrachtet. Denn nach der Konzeption des GmbHG befinden sich die gesetzlichen Vorgaben hinsichtlich Änderungen des Gesellschaftsvertrages in Abschnitt 4 und damit in den §§ 53 ff. GmbHG.[273] Die §§ 53 ff. GmbHG enthalten keinen Verweis auf den Vorbehalt des § 48 Abs. 1 S. 2 GmbHG. Dies spricht dafür, dass sich auch die Fassung eines Satzungsänderungsbeschlusses, nach welchem die virtuelle Beschlussfassung stets zulässig ist, allein nach den §§ 53 ff. GmbHG richtet und somit

---

[272] So auch *Bochmann*, NZG 2022, 531, 534; *ders.*, Statutarische Gestaltung virtueller Gesellschafterversammlungen nach dem DiREG, in: FS Heidinger, 2023, 37.

[273] Siehe oben Kap. 2 B. II. 1.

nicht an dem Zustimmungserfordernis des § 48 Abs. 1 S. 2 GmbHG zu messen ist.[274]

cc) Historie

Nach der Begründung des Gesetzesentwurfs des § 48 Abs. 1 S. 2 GmbHG bringt das Erfordernis einer individuellen textförmlichen Zustimmung aller Gesellschafter zum Ausdruck, dass die virtuelle Versammlungsform „*bei fehlender Grundlage im Gesellschaftsvertrag* keinem Gesellschafter aufgezwungen werden soll"[275] (Hervorh. durch Verf.).[276] Demnach entspricht es dem erklärten Willen des Gesetzgebers, dass das Zustimmungserfordernis des § 48 Abs. 1 S. 2 GmbHG durch abweichende Satzungsregelung dispositiv ist. Aus der Erklärung lässt sich hingegen nicht ableiten, ob sich das allseitige Einverständniserfordernis nach dem gesetzgeberischen Willen auch auf den Satzungsbeschluss selbst erstreckt oder nicht.[277]

Weiterhin wurde nach der Gesetzesbegründung von einer Abänderung der Versammlungsvorschriften neben dem § 48 GmbHG (bewusst) abgesehen, da die Präsenzversammlung nach wie vor die – im Konfliktfall – zu bevorzugende Versammlungsform sei.[278] Nicht entnehmen lässt sich dieser Äußerung indes, dass auch bewusst von der Aufnahme eines Einvernehmenserfordernisses entsprechend dem des § 48 Abs. 1 S. 2 GmbHG in § 53 GmbHG als nicht versammlungsspezifische Vorschrift abgesehen wurde.

Mithin lässt sich aus der Gesetzesbegründung zum DiREG keine Erkenntnis gewinnen, ob der Einverständnisvorbehalt des § 48 Abs. 1 S. 2 GmbHG auch bei dem Erlass einer Satzungsbestimmung, nach welcher virtuelle Versammlungen stets zulässig sind, Geltung beansprucht.

dd) Telos

Letztlich ist für die Beantwortung dieser Frage somit erneut maßgeblich auf die *ratio legis* des § 48 Abs. 1 S. 2 GmbHG abzustellen.

Der Gesetzgeber normierte das Einvernehmenserfordernis in § 48 Abs. 1 S. 2 GmbHG, um zu verhindern, dass einem Gesellschafter die Beschlussfassung in virtueller Versammlung aufgezwungen wird.[279] Die Annahme, dass allein Schutz vor Überrumpelung im Einzelfall gewährleistet werden sollte, findet in der Geset-

---

[274] So auch *Wertenbruch*, GmbHR 2023, 157, 163 Rn. 18.

[275] RegBegr. Gesetzesentwurf DiREG BT-Drs. 20/1672 S. 23.

[276] RegBegr. Gesetzesentwurf DiREG BT-Drs. 20/1672 S. 23.

[277] So im Ergebnis auch *Leinekugel*, DB 2022, 2840, 2850; a.A. *Wertenbruch*, GmbHR 2023, 175, 163 Rn. 18.

[278] RegBegr. Gesetzesentwurf DiREG BT-Drs. 20/1672 S. 23.

[279] RegBegr. Gesetzesentwurf DiREG BT-Drs. 20/1672 S. 23.

zesbegründung keine hinreichende Grundlage.[280] Vielmehr verkennt sie, dass das Erfordernis gerade eine gesetzgeberische Wertentscheidung über die Eignung von Präsenz- und virtuellen Versammlungen für die gesellschaftsinterne Willensbildung darstellt.[281]

Durch eine Satzungsbestimmung, die virtuelle Versammlungen stets zulässt, wird das Erfordernis allseitiger Zustimmung nach § 48 Abs. 1 S. 2 GmbHG für die Zukunft abbedungen, sodass Beschlüsse auch gegen den Willen einzelner Gesellschafter gefasst werden können. Es ist zukünftig unerheblich, wenn einzelne Gesellschafter die Beschlussfassung in virtueller Versammlung, beispielsweise aufgrund von Diskussionsbedarf im Einzelfall, für ungeeignet erachten und daher ablehnen. Der Beschluss einer entsprechenden Satzungsbestimmung hat demnach weitreichende Konsequenzen.

Nach Maßgabe des § 53 Abs. 2 S. 1, Abs. 4 GmbHG ist für den Erlass einer Satzungsregelung, die die Beschlussfassung in virtueller Versammlung – ohne Vorbehalt – stets zulässt, lediglich eine Mehrheit von drei Vierteln der abgegebenen Stimmen notwendig.[282] Im Ergebnis wäre es daher jedenfalls teilweise möglich, den Schutz des Erfordernisses allseitigen Einverständnisses gem. § 48 Abs. 1 S. 2 GmbHG durch eine entsprechende Satzungsregelung zu umgehen und einem Gesellschafter die Beschlussfassung in virtueller Versammlung aufzuzwingen.[283] Von einem Aufzwingen der virtuellen Beschlussfassung könnte man grundsätzlich nur dann nicht sprechen, wenn alle Gesellschafter jedenfalls der Satzungsbestimmung zugestimmt haben, die den gesetzlichen Einverständnisvorbehalt abdingt und damit in die künftige Beschlussfassung in virtueller Versammlung eingewilligt haben.

Somit legt der Sinn und Zweck des in § 48 Abs. 1 S. 2 GmbHG normierten Einverständniserfordernisses *prima facie* nahe, dass dieses auch dann Geltung entfalten muss, wenn die Beschlussfassung in virtueller Versammlung durch eine Satzungsregelung für stets zulässig erklärt wird.[284]

ee) Keine dogmatische Möglichkeit zur Übertragung der in § 48 Abs. 1 S. 2 GmbHG verankerten Wertung

Wie soeben festgestellt, existiert mit dem § 53 GmbHG jedoch eine gesetzliche Bestimmung, die die formellen Voraussetzungen für den Beschluss von Satzungsänderungen allgemein festlegt.[285] Aus diesem Grund ist das in § 48 Abs. 1 S. 2 GmbHG verankerte Erfordernis allseitigen Einverständnisses nicht auf eine Sat-

---

[280] Siehe oben Kap. 1 C. II.

[281] Vgl. RegBegr. RegGesetzesentwurf DiREG BT-Drs. 20/1672 S. 23.

[282] Siehe oben Kap. 2 B. II. 1., 2. a).

[283] Vgl. *Leinekugel*, DB 2022, 2840, 2850 f.

[284] So auch noch *Bochmann*, NZG 2022, 531, 534.

[285] Siehe oben Kap. 2 B. II. 1.

zungsregelung übertragbar, die die stetige Zulässigkeit virtueller Versammlungen vorsieht. Dies wird im Folgenden näher dargelegt.

(1) Keine analoge Geltung

Leinekugel begründet die Geltung des in § 48 Abs. 1 S. 2 GmbHG verankerten Einverständniserfordernisses als Voraussetzung für Satzungsregelungen, durch die die Beschlussfassung in virtueller Versammlung für stets zulässig erklärt wird, mit einem Erst-Recht-Schluss.[286] Er führt an, dass, wenn das Einverständnis aller schon im Einzelfall für die Zulässigkeit einer Beschlussfassung in virtueller Versammlung erforderlich sei, dies erst recht auch dann gelten müsse, wenn die virtuelle Beschlussfassung durch Satzungsregelung für stets zulässig erklärt wird.[287]

Prima facie erscheint diese Argumentation im Sinne eines *argumentum a miniore ad maius*[288] überzeugend. So geht es der vorliegenden Konstellation darum, dass das, was für eine Entscheidung hinsichtlich eines einzelnen Sachverhaltes gilt, dem Gefühl nach gerade auch für eine Entscheidung gelten muss, die sämtliche zukünftigen Sachverhalte regelt.

Im Ergebnis muss eine analoge Geltung des in § 48 Abs. 1 S. 2 GmbHG verankerten Erfordernisses allseitigen Einverständnisses bei Satzungsänderungsbeschlüssen jedoch ausscheiden. So setzt diese als Form der Rechtsfortbildung[289] eine Lücke im Gesetz, also eine „planwidrige Unvollständigkeit innerhalb des positiven Rechts“[290] voraus, die durch sie geschlossen werden kann.[291] Eine solche planwidrige Lücke im Gesetz ist im vorliegenden Fall nicht gegeben. Denn die formellen Anforderungen für den Beschluss von Satzungsänderungen jeglicher Art sind in § 53 GmbHG allgemein geregelt.[292] § 53 Abs. 2 S. 1 GmbHG bestimmt, dass Satzungsänderungsbeschlüsse einer Mehrheit von drei Viertel der abgegebenen Stimmen bedürfen und notariell beurkundet werden müssen. Um dennoch von einer planwidrigen Regelungslücke ausgehen zu können, wäre es nach der Rechtsprechung des BGH erforderlich, dass der Gesetzgeber, indem er für Satzungsänderungsbeschlüsse, durch die die virtuelle Beschlussfassung stets zulässig wird, kein Erfordernis allseitigen Einverständnisses normiert hat, unbeabsichtigt von dem Regelungsplan abgewichen ist, der seinem Gesetzgebungsverfahren zugrunde

---

[286] *Leinekugel*, DB 2022, 2840, 2851.

[287] *Leinekugel*, DB 2022, 2840, 2851.

[288] *Bydlinski*, Juristische Methodenlehre und Rechtsbegriff, Wien 1991, S. 479; *Möllers*, Juristische Methodenlehre, München 2025, § 6 Rn. 109.

[289] *Möllers*, Juristische Methodenlehre, München 2025, § 6 Rn. 92 ff.; *Bydlinski*, Juristische Methodenlehre und Rechtsbegriff, Wien 1991, S. 472 ff.

[290] *Canaris*, Die Feststellung von Lücken im Gesetz, Berlin 1983, S. 39.

[291] BGH, Urt. v. 04.05.1988 – VIII ZR 196/87, NJW 1988, 2109, 2110; *Möllers*, Juristische Methodenlehre, München 2025, § 6 Rn. 94 ff.; *Bydlinski*, Juristische Methodenlehre und Rechtsbegriff, Wien 1991, S. 473.

[292] Siehe oben Kap. 2 B. II. 1. So auch *Wertenbruch*, GmbHR 2023, 157, 162 f. Rn. 17 f.

lag.[293] Dass der Gesetzgeber entsprechende Satzungsänderungsbeschlüsse gleichermaßen von der allseitigen Zustimmung der Gesellschafter abhängig machen wollte, ergibt sich aus der Gesetzesbegründung nicht und kann ihm auch nicht unterstellt werden. Denn die Regelung des § 53 GmbHG nimmt im Gesamtsystem des GmbHG eine hervorgehobene Stellung ein. Daher hätte der Gesetzgeber eine Anpassung des gewährten Schutzniveaus explizit normieren oder zumindest in der Gesetzesbegründung darlegen müssen. Insoweit ist anzunehmen, dass der Gesetzgeber von der Existenz und dem Regelungsgehalt des § 53 GmbHG ausgegangen ist und bewusst von einer Anpassung des § 53 GmbHG an die in § 48 Abs. 1 S. 2 GmbHG getroffene Regelung abgesehen hat.[294]

Folglich ist es nicht möglich, die Geltung des Erfordernisses allseitigen Einverständnisses gem. § 48 Abs. 1 S. 2 GmbHG als Voraussetzung für die Aufnahme einer gesellschaftsvertraglichen Regelung aufgrund eines Erst-Recht-Schlusses im Wege einer Analogie zu begründen.[295]

(2) § 48 Abs. 1 S. 2 GmbHG keine lex specialis *zu § 53 GmbHG*

Des Weiteren ist § 48 Abs. 1 S. 2 GmbHG nicht – im Hinblick auf das normierte Erfordernis allseitigen Einverständnisses – als *lex specialis* zu der Regelung des § 53 GmbHG zu qualifizieren.[296]

„Gesetze [sind] möglichst widerspruchsfrei auszulegen […].“[297] Daher wirkt eine gesetzliche Bestimmung dann verdrängend als *lex specialis* gegenüber einer anderen Norm, wenn ohne die Normangleichung ein Regelungswiderspruch zwischen den beiden gesetzlichen Bestimmungen einträte.[298] Wirkung entfaltet dabei stets diejenige der beiden Normen, die die engeren Voraussetzungen normiert.[299]

Ein solcher Regelungswiderspruch besteht zwischen § 48 Abs. 1 S. 2 GmbHG und § 53 GmbHG nicht.

---

[293] BGH, Urt. v. 16.07.2003 – VIII ZR 274/02, ZIP 2003, 2601, 2603; BGH, Urt. v. 21.01. 2010 – IX ZR 65/09, NJW 2010, 2585, 2588 Rn. 32.

[294] Das durch die Regelung des § 53 GmbHG gewährte Schutzniveau bleibt letztlich ohnehin kaum hinter dem des § 48 Abs. 1 S. 2 GmbHG zurück, siehe unten Kap. 2 B. II. 2. b) ee) (2).

[295] So im Ergebnis auch *Wertenbruch*, GmbHR 2023, 157, 162 f. Rn. 17 f.; *Noack*, „Mittels Videokommunikation“ – virtuelle Gesellschafterversammlungen bei der GmbH, in: FS Heckschen, 2024, 475, 481 f.

[296] So im Ergebnis auch *Wertenbruch*, GmbHR 2023, 157, 162 f. Rn. 18 f.

[297] *Möllers*, Juristische Methodenlehre, München 2025, § 5 Rn. 53.

[298] *Möllers*, Juristische Methodenlehre, München 2025, § 5 Rn. 53; *Bydlinski*, Juristische Methodenlehre und Rechtsbegriff, Wien 1991, S. 465.

[299] *Bydlinski*, Juristische Methodenlehre und Rechtsbegriff, Wien 1991, S. 465.

Zunächst regeln die beiden Bestimmungen verschiedene Sachverhalte und haben damit unterschiedliche Anwendungsbereiche.[300] § 48 Abs. 1 S. 2 GmbHG regelt die Voraussetzung einer Einzelfallentscheidung für eine Beschlussfassung in virtueller Versammlung. § 53 GmbHG enthält hingegen die Voraussetzungen einer generellen Entscheidung für eine virtuelle Beschlussfassung im Wege einer Satzungsregelung.

Ein Regelungswiderspruch kann sich zwar des Weiteren grundsätzlich auch daraus ergeben, dass die Schrankenregelung einer Norm, würde man dieser nicht – qua der Rechtsfigur *lex specialis*, eine andere gesetzliche Bestimmung überlagernd – zur Geltung verhelfen, leer läuft bzw. in ihrem Zweck vereitelt wird.[301] Dies ist vorliegend jedoch nicht der Fall, denn auch ohne eine Übertragung des Einverständniserfordernisses des § 48 Abs. 1 S. 2 GmbHG besteht ein gesetzlicher Schutz eines jeden Gesellschafters davor, eine ständige Beschlussfassung in virtueller Versammlung aufgezwungen zu bekommen. Der Zweck des Einverständniserfordernisses wird bei Nichtanwendung des § 48 Abs. 1 S. 2 GmbHG als *lex specialis* nicht vereitelt, sondern – wenn auch in leicht abgeschwächter Form – bereits durch die Regelungen in § 53 Abs. 2 S. 1, Abs. 3 GmbHG gewährleistet. So muss der Beschluss der Satzungsänderung gem. § 53 Abs. 2 S. 1 GmbHG zwar nicht einstimmig, aber doch mit einer Mehrheit von drei Vierteln der abgegebenen Stimmen gefasst werden. In Anbetracht der Realstruktur des Großteils der Gesellschaften[302] wird ein ablehnender Gesellschafter den Beschluss daher in einer Vielzahl von Fällen ohnehin verhindern können. Des Weiteren hat das Erfordernis der notariellen Beurkundung des Satzungsänderungsbeschlusses nach § 53 Abs. 3 S. 1 GmbHG – welches erheblich strenger ist als das Textformerfordernis des § 48 Abs. 1 S. 2 GmbHG – einen warnenden Effekt.[303] Den Gesellschaftern wird die Reichweite ihrer Entscheidung vor Augen geführt.[304] So werden sie vor übereilten Entscheidungen bewahrt.[305] Die notarielle Beurkundung und somit auch die Beschlussfassung muss dabei in Fällen wie dem vorliegenden, in denen die Beschlussfassung nicht einstimmig erfolgt, in Präsenzversammlung stattfinden, vgl. § 53 Abs. 3 S. 2 GmbHG. Dieser Umstand dient der Sicherung eines angemessenen Minderheiten-

---

[300] Dazu, dass dies einem Regelungswiderspruch entgegen steht, *Bydlinski*, Juristische Methodenlehre und Rechtsbegriff, Wien 1991, S. 463.

[301] *Möllers*, Juristische Methodenlehre, München 2025, § 5 Rn. 53.

[302] Siehe oben Kap. 1 B. I. 2. b) cc).

[303] Ob das Erfordernis notarieller Beurkundung eine Warnfunktion hat, ist streitig; bejahend BGH, Beschl. v. 16.02.1981 – II ZB 8/80, NJW 1981, 1160; *Goette*, DStR 1996, 709, 712; *Grotheer*, RNotZ 2015, 4, 7; verneinend *Ulmer/Casper*, in: Habersack/Casper/Löbbe GmbHG, § 53 Rn. 49; *Harbarth*, in: MüKo GmbHG, § 53 Rn. 71; *Noack*, in: Noack/Servatius/Haas GmbHG, § 53 Rn. 76; *Denga*, RDi 2024, 123, 130 f. Rn. 34. Diese Frage kann hier aber letztlich dahinstehen, da mit dem Erfordernis notarieller Beurkundung jedenfalls faktisch ein Schutz vor übereiltem Handeln einhergeht, vgl. *Armbrüster*, DNotZ 1997, 762, 769 f.

[304] *Herz/Hupka*, NJW 2022, 3385, 3389 Rn. 30.

[305] *Herz/Hupka*, NJW 2022, 3385, 3389 Rn. 30.

schutzes.[306] Der die Satzungsregelung ablehnende Gesellschafter hat so die Möglichkeit, vor der Abstimmung in effektivster Form in Präsenzversammlung auf seine Mitgesellschafter und damit auf das Beschlussergebnis einzuwirken.[307] Zudem ist der Notar in der Lage, die Gewährleistung eines angemessenen Minderheitenschutzes sicherzustellen.[308]

ff) Zwischenergebnis

Das in § 48 Abs. 1 S. 2 GmbHG verankerte Einverständniserfordernis ist nicht auf einen Satzungsänderungsbeschluss übertragbar, durch den die Beschlussfassung in virtueller Versammlung für stets zulässig erklärt wird.

Dieses Ergebnis wird durch den Umstand unterstützt, dass selbst allseitiges Einverständnis für entsprechende Satzungsänderungsbeschlüsse keinen abschließenden Schutz der Gesellschafter vor einer nicht konsentierten virtuellen Versammlung gewährleistet. Denn die Satzung der GmbH besteht unabhängig von dem konkreten Gesellschafterbestand der GmbH und damit auch nach einem Gesellschafterwechsel fort.[309] Selbst wenn also bei der Aufnahme einer entsprechenden Regelung in den Gesellschaftsvertrag Einvernehmen unter den Gesellschaftern besteht, besteht das Risiko, dass ein später eintretender Gesellschafter trotz einer ablehnenden Haltung an diese gebunden ist. Diesem würde die Beschlussfassung in virtueller Versammlung somit dennoch aufgezwungen werden. Folglich ist es praktisch unmöglich, den mit § 48 Abs. 1 S. 2 GmbHG verfolgten Zweck umfassend zu gewährleisten. Dies hat der Gesetzgeber durch die Abdingbarkeit des § 48 Abs. 1 S. 2 GmbHG in Kauf genommen.

c) Kein Erfordernis allseitiger Zustimmung aufgrund eines Eingriffs in das mitgliedschaftliche Teilnahmerecht

Auch die infolge der Satzungsbestimmung entfallende Möglichkeit eines jeden Gesellschafters, durch Verweigerung seines gem. § 48 Abs. 1 S. 2 GmbHG erforderlichen Einverständnisses eine Beschlussfassung in Präsenzversammlung zu erzwingen, macht eine allseitige Zustimmung der Gesellschafter nicht erforderlich. Die Aufhebung dieses in § 48 Abs. 1 S. 2 GmbHG verankerten Rechts durch Satzungsregelung ist nicht als Eingriff in das mitgliedschaftliche Teilnahmerecht der Gesellschafter zu qualifizieren. Daher verlangt der Minderheitenschutz für den

---

[306] Vgl. RegBegr. Gesetzesentwurf DiREG, BT-Drs. 20/1672 S. 24.

[307] Dazu, dass in Präsenzversammlung die Kommunikationsqualität eine bessere ist, siehe oben Kap. 1 B. IV. 3. c).

[308] RegBegr. Gesetzesentwurf DiREG, BT-Drs. 20/1672 S. 24.

[309] *Ulmer/Casper*, in: Habersack/Casper/Löbbe GmbHG, § 53 Rn. 7; *Inhester*, in: Saenger/Inhester GmbHG, § 2 Rn. 1.

wirksamen Beschluss einer solchen Satzungsbestimmung keine allseitige Zustimmung der Gesellschafter.

aa) Die ungeschriebenen Grenzen des Mehrheitsprinzips

Zunächst ist abstrakt zu klären, wann der Minderheitenschutz ein ungeschriebenes Zustimmungserfordernis einzelner oder mehrerer Gesellschafter für den wirksamen Beschluss einer Satzungsänderung begründet.

(1) Kernbereichslehre

Der BGH schränkt das Mehrheitsprinzip im Recht der GmbH zugunsten des Minderheitenschutzes durch ein Zustimmungserfordernis der betroffenen Gesellschafter mittels Anwendung der sog. „Kernbereichslehre"[310] ein.[311] Diese Lehre vom „Kernbereich der gesellschaftsrechtlichen Position"[312] (auch: „Kernbereich der Mitgliedschaft"[313]) wurde von den Instanzgerichten[314] sowie überwiegend auch im Schrifttum[315] übernommen.

Sie hat ihren Ursprung im Personengesellschaftsrecht[316] und besagt, dass gewisse gesellschaftsrechtliche Positionen nicht durch eine Mehrheitsentscheidung entzogen werden können.[317] Der sog. Kernbereich umschreibt also den Mittelpunkt der Gesellschafterstellung, welcher sowohl gesellschaftliche als auch finanzielle

---

310 OLG München, Urt. v. 26.04.1991 – 23 U 5879/90, DStR 1992, 1102; OLG Düsseldorf, Urt. v. 12.10.2016 – VI-U (Kart) 2/16, BeckRS 2016, 19234 Rn. 93; *Winter*, Mitgliedschaftliche Treuebindungen im GmbH-Recht, München 1988, S. 138; *Schäfer*, Der Stimmrechtslose GmbH-Geschäftsanteil, Köln 1997, S. 153; *ders.*, NZG 2014, 1401, 1402; *Schmidt*, ZGR 2008, 1, 17; *Priester*, NZG 2015, 529, 529; *Blath*, RNotZ 2017, 218, 228; *Udwari/Rehberger*, ZEV 2024, 322, 322.

311 BGH, Urt. v. 05.11.1984 – II ZR 111/84, NJW 1985, 974.

312 BGH, Urt. v. 05.11.1984 – II ZR 111/84, NJW 1985, 974.

313 *Winter*, Mitgliedschaftliche Treuebindungen im GmbH-Recht, München 1988, S. 137; *Schäfer*, Der stimmrechtslose GmbH-Geschäftsanteil, Köln 1997, S. 153; *Blath*, RNotZ 2017, 218, 220.

314 OLG München, Urt. v. 23.01.2008 – 7 U 3292/07, BeckRS 2008, 2845 Rn. 13; OLG Düsseldorf, Urt. v. 12.10.2016 – VI-U (Kart) 2/16, BeckRS 2016, 19234.

315 *Ulmer/Casper*, in: Habersack/Casper/Löbbe GmbHG, § 53 Rn. 69; *Harbarth*, in: MüKo GmbHG, § 53 Rn. 108; *Hoffmann/Barlitz*, in: Michalski/Heidinger/Leible/Schmidt GmbHG, § 53 Rn. 108; *Schnorbus*, in: Rowedder/Pentz GmbHG, § 53 Rn. 72; *Schäfer*, Der Stimmrechtslose GmbH-Geschäftsanteil, Köln 1997, S. 171 ff.; *Blath*, RNotZ 2017, 218, 220 f.

316 *Schäfer*, Der Stimmrechtslose GmbH-Geschäftsanteil, Köln 1997, S. 154. Grundlegend zur Kernbereichslehre im Recht der Kommanditgesellschaft BGH, Urt. v. 14.05.1956 – II ZR 229/54, NJW 1956, 1198, 1199 f.

317 BGH, Urt. v. 05.11.1984 – II ZR 111/84, NJW 1985, 974; *Ulmer/Casper*, in: Habersack/Casper/Löbbe GmbHG, § 53 Rn. 69; *Harbarth*, in: MüKo GmbHG, § 53 Rn. 108; *Schmidt*, ZGR 2008, 1, 17; so zu den Personengesellschaften *Wiedemann*, Gesellschaftsrecht Band I, S. 362.

Rechte der Gesellschafter beinhaltet.[318] Die zum Kernbereich der Mitgliedschaft gehörenden Rechte sind dabei nicht unverzichtbar, sodass ein Eingriff in diese mittels Satzungsregelung grundsätzlich möglich ist.[319] Um eine Satzungsänderung, durch welche der Kernbereich der Mitgliedschaft eines oder mehrerer Gesellschafter tangiert wird, wirksam zu beschließen, ist es allerdings erforderlich, dass die von der Satzungsregelung betroffenen Gesellschafter in den Erlass derselben zustimmen.[320] Daher werden die zum Kernbereich der gesellschaftsrechtlichen Position gehörenden Rechte auch als „relativ unentziehbare Mitgliedschaftsrechte"[321] bezeichnet. Sie bilden das Gegenstück zu den „absolut unentziehbaren Mitgliedschaftsrechten"[322], wie die unverzichtbaren Rechte der Gesellschafter auch bezeichnet werden.[323]

Als dem Kernbereich der Mitgliedschaft zugehörige Positionen anerkannt sind das Gewinnbezugsrecht[324], das Stimmrecht[325] und das Recht auf das Abfindungsguthaben bzw. eine anteilige Beteiligung am Liquidationswert[326]. Der Kreis der zum

---

[318] *Heckschen/Bachmann*, NZG 2015, 531, 532.

[319] *Ulmer/Casper*, in: Habersack/Casper/Löbbe GmbHG, § 53 Rn. 69; *Blath*, RNotZ 2017, 218, 220. Umfassend zur vorzunehmenden Trennung des Kernbereichs der gesellschaftsrechtlichen Position und den sogar unverzichtbaren Rechten der Gesellschafter *Schäfer*, Der Stimmrechtslose GmbH-Geschäftsanteil, Köln 1997, S. 181 ff.; diese Trennung erneut betonend *ders.*, ZGR 2013, 237, 258 f.; so des Weiteren auch *Schiffer*, BB 2015, 584, 586; *Priester*, NZG 2015, 529, 530; anders in der RegBegr. Gesetzesentwurf MoPeG BT-Drs. 19/27635 S. 111 f., in welcher absolut und relativ unentziehbare Mitgliedschaftrechte gleichermaßen dem Kernbereich der Mitgliedschaft zugeordnet werden.

[320] BGH, Urt. v. 05. 11. 1984 – II ZR 111/84, NJW 1985, 974; *Ulmer/Casper*, in: Habersack/Casper/Löbbe GmbHG, § 53 Rn. 69; *Harbarth*, in: MüKo GmbHG, § 53 Rn. 108; *Hoffmann/Barlitz*, in: Michalski/Heidinger/Leible/Schmidt GmbHG, § 53 Rn. 108; *Schnorbus*, in: Rowedder/Pentz GmbHG, § 53 Rn. 72; *Tebben*, in: Scholz GmbHG, § 53 Rn. 46; *Schmidt*, ZGR 2008, 1, 17; *Blath*, RNotZ 2017, 218, 220.

[321] *Tebben*, in: Scholz GmbHG, § 53 Rn. 46.

[322] *Tebben*, in: Scholz GmbHG, § 53 Rn. 44.

[323] Siehe zu den unverzichtbaren – absolut unentziehbaren Mitgliedschaftsrechten – siehe bereits oben Kap. 2 A.

[324] *Born*, in: BeckOGK, Stand: 01. 05. 2014, § 53 Rn. 182; *Tebben*, in: Scholz GmbHG, § 53 Rn. 47; *Schäfer*, Der stimmrechtslose Geschäftsanteil, Köln 1997, S. 190. So zudem im Recht der Kommanditgesellschaft BGH, Urt. v. 10. 10. 1994 – II ZR 18/94, NJW 1995, 194, 195; *Priester*, Gewinnverwendung durch Mehrheitsentscheid bei Personengesellschaften, in: FS Schneider, 2011, 985, 990.

[325] *Born*, in: BeckOGK GmbHG, Stand: 01. 10. 2025, § 53 Rn. 182; *Schäfer*, Der stimmrechtslose GmbH-Geschäftsanteil, Köln 1997, S. 190; *Blath*, RNotZ 2017, 218, 220. So zudem im Recht der Kommanditgesellschaft BGH, Urt. v. 10. 10. 1994 – II ZR 18/94, NJW 1995, 194, 195; *Priester*, Gewinnverwendung durch Mehrheitsentscheid bei Personengesellschaften, in: FS Schneider, 2011, 985, 990.

[326] *Born*, in: BeckOGK GmbHG, Stand: 01. 10. 2025, § 53 Rn. 182; *Tebben*, in: Scholz GmbHG, § 53 Rn. 47; *Schäfer*, Der stimmrechtslose Geschäftsanteil, Köln 1997, S. 190; *Blath*, RNotZ 2017, 218, 220; so im Recht der Kommanditgesellschaft BGH, Urt. v. 10. 10. 1994 – II ZR 18/94, NJW 1995, 194, 195; *Priester*, Gewinnverwendung durch Mehrheitsentscheid bei Personengesellschaften, in: FS Schneider, 2011, 985, 990.

Kernbereich der gesellschafterlichen Position gehörenden Rechte wird dabei im Recht der GmbH abstrakt bestimmt.[327]

Unstreitig wird eine Zustimmungsbedürftigkeit beim Entzug eines zum Kernbereich gehörenden mitgliedschaftlichen Rechts angenommen.[328] Bei sonstigen Beeinträchtigungen eines zum Kernbereich der Mitgliedschaft gehörenden Rechts wird eine Zustimmungsbedürftigkeit gleichfalls bejaht, wobei aber vielfach eine Unmittelbarkeit der Einschränkung gefordert wird.[329]

(2) Rechtsgrundlage der Zustimmungsbedürftigkeit bei einem Eingriff in den Kernbereich der Mitgliedschaft

Die Rechtsgrundlage des Zustimmungserfordernisses bei Eingriffen in den Kernbereich der Mitgliedschaft ist unklar.

In der Grundlagenentscheidung zu der Kernbereichslehre im Recht der Personenhandelsgesellschaften leitete der BGH die Zustimmungsbedürftigkeit aus § 53 Abs. 3 GmbHG a.F. her.[330] Er führte aus, dass die mitgliedschaftlichen Rechte der GmbH-Gesellschafter nicht ohne ihre Zustimmung verkürzt werden könnten, da die schützenswerten mitgliedschaftlichen Interessen der Gesellschafter in der GmbH durch § 53 Abs. 3 GmbHG a.F. geschützt würden.[331]

§ 53 Abs. 4 GmbHG, der § 53 Abs. 3 GmbHG a.F. entspricht,[332] normiert das Erfordernis einer Zustimmung der beteiligten Gesellschafter bei einer „*Vermehrung* der den Gesellschaftern nach dem Gesellschaftsvertrag obliegenden Leistungen“ (Hervorh. durch Verf.) durch eine Satzungsänderung. Gemeint ist hiermit die Auferlegung einer Pflicht jeglicher Art, die sich in ihrer konkreten Form noch nicht aus dem ursprünglichen Gesellschaftsvertrag ergibt.[333] Eine Zustimmungsbedürftigkeit bei einer Verkürzung mitgliedschaftlicher Rechte lässt sich dem Wortlaut der Norm nicht entnehmen. Daher könnte § 53 Abs. 4 GmbHG im vorliegenden Fall allenfalls

---

[327] *Winter*, Mitgliedschaftliche Treuebindungen im GmbH-Recht, München 1988, S. 140 f.; *Schäfer*, Der stimmrechtslose GmbH-Geschäftsanteil, Köln 1997, S. 190.

[328] *Trebben*, in: Scholz GmbHG, § 53 Rn. 47; *Harbarth*, in: MüKo GmbHG, § 53 Rn. 108; *Schäfer*, Der Stimmrechtslose GmbH-Geschäftsanteil, Köln 1997, S. 151.

[329] Eine Zustimmungsbedürftigkeit bei Beeinträchtigungen jeder Art annehmend, *Hoffmann/Bartlitz*, in: Michalski/Heidinger/Leible/Schmidt GmbHG, § 53 Rn. 106, 108; *Born*, in: BeckOGK GmbHG, Stand: 01.10.2025, § 53 Rn. 182 ff.; *Schäfer*, Der Stimmrechtslose GmbH-Geschäftsanteil, Köln 1997, S. 151; hingegen das Erfordernis einer Unmittelbarkeit der Beeinträchtigung des Rechts betonend, *Winter*, Mitgliedschaftliche Treuebindungen im GmbH-Recht, München 1988, S. 138; zustimmend *Ulmer/Casper*, in: Habersack/Casper/Löbbe GmbHG, § 53 Rn. 69; *Harbarth*, in: MüKo GmbHG, § 53 Rn. 108.

[330] BGH, Urt. v. 14.05.1956 – II ZR 229/54, NJW 1956, 1198, 1199 f.

[331] BGH, Urt. v. 14.05.1956 – II ZR 229/54, NJW 1956, 1198, 1200.

[332] Zu dem Zustimmungserfordernis gem. § 53 Abs. 4 GmbHG siehe umfassend oben Kap. 2 B. II. 2. a).

[333] Siehe Fn. 268.

in analoger Anwendung als Rechtsgrundlage herangezogen werden.[334] Dies erscheint zunächst als schlüssig, da der durch das Zustimmungserfordernis nach § 53 Abs. 4 GmbHG gewährte Schutz vor Leistungsvermehrungen und die Kernbereichslehre dasselbe Ziel verfolgen: Den einzelnen Gesellschafter vor erheblichen Benachteiligungen durch die Gesellschaftermehrheit im Wege eines Satzungsänderungsbeschlusses zu bewahren.[335] Während § 53 Abs. 4 GmbHG den Gesellschafter vor einer Erweiterung seiner Pflichten schützt, zielt die Kernbereichslehre auf den Schutz vor einer Reduzierung essentieller Rechte ab. Die Kernbereichslehre und das Zustimmungserfordernis nach § 53 Abs. 4 GmbHG haben demnach eine „funktionale Verwandtschaft“[336]; sie sind wertungsparallel.[337]

Indes hat der BGH bereits in seiner Grundlagenentscheidung zur Kernbereichslehre anerkannt, dass § 53 Abs. 3 GmbHG a.F. letztlich nur Ausfluss eines allgemeinen Rechtsgrundsatzes ist.[338] Dieser besagt, dass „eine sachlich unbegrenzte Einschränkung der wirtschaftlichen und damit auch der persönlichen Freiheit eines einzelnen [ohne seine Zustimmung] nicht gebilligt werden kann [...].“[339] Der Rechtsgrundsatz hat neben § 53 Abs. 4 GmbHG auch noch in § 34 Abs. 2 GmbHG Niederschlag gefunden.[340] Daher begründet sich die Kernbereichslehre – wie Schäfer ausführt – nicht in der analogen Anwendung einer bestehenden gesetzlichen Norm wie dem § 53 Abs. 4 GmbHG, sondern ergibt sich aus dem dieser Norm zugrundeliegenden allgemeinen gesellschaftsrechtlichen Prinzip.[341] Es gilt der allgemeine Grundsatz, „daß der einzelne Gesellschafter vor einem Eingriff in Mitgliedschaftsrechte, die einen besonderen Bezug zu seiner persönlichen Rechtsposition aufweisen, durch Zuerkennung von Zustimmungsrechten zu schützen ist“[342].

(3) Abwendung des BGH von der Kernbereichslehre im Recht der Personenhandelsgesellschaften – Urteil vom 21. 10. 2014 – II ZR 84/13

Im Recht der Personenhandelsgesellschaften – konkreter im Recht der Kommanditgesellschaften – hat der BGH zuletzt ausdrücklich Abstand von der Kern-

---

[334] So auch *Schäfer*, Der Stimmrechtslose GmbH-Geschäftsanteil, Köln 1997, S. 171. Für eine analoge Anwendbarkeit des § 53 Abs. 4 GmbHG *Altmeppen*, in: Altmeppen GmbHG, § 53 Rn. 50.

[335] *Schäfer*, Der stimmrechtslose GmbH-Geschäftanteil, Köln 1997, S. 172.

[336] *Winter*, Mitgliedschaftliche Treuebindungen im GmbH-Recht, München 1988, S. 139.

[337] *Schäfer*, Der stimmrechtslose GmbH-Geschäftanteil, Köln 1997, S. 171 f.

[338] BGH, Urt. v. 14.05.1956 – II ZR 229/54, NJW 1956, 1198, 1200.

[339] BGH, Urt. v. 14.05.1956 – II ZR 229/54, NJW 1956, 1198, 1200.

[340] *Schäfer*, Der stimmrechtslose GmbH-Geschäftanteil, Köln 1997, S. 173 f.

[341] *Schäfer*, Der stimmrechtslose GmbH-Geschäftanteil, Köln 1997, S. 174 ff.; ebenfalls § 53 Abs. 4 GmbHG als Rechtsgrundlage ablehnend *Schnorbus*, in: Rowedder/Pentz GmbHG, § 53 Rn. 71 f.; *Winter*, Mitgliedschaftliche Treuebindungen im GmbH-Recht, München 1988, S. 136 f.

[342] *Schäfer*, Der stimmrechtslose GmbH-Geschäftanteil, Köln 1997, S. 176.

bereichslehre genommen.[343] Stattdessen behandelt er die Wirksamkeit einer Mehrheitsentscheidung nunmehr unter dem „Aspekt einer etwaigen Verletzung der gesellschafterlichen Treuepflicht der Mehrheit gegenüber der Minderheit"[344]. Entscheidend sei, „ob der Eingriff im Interesse der Gesellschaft geboten und dem betroffenen Gesellschafter unter Berücksichtigung seiner eigenen schutzwerten Belange zumutbar ist"[345]. Ob ein Beschluss wegen fehlender Zustimmung eines in seinen Mitgliedschaftsrechten betroffenen Gesellschafters unwirksam ist, sei somit stets im Wege einer Einzelfallbetrachtung unter Berücksichtigung der Struktur der Gesellschaft und der Stellung des Gesellschafters zu ermitteln.[346]

Eine vollständige Abkehr von den etablierten relativ unentziehbaren Mitgliedschaftsrechten ist durch diese Änderung in der Rechtsprechung im Personengesellschaftsrecht indes nicht notwendig geworden.[347] Sie können vielmehr weiterhin als Ausgangspunkt der Betrachtung dienen, sind aber in Anbetracht der neueren Rechtsprechung des BGH im Einzelfall weder zwingend noch abschließend.[348] Die Kernbereichslehre kann also nach wie vor dazu dienen, näher zu umschreiben, bei welcher Art von Eingriffen in die Mitgliedschaft die Zustimmung der betroffenen Gesellschafter für die Wirksamkeit des Beschlusses notwendig ist.[349] Dementsprechend knüpft auch der BGH, indem er beispielsweise die Geschäfts- und Vertretungsbefugnis in einem Urteil von 2020 als relativ unentziehbares Recht klassifi-

---

[343] BGH, Urt. v. 21.10.2014 – II ZR 84/13, NJW 2015, 859, 862 Rn. 19. Die Kernbereichslehre im Anschluss an die ausdrückliche Ablehnung nicht mehr erwähnend BGH Urt. v. 12.10.2020 – II ZR 359/18, NZG 2020, 1384.

[344] BGH, Urt. v. 21.10.2014 – II ZR 84/13, NJW 2015, 859, 862 Rn. 12. So auch bereits BGH, Urt. v. 24.11.2008 – II ZR 116/08, NJW 2009, 669, 671 Rn. 17.

[345] BGH, Urt. v. 21.10.2014 – II ZR 84/13, NJW 2015, 859, 862 Rn. 19. Vgl. zudem bereits BGH, Urt. v. 10.10.1994 – II ZR 18/94, NJW 1995, 194, 195; BGH, Urt. v. 04.07. 2009 – II ZR 354/03, NJW-RR 2005, 1347, 1348.

[346] BGH, Urt. v. 21.10.2014 – II ZR 84/13, NJW 2015, 859, 862 Rn. 19; so auch bereits BGH, Urt. v. 10.10.1994 – II ZR 32/94, NJW 1995, 194, 195; die Notwendigkeit der Beachtung der konkreten Ausgestaltung sowie Struktur der jeweiligen Personengesellschaft bereits zuvor betonend *Ulmer*, NJW 1990, 73, 80.

[347] Vgl. *Priester*, NZG 2015, 529, 530; *Schiffer*, BB 2015, 584, 586; in diese Richtung auch *Heckschen/Bachmann*, NZG 2015, 531, 534 („Die kurzen Hinweise des BGH zur Kernbereichslehre sollten […] nicht überinterpretiert werden").

[348] Vgl. *Priester*, NZG 2015, 529, 530; *Schiffer*, BB 2015, 584, 586 („Unabhängig davon, ob man nun Eingriffe in die vorstehenden Gesellschafterrechte weiterhin dem Kernbereichsschutz unterwerfen oder mit dem II. Zivilsenat daran messen möchte, ob diese im Interesse der Gesellschaft geboten und dem betroffenen Gesellschafter unter Berücksichtigung seiner eigenen schutzwerten Belange zumutbar sind, muss bei der Prüfung von deren Zulässigkeit auf die bisher zu den einzelnen Eingriffen ergangene Rechtsprechung und die entsprechenden Literaturbeiträge zurückgegriffen werden. Insoweit behalten die im Zusammenhang mit der Kernbereichslehre entwickelten Grundsätze durchaus ihre Gültigkeit. Ein völlig neuer Prüfungsmaßstab ist damit nicht entstanden.").

[349] *Schäfer*, NZG 2014, 1401, 1404.

zierte,[350] sachlich nach wie vor an die Kernbereichslehre an.[351] Eine Auswirkung entfaltet die Änderung in der höchstrichterlichen Rechtsprechung daher letztlich vor allem in Grenzfällen.[352]

(4) Keine Übertragbarkeit des Urteils auf das Zustimmungserfordernis im GmbH-Recht

Im GmbH-Recht ist eine vergleichbare Abkehr von der Kernbereichslehre bislang weder in der Rechtsprechung[353] noch in der Lehre[354] erkennbar.[355] Dies ist begrüßenswert. Es ist an dem klaren und berechenbaren Kontrollinstrument der Kernbereichslehre festzuhalten.[356] Die nicht auf Grundlage einer Mehrheitsentscheidung entziehbaren mitgliedschaftlichen Rechte der GmbH-Gesellschafter sind also mit ihr weiterhin allgemeingültig für alle Gesellschaften und unabhängig von der konkreten Stellung eines Gesellschafters festzulegen.

So sind zum einen die rechtlichen Gegebenheiten in der Kommanditgesellschaft und der GmbH nicht vergleichbar.[357] In der Kommanditgesellschaft existieren zwei Gesellschafterformen: persönlich haftende Komplementäre und Kommanditisten. Dass diese unterschiedlichen Haftungsrisiken (vgl. §§ 126, 161 Abs. 1 HGB) eine Differenzierung im Hinblick auf die Schutzwürdigkeit des jeweiligen Gesellschafters gebieten, leuchtet ein. Eine vergleichbare Situation ist im Recht der GmbH indes nicht gegeben. Eine Einzelfallentscheidung hinsichtlich des den GmbH-Gesellschaftern gewährten Schutzes vor Eingriffen in ihre Gesellschafterstellung ist folglich nicht angezeigt.[358]

Zum anderen ist eine abstrakte Festlegung der relativ unentziehbaren Mitgliedschaftsrechte von GmbH-Gesellschaftern zweckmäßig. Denn im Gegensatz zu einer

---

[350] BGH, Urt. v. 13.10.2020 – II ZR 359/18, NJW-RR 2020, 1384, 1385 Rn. 16.

[351] So auch *Wicke*, MittBayNot 2021, 103, 104.

[352] *Ulmer*, ZIP 2015, 657, 659; auf diesen verweisen dauch *Priester*, NZG 2015, 529, 530.

[353] Die Kernbereichslehre weiterhin anwendend OLG Düsseldorf, Urt. v. 12.10.2016 – VI-U (Kart) 2/16, BeckRS 2016, 19234 Rn. 93 ff.

[354] Die BGH-Entscheidung von 2014 lediglich unter „Begriffliche[n] Neuorientierung des BGH" thematisierend *Born*, in: BeckOGK GmbHG, Stand: 01.10.2025, § 53 Rn. 185; die Zustimmungsbedürftigkeit nach wie vor unter Bezugnahme auf die Kernbereichslehre bewertend *Harbarth*, in: MüKo GmbHG, § 53 Rn. 103; *Hoffmann/Barlitz*, in: Michalski/Heidinger/Leible/Schmidt GmbHG, § 53 Rn. 108; *Schnorbus*, in: Rowedder/Pentz GmbHG, § 53 Rn. 72; *Blath*, RNotZ 2017, 218, 220 f.; *Udwari/Rehberger*, ZEV 2024, 322, 322; anders *Servatius*, Disquotionale Ergebnisverteilung bei der GmbH – gesellschaftsrechtliche Todessünde?, FS Thümmel, 2020, 859, 865 ff.

[355] Selbst im Recht der Personenhandelsgesellschaften wird in der Gesetzesbegründung des MoPeG weiterhin von der Anwendung der Kernbereichslehre ausgegangen, RegBegr. Gesetzesentwurf MoPeG BT-Drs. 19/27635 S. 229.

[356] So allgemein *Priester*, NZG 2015, 529, 531.

[357] *Schäfer*, Der stimmrechtslose GmbH-Geschäftsanteil, Köln 1997, S. 190.

[358] *Schäfer*, Der stimmrechtslose GmbH-Geschäftsanteil, Köln 1997, S. 190.

an spezifischen Einzelfallumständen orientierten Entscheidung werden hierdurch Rechtsunsicherheiten mitigiert,[359] da die Gesellschafter bei einer Entscheidung anhand der Einzelfallumstände einfacher erkennen könnten, wann die Zustimmung eines betroffenen Gesellschafters jeweils erforderlich ist.[360] Bereits von der Rechtsfolge ausgehend ist eine solche Rechtsunsicherheit zu vermeiden – denn ein Beschluss, der mit unzureichenden Mehrheitsverhältnissen gefasst wurde, ist schwebend unwirksam; diese Unwirksamkeit kann durch den einzelnen Gesellschafter zeitlich unbegrenzt geltend gemacht werden.[361] Ebenso könnten Betroffene die Erfolgsaussichten einer gegen den Beschluss gerichteten Klage nur begrenzt absehen.[362] Dies gilt insbesondere auch in Anbetracht der Tatsache, dass die Begriffe der Gebotenheit sowie der Zumutbarkeit des Eingriffs, die der BGH als Grundlage der Einzelfallabwägung gewählt hat, sehr vage sind.[363] Ein Gesellschafter wird aber nur dann klageweise gegen einen Beschluss vorgehen, wenn er seine Klage für hinreichend erfolgsversprechend hält.[364] So erschüttert eine Klage insbesondere in Gesellschaften mit einer geringen Gesellschafterzahl – wie es zumeist in der GmbH der Fall ist[365] – den Frieden in der Gesellschaft sowie die Stellung des klagenden Gesellschafters nachhaltig.[366] Eine Abkehr von dem nachvollziehbaren Kontrollmaßstab der Kernbereichslehre birgt daher im Ergebnis die Gefahr einer Verringerung des Minderheitenschutzes.[367]

bb) Kein Eingriff in den Kernbereich der Mitgliedschaft

Wenn die Satzung die virtuelle Beschlussfassung derjenigen in Präsenzversammlungen gleichstellt, kommt eine hieraus folgende Beeinträchtigung des Teilnahmerechts der Gesellschafter in Betracht.[368]

---

[359] Die Rechtsunsicherheit als Folge von Entscheidungen anhand von Einzelfallumständen kritisch hervorhebend *Winter*, Mitgliedschaftliche Treubindungen im GmbH-Recht, München 1988, S. 141; zustimmend *Schäfer*, Der stimmlose Geschäftsanteil, Köln 1997, S. 190; *Priester*, NZG 2015, 529, 530 f.

[360] *Schäfer*, Der stimmrechtslose GmbH-Geschäftsanteil, Köln 1997, S. 190; *Priester*, EWiR 2015, 71, 72; *ders.*, NZG 2015, 529, 530; *Ulmer*, ZIP 2015, 657, 660; *Risse/Höfling*, NZG 2017, 1131, 1131 f.

[361] *Winter*, Mitgliedschaftliche Treuebindungen im GmbH-Recht, München 1988, S. 141; sich dieser Argumentation anschließend *Schäfer*, Der stimmrechtslose GmbH-Geschäftsanteil, Köln 1997, S. 190.

[362] *Priester*, EWiR 2015, 71, 72; *Risse/Höfling*, NZG 2017, 1131, 1132.

[363] *Priester*, EWiR 2015, 71, 72; *ders.*, NZG 2015, 529, 530.

[364] *Risse/Höfling*, NZG 2017, 1131, 1132.

[365] Siehe oben Kap. 1 B. I. 2. b) cc).

[366] *Risse/Höfling*, NZG 2017, 1131, 1132.

[367] *Ulmer*, ZIP 2015, 657, 659.

[368] Das Teilnahmerecht als „eigentliche Schranke" einer die Zulässigkeit virtueller Beschlussfassung abweichend regelnden Satzungsbestimmung bezeichnend (ohne dieses aber

Es wird im Folgenden aufgezeigt, dass eine Beeinträchtigung des Teilnahmerechts außerhalb seines Kernbereichs zwar grundsätzlich ein Zustimmungserfordernis auslösen kann, im vorliegenden Fall jedoch keine Beeinträchtigung in einer Form gegeben ist, die eine Zustimmung der Gesellschafter erforderlich machen würde.

(1) Der Inhalt des Teilnahmerechts

Das Teilnahmerecht räumt den Gesellschaftern der GmbH zum einen das Recht ein, überhaupt bei der Gesellschafterversammlung anwesend zu sein.[369] Weitergehend berechtigt es auch dazu, aktiv an der Besprechung der Versammlungsgegenstände teilzunehmen.[370] Einem jeden Gesellschafter steht also das Recht zu, seine Auffassung zu den Beschlussgegenständen vorzubringen und hinsichtlich dieser von seinen Mitgesellschaftern angehört zu werden,[371] ebenso wie das Recht, die Redebeiträge der anderen zu vernehmen.[372] Kein Element des mitgliedschaftlichen Rechts auf Teilnahme an der Gesellschafterversammlung ist das Stimmrecht; dieses stellt vielmehr ein vom Teilnahmerecht unabhängiges Recht der Gesellschafter dar.[373]

(2) Das Teilnahmerecht als unentziehbares Mitgliedschaftsrecht

Der sog. Kernbereich des Teilnahmerechts[374] ist – wie bereits erläutert – nach allgemeiner Auffassung nicht nur unentziehbar, sondern sogar unverzichtbar.[375] In diesen darf also auch auf Grundlage eines Einverständnisses der betroffenen Gesellschafter nicht eingegriffen werden.[376] Dass der unverzichtbare Kernbereich des Teilnahmerechts durch einen Satzungsänderungsbeschluss, durch den Präsenzver-

---

dem Kernbereich der Mitgliedschaft zuzuordnen) *Noack*, in: Noack/Servatius/Haas GmbHG, § 48 Rn. 44.

369 Siehe Fn. 120.

370 Siehe Fn. 121.

371 BGH, Urt. v. 12.07.1971 – II ZR 127/69, NJW 1971, 2225; *Seibt*, in: Scholz GmbHG, § 48 Rn. 16; *Liebscher*, in: MüKo GmbHG, § 48 Rn. 12.

372 *Seibt*, in: Scholz GmbHG, § 48 Rn. 16; *Liebscher*, in: MüKo GmbHG, § 48 Rn. 12.

373 BGH, Urt. v. 12.07.1971 – II ZR 127/69, NJW 1971, 2225; *Liebscher*, in: MüKo GmbHG, § 48 Rn. 14; *Hüffer/Schäfer*, in: Habersack/Casper/Löbbe GmbHG, § 48 Rn. 12; *Vogel*, Gesellschafterbeschlüsse und Gesellschafterversammlung, Köln 1986, S. 138.

374 Es erscheint an dieser Stelle notwendig, darauf hinzuweisen, dass zwar eine begriffliche Ähnlichkeit zum Kernbereich der Mitgliedschaft besteht, der Kernbereich des Teilnahmerechts aber nicht mit diesem kongruent ist. Denn während der Kernbereich des Teilnahmerechts unverzichtbar ist (siehe oben Kap. 2 A.), ist der Kernbereich der Mitgliedschaft lediglich durch Mehrheitsentscheidung unentziehbar (siehe oben Kap. 2 B. II. 2. c) aa) (1)).

375 Siehe oben Kap. 2 A.

376 Siehe oben Kap. 2 A.

sammlungen und virtuelle Versammlungen einander gleichgestellt werden, nicht betroffen ist, wurde bereits geklärt.[377]

Der BGH sah in seiner Entscheidung, in der er den Kernbereich des Teilnahmerechts für unverzichtbar erklärt hat, das Teilnahmerecht durch den Satzungsänderungsbeschluss als „allenfalls am Rande“[378] tangiert an und hat einen Eingriff in den Kernbereich des Rechts somit verneint.[379] Er hat daher im Anschluss an die Ausführungen zum Kernbereich des Teilnahmerechts auch eine Unwirksamkeit der Satzungsänderung aufgrund einer möglichen Nichteinhaltung eines Zustimmungserfordernisses erörtert.[380] Konkret setzte sich der BGH mit einer möglichen Beeinträchtigung des „Mitgliedschaftsrecht[s] auf Entsendung einer Mehrzahl von Vertretern in die Gesellschafterversammlung“[381] auseinander. Ob bzw. wie dieses Recht mit dem Teilnahmerecht zusammenhängt, ergibt sich aus den Ausführungen des BGH nicht eindeutig. Eine Zustimmungsbedürftigkeit aufgrund einer Beeinträchtigung des Teilnahmerechts außerhalb seines Kernbereichs prüfte der BGH jedenfalls nicht ausdrücklich.

Auch in der einschlägigen Literatur wird das Teilnahmerecht überwiegend nicht als Beispiel eines zum Kernbereich der Mitgliedschaft gehörenden gesellschafterlichen Rechts angeführt. Genannt werden vielmehr insbesondere das Gewinnbezugsrecht, das Stimmrecht und das Recht auf das Abfindungsguthaben bzw. eine anteilige Beteiligung am Liquidationswert.[382] Diese im Schrifttum beispielhaft aufgeführten mitgliedschaftlichen Rechte beschreiben den Kernbereich der Mitgliedschaft der GmbH-Gesellschafters jedoch nicht abschließend.[383]

Die Kernbereichslehre verwirklicht den ihr zugrunde liegenden Individual- bzw. Minderheitenschutz, indem sie den betroffenen Gesellschaftern ermöglicht, durch die Verweigerung ihres Einverständnisses die Wirksamkeit von Beschlüssen zu verhindern.[384] Das Recht eines jeden Gesellschafters, an der Gesellschafterversammlung teilzunehmen, erscheint in diesem Sinne in Gänze als in besonderem Maße schutzwürdig. So muss das in §§ 46 f. GmbHG verankerte Recht zur Teilhabe an der gesellschaftsinternen Willensbildung zwar nicht zwangsläufig im Wege der Teilnahme an einer Gesellschafterversammlung ausgeübt werden, § 48 Abs. 1

[377] Siehe oben Kap. 2 A.

[378] BGH, Urt. v. 17.10.1988 – II ZR 18/88, NJW-RR 1989, 347, 348.

[379] BGH, Urt. v. 17.10.1988 – II ZR 18/88, NJW-RR 1989, 347, 348.

[380] BGH, Urt. v. 17.10.1988 – II ZR 18/88, NJW-RR 1989, 347, 348 f.

[381] BGH, Urt. v. 17.10.1988 – II ZR 18/88, NJW-RR 1989, 347, 349.

[382] Siehe oben Kap. 2 B. II. 2. c) aa) (1).

[383] *Priester*, NZG 2015, 529, 530; vgl. auch *Schäfer*, Der stimmrechtslose GmbH-Geschäftsanteil, Köln 1997, S. 190 („Dass hierzu *mindestens* [...] zählen, darf als geklärt gelten“ [Hervorh. durch Verf.]); weitere mitgliedschaftlichen Rechte – inklusive des Teilnahmerechts – aufzählend *Schmidt*, ZGR 2008, 1, 18 f.

[384] *Röttger*, Die Kernbereichslehre im Recht der Personenhandelsgesellschaften, Heidelberg 1989, S. 129.

GmbHG erklärt die Beschlussfassung in Versammlung aber zum Regelfall.[385] Das GmbHG sieht die Gesellschafterversammlung als den Ort vor, an welchem es den Gesellschaftern möglich ist, durch die Teilnahme an einem offenen Diskurs Einfluss auf die Geschäftspolitik der Gesellschaft zu nehmen oder dies jedenfalls zu versuchen.[386] Das Teilnahmerecht gewährleistet zudem auch die Ausübung weiterer mitgliedschaftlicher Rechte wie des Auskunftsrechts, des Rechts im Wege der Anfechtungsklage gerichtlich gegen die formelle Unrechtmäßigkeit eines in der Versammlung gefassten Beschlusses vorzugehen sowie insbesondere auch des Stimmrechts.[387] Alles in allem ist die Möglichkeit zur Teilnahme an der Gesellschafterversammlung für die Gesellschafter damit von „überragende[r] Bedeutung“[388]. Daher ist das Teilnahmerecht „dem Kernbereich der Mitgliedschaft zuzuordnen“[389], sodass eine Beeinträchtigung des Rechts außerhalb seines Kernbereichs zwar zulässig ist, jedoch die Zustimmung der betroffenen Gesellschafter erforderlich macht.[390]

Dementsprechend wird von einem Teil der Literatur angenommen, dass der Beschluss einer Satzungsänderung, nach der die gesellschaftsinterne Beschlussfassung künftig stets[391] im schriftlichen Verfahren nach § 48 Abs. 2 GmbHG erfolgt, nur mit Zustimmung sämtlicher Gesellschafter möglich ist.[392] So wird durch eine derartige Satzungsbestimmung zwar eine eigenverantwortliche Wahrnehmung der

---

[385] *Vogel*, Gesellschafterbeschlüsse und Gesellschafterversammlung, Köln 1986, S. 137.

[386] *Vogel*, Gesellschafterbeschlüsse und Gesellschafterversammlung, Köln 1986, S. 138; *Röttger*, Die Kernbereichslehre im Recht der Personenhandelsgesellschaften, Heidelberg 1989, S. 191.

[387] *Teichmann*, Gestaltungsfreiheit in Gesellschaftsverträgen, München 1970, S. 207.

[388] *Schindler*, in: BeckOK GmbHG, Stand: 01.11.2025, § 48 Rn. 17; vgl. zu dieser Wertung insbesondere auch *Teichmann*, Gestaltungsfreiheit in Gesellschaftsverträgen, München 1970, S. 202.

[389] *Liebscher*, in: MüKo GmbHG, § 48 Rn. 12. So auch *Schmidt*, ZGR 2008, 1, 18, welcher das Teilnahmerecht insgesamt als „sichere[n] Bestandteil[...] des Kernbereichs“ qualifiziert sowie OLG München, Urt. v. 26.01.2011 – 7 U 3764/10, GmbHR 2011, 590, 592 („Die Teilnahme eines Gesellschafters an den Versammlungen der Gesellschaft gehört [...] zum Kernbereich der Mitgliedschaft“).

[390] Mit gleicher Wertung *Wernicke/Albrecht*, GmbHR 2010, 393, 399 f.; derweil einen Eingriff in den Kernbereich des Teilnahmerechts von der Zustimmung der betroffenen Gesellschafter abhängig machend *Schindler/Schaffner*, Virtuelle Beschlussfassung, § 3 Rn. 531.

[391] Vorbehaltlich der Fälle, in denen die Beschlussfassung nach dem Gesetz zwingend Beschlussfassung in Gesellschafterversammlung zu erfolgen hat, vgl. z. B. § 13 Abs. 1 S. 2 UmwG.

[392] *Liebscher*, in: MüKo GmbHG, § 48 Rn. 209; *Hüffer/Schäfer*, in: Habersack/Casper/Löbbe GmbHG, § 48 Rn. 61; *Wolff*, in: Münchener Handbuch des Gesellschaftsrechts Band 3, § 39 Rn. 106; *Wernicke/Albrecht*, GmbHR 2010, 393, 399; a. A. *Bayer*, in: Lutter/Hommelhoff GmbHG, § 48 Rn. 29; *Lieder*, Virtuelle Versammlungen, in: FS Vetter, 2019, 419, 422 f.; sich zu dieser Frage nicht verhaltend *Römermann*, in: Michalski/Heidinger/Leible/Schmidt, § 48 Rn. 281 ff.; *Denga*, in: BeckOGK GmbHG, Stand: 01.10.2025, § 48 Rn. 74; *Altmeppen*, in: Altmeppen GmbHG, § 48 Rn. 51.

mitgliedschaftlichen Befugnisse nicht ausgeschlossen, sodass der Beschluss im Ausgangspunkt zulässig ist.[393] Das Recht der einzelnen Gesellschafter zur Teilnahme an einer Gesellschafterversammlung wird jedoch maßgeblich beeinträchtigt,[394] weshalb diese individuell schutzwürdig erscheinen.

(3) Keine Beeinträchtigung des Teilnahmerechts durch Gleichstellung von virtuellen Versammlungen mit Präsenzversammlungen

Durch eine Satzungsbestimmung, die die Beschlussfassung in virtueller Versammlung für stets zulässig oder weitergehend sogar zum Regelfall erklärt, wird das Teilnahmerecht der Gesellschafter nicht in vergleichbarer Weise beeinträchtigt.[395] Der Schutzgehalt des Teilnahmerechts[396] wird vielmehr auch in virtueller Versammlung gewährleistet.

Vorerst gewährt das Teilnahmerecht ein Recht auf bloße Anwesenheit an der Gesellschafterversammlung.[397] Insofern ist maßgeblich, dass die virtuelle Versammlung nunmehr ebenso wie die Präsenzversammlung unter den Versammlungsbegriff des GmbHG fällt.[398] Dementsprechend ist das Recht auf Anwesenheit in der Gesellschafterversammlung nicht länger als Recht auf körperliche Anwesenheit an einem bestimmten Ort zu verstehen, sondern als Recht, der der Beschlussfassung dienenden Zusammenkunft der Gesellschafter beizuwohnen – sei es in Präsenz oder eben rein virtuell.[399] So dient das Recht auf Anwesenheit sinnlogisch insbesondere dazu, den übrigen Teil des Teilnahmerechts – die Möglichkeit zur Teilnahme an der Besprechung der Beschlussgegenstände[400] – sowie die Ausübung der mit dem Teilnahmerecht verknüpften mitgliedschaftlichen Rechte[401] zu

---

[393] So im Ergebnis auch *Liebscher*, in: MüKo GmbHG, § 48 Rn. 209; *Hüffer/Schäfer*, in: Habersack/Casper/Löbbe GmbHG, § 48 Rn. 61; vgl. zudem mit gleicher Wertung bezüglich der Einführung der Möglichkeit einer Beschlussfassung im kombinierten Verfahren durch Satzungsregelung *Wernicke/Albrecht*, GmbHR 2010, 393, 399 f.

[394] *Liebscher*, in: MüKo GmbHG, § 48 Rn. 209; *Hüffer/Schäfer*, in: Habersack/Casper/Löbbe GmbHG, § 48 Rn. 61.

[395] So im Ergebnis auch *Beck*, GmbHR 2021, 901, 904 f. Rn. 28; *Walter*, Die virtuelle Haupt- und Gesellschafterversammlung – Rechtsfragen de lege lata und Überlegungen de le ferenda, Berlin 2021, S. 259 ff.; *Bochmann*, Statutarische Gestaltung virtueller Gesellschafterversammlungen nach dem DiREG, in: FS Heidinger, 2023, 37, 42; a. A. *Schindler/Schaffner*, Virtuelle Beschlussfassung, § 3 Rn. 531; *Leinekugel*, in: BeckOK GmbHG, Stand: 01.11.2025, Anh. § 47 Rn. 144.3.

[396] Siehe umfassend oben Kap. 2 B. II. 2. c) bb) (1).

[397] Siehe oben Kap. 2 B. II. 2. c) bb) (1).

[398] Siehe oben Kap. 1 C. I.

[399] Vgl. im Ergebnis auch *Bochmann*, Statutarische Gestaltung virtueller Gesellschafterversammlungen nach dem DiREG, in: FS Heidinger, 2023, 37, 42.

[400] Siehe oben Kap. 2 B. II. 2. c) bb) (1).

[401] Siehe oben Kap. 2 B. II. 2. c) bb) (1).

gewährleisten. Damit wird das Recht auf Anwesenheit an der Gesellschafterversammlung durch eine entsprechende Satzungsregelung nicht beeinträchtigt.

Das Teilnahmerecht berechtigt außerdem dazu, aktiv an der Besprechung der Beschlussgegenstände teilzunehmen.[402] Im Unterschied zum Beschlussverfahren nach § 48 Abs. 2 GmbHG ermöglichen auch virtuelle Versammlungen einen Diskurs zwischen den Gesellschaftern.[403] Auch in diesen ist die „kommunikative Einwirkung auf die Entscheidungsfindung"[404] durch sämtliche Gesellschafter möglich. Problematisch erscheint insofern einzig, dass die Qualität der in der virtuellen Versammlung ermöglichten Kommunikation eine geringere ist.[405] Das Teilnahmerecht kann aber richtigerweise nur die Teilnahme an dem zur Beschlussfassung notwenigen Austausch an sich sichern, nicht aber die Qualität oder die Effektivität des kommunikativen Austauschs.[406] Das in § 53 Abs. 2 S. 1 GmbHG festgeschriebene Mehrheitsprinzip würde andernfalls deutlich zu umfassend eingeschränkt. Dies würde dem Wesen der Kernbereichslehre als ungeschriebene und damit restriktiv zu handhabende Einschränkung der Mehrheitsherrschaft widersprechen.[407]

Auch die Ausübung der mit dem Teilnahmerecht verknüpften mitgliedschaftlichen Rechte wird im gleichen Maße gewährleistet. Den Gesellschaftern ist es im selben Maße möglich, an der Abstimmung teilzunehmen, im Falle einer Unklarheit eine Auskunft zu verlangen und das Beschlussergebnis wahrzunehmen sowie die formelle Rechtmäßigkeit der Beschlussfassung zu bewerten.

Somit wird der Kernbereich der Mitgliedschaft der GmbH-Gesellschafter durch die Einführung einer Satzungsbestimmung, nach der die Beschlussfassung in virtueller Versammlung stets zulässig ist, nicht tangiert.

3. Ergebnis

Eine Satzungsänderung, nach der die Beschlussfassung in virtueller Versammlung stets zulässig ist, kann nach § 53 Abs. 2 S. 1 GmbHG mit einer Mehrheit von drei Vierteln der abgegebenen Stimmen beschlossenen werden. Die Zustimmung sämtlicher Gesellschafter zu der Beschlussfassung ist für die Wirksamkeit des Satzungsänderungsbeschlusses nicht erforderlich; ein solches Erfordernis ergibt

---

[402] Siehe oben Kap. 2 B. II. 2. c) bb) (1).

[403] *Bochmann*, Statutarische Gestaltung virtueller Gesellschafterversammlungen nach dem DiREG, in: FS Heidinger, 2023, 37, 42.

[404] *Bochmann*, Statutarische Gestaltung virtueller Gesellschafterversammlungen nach dem DiREG, in: FS Heidinger, 2023, 37, 42.

[405] Siehe oben Kap. 1 B. IV. 3. c).

[406] Vgl. *Bochmann*, Statutarische Gestaltung virtueller Gesellschafterversammlungen nach dem DiREG, in: FS Heidinger, 2023, 37, 42.

[407] Vgl. *Winter*, Mitgliedschaftliche Treuebindungen im GmbH-Recht, München 1988, S. 138 f.

sich weder aus § 54 Abs. 4 GmbHG noch § 48 Abs. 1 S. 2 GmbHG oder aus der Lehre vom Kernbereich der gesellschaftsrechtlichen Position.

C. Zusammenfassung

Aufgrund der nach § 45 Abs. 2 GmbHG gewährten Satzungsautonomie ist es zulässig, das Beschlussverfahren in der GmbH abweichend von § 48 GmbHG zu regeln. Insbesondere ist es – mangels Beeinträchtigung des Kernbereichs des Teilnahmerechts – auch zulässig, das Einvernehmenserfordernis des § 48 Abs. 1 S. 2 GmbHG entfallen zu lassen, sodass Präsenzversammlungen und virtuelle Versammlungen einander gleichgestellt werden können. Die formellen Anforderungen, die für den Beschluss einer entsprechenden Satzungsbestimmung einzuhalten sind, ergeben sich, wenn die Regelung bereits bei Abschluss des ursprünglichen Gesellschaftsvertrages mit in diesen einbezogen wird, abschließend aus § 2 Abs. 1 GmbHG. Wird die Zulässigkeit einer Beschlussfassung in virtueller Gesellschafterversammlung erst nachträglich abweichend von § 48 Abs. 1 S. 2 GmbHG durch Satzung geregelt, sind allein die formalen Anforderungen des § 53 Abs. 1, Abs. 2 S. 1 GmbHG zu beachten. Eine allseitige Zustimmung der Gesellschafter ist zur wirksamen Beschlussfassung nicht erforderlich. Weder das Zustimmungserfordernis des § 53 Abs. 4 GmbHG noch das Einvernehmenserfordernis des § 48 Abs. 1 S. 2 GmbHG entfalten insofern Wirkung. Indem ein entsprechender Satzungsänderungsbeschluss den Kernbereich der Mitgliedschaft nicht tangiert, ergibt sich auch aus der Kernbereichslehre kein Erfordernis einer Zustimmung durch die einzelnen Gesellschafter.

Kapitel 3

Die rechtlichen Unklarheiten im Zusammenhang mit dem Erfordernis allseitigen textförmlichen Einverständnisses nach § 48 Abs. 1 S. 2 GmbHG

Die gesetzgeberische Wertung, dass Präsenzversammlungen und virtuelle Versammlungen nicht stets gleich geeignet zur Beschlussfassung sind,[408] hat sich im Gesetz in Form des in § 48 Abs. 1 S. 2 GmbHG verankerten Einverständniserfordernisses niedergeschlagen. Nach diesem können Gesellschafterversammlungen nur dann fernmündlich oder mittels Videokommunikation abgehalten werden, „wenn sämtliche Gesellschafter sich damit in Textform einverstanden erklären".

Auch wenn das Einverständniserfordernis *prima facie* recht unmissverständlich erscheint, ergeben sich im Zusammenhang mit diesem doch einige Fragen. So gilt es zum einen zu untersuchen, ob das Gesetz, wenn es das Einverständnis „sämtliche[r] Gesellschafter" fordert, auch das Einverständnis solcher Gesellschafter voraussetzt, die von der Teilnahme an der Beschlussfassung ausgeschlossen sind. Des Weiteren gilt es insbesondere auch herauszuarbeiten, wann, wem gegenüber und in welcher Form die erforderlichen Einverständniserklärungen abzugeben sind.

A. Zustimmungsbedürftigkeit „sämtliche[r] Gesellschafter"

Der Wortlaut des Einverständniserfordernisses des § 48 Abs. 1 S. 2 GmbH legt nahe, dass sich die Gesellschafter stets einstimmig für die Beschlussfassung in virtueller Versammlung entscheiden müssen. Eine Einschränkung dahingehend, dass in bestimmten Fällen das Einverständnis gewisser Gesellschafter entbehrlich wäre, enthält die Bestimmung nicht. Damit kann es hinsichtlich der Zustimmungsbedürftigkeit jedenfalls nicht auf die Höhe der Beteiligung eines Gesellschafters ankommen; auch die Zustimmung eines nur minimal an der GmbH beteiligten Gesellschafters ist erforderlich.[409]

§ 48 Abs. 2 GmbHG macht die Zulässigkeit der Beschlussfassung im schriftlichen Verfahren gleichermaßen von dem Einverständnis „sämtlicher Gesellschafter"

---

[408] Vgl. RegBegr. Gesetzesentwurf DiREG BT-Drs. 20/1672 S. 23.

[409] *Noack*, „Mittels Videokommunikation" – virtuelle Gesellschafterversammlungen bei der GmbH, in: FS Heckschen, 2024, 475, 476.

abhängig: Im Falle der ersten Verfahrensalternative ist ein Einverständnis sämtlicher Gesellschafter mit der zu treffenden Bestimmung erforderlich, im Falle der zweiten Alternative mit der schriftlichen Abgabe der Stimmen. Im Hinblick auf das Beschlussverfahren nach § 48 Abs. 2 Alt. 1 GmbHG wurde teils die Auffassung vertreten, das Einverständniserfordernis sei hinsichtlich solcher Gesellschafter einzuschränken, die ohnehin von der Beschlussfassung ausgeschlossen sind.[410] Nachfolgend wird dargelegt, warum diese Auffassung unzutreffend ist und dass im Hinblick auf das Einverständniserfordernis des § 48 Abs. 1 S. 2 GmbHG nichts anderes gelten kann.

I. Zur Zustimmungsbedürftigkeit von vom Stimmrecht ausgeschlossenen Gesellschaftern i. R. d. § 48 Abs. 2 Alt. 1 GmbHG

Bei dem Verfahren nach § 48 Abs. 2 Alt. 1 GmbHG handelt es sich um ein einstufiges Beschlussverfahren.[411] Das heißt, das Einverständnis sämtlicher Gesellschafter ist zur Beschlussfassung nicht zusätzlich zu einer gem. § 47 Abs. 1 GmbHG dem Mehrheitsprinzip unterworfenen Abstimmung erforderlich. Vielmehr erfolgt die Beschlussfassung schlicht durch einstimmige positive Stimmabgabe.[412] Nicht stimmberechtigte Gesellschafter können aber gerade nicht an der Beschlussfassung partizipieren – ihre Stimme kann im Hinblick auf die Beschlussfassung keine Berücksichtigung finden. Daher wurde in der Vergangenheit teils angenommen, ein Einverständnis der nicht stimmberechtigten Gesellschafter sei zur Beschlussfassung im Verfahren nach § 48 Abs. 2 Alt. 1 GmbHG entbehrlich.[413]

Gegen eine solche Einschränkung des Einverständniserfordernisses des § 48 Abs. 2 Alt. 1 GmbHG spricht allerdings zunächst der klare Wortlaut der gesetzlichen Regelung.[414] So bezieht sich § 48 Abs. 2 Alt. 1 GmbHG auf „sämtliche Gesellschafter" gleichermaßen – unbeachtlich, ob stimmberechtigt oder nicht.[415] Der Wortlaut ist insofern eindeutig, weshalb eine abweichende Auslegung ausgeschlossen ist. Ein anderes Ergebnis ließe sich – aufgrund der absoluten Wortlautgrenze[416] – einzig im Wege einer Rechtsfortbildung herbeiführen.[417] In Betracht

---

[410] OLG Düsseldorf, Urt. v. 27.05.1977 – 16 U 274/76, BeckRS 1977, 1540 Rn. 28; *Meyer-Landrut*, in: Meyer-Landrut/Miller/Niehus GmbHG, § 48 Rn. 24.

[411] Siehe Fn. 92.

[412] Siehe Fn. 93.

[413] OLG Düsseldorf, Urt. v. 27.05.1977 – 16 U 274/76, BeckRS 1977, 1540 Rn. 28; *Meyer-Landrut*, in: Meyer-Landrut/Miller/Niehus GmbHG, § 48 Rn. 24.

[414] *Hüffer/Schäfer*, in: Habersack/Casper/Löbbe GmbHG, § 48 Rn. 45; *Römermann*, in: Michalski/Heidinger/Leible/Schmidt GmbHG, § 48 Rn. 219.

[415] *Hüffer/Schäfer*, in: Habersack/Casper/Löbbe GmbHG, § 48 Rn. 45; *Römermann*, in: Michalski/Heidinger/Leible/Schmidt GmbHG, § 48 Rn. 219.

[416] Siehe Fn. 29.

kommt eine teleologische Reduktion der Norm. Eine gesetzliche Bestimmung ist dann teleologisch zu reduzieren, wenn der Wortlaut einer Regelung zu weit gefasst ist und einer Einschränkung bedarf, um seinem Regelungszweck zu entsprechen.[418] Mittels teleologischer Reduktion sind solche Fälle aus dem Anwendungsbereich einer Norm auszunehmen, die mit dem durch die Bestimmung geregelten Regelfall nicht vergleichbar sind, weshalb die gesetzesimmanenten Wertungen nicht eingreifen.[419] Die in § 48 Abs. 2 GmbHG festgeschriebenen Einverständniserfordernisse dienen dem Schutz des gesellschafterlichen Rechts auf Teilnahme an einer Gesellschafterversammlung.[420] Dieses wiederum schützt nicht einzig die Möglichkeit zur Teilnahme an der Abstimmung selbst, sondern insbesondere auch das Recht auf aktive Teilnahme an der Besprechung der Beschlussgegenstände.[421] Es sichert die Gelegenheit, durch Partizipation an dem Diskurs, auf das Ergebnis der Beschlussfassung einzuwirken.[422] Dieser Schutzzweck des Einverständniserfordernisses des § 48 Abs. 2 Alt. 1 GmbHG greift auch dann unvermindert ein, wenn ein Gesellschafter nicht zur Teilnahme an der Abstimmung berechtigt ist.[423] Folglich muss eine teleologische Reduktion der Norm ausscheiden.

Dieses Ergebnis entspricht auch der ganz herrschenden Auffassung in Literatur und Rechtsprechung.[424] Dieser Auffassung wurde sich zudem in der Gesetzesbegründung des FormAnpG angeschlossen.[425]

---

[417] *Möllers*, Juristische Methodenlehre, München 2025, § 4 Rn. 37, 39; *Bydlinski*, Juristische Methodenlehre und Rechtsbegriff, Wien 1991, S. 480.

[418] *Möllers*, Juristische Methodenlehre, München 2025, § 6 Rn. 123; *Bydlinski*, Juristische Methodenlehre und Rechtsbegriff, Wien 1991, S. 480; *Larenz/Canaris*, Methodenlehre der Rechtswissenschaft, Berlin 1995, S. 210 f.

[419] *Möllers*, Juristische Methodenlehre, München 2025, § 6 Rn. 127.

[420] Vgl. RegBegr. Gesetzesentwurf FormAnpG BT-Drs. 14/4987 S. 30; OLG Düsseldorf, Urt. v. 13. 07. 1989–8 U 187/88, ZIP 1989, 1554, 1556; *Altmeppen*, in: Altmeppen GmbHG, § 48 Rn. 38.

[421] Siehe oben Kap. 2 B. II. 2. c) bb) (1).

[422] Siehe oben Kap. 2 B. II. 2. c) bb) (1).

[423] *Hüffer/Schäfer*, in: Habersack/Casper/Löbbe GmbHG, § 44 Rn. 45.

[424] OLG Düsseldorf, Urt. v. 13. 07. 1989–8 U 187/88, ZIP 1989, 1554, 1556; *Hüffer/Schäfer*, in: Habersack/Casper/Löbbe GmbHG, § 48 Rn. 45; *Noack*, in: Noack/Servatius/Haas GmbHG, § 48 Rn. 48; *Römermann*, in: Michalski/Heidinger/Leible/Schmidt GmbHG, § 48 Rn. 219; *Altmeppen*, in: Altmeppen GmbHG, § 48 Rn. 38; *Seibt*, in: Scholz GmbHG, § 48 Rn. 59; dem zustimmend wohl *Schindler*, in: BeckOK GmbHG, Stand: 01. 11. 2025, § 48 Rn. 83; *Blasche*, GmbHR 2011, 232, 233. Hieran anknüpfend ist streitig, ob eine Beschlussfassung nach § 48 Abs. 2 Alt. 1 GmbHG in dem Fall, dass ein Gesellschafter nicht stimmberechtigt ist, überhaupt möglich sein kann; dies verneinend *Römermann*, in: Michalski/Heidinger/Leible/Schmidt GmbHG, § 48 Rn. 219; *Noack*, in: Noack/Servatius/Haas GmbHG, § 48 Rn. 48; *Blasche*, GmbHR 2011, 232, 233; dies bejahend *Hüffer/Schäfer*, in: Habersack/Casper/Löbbe GmbHG, § 48 Rn. 45; *Seibt*, in: Scholz GmbHG, § 48 Rn. 59.

[425] RegBegr. Gesetzesentwurf FormAnpG BT-Drs. 14/4987 S. 30.

II. Zur Zustimmungsbedürftigkeit von vom Stimmrecht ausgeschlossenen Gesellschaftern i. R. d. § 48 Abs. 1 S. 2 GmbHG

Im Hinblick auf das Einverständniserfordernis des § 48 Abs. 1 S. 2 GmbHG kann nicht anderes gelten. Auch von nicht stimmberechtigten Gesellschaftern ist eine textförmliche Einverständniserklärung hinsichtlich der Beschlussfassung in virtueller Versammlung erforderlich.[426] So brachte der Gesetzgeber durch die Normierung des Erfordernisses allseitigen Einverständnisses mit der Beschlussfassung in virtueller Versammlung zum Ausdruck, dass er die beiden in § 48 Abs. 1 GmbHG geregelten Versammlungsformen als ungleichwertig betrachtet.[427] Seinem Willen nach soll die Präsenzversammlung gerade bei streitigen Beschlussgegenständen den Vorrang behalten und die Beschlussfassung in virtueller Versammlung keinem Gesellschafter aufgezwungen werden können.[428] Das Gesetz gewährt jedem Gesellschafter ein Recht auf Teilnahme an einem Diskurs in einer – eine höhere Gesprächsqualität ermöglichenden[429] –Präsenzversammlung.[430] Dieser Schutzzweck greift wiederum auch dann unvermindert ein, wenn ein Gesellschafter nicht zur Teilnahme an der Abstimmung berechtigt ist. Folglich scheidet auch eine teleologische Reduktion des Einverständniserfordernisses des § 48 Abs. 1 S. 2 GmbHG aus.

B. Formelle Anforderungen an eine Einverständniserklärung i. S. d. § 48 Abs. 1 S. 2 GmbHG

Der Normtext des § 48 Abs. 1 S. 2 GmbHG bestimmt in formeller Hinsicht einzig, dass die Einverständniserklärungen der Gesellschafter in Textform zu erteilen sind.

I. Einverständniserklärung in Textform gem. § 126b BGB

Demnach müssen die Zustimmungserklärungen der Gesellschafter die Textform des § 126b BGB wahren.[431] Textformerfordernisse erfüllen eine Informations- bzw.

---

[426] So auch *Wicke*, in: Wicke GmbHG, § 48 Rn. 4d; *Bayer*, in: Lutter/Hommelhoff GmbHG, § 48 Rn. 31; *Noack*, „Mittels Videokommunikation“ – virtuelle Gesellschafterversammlungen bei der GmbH, in: FS Heckschen, 2024, 475, 476.

[427] Siehe oben Kap. 1 C. II.

[428] RegBegr. Gesetzesentwurf DiREG, BT-Drs. 20/1672 S. 23.

[429] Siehe oben Kap. 1 B. IV. 3. c).

[430] Siehe oben Kap. 1 C. II.

[431] *Altmeppen*, in: Altmeppen GmbHG, § 48 Rn. 54; *Denga*, in: BeckOGK GmbHG, Stand: 01. 10. 2025, § 48 Rn. 12.

Dokumentationsfunktion.[432] Dementsprechend dient das in § 48 Abs. 1 S. 2 GmbHG festgeschriebene Textformerfordernis dazu, Uneinigkeiten hinsichtlich der Wirksamkeit von in virtueller Versammlung gefassten Beschlüssen durch nachvollziehbare Einverständniserklärungen vorzubeugen.[433] Zur Erfüllung ihres Dokumentationszwecks müssen textförmliche Erklärungen gem. § 126b S. 1 BGB lesbar sein, ihren Urheber erkennen lassen und auf einem dauerhaften Datenträger abgegeben werden. Letzteres bedeutet nach § 126b S. 2 BGB, dass dem Empfänger jedenfalls die Möglichkeit eingeräumt werden muss, die Erklärung unverändert zur dauerhaften Verfügbarkeit aufzubewahren. Diesen Anforderungen genügen auch elektronische Erklärungen, das heißt solche, die z. B. als E-Mail oder SMS oder Nachricht auf einem mobilen Instant-Messenger wie WhatsApp erstellt sowie übermittelt werden.[434]

Im Rahmen des Beschlussverfahrens gem. § 48 Abs. 2 Alt. 1 GmbHG wird dem Textformerfordernis zudem eine Warnfunktion zugesprochen.[435] Dieses solle bewirken, dass sämtlichen Gesellschaftern bewusst ist, dass sie eine rechtsverbindliche – auf einen Gesellschafterbeschluss gerichtete – Erklärung mit erheblicher Tragweite abgeben.[436]

Dass auch das Textformerfordernis i. R. d. § 48 Abs. 1 S. 2 GmbHG eine Warnfunktion erfüllt, lässt sich der Gesetzesbegründung nicht entnehmen. Nichts anderes ergibt sich aus der Gegenüberstellung der beiden Beschlussverfahren, denn anders als bei der Beschlussfassung nach § 48 Abs. 2 Alt. 1 GmbHG handelt es sich bei dem Verfahren nach § 48 Abs. 1 S. 2 GmbHG um ein sog. zweistufiges Beschlussverfahren.[437] Der Gesellschafter gibt durch die textförmliche Einverständniserklärung nach § 48 Abs. 1 S. 2 GmbHG noch keine Stimme in Bezug auf den Beschlussgegenstand ab, sondern erklärt lediglich sein Einverständnis mit der Beschlussfassung in virtueller Versammlung. Entsprechend weicht die Tragweite der textförmlichen Einverständniserklärung im Beschlussverfahren nach § 48 Abs. 1 S. 2 GmbHG erheblich von der des § 48 Abs. 2 Alt. 1 GmbHG ab. Dass das in § 48 Abs. 1 S. 2 GmbHG verankerte Textformerfordernis den Zweck verfolgt, dem einzelnen Gesellschafter bewusst zu machen, dass er durch seine Zustimmung auf sein

---

[432] RegBegr. Gesetzesentwurf FormAnpG BT-Drs. 14/4987 S. 19; *Einsele*, in: MüKo BGB, § 126b Rn. 9.

[433] *Wertenbruch*, GmbHR 2023, 157, 161 Rn. 12; vgl. zudem *Primaczenko/Frohn*, in: BeckOGK BGB, Stand: 01.05.2020, § 126b Rn. 5.

[434] OLG Schleswig, Beschl. v. 25.01.2012–2 W 57/11, NJW 2012, 2524, 2525; *Wendtland*, in: BeckOK BGB, Stand: 01.11.2025, § 126b Rn. 8; *Noack*, „Mittels Videokommunikation“ – virtuelle Gesellschafterversammlungen bei der GmbH, in: FS Heckschen, 2024, 475, 477; *Porschke*, LTZ 2023, 102, 103.

[435] *Liebscher*, in: MüKo GmbHG, § 48 Rn. 191; *Römermann*, in: Michalski/Heidinger/Leible/Schmidt GmbHG, § 48 Rn. 236; *Seibt*, in: Scholz GmbHG, § 48 Rn. 61.

[436] *Liebscher*, in: MüKo GmbHG, § 48 Rn. 191; *Römermann*, in: Michalski/Heidinger/Leible/Schmidt GmbHG, § 48 Rn. 236; *Seibt*, in: Scholz GmbHG, § 48 Rn. 61.

[437] Siehe oben Kap. 1 B. II.

Recht zur Teilnahme an einer Präsenzversammlung verzichtet, ist zudem auch mit Blick auf § 48 Abs. 2 Alt. 2 GmbHG zu verneinen. Denn im Verfahren nach § 48 Abs. 2 Alt. 2 GmbHG disponieren die Gesellschafter durch ihre Zustimmung sogar umfassend über ihr Recht zur Teilnahme an einer Gesellschafterversammlung, was einen noch stärkeren Schutzbedarf begründen würde. Gleichwohl ist für die dort erforderliche Zustimmung keine Textform vorgeschrieben.[438]

Es ist daher nicht anzunehmen, dass dem Textformerfordernis des § 48 Abs. 1 S. 2 GmbHG eine Warnfunktion zukommt.

II. Zeitpunkt der Einverständniserklärung i. S. d. § 48 Abs. 1 S. 2 GmbHG

Nicht ausdrücklich regelt § 48 Abs. 1 S. 2 GmbHG derweil, wann die Gesellschafter ihr Einverständnis mit der Beschlussfassung in virtueller Versammlung textförmlich zu erklären haben. Der Wortlaut der Norm lautet schlicht: „Versammlungen können auch fernmündlich oder mittels Videokommunikation abgehalten werden, wenn sämtliche Gesellschafter sich damit in Textform einverstanden erklären." Klar wird hierdurch zwar, dass das Einverständnis aller Gesellschafter Bedingung für eine wirksame Beschlussfassung in virtueller Versammlung ist. Unklar bleibt aber, ab und bis wann diese Bedingung erfüllt werden kann. Auch in der Begründung des Gesetzesentwurfs des § 48 Abs. 1 S. 2 GmbHG finden sich diesbezüglich keine Anhaltspunkte.[439] Daher wird der zeitliche Rahmen, in welchem es den Gesellschaftern möglich ist, ihr Einverständnis mit der virtuellen Beschlussfassung zu erteilen, im Folgenden näher untersucht.

1. Frühestmögliche Einverständniserklärung

Zunächst stellt sich die Frage, unter welchen Voraussetzungen es dem Einverständniserfordernis des § 48 Abs. 1 S. 2 GmbHG genügen kann, wenn ein Gesellschafter seine Zustimmung zu der Beschlussfassung in virtueller Versammlung bereits erklärt, bevor die entsprechende Versammlung einberufen wurde.

Jedenfalls der Wortlaut des § 48 Abs. 1 S. 2 GmbHG steht einem solchen Vorgehen nicht entgegen. Erforderlich ist nach diesem lediglich, dass sich die Gesellschafter „damit", also mit der virtuellen Abhaltung der Gesellschafterversammlung, einverstanden erklären. Anhaltspunkte dafür, dass das Einverständnis erst nach

---

[438] Zur Implementierung eines Textformerfordernisses in das Verfahren nach § 48 Abs. 2 Alt. 2 GmbHG hätte der Gesetzgeber zuletzt bei der Änderung des § 48 Abs. 2 GmbHG m. W. v. 01.01.2025 durch das Vierte Bürokratieentlastungsgesetz vom 23.10.2024 Gelegenheit gehabt.

[439] *Liebscher*, in: MüKo GmbHG, § 48 Rn. 166; vgl. RegBegr. Gesetzesentwurf DiREG BT-Drs. 20/1672 S. 23.

Erhalt der Einladung zu der virtuellen Gesellschafterversammlung erklärt werden könnte, enthält die Norm nicht.

Es ist daher entscheidend, ob der Schutzweck des Einverständniserfordernisses durch eine entsprechende Einverständniserklärung gleichermaßen gewahrt wird. Der Sinn und Zweck der in § 48 Abs. 1 S. 2 GmbHG getroffenen Regelung besteht darin, zu verhindern, dass einem der Gesellschafter das virtuelle Versammlungsformat aufgezwungen wird.[440] Dies ist dann nicht der Fall, wenn ein Gesellschafter bewusst über sein Recht zur Teilnahme an einer Präsenzversammlung disponiert hat.[441]

Maßgeblich ist insofern zunächst, dass zwischen der virtuellen Versammlung mittels Telefonkonferenz und der virtuellen Versammlung mittels Videokommunikation beachtliche Unterschiede bestehen. Zum einen ist die Kommunikationsqualität in einer Telefonkonferenz geringer als in einer Videokonferenz, da eine nonverbale Kommunikation noch einmal erheblich eingeschränkter möglich ist.[442] Zum anderen wird auch die Vertraulichkeit der geteilten Inhalte in einer Telefonkonferenz in geringerem Maße gewährleistet.[443] Hieraus folgt, dass sich ein bereits vor der Einladung zur virtuellen Versammlung erteiltes Einverständnis, um Beachtung finden zu können, auf die konkrete im Einzelfall zur Beschlussfassung gewählte Versammlungsform beziehen muss.[444]

Des Weiteren kann daraus, dass ein Gesellschafter mit der Fassung eines bestimmten Beschlusses in virtueller Versammlung einverstanden ist, nicht geschlossen werden, dass dies auch für andere Beschlussgegenstände gilt. So ist es hinsichtlich solcher Beschlussgegenstände, die entscheidend für die Zukunft der Gesellschaft erscheinen oder bei denen sich ein erhebliches Konfliktpotenzial abzeichnet, wahrscheinlicher, dass ein Gesellschafter sein Einverständnis i. S. d. § 48 Abs. 1 S. 2 GmbHG verweigert, als bei Themen, hinsichtlich derer ohnehin Einigkeit besteht.[445] Dementsprechend kommt es bei einer vor der Einladung erteilten Einverständniserklärung zudem entscheidend darauf an, dass sich das Einverständnis auf die konkreten Beschlussgegenstände bezieht, die in virtueller Versammlung behandelt werden sollen.[446] Ferner wird einem Gesellschafter die Beschlussfassung in virtueller Versammlung auch dann nicht aufgedrängt, wenn ein Gesellschafter bewusst eine inhaltlich unbegrenzte Zustimmungserklärung abge-

---

440 RegBegr. Gesetzesentwurf DiREG BT-Drs. 20/1672 S. 23.

441 Siehe oben Kap. 1 C. II.

442 Siehe oben Kap. 1 B. IV. 3. c).

443 Siehe oben Kap. 1 B. IV. 3. d).

444 So auch *Noack*, „Mittels Videokommunikation“ – virtuelle Gesellschafterversammlungen bei der GmbH, in: FS Heckschen, 2024, 475, 477.

445 Vgl. zu dieser Wertung RegBegr. Gesetzesentwurf DiREG BT-Drs. 20/1672 S. 23.

446 So auch *Wicke*, in: Wicke GmbHG, § 48 Rn. 4d; zudem so hinsichtlich des in § 48 Abs. 2 S. 2 GmbHG verankerten Einverständniserfordernisses *Seibt*, in: Scholz GmbHG, § 48 Rn. 62.

geben und so umfassend über sein Recht zur Teilnahme an einer Präsenzversammlung disponiert hat – beispielsweise weil ihm aufgrund eines Auslandsaufenthaltes eine Präsenzteilnahme in absehbarer Zeit ohnehin nicht möglich wäre.

Somit lässt sich zusammenfassend festhalten, dass ein Gesellschafter sein Einverständnis i. S. d. § 48 Abs. 1 S. 2 GmbHG auch vor der Einberufung der virtuellen Gesellschafterversammlung in beachtlicher Weise erklären kann.[447] Voraussetzung ist hierbei aber zum einen, dass sich das Einverständnis auf die konkrete virtuelle Versammlungsform bezieht. Des Weiteren muss sich das Einverständnis entweder auf die konkrete Tagesordnung der Versammlung beziehen oder es muss in der Erklärung zum Ausdruck kommen, dass der Gesellschafter hinsichtlich der bevorstehenden Versammlung in Gänze auf sein Präsenzteilnahmerecht verzichtet.

2. Spätmöglichste Einverständniserklärung

Von herausragender Relevanz erscheint außerdem die Frage, bis zu welchem Zeitpunkt die Gesellschafter ihr Einverständnis mit der virtuellen Beschlussfassung spätestens erklärt haben müssen, damit die Erklärungen Berücksichtigung finden und der virtuell gefasste Beschluss Wirkung entfalten kann.

Den Gesetzeswortlaut des § 48 Abs. 1 S. 2 GmbHG eng auslegend, könnte das Vorliegen sämtlicher textförmlicher Einverständniserklärungen Voraussetzung für die Zulässigkeit einer virtuellen Versammlung zum Zweck der Beschlussfassung sein. Hieraus würde folgen, dass die allseitige textförmliche Zustimmung bereits vorliegen muss, bevor sich die Gesellschafter in die virtuelle Versammlung – beispielsweise die Telefonkonferenz oder den Zoom-Call – eintreten.[448]

Aber auch bei der Bestimmung des Zeitpunktes, bis zu dem die Zustimmungserklärungen der Gesellschafter spätestens vorliegen müssen, damit die virtuell gefassten Beschlüsse wirksam sind, muss der Sinn und Zweck des Einverständniserfordernisses nach § 48 Abs. 1 S. 2 GmbHG entscheidende Berücksichtigung finden. So wollte der Gesetzgeber verhindern, dass einem Gesellschafter die Beschlussfassung in virtueller Versammlung aufgezwungen wird.[449] Er gewährt daher mit dem Erfordernis allseitigen Einverständnisses einem jeden Gesellschafter das Recht, auf die Abhaltung einer Präsenzversammlung zu bestehen.[450] Das Gesetz stellt also auch das Interesse eines einzelnen Gesellschafters an einer Beschlussfassung in Präsenzversammlung über das Interesse einer Gesellschaftermehrheit an einer virtuellen Durchführung der Versammlung. Vor diesem Hintergrund erscheint

---

[447] So auch *Wicke*, in: Wicke GmbHG, § 48 Rn. 4d.

[448] Dieser engen Auslegung entsprechend dafür, dass die Voraussetzungen der schriftlichen Abstimmung im Verfahren nach § 48 Abs. 2 GmbHG vor der Aufforderung zur schriftlichen Abstimmung vorliegen müssen BGH, Urt. v. 20. 11. 1958 – II ZR 17/57, NJW 1959, 194, 195.

[449] RegBegr. Gesetzesentwurf DiREG BT-Drs. 20/1672 S. 23.

[450] Siehe oben Kap. 1 C. II.

das zuvor angedachte Auslegungsergebnis als zu eng. Sobald der betreffende Gesellschafter mit der (teil-)virtuellen Beschlussfassung einverstanden ist, besteht kein schutzwürdiges Einzelinteresse an einer Beschlussfassung in Präsenzversammlung mehr, welches dem Interesse der Gesellschaftermehrheit überwiegen könnte. Vielmehr stimmen in diesem Fall sämtliche Gesellschafterinteressen überein. Es wäre daher nicht sachgerecht, einem Gesellschafter – sofern dieser die Zustimmung nicht bereits verweigert hat[451] – die Möglichkeit zu verwehren, sein Einverständnis mit der Beschlussfassung in virtueller Versammlung noch zu einem späteren Zeitpunkt wirksam zu erklären.

So muss ein Gesellschafter sein Einverständnis jedenfalls noch zu Beginn der virtuellen Versammlung erklären können, bevor in die Tagesordnung eintreten wird.[452] Zu diesem Zeitpunkt wurde sein durch § 48 Abs. 1 S. 2 GmbHG gewährtes Recht auf Teilnahme an einer Präsenzversammlung mangels Beginn der Beratung über die Tagesordnungspunkte noch in keiner Weise beeinträchtigt.[453] Daher stellt sich die Situation nicht relevant anders dar, als vor Beginn der Versammlung.

Darüber hinaus muss es einem Gesellschafter auch möglich sein, sein Einverständnis zu einem späteren Zeitpunkt in der Versammlung zu erklären,[454] ebenso wie nach dem Ende der Versammlung und damit erst im Anschluss an die Abstimmung[455]. Der Schutzgedanke des § 48 Abs. 1 S. 2 GmbHG verlangt nicht, einem Gesellschafter die Möglichkeit zu versagen, in Kenntnis des bisherigen Versammlungsverlaufes oder sogar in Kenntnis des Beschlussergebnisses durch Erklärung seines Einverständnisses i. S. d. § 48 Abs. 1 S. 2 GmbHG auf sein Recht, auf eine (erneute) Beschlussfassung in Präsenzversammlung zu bestehen, zu verzichten. Dies wäre vielmehr widersinnig, da es in diesen Fällen dem Interesse

---

[451] Vgl. so zum Einverständniserfordernis des § 48 Abs. 2 Alt. 2 GmbHG *Noack*, in: Noack/Servatius/Haas GmbHG, § 48 Rn. 54; *Hillmann*, in: Henssler/Strohn Gesellschaftsrecht, § 48 Rn. 23.

[452] *Leinekugel*, DB 2022, 2840, 2847; *Liebscher*, in: MüKo GmbHG, § 48 Rn. 166.

[453] Zu den Bestandteilen des Teilnahmerechts siehe oben Kap. 2 B. II. 2. c) bb) (1).

[454] Die Möglichkeit zur Zustimmung in der virtuellen Gesellschafterversammlung implizit annehmend *Wertenbruch*, GmbHR 2023, 157, 161 Rn. 12; auf diesen verweisend die Möglichkeit einer Einverständniserteilung „während der Gesellschafterversammlung" bejahend *Denga*, in: BeckOGK GmbHG, Stand: 01.10.2025, § 48 Rn. 13; *Wicke*, in: Wicke GmbHG, § 48 Rn. 4d („Das Einverständnis kann […] noch in der Versammlung abgegeben werden"); die Erteilung des Einverständnisses „noch bis zu Schließung der virtuellen Versammlung" für möglich haltend *Noack*, „Mittels Videokommunikation" – virtuelle Gesellschafterversammlungen bei der GmbH, in: FS Heckschen, 2024, 475, 478.

[455] So zu dem § 48 Abs. 2 Alt. 2 GmbHG verankerten Einverständniserfordernis *Noack*, in: Noack/Servatius/Haas GmbHG, § 48 Rn. 54; *Hillmann*, in: Henssler/Strohn Gesellschaftsrecht, § 48 Rn. 23; *Hüffer/Schäfer*, in: Habersack/Casper/Löbbe GmbHG, § 48 Rn. 49; *Seibt*, in: Scholz GmbHG, § 48 Rn. 62; *Römermann*, in: Michalski/Heidinger/Leible/Schmidt GmbHG, § 48 Rn. 268.

sämtlicher Gesellschafter entspricht, dass der virtuell gefasste Beschluss Geltung entfaltet.[456]

Damit ist das Zustimmungserfordernis des § 48 Abs. 1 S. 2 GmbHG – entsprechend der herrschenden Auffassung zum Erfordernis des § 48 Abs. 2 Alt. 2 GmbHG – nicht als Zulässigkeitsvoraussetzung für die virtuelle Beschlussfassung, sondern vielmehr als zusätzliches Wirksamkeitserfordernis für virtuell gefasste Beschlüsse zu qualifizieren.[457] Erklärt der Gesellschafter sein Einverständnis noch vor der Beschlussfassung, ermöglicht er eine wirksame Beschlussfassung von Beginn an. Stimmt er erst im Nachhinein textförmlich zu, ist der Beschluss rückwirkend als von Anfang an wirksam zu behandeln.[458] Die Geschäftsführung hat dafür zu sorgen, dass Rechtssicherheit zeitnah geschaffen wird.[459] Zu diesem Zweck kann sie den Gesellschafter auffordern, sich zu äußern – gegebenenfalls auch unter Setzung einer angemessenen Frist, nach deren Verstreichen die Zustimmung analog § 108 Abs. 2 S. 2 BGB als verweigert gilt.[460]

III. Empfangszuständigkeit für die Einverständniserklärungen innerhalb der Gesellschaft

Da ein Gesellschafter durch die Erklärung seines Einverständnisses i. S. d. § 48 Abs. 1 S. 2 GmbHG sein Recht auf eine Beschlussfassung in Präsenzversammlung[461] aufgibt, handelt es sich bei dieser Äußerung um „eine private Willensäußerung, gerichtet auf die Hervorbringung eines rechtlichen Erfolges, der nach der Rechtsordnung deswegen eintritt, weil er gewollt ist"[462] und damit um eine Willenserklärung.[463] Indem virtuell gefasste Beschlüsse einzig im Falle des Vorliegens

456 So zu dem in § 48 Abs. 2 Alt. 2 GmbHG verankerten Einverständniserfordernis *Hüffer/Schäfer*, in: Habersack/Casper/Löbbe GmbHG, § 48 Rn. 49.

457 So hinsichtlich des Einverständniserfordernis nach § 48 Abs. 2 S. 2 GmbHG OLG Düsseldorf, Urt. v. 13.07.1989–8 U 187/88, ZIP 1989, 1554, 1556; *Noack*, in: Noack/Servatius/Haas GmbHG, § 48 Rn. 54; *Hillmann*, in: Henssler/Strohn Gesellschaftsrecht, § 48 Rn. 22 f.; *Seibt*, in: Scholz GmbHG, § 48 Rn. 62; *Hüffer/Schäfer*, in: Habersack/Casper/Löbbe GmbHG, § 48 Rn. 49; *Römermann*, in: Michalski/Heidinger/Leible/Schmidt GmbHG, § 48 Rn. 268.

458 Zu dem hier vertretenen Verständnis des Einverständniserfordernisses als Wirksamkeitserfordernis siehe zudem ausführlich unten Kap. 6 B. III. 2. b).

459 *Raiser/Schäfer*, in: Habersack/Casper/Löbbe GmbHG, Anh. § 47 Rn. 23; *Leinekugel*, in: BeckOK GmbHG, Stand: 01.11.2025, Anh. § 47 Rn. 145.

460 *Raiser/Schäfer*, in: Habersack/Casper/Löbbe GmbHG, Anh. § 47 Rn. 23.

461 Siehe oben Kap. 1 C. II.

462 *Wendtland*, in: BeckOK BGB, Stand: 01.11.2025, § 133 Rn. 4.

463 So im Hinblick auf das Einverständniserfordernis des § 48 Abs. 2 Alt. 2 GmbHG richtigerweise auch *Noack*, in: Noack/Servatius/Haas GmbHG, § 48 Rn. 52; *Vogel*, Gesellschafterbeschlüsse und Gesellschafterversammlung, Köln 1986, S. 163; die i. R. d. Verfahrens nach

von Einverständniserklärungen sämtlicher Gesellschafter wirksam sind,[464] betrifft diese Rechtsfolge auch die GmbH als juristische Person gem. § 13 Abs. 1 GmbHG. Daher handelt es sich bei den Einverständniserklärungen der Gesellschafter um empfangsbedürftige Willenserklärungen.[465] Diese werden daher nach § 130 Abs. 1 S. 1 BGB[466] erst im Zeitpunkt ihres Zugangs wirksam.[467]

§ 48 Abs. 1 S. 2 GmbHG enthält jedoch keinen Hinweis darauf, wem gegenüber die Gesellschafter ihre textförmlichen Einverständniserklärungen abzugeben haben, damit diese Wirksamkeit entfalten und daher Beachtung finden können.

Für die Beantwortung dieser Frage bietet es sich an, die Grundsätze, welche zu § 48 Abs. 2 GmbHG entwickelt wurden, heranzuziehen. Denn auch § 48 Abs. 2 GmbHG enthält keine Angaben, wem gegenüber die Einverständniserklärungen jeweils abzugeben sind.

1. Nicht die Gesellschaftergesamtheit als Empfängerin der Einverständniserklärungen

Vereinzelt wurde vertreten, die Einverständniserklärungen nach § 48 Abs. 2 GmbHG müssten für ihre Wirksamkeit allen Mitgesellschaftern zugehen.[468]

Diese Lösung erscheint jedoch allgemein als extrem impraktikabel.[469] Überträgt man sie auf das Verfahren nach § 48 Abs. 1 S. 2 GmbHG, hätte sie überdies eine

---

§ 48 Abs. 2 Alt. 2 GmbHG erforderlichen Einverständniserklärungen als „Verfahrenshandlungen“ betitelnd *Seibt*, in: Scholz GmbHG, § 48 Rn. 62.

[464] Zu dem hier vertretenen Verständnis des Einverständniserfordernisses als Wirksamkeitserfordernis siehe oben Kap. 3 B. II. 2. sowie ausführlich unten Kap. 6 B. III. 2. b).

[465] So zur Einverständniserklärung i. R. d. Verfahrens nach § 48 Abs. 2 Alt. 2 GmbHG, *Vogel*, Gesellschafterbeschlüsse und Gesellschafterversammlung, Köln 1986, S. 163; vgl. zudem *Noack*, in: Noack/Servatius/Haas GmbHG, § 48 Rn. 52 („Willenserklärung gegenüber der Ges.“). Eingehend dazu, wann eine Willenserklärung empfangsbedürftig ist, *Einsele*, in: MüKo BGB, § 130 Rn. 1.

[466] Auch in dem Fall, dass ein Gesellschafter sein Einverständnis persönlich erklärt, wäre § 130 BGB zwar nicht direkt, aber entsprechend anzuwenden, da es sich dann aufgrund der erforderlichen Textform der Erklärung um eine verkörperte Erklärung unter Anwesenden handelt, *Einsele*, in: MüKo BGB, § 130 Rn. 2.

[467] So zu den Einverständniserklärungen i. R. d. Verfahrens nach § 48 Abs. 2 Alt. 2 GmbHG *Vogel*, Gesellschafterbeschlüsse und Gesellschafterversammlung, Köln 1968, S. 163; vgl. auch *Noack*, in: Noack/Servatius/Haas GmbHG, § 48 Rn. 52.

[468] *Schilling*, in: Hachenburg GmbHG, 7. Auflage, § 48 Rn. 23; des Weiteren im Hinblick auf. die Einverständniserklärungen im Verfahren nach § 48 Abs. 2 Alt. 1 GmbHG auch *Meyer-Landrut*, in: Meyer-Landrut/Miller/Niehhus GmbHG, Berlin 1987, § 48 Rn. 27 („Kenntnis aller Gesellschafter“).

[469] So richtigerweise bereits in der Folgeauflage *Hüffer*, in: Hachenburg GmbHG, 8. Auflage, § 48 Rn. 50; vgl. zudem zur Stimmabgabe *Hüffer/Schäfer*, in: Habersack/Casper/Löbbe GmbHG, § 48 Rn. 52; *Römermann*, in: Michalski/Heidinger/Leible/Schmidt GmbHG, § 48 Rn. 234.

erhebliche rechtliche Unsicherheit zur Folge, denn eine fehlerhafte Übermittlung an nur einen Mitgesellschafter würde zur Unwirksamkeit eines virtuell gefassten Beschlusses führen.[470] Zudem besteht im Beschlussverfahren nach § 48 Abs. 1 S. 2 GmbHG keine sachliche Notwendigkeit, dass jeder Gesellschafter umgehend von der Zustimmungserklärung eines Mitgesellschafter in Kenntnis gesetzt wird.[471] So wird der Rechtskreis der Mitgesellschafter von der Zustimmungserklärung eines Gesellschafters nicht unmittelbar betroffen. Vielmehr gewährt § 48 Abs. 1 S. 2 GmbHG einem jeden Gesellschafter unabhängig voneinander gleichermaßen das Recht, die wirksame Beschlussfassung in virtueller Versammlung durch die Verweigerung der eigenen Zustimmung zu verhindern.

2. Sondern die Gesellschaft

Bereits aus diesen Gründen vermag die hinsichtlich des Beschlussverfahrens nach § 48 Abs. 2 GmbHG herrschende Auffassung, nach welcher die Gesellschafter ihr Einverständnis mit dem Beschlussverfahren gegenüber der Gesellschaft selbst zu erklären haben,[472] zu überzeugen.[473]

Überdies steht diese Lösung im Einklang mit dem Grundsatz, dass bei Abstimmung in Gesellschafterversammlung die Gesellschaft Adressatin der Stimmabgaben der Gesellschafter ist.[474] Es ist nicht ersichtlich, warum für Einverständniserklärungen, die für eine wirksame Beschlussfassung in einem von der Präsenzversammlung abweichenden Verfahren zusätzlich erforderlich sind, etwas anderes gelten sollte.[475]

Da die GmbH selbst allerdings nicht handlungsfähig ist, kommt es letztlich maßgeblich darauf an, wer in dieser für den Empfang der Einverständniserklärungen der Gesellschafter zuständig ist. Die Zustimmungserklärungen müssen einer Person zugehen, die für die Entgegennahme mit entsprechender Vertretungsmacht für die Gesellschaft ausgestattet ist.[476]

---

[470] Siehe unten Kap. 6 B. III. 2. b), C. II. 2.

[471] Die sachliche Notwendigkeit der Kenntniserlangung als Argument für die Empfangsbedürftigkeit einer Willenserklärung anführend *Einsele*, in: MüKo BGB, § 130 Rn. 1.

[472] *Noack*, in: Noack/Servatius/Haas GmbHG, § 48 Rn. 52; *Altmeppen*, in: Altmeppen GmbHG, § 48 Rn. 45; *Vogel*, Gesellschafterbeschlüsse und Gesellschafterversammlung, Köln 1986, S. 163; vgl. zudem zur Stimmabgabe *Bayer*, in: Lutter/Hommelhoff GmbHG, § 48 Rn. 27.

[473] So zum Verfahren nach § 48 Abs. 1 S. 2 GmbHG gleichermaßen *Leinekugel*, DB 2022, 2840, 2848; vgl. zudem *Schindler*, in: BeckOK GmbHG, Stand: 01.11.2025, § 48 Rn. 96c.

[474] *Römermann*, in: Michalski/Heidinger/Leible/Schmidt GmbHG, § 48 Rn. 234.

[475] *Römermann*, in: Michalski/Heidinger/Leible/Schmidt GmbHG, § 48 Rn. 234.

[476] Vgl. *Schindler*, in: BeckOK GmbHG, Stand: 01.11.2025, § 48 Rn. 96c; vgl. zudem für die Einverständniserklärung i.R.d. Verfahrens nach § 48 Abs. 2 Alt. 2 *Noack*, in: Noack/Servatius/Haas GmbHG, § 48 Rn. 52, 49; *Altmeppen*, in: Altmeppen GmbHG, § 48 Rn. 45.

a) Organschaftliche Vertretungsmacht der Geschäftsführer nach § 35 Abs. 1 S. 1 GmbHG

Die GmbH wird im Grundsatz gem. § 35 Abs. 1 S. 1 GmbHG durch ihre Geschäftsführer vertreten. Die Passivvertretung ist dabei gem. § 35 Abs. 2 S. 1 GmbHG, auch wenn mehrere Geschäftsführer bestellt sind, jedem Geschäftsführer einzeln möglich. Von der Vertretungsbefugnis der Geschäftsführer umfasst ist dabei im Grundsatz auch die Vertretung der Gesellschaft gegenüber den Gesellschaftern.[477]

Damit tritt die Wirksamkeit der Einverständniserklärungen der Gesellschafter i. S. d. § 48 Abs. 1 S. 2 GmbHG jedenfalls im Falle ihres Zugangs bei einem der Geschäftsführer der GmbH ein.[478]

b) Keine Empfangszuständigkeit jedes Gesellschafters analog § 46 GmbHG

Die (einzelnen) Gesellschafter besitzen nach der gesetzlichen Konzeption keine (umfassende „organschaftliche“[479]) Vertretungsbefugnis für die Gesellschaft.[480] Dennoch spricht Leinekugel auch allen Gesellschaftern die Empfangszuständigkeit für die Einverständniserklärungen nach § 48 Abs. 1 S. 2 GmbHG zu.[481] Diese begründet er „mit einer Gesamtanalogie zu den in § 46 GmbHG geregelten Tatbeständen“[482].

Dem kann, wie im Folgenden aufgezeigt wird, nicht gefolgt werden.

aa) Zwar gewisses praktisches Bedürfnis

Leinekugel bringt zur Begründung seiner Auffassung einerseits vor, dass ein erhebliches praktisches Bedürfnis danach bestehe, dass die Gesellschafter auch zu Beginn der Versammlung noch wirksam erklären können.[483] Da die Gesellschafter

---

[477] *Wisskirchen/Theißen/Lambertz*, in: BeckOK GmbHG, Stand: 01. 11. 2025, § 35 Rn. 14; *Altmeppen*, in: Altmeppen GmbHG, § 35 Rn. 19; *Bayer/Schmidt*, in: Beck OGK GmbHG, Stand: 15. 03. 2025, § 35 Rn. 80.

[478] So auch *Schindler*, in: BeckOK GmbHG, Stand: 01. 11. 2025, § 48 Rn. 96c; *Noack*, „Mittels Videokommunikation“ – virtuelle Gesellschafterversammlungen bei der GmbH, in: FS Heckschen, 2024, 475, 477; ebenso für die Einverständniserklärungen i. R. d. Verfahrens nach § 48 Abs. 2 Alt. 2 GmbHG *Noack*, in: Noack/Servatius/Haas GmbHG, § 48 Rn. 52, 49; *Altmeppen*, in: Altmeppen GmbHG, § 48 Rn. 45.

[479] *Altmeppen*, in: Altmeppen GmbHG, § 35 Rn. 8.

[480] *Altmeppen*, in: Altmeppen GmbHG, § 35 Rn. 8; *Wisskirchen/Theißen/Lambertz*, in: BeckOK GmbHG, Stand: 01. 11. 2025, § 35 Rn. 4; *Bayer*, in: Lutter/Hommelhoff GmbHG, § 45 Rn. 4.

[481] *Leinekugel*, DB 2022, 2840, 2848.

[482] *Leinekugel*, DB 2022, 2840, 2848.

[483] *Leinekugel*, DB 2022, 2840, 2848.

ihr Einverständnis mit der Beschlussfassung in virtueller Versammlung regelmäßig erst anfangs der Zusammenkunft erklären würden, sei es erforderlich, dass eine wirksame Zustimmungserklärung i. S. d. § 48 Abs. 1 S. 2 GmbHG auch gegenüber den Mitgesellschaftern erfolgen könne.[484] So seien Fremdgeschäftsführer im Grundsatz nicht zur Teilnahme an der Gesellschafterversammlung berechtigt, weshalb diesen ein zu Beginn der Versammlung erklärtes Einverständnis regelmäßig nicht zugehen könne.[485]

Dem ist im Ausgangspunkt beizupflichten. Es wird tatsächlich regelmäßig ein Bedürfnis seitens der Gesellschafter bestehen, auch in der virtuellen Versammlung selbst wirksam das Einvernehmen zu der virtuellen Beschlussfassung erklären zu können. Allerdings macht diese Überlegung es nicht notwendig, den Gesellschaftern eine Empfangszuständigkeit für die Einverständniserklärungen ihrer Mitgesellschafter zuzusprechen. Zum einen liegt die Befugnis zur Geschäftsführung zumeist ohnehin in den Händen eines – teilnahmeberechtigten – Gesellschafters.[486] Zum anderen ist es den Gesellschaftern selbst bei ausschließlicher Empfangszuständigkeit eines nicht teilnahmeberechtigten Fremdgeschäftsführers[487] möglich, diesem gegenüber die Zustimmung während der Versammlung wirksam zu erklären. Zwar können die Gesellschafter ihr Einverständnis dann mangels Zugangs nicht wirksam durch eine Erklärung im Chat erteilen.[488] Möglich ist ihnen aber beispielsweise eine Erklärung per E-Mail an die geschäftliche E-Mail-Adresse des Geschäftsführers.[489] Solche digitalen Nachrichten gehen im geschäftlichen Verkehr grundsätzlich in dem Zeitpunkt zu, in welchem sie das Postfach des Empfängers erreichen und abrufbereit sind.[490] Folglich wird ein auf diesem Wege erteiltes Einverständnis gem. § 130 Abs. 1 S. 1 BGB im Grundsatz zeitlich umgehend wirksam.

---

[484] *Leinekugel*, DB 2022, 2840, 2848.

[485] *Leinekugel*, DB 2022, 2840, 2848.

[486] M. w. N. *Noack*, Fehlerhafte Beschlüsse in Gesellschaften und Vereinen, Köln u. a. 1989, S. 149 f.; auf diesen verweisend, *Guntermann*, GmbHR 2024, 397, 398 Rn. 5.

[487] Siehe Fn. 180.

[488] Zu diesem Weg, das textförmliche Einverständnis i. S. d. § 48 Abs. 1 S. 2 GmbHG zu erklären, siehe unten Kap. 3 B. IV. 1.

[489] Siehe oben Kap. 3 B. I.

[490] So zum Zeitpunkt des Zugangs von E-Mails BGH, Urt. v. 06. 10. 2022 – VII ZR 895/21, NJW 2022, 3791, 3792 Rn. 19; *Wendtland*, in: BeckOK BGB, Stand: 01. 11. 2025, § 130 Rn. 15; *Herwig*, MMR 2001, 145, 146; *Wertenbruch*, JuS 2020, 481, 485. So zum Zeitpunkt des Zugangs von SMS oder Whatsapp-Nachrichten *Wendtland*, in: BeckOK BGB, Stand: 01. 11. 2025, § 130 Rn. 15; *Ellenberger*, in: Grüneberg BGB, § 130 Rn. 7a; *Wertenbruch*, JuS 2020, 481, 485 f. Etwas anderes gilt nur beim Eingang einer Willenserklärung außerhalb der Geschäftszeiten bzw. zu Unzeiten, in diesem Fall geht die Willenserklärung erst am nächsten Tag zu, BGH, Urt. v. 06. 10. 2022 – VII ZR 895/21, NJW 2022, 3791, 3792 Rn. 16 ff.; OLG Düsseldorf, Urt. v. 19. 07. 2011 – 24 U 186/10, BeckRS 2012, 5968; *Ellenberger*, in: Grüneberg BGB, § 130 Rn. 7a; *Ultsch*, NJW 1997, 3007, 3008. Gesellschafterversammlungen werden aber in aller Regel nicht so früh am Morgen oder so spät abends stattfinden, dass Einverständniserklärungen, welche zu Anfang der Versammlung abgegeben werden, den Geschäftsführer außerhalb seiner regulären Tätigkeitszeiten erreichen.

bb) Aber keine „originäre Gesellschafterangelegenheit" i. S. d. § 46 GmbHG

Selbst wenn ein gewisses praktisches Bedürfnis nach der Empfangszuständigkeit eines jeden Gesellschafters verbleiben mag, lässt sich die Empfangszuständigkeit der Mitgesellschafter nicht im Wege einer Gesamtanalogie zu den Bestimmungen des § 46 GmbHG begründen.

Leinekugel argumentiert, dass es sich bei der Empfangszuständigkeit für die Einverständniserklärungen i. S. d. § 48 Abs. 1 S. 2 GmbH, ebenso wie bei den in § 46 GmbHG aufgelisteten Tätigkeiten, um eine originäre Gesellschafterangelegenheit handele.[491] Die Handlungsfähigkeit der Gesellschaft müsse ebenso wie bei den in § 46 GmbHG geregelten Tatbeständen auch ohne Geschäftsführer bestehen bleiben.[492] § 48 Abs. 1 S. 2 GmbHG „liefe [andernfalls] bei Wegfall (z. B. Versterben) des einzigen Geschäftsführers komplett leer"[493].

Dem ist jedoch entgegenzuhalten, dass die GmbH gem. § 35 Abs. 1 S. 2 GmbHG, wenn sie keinen Geschäftsführer hat, „für den Fall, dass ihr gegenüber Willenserklärungen abgegeben oder Schriftstücke zugestellt werden, durch die Gesellschafter vertreten [wird]." Den Gesellschaftern wird also gesetzlich gerade im Fall der Führungslosigkeit die Befugnis zur Passivvertretung der Gesellschaft eingeräumt.[494] Die durch § 35 Abs. 1 S. 2 GmbHG gewährte Vertretungsmacht ist dabei ebenfalls eine Einzelvertretungsmacht.[495] Somit liefe der § 48 Abs. 1 S. 2 GmbHG bei Wegfall des einzigen Gesellschafters keinesfalls leer. Vielmehr könnte

491 *Leinekugel*, DB 2022, 2840, 2848.

492 *Leinekugel*, DB 2022, 2840, 2848.

493 *Leinekugel*, DB 2022, 2840, 2848.

494 Eine Befugnis zur Aktivvertretung wird ihnen hierdurch nicht eingeräumt, *Paefgen*, in: Habersack/Casper/Löbbe GmbHG, § 35 Rn. 140; *Schneider/Schneider*, in: Scholz GmbHG, § 35 Rn. 77; *Schmidt*, Vom Sonderrecht der „führungslosen GmbH" zur subsidiären Selbstorganschaft?, in: FS Schneider, 2011, 1157, 1169 f.

495 FG Dessau-Roßlau, Urt. v. 15.03.2012–3 K 83/10, GmbHR 2012, 1151, 1152; *Paefgen*, in: Habersack/Casper/Löbbe GmbHG, § 35 Rn. 147; *Schneider/Schneider*, in: Scholz GmbHG, § 35 Rn. 76. Es ist anzunehmen, dass den Gesellschaftern durch § 35 Abs. 1 S. 2 GmbHG nicht nur Vertretungsmacht gegenüber gesellschaftsunabhängigen Dritten, sondern auch gegenüber ihren Mitgesellschaftern eingeräumt werden sollte. So sollte durch die Bestimmung zwar „*insbesondere* dem Fall vorgebeugt [werden], dass die Gesellschafter versuchen, durch eine Abberufung der Geschäftsführer Zustellungen und den Zugang von Erklärungen [durch Gläubiger] an die Gesellschaft zu vereiteln." (Hervorh. durch Verf.) (RegBegr. Gesetzesentwurf MoMiG BT-Drs. 16/6140 S. 42) Die Formulierung („insbesondere") verdeutlicht aber, dass diese Zweckbestimmung nicht abschließend ist. Dementsprechend nimmt auch der Wortlaut der Bestimmung keinerlei Einschränkung der passiven Vertretungsbefugnis der Gesellschafter vor. Zudem spricht auch die Positionierung der Regelung in S. 2 des Abs. 1 GmbHG klar dafür, dass die Gesellschafter hinsichtlich der Passivvertretung der Gesellschaft umfassend in die Position der Geschäftsführer nach S. 1 eintreten sollen. Indem die Geschäftsführer die Gesellschaft gegenüber den Gesellschaftern vertreten können, muss dies auch den Gesellschaftern im Falle der Führungslosigkeit gegenüber ihren Mitgesellschaftern möglich sein.

in der Folge gerade jeder Gesellschafter die Einverständniserklärungen seiner Mitgesellschafter für die Gesellschaft entgegennehmen.

Hinzu kommt, dass § 46 GmbHG gewisse Bereiche festlegt, die „[d]er Bestimmung der Gesellschafter unterliegen“. In den aufgelisteten Sachverhalten wird der Gesellschafterversammlung eine primäre Zuständigkeit zugesprochen.[496] Dem einzelnen Gesellschafter werden indes keine Befugnisse eingeräumt. Auch dies spricht dagegen, die Empfangszuständigkeit eines jeden Gesellschafters aus § 46 GmbHG herzuleiten.

Zuletzt ist es unter anderem Zweck des § 46 GmbHG, die Zuständigkeiten von Geschäftsführung (§§ 35 ff. GmbHG) sowie Gesellschafterversammlung (§§ 45 ff. GmbHG) voneinander abzugrenzen.[497] Würde man in Analogie zu § 46 GmbHG eine Vertretungsmacht der einzelnen Gesellschafter gegenüber ihren Mitgesellschaftern konstruieren, würde man gerade in diese durch das Gesetz geschaffene Organisationsstruktur der GmbH eingreifen. Denn die Vertretung der Gesellschaft ist gem. § 35 Abs. 1 S. 1 GmbHG dem Zuständigkeitsbereich der Geschäftsführung zugeordnet. Die einzige Ausnahme bilden nach § 46 Nr. 5, 6 und 8 GmbHG gesellschaftliche Maßnahmen hinsichtlich der Geschäftsführung (z.B. Bestellung, Überwachung oder Inanspruchnahme), bei denen die Geschäftsführer die Gesellschaft evident nicht selbst vertreten können.[498]

cc) Zwischenergebnis

Somit sind die einzelnen Gesellschafter im Grundsatz nicht für die Einverständniserklärungen ihrer Mitgesellschafter nach § 48 Abs. 1 S. 2 GmbHG empfangszuständig. Etwas anderes gilt ausnahmsweise im Fall der Führungslosigkeit der Gesellschaft, in welchem die einzelnen Gesellschafter gem. § 35 Abs. 1 S. 2 GmbHG hinsichtlich der Passivvertretung an die Position der Geschäftsführer treten und daher Willenserklärungen für die Gesellschaft entgegennehmen können.

---

[496] *Hüffer/Schäfer*, in: Habersack/Casper/Löbbe GmbHG, § 46 Rn. 2; *Liebscher*, in: MüKo GmbHG, § 46 Rn. 3.

[497] *Hüffer/Schäfer*, in: Habersack/Casper/Löbbe GmbHG, § 46 Rn. 2; *Liebscher*, in: MüKo GmbHG, § 46 Rn. 3; *Noack*, in: Noack/Servatius/Haas GmbHG, § 46 Rn. 1 ff.; *Schmidt/Bochmann*, in: Scholz GmbHG, § 46 Rn. 1.

[498] *Hüffer/Schäfer*, in: Habersack/Casper/Löbbe GmbHG, § 46 Rn. 2.

c) Empfangszuständigkeit von gem. § 50 Abs. 3 S. 1 GmbHG einberufungsberechtigten Minderheitsgesellschaftern

Auch die gem. § 50 Abs. 3 S. 1 GmbHG einberufungsberechtigten Minderheitsgesellschafter sind ausnahmsweise jeweils einzeln für die Entgegennahme von Einverständniserklärungen i. S. d. § 48 Abs. 1 S. 2 GmbHG berechtigt.[499]

§ 50 Abs. 1 GmbHG bestimmt, dass Gesellschafter, deren Geschäftsanteile gemeinsam mindestens 10 % des Stammkapitals ausmachen, ein Recht darauf haben, die Berufung einer Gesellschafterversammlung zu verlangen. Wird dem Verlangen der Gesellschafter nicht entsprochen oder sind Personen, an welche das Verlangen zu richten wäre, nicht vorhanden, gewährt § 50 Abs. 3 S. 1 GmbHG den Minderheitsgesellschaftern das Recht, die Berufung selbst zu bewirken. Der allgemein gehaltene Versammlungsbegriff des § 50 Abs. 1 GmbHG umfasst dabei nach der Gesetzesänderung durch das DiREG nun dem Versammlungsbegriff des § 48 Abs. 1 GmbHG entsprechend auch fernmündlich oder mittels Videokommunikation abgehaltene virtuelle Versammlungen.[500] Demnach ist es den Minderheitsgesellschaftern möglich, in Ausübung ihres Selbsthilferechts nach § 50 Abs. 3 S. 1 GmbHG, zu einer virtuellen Gesellschafterversammlung i. S. d. § 48 Abs. 1 S. 2 GmbHG zu laden.

§ 50 Abs. 3 S. 1 Alt. 2 GmbHG regelt das Einberufungsrecht der Minderheitsgesellschafter für den Fall, dass keine Person, an die das Einberufungsverlangen zu richten wäre, vorhanden ist. Die Versammlung wird gem. § 49 Abs. 1 GmbHG grundsätzlich durch die Geschäftsführung berufen. Ein vollständiger Ausschluss dieser Regelung ist nicht möglich.[501] Da die Einberufungskompetenz somit jedenfalls bei der Geschäftsführung liegt, besteht einzig in dem Fall der Führungslosigkeit der Gesellschaft ein Selbsthilferecht nach § 50 Abs. 3 S. 1 Alt. 2 GmbHG.[502] Dass bei Führungslosigkeit jeder Gesellschafter für die Einverständniserklärungen i. S. d. § 48 Abs. 1 S. 2 GmbHG empfangsberechtigt ist, ergibt sich bereits aus der Bestimmung des § 35 Abs. 1 S. 2 GmbHG.[503]

§ 50 Abs. 3 S. 1 Alt. 1 GmbHG spricht den Minderheitsgesellschaftern auch dann ein Einberufungsrecht zu, wenn ihrem Einberufungsverlangen nicht entspro-

---

[499] *Noack*, „Mittels Videokommunikation" – virtuelle Gesellschafterversammlungen bei der GmbH, in: FS Heckschen, 2024, 475, 477.

[500] Siehe unten Kap. 4 C. II. 1.

[501] *Hillmann*, in: Henssler/Strohn Gesellschaftsrecht, § 49 Rn. 15; *Noack*, in: Noack/Servatius/Haas GmbHG, § 49 Rn. 5; *Ganzer*, in: Rowedder/Schmidt-Leithoff GmbHG, § 49 Rn. 2; *Hüffer/Schäfer*, in: Habersack/Casper/Löbbe GmbHG, § 49 Rn. 33; *Bayer*, in: Lutter/Hommelhoff GmbHG, § 49 Rn. 8; *Teichmann*, Gestaltungsfreiheit in Gesellschaftsverträgen, München 1970, S. 196; *Zeilinger*, GmbHR 2001, 541, 52; *Wicke*, GmbHR 2017, 777, 781; a. A. *Liebscher*, in: MüKo GmbHG, § 49 Rn. 41; *Vogel*, Gesellschafterbeschlüsse und Gesellschafterversammlung, Köln 1986, S. 129.

[502] *Hüffer/Schäfer*, in: Habersack/Casper/Löbbe GmbHG, § 50 Rn. 22.

[503] Siehe oben Kap. 3 B. III. 2. b) bb).

chen wird. Mit dieser Regelung hat der Gesetzgeber gezielt in den der Geschäftsführung grundsätzlich vorbehaltenen Kompetenzbereich[504] eingegriffen. Er räumt den Minderheitsgesellschaftern das Recht ein, bei Untätigkeit der Geschäftsführung selbst anstelle derselben zu handeln. Sollten die einberufungsberechtigten Minderheitsgesellschafter nach Maßgabe des § 50 Abs. 3 S. 1 Alt. 1 GmbHG zu einer virtuellen Versammlung geladen haben, muss ihnen nach ebendieser Regelung auch die Empfangszuständigkeit für die Einverständniserklärungen ihrer Mitgesellschafter zufallen. So ist das Vorliegen allseitiger textförmlicher Einverständniserklärungen Wirksamkeitsvoraussetzung für virtuell gefasste Beschlüsse. Die Geschäftsführung hat sich im Fall des § 50 Abs. 3 S. 1 Alt. 1 GmbHG bereits als nicht hinreichend verlässlich erwiesen, weshalb es widersinnig erscheint, ihr dennoch die ausschließliche Empfangszuständigkeit für die Einverständniserklärungen zuzusprechen. Hinsichtlich der Passivvertretung ist der Grundsatz der Einzelvertretung anerkannt, vgl. § 35 Abs. 1 S. 2, Abs. 2 S. 2 GmbHG.

d) Ermächtigung sonstiger Personen

Im Folgenden wird abschließend dargestellt, inwiefern es möglich ist, abweichend von dieser gesetzlichen Ausgangslage zudem noch andere Personen – insbesondere die teilnahmeberechtigten Gesellschafter – mit Vertretungsmacht für die Entgegennahme der Einverständniserklärungen nach § 48 Abs. 1 S. 2 GmbHG, auszustatten.

aa) Ermächtigung durch Geschäftsführung

Durch die organschaftliche Vertretungsmacht für die Gesellschaft können zum einen die Geschäftsführer weitere rechtsgeschäftliche Vertreter für die GmbH bestellen.[505] Der durch Geschäftsführerhandeln bevollmächtigte Dritte kann auch ein Gesellschafter der GmbH sein.[506] Sollten mehrere Geschäftsführer bestellt sein, ist es gem. § 35 Abs. 1 S. 1 GmbHG regelmäßig erforderlich, dass diese gemeinsam agieren. Somit ist es der Geschäftsführung grundsätzlich nach Belieben möglich, einen Dritten, beispielsweise einen der Gesellschafter, zur Entgegennahme der

---

[504] *Römermann*, in: Michalski/Heidinger/Leible/Schmidt GmbHG, § 49 Rn. 1.

[505] *Altmeppen*, in: Altmeppen GmbHG, § 35 Rn. 14; *Geitzhaus*, GmbHR 1989, 229, 232 f. Unzulässig ist der Geschäftsführung es allein, eine andere Person mit einer vollumfänglichen organschaftlichen Vertretungsmacht wie der eigenen auszustatten, da „[d]ie Geschäftsführungsbefugnis […] nicht übertragbar [ist]." (BGH, Urt. v. 31.03.1954 – II ZR 57/53, NJW 1954, 1158). So kann ein Geschäftsführer keine Untervollmacht i. S. e. organvertretenden Generalvollmacht erteilen, BGH, Urt. v. 31.03.1954 – II ZR 57/53, NJW 1954, 1158; BGH, Urt. v. 18.10.1976 – II ZR 9/75, NJW 1977, 199, 199 f.; *Altmeppen*, in: Altmeppen GmbHG, § 35 Rn. 15; *Wandt/Herold*, NZG 2020, 201, 205; *Geitzhaus*, GmbHR 1989, 229, 232 f. Auch kann er die eigene Vertretungsmacht nicht deligieren, *Altmeppen*, in: Altmeppen GmbHG, § 35 Rn. 16.

[506] *Stephan/Tieves*, in: MüKo GmbHG, § 35 Rn. 244.

Einverständniserklärungen i. S. d. § 48 Abs. 1 S. 2 GmbHG für die Gesellschaft zu ermächtigen.

Der Gesellschaftergesamtheit steht ein umfassendes Weisungsrecht gegenüber den Geschäftsführern zu.[507] Es ist den Gesellschaftern möglich, durch Beschluss i. S. d. § 37 Abs. 1 GmbHG Einzelweisungen sowie auch allgemeinere Regelungen mit Gebots- oder Verbotscharakter zu erteilen.[508] Daher ist es den Gesellschaftern durch Weisungsbeschluss beispielsweise möglich, den Geschäftsführer zu verpflichten, stets einen der Gesellschafter für die Entgegennahme der Einverständniserklärungen zu ermächtigen.

bb) Ermächtigung durch Satzung

Die GmbH ist eine Gesellschaftsform, die sich durch eine „Flexibilität des Innenverhältnisses"[509] auszeichnet. Diese erlaubt den Gesellschaftern, die interne Organisation bedürfnisgerecht zu gestalten.[510] § 45 GmbHG räumt den Gesellschaftern die Satzungsautonomie hinsichtlich der gesellschaftsinternen Willensbildung ein. Über den Inhalt des Gesellschaftsvertrages entscheidet dabei die Gesellschaftergesamtheit, vgl. §§ 2 Abs. 1, 53 Abs. 1 GmbHG.

Demnach kann die Gesellschaftergesamtheit durch Satzungsregelung etwa einen Gesellschafter als Abstimmungsleiter mit der Durchführung der Beschlussfassung betrauen. Sie kann diesen somit unter anderem zur Entgegennahme der Einverständniserklärungen nach § 48 Abs. 1 S. 2 GmbHG für die Gesellschaft ermächtigen.[511]

3. Ergebnis

Die nach § 48 Abs. 1 S. 2 GmbHG für eine Beschlussfassung in virtueller Versammlung erforderlichen Einverständniserklärungen der Gesellschafter müssen für ihre Wirksamkeit nach § 130 Abs. 1 S. 1 BGB der Gesellschaft zugehen.

Innerhalb der Gesellschaft ist dabei gem. § 35 Abs. 1, Abs. 2 S. 2 GmbHG jeder Geschäftsführer empfangszuständig. Die Gesellschafter können die Gesellschaft

---

[507] BGH, Beschl. v. 25. 10. 2021 – AnwZ (Brfg) 37/20, NZG 2022, 286, 288 Rn. 19; OLG Düsseldorf, Urt. v. 15. 11. 1984–8 U 22/84, ZIP 1984, 1476, 1477; *Schneider/Schneider*, in: Scholz GmbHG, § 37 Rn. 75; *Mennicke*, NZG 2000, 622. Zu den Grenzen des Weisungsrechts der Gesellschaftergesamtheit umfassend *Gieseke*, GmbHR 1996, 486.

[508] OLG Düsseldorf, Urt. v. 15. 11. 1984–8 U 22/84, ZIP 1984, 1476, 1477; *Bayer/Schmidt*, in: BeckOGK GmbHG, Stand: 01. 10. 2025, § 37 Rn. 45 f.

[509] *Hüffer/Schäfer*, in: Habersack/Casper/Löbbe GmbHG, § 45 Rn. 1.

[510] *Römermann*, in: Michalski/Heidinger/Leible/Schmidt GmbHG, § 45 Rn. 3; *Hüffer/Schäfer*, in: Habersack/Casper/Löbbe GmbHG, § 45 Rn. 2.

[511] Vgl. *Schindler*, in: BeckOK GmbHG, Stand: 01. 11. 2025, § 48 Rn. 96c; *Noack*, in: Noack/Servatius/Haas GmbHG, § 48 Rn. 52, 49.

hingegen beim Empfang der Einverständniserklärungen grundsätzlich nicht vertreten. Etwas anderes gilt gem. § 35 Abs. 1 S. 2 GmbHG ausnahmsweise im Fall der Führungslosigkeit der GmbH; dann ist jeder Gesellschafter für die Entgegennahme der Einverständniserklärungen seiner Mitgesellschafter passivlegitimiert. Auch Minderheitsgesellschafter, die nach § 50 Abs. 3 S. 1 Alt. 1 GmbHG zur Einberufung einer virtuellen Versammlung berechtigt sind, sind zum Empfang der erforderlichen Zustimmungserklärungen ihrer Mitgesellschafter befugt. Ansonsten kann sowohl die Satzung als auch die Geschäftsführung weitere Personen, beispielsweise bestimmte Gesellschafter zur Entgegennahme der Einverständniserklärungen i. S. d. § 48 Abs. 1 S. 2 GmbHG ermächtigen.

IV. Formen einer Einverständniserklärung in virtueller Versammlung

An die vorangegangenen Ergebnisse anknüpfend, stellt sich nun die Frage, auf welchen Wegen Gesellschafter ihr textförmliches Einverständnis mit der virtuellen Beschlussfassung unter Umständen noch während der Versammlung erklären können. Drei Ansätze sollen näher beleuchtet werden. Sie setzen beide im Ausgangspunkt voraus, dass eine empfangszuständige Person der virtuellen Versammlung beiwohnt.

1. Erteilung des Einverständnisses im Chat des verwendeten Videokonferenzsystems

Aus dem zuvor Gesagten folgt zunächst, dass es den Gesellschaftern im Grundsatz möglich ist, sich im Chat des verwendeten Videokonferenzformates mit der Beschlussfassung in der virtuellen Versammlung einverstanden zu erklären.[512] Damit diese Erklärung die Textform des § 48 Abs. 1 S. 2 GmbHG wahrt, ist lediglich erforderlich, dass das Format die dauerhafte Speicherung der Erklärung zulässt.[513] Ob das verwendete System über eine entsprechende Funktion verfügt, gilt es jeweils im Einzelfall sicherzustellen.[514]

---

[512] *Leinekugel*, DB 2022, 2840, 2847; *Noack*, „Mittels Videokommunikation" – virtuelle Gesellschafterversammlungen bei der GmbH, in: FS Heckschen, 2024, 475, 477.

[513] Siehe oben Kap. 3 B. I.

[514] Diese Möglichkeit für Microsoft-Teams sowie Zoom verneinend, *Leinekugel*, DB 2022, 2840, 2847; hingegen auf die Möglichkeit der Aufzeichnung der Erklärungen verweisend, *Noack*, „Mittels Videokommunikation" – virtuelle Gesellschafterversammlungen bei der GmbH, in: FS Heckschen, 2024, 475, 477.

2. Erklärung des Einverständnisses zu Protokoll der Gesellschafterversammlung

Eine bloß mündliche Zustimmungserklärung genügt dem Textformerfordernis des § 48 Abs. 1 S. 2 GmbHG derweil evident nicht. Stimmen in der Literatur vertreten jedoch die Auffassung, dem Textformerfordernis könne dadurch genüge getan werden, dass ein Gesellschafter sein mündliches Einverständnis zu Protokoll der Gesellschafterversammlung abgibt.[515]

Eine Protokollierung des Versammlungsverlaufs ist nach der gesetzlichen Konzeption zwar grundsätzlich nicht verpflichtend,[516] wird aber allgemein als zweckmäßig angesehen.[517] Zudem ist es den Gesellschaftern möglich, eine Protokollpflicht in den Gesellschaftsvertrag aufzunehmen.[518] Im Ergebnis ist daher davon auszugehen, dass Verläufe von Gesellschafterversammlungen regelmäßig protokolliert werden.

Anerkannt ist, dass ein Textformerfordernis durch eine Erklärung in strengerer gesetzlicher Form wie beispielsweise in Schriftform nach § 126 BGB erfüllt werden kann.[519] Eine Erklärung zu Protokoll stellt aber im Grundsatz keine solche gesetzlich normierte strengere Form dar.[520]

a) Argumentation von Wertenbruch

Wertenbruch begründet seine Auffassung, dass dem Textformerfordernis auch durch eine Erklärung zu Protokoll der Gesellschafterversammlung genüge getan werden könne, damit, dass im Zivilprozessrecht ein verbreiteter Grundsatz bestehe, nach welchem eine Erklärung zu Protokoll einer schriftlich abzugebenden Erklärung gleichsteht.[521] Dieser leite sich aus den in §§ 129 Abs. 2, 129a Abs. 1, 278

---

[515] So bei *Wertenbruch*, GmbHR 2023, 156, 160 f. Rn. 11 f.; hieran anknüpfend auch *Denga*, in: BeckOGK GmbHG, Stand: 01.10.2025, § 48 Rn. 13; *Noack*, in: Noack/Servatius/Haas GmbHG, § 48 Rn. 38; *ders.*, „Mittels Videokommunikation“ – virtuelle Gesellschafterversammlungen bei der GmbH, in: FS Heckschen, 2024, 475, 478; *Bayer*, in: Lutter/Hommelhoff GmbHG, § 48 Rn. 31.

[516] *Schindler*, in: BeckOK GmbHG, Stand: 01.11.2025, § 48 Rn. 48; *Vogel*, Gesellschafterbeschlüsse und Gesellschafterversammlung, Köln 1986, S. 157 f.; *Schütz*, MittBayNot 2022, 424.

[517] *Noack*, in: Noack/Servatius/Haas GmbHG, § 48 Rn. 27; *Wicke*, in: Wicke GmbHG, § 48 Rn. 4; *Vogel*, Gesellschafterbeschlüsse und Gesellschafterversammlung, Köln 1986, S. 158; *Seeling/Zwickel*, DStR 2009, 1097, 1101; *Schütz*, MittBayNot 2022, 424, 424.

[518] *Schindler*, in: BeckOK GmbHG, Stand: 01.11.2025, § 48 Rn. 48; *Seeling/Zwickel*, DStR 2009, 1097, 1101.

[519] RegBegr. Gesetzesentwurf FormAnpG BT-Drs. 14/4987 S. 20; *Mansel*, in: Jauernig BGB, § 126b Rn. 4.

[520] Vgl. *Wendtland*, in: BeckOK, Stand: 01.05.2025, § 125 Rn. 4; *Einsele*, in: MüKo BGB, § 125 Rn. 2–7.

[521] *Wertenbruch*, GmbHR 2023, 157, 160 f. Rn. 11.

Abs. 6 S. 1, 496 ZPO getroffenen Regelungen her.[522] Auch gehe das allgemeine Verkehrsverständnis dahin, dass „in den Fällen, in denen eine schriftliche Erklärung gegenüber einer Stelle abzugeben ist, die ohnehin Protokolle anfertigt, [auch] die Abgabe der Erklärung zu Protokoll genügen kann."[523]

b) Stellungnahme

Zwar lassen sich nach den §§ 129 Abs. 2, 278 Abs. 6 S. 1, 496 ZPO tatsächlich schriftliche – also zumindest textförmliche – Erklärungen durch Erklärungen zu Protokoll der jeweils zuständigen Stelle ersetzen. Jedoch greifen die Erwägungen, die im Zivilprozessrecht jeweils zu der Gleichstellung der beiden Erklärungsformen geführt haben, im Hinblick auf den in § 48 Abs. 1 S. 2 GmbHG geregelten Sachverhalt nicht gleichermaßen durch. Ein Rückschluss aus den zivilprozessualen Regelungen hinsichtlich der Frage, ob die nach § 48 Abs. 1 S. 2 GmbHG erforderliche textförmliche Erklärung durch eine Erklärung zu Protokoll der Gesellschafterversammlung ersetzt werden kann, erscheint daher als nicht gerechtfertigt.

So soll dadurch, dass nach den §§ 129 Abs. 2, 496 ZPO eine Erklärung statt in Form eines Schriftsatzes auch zu Protokoll der Geschäftsstelle abgegeben werden kann, das Verfahren für den rechtsunkundigen Bürger erleichtert werden.[524] Dieser muss sich im Verfahren vor dem Amtsgericht gem. § 78 Abs. 1 ZPO nicht anwaltlich vertreten lassen, weshalb ihn das Verfassen eines Schriftsatzes regelmäßig vor eine nicht unerhebliche Herausforderung stellen wird. Der Aufwand, eine textförmliche Erklärung i. S. d. § 126b BGB zu verfassen, ist hingegen extrem gering – auch für gänzlich rechtunkundige Gesellschafter. Bereits eine E-Mail oder WhatsApp-Nachricht genügt dem Formerfordernis.[525] Folglich greift der in den §§ 129 Abs. 2, 496 ZPO verankerte Vereinfachungsgedanke hinsichtlich dem in § 48 Abs. 1 S. 2 GmbHG geregelten Sachverhalt nicht in vergleichbarem Maße ein. Ebendies gilt für den Regelungszweck des § 278 Abs. 6 S. 1 ZPO. Die Möglichkeit, die Annahme eines gerichtlichen Vergleichsvorschlags statt durch Schriftsatz zu Protokoll der mündlichen Verhandlung zu erklären, soll einwilligungswilligen Prozessparteien Zeit sowie Kosten ersparen.[526] Derweil ist eine textförmliche Einverständniserklärung für die GmbH-Gesellschafter ohnehin mit keinem finanziellen oder relevanten zeitlichen Aufwand verbunden.

---

[522] Vgl. *Wertenbruch*, GmbHR 2023, 157, 160 Rn. 11.

[523] *Wertenbruch*, GmbHR 2023, 157, 161 Rn. 11.

[524] RegBegr. Entwurf eines Gesetzes zur Vereinfachung und Beschleunigung gerichtlicher Verfahren, BT-Drs. 7/2729 S. 56; *Toussaint*, in: BeckOK ZPO, Stand: 01.09.2025, § 496 Rn. 5; *Deppenkemper*, in: MüKo ZPO, § 496 Rn. 1.

[525] Zu den Anforderungen an textförmliche Erklärungen siehe oben Kap. 3 B. I.

[526] RegBegr. Entwurf eines Gesetzes zur Regelung der Wertgrenze für die Nichtzulassungsbeschwerde in Zivilsachen, zum Ausbau der Spezialisierung bei den Gerichten sowie zur Änderung weiterer zivilprozessrechtlicher Vorschriften, BT-Drs. 19/13828, S. 19.

Darüber hinaus ist i. R. d. §§ 129 Abs. 2, 496 ZPO anerkannt, dass nur eine persönliche Erklärung vor der Geschäftsstelle einer schriftlichen Erklärung gleichsteht.[527] Eine lediglich telefonische Erklärung zu Protokoll genügt nicht.[528] Demnach wird der schriftlichen Erklärung gerade keine virtuelle Erklärung zu Protokoll gleichgestellt, wie es für eine Übertragbarkeit auf den vorliegenden Sachverhalt erforderlich wäre.

Auch unter sonstigen rechtlichen Gesichtspunkten muss eine Gleichstellung einer mündlichen Erklärung zu Protokoll der Gesellschafterversammlung mit einer textförmlichen Erklärung ausscheiden. Zwar wird das mit dem Textformerfordernis des § 48 Abs. 1 S. 2 GmbHG verfolgte Ziel auch durch eine Erklärung zu Protokoll gleichermaßen erreicht: Da die Erklärung des Gesellschafters schriftlich festgehalten wird, ist im gleichen Maße nachvollziehbar, ob alle Gesellschafter ihr Einverständnis mit der virtuellen Beschlussfassung erklärt haben oder nicht. Formerfordernisse sind aber im Grundsatz ungeachtet der konkreten Einzelfallumstände zu beachten.[529] Der Zweck einer Formvorschrift ist einzig „gesetzgeberisches Motiv für die Schaffung [der jeweiligen Bestimmung], [...] jedoch nicht tatbestandliche Voraussetzung der Anwendung der Vorschrift im Einzelfall“[530]. Formvorschriften dürfen daher „im Interesse der Rechtssicherheit [...] nicht auf Grund von [bloßen] Billigkeitserwägungen außer aucht gelassen werden.“[531] Andernfalls drohnt der Schutzzweck der jeweiligen Bestimmung ausgehöhlt zu werden.[532] Diesem Grundsatz würde es zuwiderlaufen, würde man auch eine Erklärung zu Protokoll, die keine textförmliche Erklärung des Gesellschafters selbst darstellt, als dem Einverständniserfordernis des § 48 Abs. 1 S. 2 GmbHG genügend bewerten.[533]

c) Zwischenergebnis

Demnach genügt eine bloß mündliche Erklärung zu Protokoll der Gesellschafterversammlung dem Erfordernis einer textförmlichen Einverständniserklärung nach § 48 Abs. 1 S. 2 GmbHG im Grundsatz nicht.

---

[527] BGH, Beschl.v. 12.03.2009 – V ZB 71/08, NJW-RR 2009, 852, 852 f.; OLG Schleswig, Beschl. v. 16.09.1983–1 W 184/83, ZIP 1984, 1017; *Toussaint*, in: BeckOK ZPO, Stand: 01.09.2025, § 496 Rn. 6.

[528] BGH, Beschl.v. 12.03.2009 – V ZB 71/08, NJW-RR 2009, 852, 852 f.; OLG Schleswig, Beschl. v. 16.09.1983–1 W 184/83, ZIP 1984, 1017; *Toussaint*, in: BeckOK ZPO, Stand: 01.09.2025, § 496 Rn. 6.

[529] BGH, Urt. v. 06.02.1970 – V ZR 158/66, NJW 1970, 999, 1001; *Wendtland*, in: BeckOK BGB, Stand: 01.11.2025, § 125 Rn. 24; *Ellenberger*, in: Grüneberg BGB, § 125 Rn. 22.

[530] BGH, Urt. v. 07.10.1994 – V ZR 102/93, NJW 1994, 3346, 3347.

[531] BGH, Urt. v. 10.06.1977 – V ZR 99/75, NJW 1977, 2071.

[532] *Wendtland*, in: BeckOK BGB, Stand: 01.11.2025, § 125 Rn. 24.

[533] Anders *Noack*, in: Noack/Servatius/Haas GmbHG, § 48 Rn. 38.

Etwas anderes kann nur dann gelten, wenn dem Gesellschafter, der sein Einverständnis zu Protokoll erklärt hat, diese textförmlich festgehaltene Zustimmungserklärung zugerechnet werden kann. Dies ist beispielsweise der Fall, wenn er das Protokoll unterzeichnet.[534]

3. Erklärung des Einverständnisses durch Beteiligung an textförmlicher bzw. protokollierter Abstimmung

Hinsichtlich des Beschlussverfahrens nach § 48 Abs. 2 Alt. 2 GmbHG wird herrschend angenommen, dass eine konkludente Einverständniserklärung unter gewissen Voraussetzungen auch in der textförmlichen Stimmabgabe zu sehen sei.[535] Dementsprechend vertritt Noack die Auffassung, dass auch dem Einverständniserfordernis des § 48 Abs. 1 S. 2 GmbHG dadurch Genüge getan werden könne, dass sich ein Gesellschafter an einer textförmlichen bzw. protokollierten Abstimmung beteilige.[536] Denn man könne dieses Verhalten nicht anders verstehen, als als Einverständnis mit der virtuellen Beschlussfassung.[537]

Die Regelungen des § 48 Abs. 1 S. 2 GmbHG sowie des § 48 Abs. 2 Alt. 2 GmbHG entsprechen sich jedoch nicht. So muss das Einverständnis mit der virtuellen Beschlussfassung im Gegensatz zu der Zustimmung zu der schriftlichen Beschlussfassung textförmlich erteilt werden. Dieses Formerfordernis steht einer konkludenten Zustimmung zu der Beschlussfassung in virtueller Versammlung entgegen.[538] Denn aus einer bloßen textförmlichen Zustimmung zu einem Beschlussgegenstand geht kein textförmliches Einverständnis mit dem Beschlussverfahren hervor. Daher kann diese im Grundsatz nicht ausreichen, um das Wirksamkeitserfordernis des § 48 Abs. 1 S. 2 GmbHG zu erfüllen. Etwas anderes kann einzig dann gelten, wenn aus der Erklärung nach ihrem Inhalt und Gesamtbild her-

---

[534] Vgl. zu dieser Wertung *Hüffer/Schäfer*, in: Habersack/Casper/Löbbe GmbHG, § 48 Rn. 44; *Seibt*, in: Scholz GmbHG, § 48 Rn. 61; *Römermann*, in: Michalski/Heidinger/Leible/Schmidt GmbHG, § 48 Rn. 241 f.

[535] *Seibt*, in: Scholz GmbHG, § 48 Rn. 62; *Römermann*, in: Michalski/Heidinger/Leible/Schmidt GmbHG, § 48 Rn. 254 ff.; *Hüffer/Schäfer*, in: Habersack/Casper/Löbbe GmbHG, § 48 Rn. 49; *Noack*, in: Noack/Servatius/Haas GmbHG, § 48 Rn. 53.

[536] *Noack*, in: Noack/Servatius/Haas GmbHG, § 48 Rn. 38; *ders.*, „Mittels Videokommunikation" – virtuelle Gesellschafterversammlungen bei der GmbH, in: FS Heckschen, 2024, 475, 478; so zudem dann, wenn die Beschlussfassung notariell beurkundet wird, *Stelmaszczyk/Strauß*, ZIP 2022, 1077, 1081.

[537] *Noack*, in: Noack/Servatius/Haas GmbHG, § 48 Rn. 38; *ders.*, „Mittels Videokommunikation" – virtuelle Gesellschafterversammlungen bei der GmbH, in: FS Heckschen, 2024, 475, 478.

[538] Vgl. BGH, Beschl. v. 30.01.2018 – VIII 74/16, NJW-RR 2018, 524, 525 Rn. 24 („Während das Erhöhungsverlangen gem. § 558a I BGB in Textform zu erklären und zu begründen ist, hat der Gesetzgeber hinsichtlich der Erklärung der Zustimmung ein entsprechendes *Formerfordernis nicht aufgestellt.* Der Mieter kann sie *daher* sowohl ausdrücklich als *auch konkludent* erteilen." [Hervorh. durch Verf.]).

vorgeht, dass der Gesellschafter nicht nur abstimmt, sondern auch seine Zustimmung zu der Verfahrensart erklärt. Eine solche Erklärung geht aber über eine reine Stimmgabe hinaus. Im Hinblick auf eine protokollierte Abstimmung gilt zudem das zuvor Gesagte.

C. Zusammenfassung

Gem. § 48 Abs. 1 S. 2 GmbHG ist es erforderlich, dass sich sämtliche Gesellschafter mit der virtuellen Versammlung zum Zwecke der Beschlussfassung in Textform einverstanden erklären. Diese Regelung macht auch die Zustimmung solcher Gesellschafter erforderlich, die von der Teilnahme an der Abstimmung ausgeschlossen sind, da auch diese über ihr Recht auf Teilnahme an einem Diskurs in Präsenzversammlung disponieren müssen.

Das Einverständnis muss in Textform i. S. d. § 126b BGB erklärt werden. Diesem Textformerfordernis genügt auch eine elektronische Erklärung, also beispielsweise eine E-Mail, SMS oder WhatsApp-Nachricht.

Es ist den Gesellschaftern grundsätzlich möglich, ihr textförmliches Einverständnis i. S. d. § 48 Abs. 1 S. 2 GmbHG bereits vor der Einberufung der virtuellen Gesellschafterversammlung in beachtlicher Weise zu erklären. Voraussetzung ist jedoch zum einen, dass sich die Erklärung auf die konkrete virtuelle Versammlungsform bezieht. Des Weiteren muss sich das Einverständnis entweder auf die konkrete Tagesordnung beziehen oder es muss zum Ausdruck kommen, dass der Gesellschafter hinsichtlich der bevorstehenden Versammlung in Gänze auf sein Recht auf Teilnahme an einer Präsenzversammlung verzichtet. Auch eine Einverständniserklärung in der virtuellen Versammlung oder im Anschluss an diese genügt, um das Zustimmungserfordernis des § 48 Abs. 1 S. 2 GmbHG zu erfüllen. So ist dieses nicht als Zulässigkeitsvoraussetzung, sondern vielmehr als spezielle Wirksamkeitsvoraussetzung für in virtueller Verfassung gefasste Beschlüsse zu qualifizieren.

Die nach § 48 Abs. 1 S. 2 GmbHG erforderlichen Einverständniserklärungen der Gesellschafter müssen für ihre Wirksamkeit nach § 130 Abs. 1 S. 1 BGB der Gesellschaft zugehen. Innerhalb der Gesellschaft ist dabei gem. § 35 Abs. 1, Abs. 2 S. 2 GmbHG jeder ihrer Geschäftsführer empfangszuständig. Die Gesellschafter können die Gesellschaft derweil beim Empfang der Einverständniserklärungen grundsätzlich nicht vertreten. Etwas anderes gilt gem. § 35 Abs. 1 S. 2 GmbHG allerdings zum einen im Fall der Führungslosigkeit der GmbH, in welchem jeder Gesellschafter zur Entgegennahme der Einverständniserklärungen seiner Mitgesellschafter befugt ist. Des Weiteren sind auch Minderheitsgesellschafter, die gem. § 50 Abs. 3 S. 1 Alt. 1 GmbHG zur Einberufung einer virtuellen Versammlung i. S. d. § 48 Abs. 1 S. 2 GmbHG berechtigt sind, ausnahmsweise für den Empfang der erforderlichen Zustimmungserklärungen ihrer Mitgesellschafter vertretungsbefugt. Ansonsten kann sowohl die Satzung als auch die Geschäftsführung weitere Personen, beispielsweise Gesellschafter, zur Entgegennahme der Einverständniserklärungen i.S.d. § 48 Abs. 1 S. 2 ermächtigen.

Sofern eine empfangszuständige Person der virtuellen Versammlung beiwohnt, können die Gesellschafter ihr Einverständnis auch im Chat des verwendeten Videokommunikationssystems erklären, sofern das System eine Speicherung der Erklärung zulässt. Eine bloß mündliche Erklärung zu Protokoll der Gesellschafterversammlung ist hingegen nicht ausreichend, um das Einverständniserfordernis des § 48 Abs. 1 S. 2 GmbHG zu erfüllen. Etwas anderes gilt einzig, wenn die im Protokoll textförmlich festgehaltene Zustimmungserklärung dem Gesellschafter, z.B. nachdem dieser das Protokoll unterzeichnet hat, zugerechnet werden kann. Dem Zustimmungserfordernis kann auch nicht dadurch Genüge getan werden, dass sich ein Gesellschafter an einer textförmlichen bzw. protokollierten Abstimmung beteiligt, da einer konkludenten Zustimmung zu dem Beschlussverfahren das Textformerfordernis entgegensteht.

Kapitel 4

Die Einberufung virtueller Versammlungen nach §§ 49 ff. GmbHG

Ausgehend von der Wertung, dass die Präsenzversammlung nach wie vor das Mittel der Wahl zur Beschlussfassung darstellt, sah der Gesetzgeber bewusst davon ab, die Reform des § 48 Abs. 1 GmbHG mit einer Änderung der übrigen Versammlungsvorschriften des GmbHG zu verbinden.[539] Nach Erweiterung des Versammlungsbegriffs des § 48 Abs. 1 GmbHG auf virtuelle Versammlungen sind die §§ 49 ff. GmbHG daher auch auf die Einberufung von Versammlungen i. S. d. § 48 Abs. 1 S. 2 GmbHG unmittelbar anwendbar.[540]

Da die §§ 49 ff. GmbHG primär für das frühere Leitbild der Präsenzversammlung i. S. d. § 48 Abs. 1 S. 1 GmbHG konzipiert wurden, werden im Folgenden die Punkte erörtert, die nun im Hinblick auf die neu eingeführte Bestimmung des § 48 Abs. 1 S. 2 GmbHG i. R. d. §§ 49 ff. GmbHG unklar sind.

A. Entscheidungskompetenz hinsichtlich Versammlungsform im Ergebnis bei Gesellschaftern

Die Gesellschafterversammlung wird gem. § 49 Abs. 1 GmbHG durch die Geschäftsführer berufen.[541] Nach der Gesetzesänderung durch das DiREG existieren nunmehr jedoch zwei Formen der in § 48 Abs. 1 GmbHG normierten Gesellschafterversammlung. Daher stellt sich zunächst die Frage, ob dem Geschäftsführer zusammen mit seiner Einberufungsbefugnis auch die Befugnis zufällt, zu entscheiden,

---

[539] RegBegr. Gesetzesentwurf DiREG, BT-Drs. 20/1672 S. 23.

[540] *Denga*, in: BeckOGK, Stand: 01. 12. 2024, § 48 Rn. 11, 15; *Seibt*, in: Scholz GmbHG, § 48 Rn. 54d; *Wicke*, in: Wicke GmbHG, § 48 Rn. 4c; *Wertenbruch*, GmbHR 2023, 157, 158 Rn. 4.

[541] Der Wortlaut der Regelung ist insofern missverständlich, als die Einberufungskompetenz nach ganz h. M. jedem Geschäftsführer einzeln zusteht, BGH, Beschl. v. 24. 03. 2016 – IX ZB 32/15, NZG 2016, 552, 554 Rn. 29; BGH, Urt. v. 08. 11. 2016 – II ZR 304/15, NZG 2017, 182, 183 Rn. 15; *Liebscher*, in: MüKo GmbHG, § 49 Rn. 20; *Hillmann*, in: Henssler/Strohn Gesellschaftsrecht, § 49 Rn. 2; *Vogel*, Gesellschafterbeschlüsse und Gesellschafterversammlung, Köln 1986, S. 121 f.

dass die Beschlussfassung statt in Präsenzversammlung in virtueller Versammlung erfolgt.

Die Antwort hierauf ist letztlich klar. Zunächst obliegt die ursprüngliche Entscheidung über die Versammlungsform dem einladenden Geschäftsführer, da diese bereits in der Ladung festgelegt werden muss.[542] Hierbei steht ihm grundsätzlich der gesamte Katalog der Versammlungsformen des § 48 Abs. 1 GmbHG zur Verfügung. Aus § 48 Abs. 1 S. 2 GmbHG ergibt sich jedoch das Erfordernis allseitigen Einverständnisses der Gesellschafter mit der virtuellen Versammlung als Wirksamkeitsvoraussetzung für die darin gefassten Beschlüsse. Die Entscheidung über eine wirksame Beschlussfassung im Rahmen virtueller Versammlungen liegt daher maßgeblich bei den einzelnen Gesellschaftern.[543] Hieraus folgt, dass der Geschäftsführung keine letztverbindliche Kompetenz zur Festlegung des Versammlungsformates zusteht.[544] Ein Geschäftsführer kann zwar zu einer rein virtuellen Gesellschafterversammlung laden, ob in dieser eine wirksame Beschlussfassung möglich ist, ist letztlich jedoch maßgeblich von der Entscheidung sämtlicher Gesellschafter abhängig.

B. Zulässigkeit einer Parallelladung zu virtueller sowie Präsenzversammlung

Insoweit ergibt sich bei der virtuellen Versammlung i. S. d. § 48 Abs. 1 S. 2 GmbHG bis zuletzt eine erhebliche rechtstatsächliche Unsicherheit hinsichtlich der wirksamen Beschlussfassung.[545] Gerade in Fällen, in denen eine Entscheidung zeitnah wirksam herbeigeführt werden muss, wird daher vielfach das Bedürfnis bestehen, sowohl zu einer virtuellen Versammlung als auch – sicherheitshalber – zu einer Präsenzversammlung zu laden.[546] Sollten nicht alle Gesellschafter der Beschlussfassung in virtueller Versammlung bis zum Versammlungstermin zugestimmt haben und die Wirksamkeit der Beschlüsse somit ungewiss sein, wäre jedenfalls die Möglichkeit einer zeitnahen Beschlussfassung in Präsenzversammlung unter Wahrung der Einberufungsfrist gem. § 51 Abs. 1 S. 2 GmbHG gewährleistet.

Im Folgenden wird untersucht, inwieweit eine parallele Ladung zu einer virtuellen Versammlung sowie zu einer Präsenzversammlung mit identischen Tagesordnungspunkten zulässig ist und wie diese praktisch aussehen kann. Hierzu wird

---

[542] So auch *Leinekugel*, DB 2022, 2840, 2845; vgl. zudem *Wertenbruch*, GmbHR 2023, 157, 159 Rn. 7.

[543] Siehe oben Kap. 1 C. II.

[544] Vgl. *Leinekugel*, DB 2022, 2840, 2845; *Wertenbruch*, GmbHR 2023, 157, 159 Rn. 7; *Heckschen*, GmbHR 2023, 105, 106 Rn. 5.

[545] Dazu, dass das Einverständnis im Grundsatz selbst nach der Abstimmung noch erteilt werden kann, siehe oben Kap. 3 B. II. 2.

[546] So auch *Leinekugel*, DB 2022, 2840, 2849.

der Meinungsstand zur sog. Eventualeinladung bzw. -einberufung ausgewertet und Stellung bezogen. Diese bezeichnet ein Vorgehen, bei dem für den Fall der Beschlussunfähigkeit einer zunächst einberufenen Versammlung direkt zu einer Zweitversammlung mit identischen Tagesordnungspunkten zu einem späteren Zeitpunkt eingeladen wird.[547] Das GmbHG enthält zwar keine Bestimmungen zur Beschlussfähigkeit,[548] der Gesellschaftsvertrag kann jedoch Voraussetzungen festlegen, um Minderheitsvoten auszuschließen[549] und tut dies sinnvollerweise auch regelmäßig[550]. Die parallele Einladung zur virtuellen Versammlung und derjenigen in Präsenz knüpft derweil nicht an eine etwaige Beschlussunfähigkeit – im Sinne einer fehlenden Mindestbeteiligung bei der Abstimmung – an. Vielmehr soll die parallele Einladung zu einer virtuellen Versammlung sowie zu einer Präsenzversammlung einer Unwirksamkeit – aufgrund der speziellen Wirksamkeitsvoraussetzung des § 48 Abs. 1 S. 2 GmbHG – vorbeugen. Diese Konstellationen weichen daher voneinander ab. Sie sind jedoch vergleichbar. Denn in beiden Fallkonstellationen wird für den Fall, dass eine wirksame Beschlussfassung in einer zunächst terminierten Versammlung nicht möglich ist, sicherheitshalber bereits eine zweite Versammlung einberufen.[551] Daher können die zur Eventualeinladung bzw. -berufung gewonnenen Erkenntnisse für die Beantwortung der vorliegenden Fragestellung herangezogen werden.

I. Zur sog. Eventualeinberufung/-einladung

Die Zulässigkeit einer Eventualeinladung bzw. -berufung ist nicht abschließend geklärt und wird in Literatur und Rechtsprechung unterschiedlich bewertet.

1. Rechtsprechung

Nach der Rechtsprechung ist die Eventualeinberufung einer Zweitversammlung im Grundsatz zulässig.[552] Bei den Entscheidungen des BGH sowie der Oberlandesgerichte, in denen eine Eventualeinberufung in der Vergangenheit im konkreten Fall für unzulässig erklärt wurde, handelt es sich, wie im Folgenden aufgezeigt

---

[547] *Schindler*, in: BeckOK GmbHG, Stand: 01.11.2025, § 51 Rn. 73.

[548] *Ganzer*, in: Rowedder/Pentz GmbHG, § 47 Rn. 8; *Seeling/Zwickel*, DStR 2009, 1097, 1102.

[549] *Ganzer*, in: Rowedder/Pentz GmbHG, § 47 Rn. 9; *Rensen/Bergjan*, in: Saenger/Inhester GmbHG, § 47 Rn. 11; *Werner*, GmbHR 2009, 289, 290; vgl. zudem BGH, Urt. v. 08.12. 1997– II ZR 216–96, NJW 1998, 1317.

[550] *Lutz*, Der Gesellschafterstreit, Rn. 126; *Rensen/Bergjan*, in: Saenger/Inhester GmbHG, § 47 Rn. 11; *Werner*, GmbHR 2009, 289, 289 f.; *Wagner*, GmbHR 2019, 708, 708.

[551] A.A. *Leinekugel*, DB 2022, 2840, 2849.

[552] So auch *Friedrich/von Bredow*, in: BeckOGK GmbHG, Stand: 01.10.2025, § 51 Rn. 21 (Fn. 38).

wird, lediglich um Einzelfallbetrachtungen, die sich maßgeblich in Satzungsregelungen begründen.

a) BGH, Urt. v. 08. 12. 1997 – II ZR 216–96

So hatte beispielsweise der BGH im Jahr 1997 über die Zulässigkeit einer Eventualeinberufung zu entscheiden und verneinte diese im Ergebnis.[553] Maßgebliche Erwägung dieses Urteils war indes, dass der Gesellschaftsvertrag in der konkreten Fallkonstellation eine Einladungsfrist von zwei Wochen für eine aufgrund einer Beschlussunfähigkeit der Erstversammlung einzuberufende Zweitversammlung vorschrieb.[554] Dennoch wurde die Zweitversammlung in der Einladung gerade einmal drei Tage nach der ersten Versammlung terminiert, sodass der Zweck der gesellschaftsvertraglichen Zweiwochenfrist – die Möglichkeit, die Differenzen durch Aussprache zu beseitigen – unterlaufen wurde.[555]

b) OLG Frankfurt a. M., Urt. v. 29. 01. 1999–2 U 124 und 125/98

Auch das OLG Frankfurt a. M. vertrat in einem Urteil von 1999, dass eine Eventualberufung in dem zu entscheidenden Fall unzulässig war.[556] In diesem Fall war aber wiederum der Gesellschaftsvertrag Grundlage der Entscheidung, denn dieser bestimmte ausdrücklich, dass erst nach der Feststellung der Beschlussunfähigkeit der ersten Versammlung zu einer neuen Gesellschafterversammlung geladen werden könne. Daher entscheid das Gericht, dass eine Eventualeinladung den gesellschaftsvertraglichen Anforderungen an die Einberufung der Zweitversammlung im Einzelfall nicht genügte.[557]

c) OLG Saarbrücken, Urt. v. 10. 10. 2006–4 U 382/05–169

Ähnlich verhielt es sich in einem vom OLG Saarbrücken im Jahr 2006 zu entscheidenden Sachverhalt. Hier regelte der Gesellschaftsvertrag, dass eine erneute Einladung eine beschlussunfähige Erstversammlung sowie die Einhaltung bestimmter Fristen voraussetzt.[558] Daher kam das OLG Saarbrücken ebenfalls zu dem Schluss, dass eine Eventualeinberufung in dem konkreten Fall unzulässig war.[559]

---

[553] BGH, Urt. v. 08. 12. 1997 – II ZR 216–96, NJW 1998, 1317.

[554] BGH, Urt. v. 08. 12. 1997 – II ZR 216–96, NJW 1998, 1317.

[555] BGH, Urt. v. 08. 12. 1997 – II ZR 216–96, NJW 1998, 1317.

[556] OLG Frankfurt a. M., Urt. v. 29. 01. 1999–2 U 124 und 125/98, NZG 1999, 833, 834.

[557] OLG Frankfurt a. M., Urt. v. 29. 01. 1999–2 U 124 und 125/98, NZG 1999, 833, 834.

[558] OLG Saarbrücken, Urt. v. 10. 10. 2006–4 U 382/05–169, GmbHR 2007, 143, 144.

[559] OLG Saarbrücken, Urt. v. 10. 10. 2006–4 U 382/05–169, GmbHR 2007, 143, 145.

d) KG, Urt. v. 10.12.2015–23 U 99/15

In Übereinstimmung mit der hier vertretenen Einschätzung, dass sich aus den dargelegten Urteilen nicht schließen lässt, dass eine Eventualeinberufung stets unzulässig ist, hat das KG die Zulässigkeit einer solchen in einem Urteil von 2015 im Grundsatz bejaht.[560] Voraussetzung sei hierbei aber, dass sich aus der Einladung das Rangverhältnis der einberufenen Versammlungen klar erkennen lasse.[561] Das heißt, es müsse eindeutig hervorgehen, dass die spätere Versammlung nur für den Fall anberaumt wurde, dass bei der Erstversammlung keine Beschlussfähigkeit erreicht wird.[562]

2. Meinungsstand in der Literatur

Ein Teil der Literatur erachtet Eventualeinberufungen hingegen als generell unzulässig.[563] Dieser Auffassung nach kann die Einberufung der zweiten Versammlung erst nach der Durchführung der Erstversammlung erfolgen.[564] Dies wird damit begründet, dass die durch § 51 GmbHG bezweckte terminliche Planungssicherheit der Gesellschafter durch eine bedingte Einberufung nicht hinreichend gewahrt werde.[565] Andere Stimmen in der Literatur verlangen für die Zulässigkeit einer Eventualeinladung eine entsprechende Satzungsbestimmung.[566] Konträr hierzu bejaht eine sich im vordringen befindliche Ansicht in der Literatur die grundsätzliche Zulässigkeit von Eventualeinberufungen.[567]

3. Stellungnahme

Die neuere Auffassung des KG sowie in der Literatur vermag zu überzeugen; Eventualeinladungen sind grundsätzlich zulässig.

---

[560] KG, Urt. v. 10.12.2015–23 U 99/15, ZIP 2016, 1166, 1167.

[561] KG, Urt. v. 10.12.2015–23 U 99/15, ZIP 2016, 1166, 1167.

[562] KG, Urt. v. 10.12.2015–23 U 99/15, ZIP 2016, 1166, 1167.

[563] So unter Verweis auf die Rechtsprechung, nach der die Eventualeinberufung im Einzelfall als unzulässig erachtet wurde, *Wolff*, in: Münchener Handbuch des Gesellschaftsrechts Band 3, § 39 Rn. 75; *Seibt*, in: Scholz GmbHG, § 51 Rn. 18; *Hüffer/Schäfer*, in: Habersack/Casper/Löbbe GmbHG, § 51 Rn. 38; *Bayer*, in: Lutter/Hommelhoff GmbHG, § 51 Rn. 22; *Hillmann*, in: Henssler/Strohn Gesellschaftsrecht, § 51 Rn. 2; *Werner*, GmbHR 2009, 289, 293.

[564] *Wolff*, in: Münchener Handbuch des Gesellschaftsrechts Band 3, § 39 Rn. 75.

[565] *Wolff*, in: Münchener Handbuch des Gesellschaftsrechts Band 3, § 39 Rn. 75; *Werner*, GmbHR 2009, 289, 293. Zum *Telos* des § 51 GmbHG siehe ausführlich unten Kap. 4 D.

[566] *Altmeppen*, in Altmeppen GmbHG, § 51 Rn. 9.

[567] *Liebscher*, in: MüKo GmbHG, § 51 Rn. 36; sich dem anschließend *Schindler*, in: BeckOK GmbHG, Stand: 01.11.2025, § 51 Rn. 73; zudem mit Verweis auf das KG *Friedrich/von Bredow*, in: BeckOGK GmbHG, Stand: 01.10.2025, § 51 Rn. 21; *Noack*, in: Noack/Servatius/Haas GmbHG, § 48 Rn. 5; *Lutz*, Der Gesellschafterstreit, Rn. 126 (Fn. 361).

So gewährleistet eine Eventualeinberufung eine zügige Entscheidungsfindung, was im Interesse sämtlicher Gesellschafter ist.[568] Mutwillige Verzögerungen des Entscheidungsprozesses können vermieden werden.[569]

Es ergeben sich keine zwingenden Gründe, wegen derer ein solches Vorgehen unzulässig wäre. Die Mindestfrist, die bei der Einberufung von Gesellschafterversammlungen einzuhalten ist, richtet sich entweder nach § 51 Abs. 1 S. 2 GmbHG, oder wird durch den Gesellschaftsvertrag festgelegt[570]. Bei der Eventualeinberufung wird die Mindesteinberufungsfrist, sofern sie im Hinblick auf die Erstversammlung gewahrt ist, gerade auch im Hinblick auf die später terminierte Zweitversammlung eingehalten.[571] Sinn und Zweck der Einladungsfrist des § 51 Abs. 1 S. 2 GmbHG ist es, allen Gesellschaftern durch genügend Zeit zur terminlichen Planung sowie zur inhaltlichen Vorbereitung auf die Tagesordnungspunkte zu ermöglichen, an der gesellschaftsinternen Willensbildung teilzunehmen.[572] Auch dies steht der hier vertretenen Auffassung nicht entgegen, denn die Tagesordnungspunkte der Zweitversammlung entsprechen denjenigen der Erstversammlung, sodass den Gesellschaftern bei Beschlussfassung in Zweitversammlung letztlich sogar eine längere Vorbereitungszeit gewährt wird.[573]

Als Argument für die Unzulässigkeit einer Eventualeinberufung wird insbesondere mangelnde Planungssicherheit für die Gesellschafter vorgebracht.[574] Es ließe sich zwar vorbringen, dass die Gesellschafter den Termin der Zweitversammlung regelmäßig früher erfahren, sodass ihre Vorbereitungs- und Planungszeit verlängert wird. Den Vertretern der Gegenauffassung ist jedoch dahingehend beizupflichten, dass es bis zum Ausgang einer ersten Versammlung stets unsicher ist, ob die Gesellschafter an der zweiten Versammlung teilnehmen müssen. Dies führt bei bedingter Einberufung zu einer geringeren Planungssicherheit als bei der unbedingten.[575] Daher kann eine Zweitversammlung nicht zulässigerweise unmittelbar nach der abgeschlossenen Erstversammlung abgehalten werden.[576] Das Argument der

---

[568] *Friedrich/von Bredow*, in: BeckOGK GmbHG, Stand: 01.10.2025, § 51 Rn. 21.

[569] *Friedrich/von Bredow*, in: BeckOGK GmbHG, Stand: 01.10.2025, § 51 Rn. 21.

[570] Dabei wird die generelle Verkürzung der Einberufungsfrist durch Regelung im Gesellschaftsvertrag von der h.M. als unzulässig erachtet, OLG Naumburg, Urt. v. 23.02. 1999–7 U 25/98, NZG 2000, 44, 45; *Liebscher*, in: MüKo GmbHG, § 51 Rn. 75; *Noack*, in: Noack/Servatius/Haas GmbHG, § 51 Rn. 45; a. A. *Römermann*, in: Michalski/Heidinger/Leible/Schmidt GmbHG, § 51 Rn. 40.

[571] *Liebscher*, in: MüKo GmbHG, § 51 Rn. 36.

[572] BGH, Urt. v. 30.03.1987 – II ZR 180/86, NJW 1987, 2580, 2581; OLG Hamm, Urt. v. 27.11.1991–8 U 51/91, BeckRS 1991, 8059 Rn. 6; *Seibt*, in: Scholz GmbHG, § 51 Rn. 1; *Schindler*, in: BeckOK GmbHG, Stand: 01.11.2025, § 51 Rn. 2.

[573] *Altmeppen*, in: Altmeppen GmbHG, § 51 Rn. 9.

[574] Siehe Fn. 565.

[575] So auch *Wolff*, in: Münchener Handbuch des Gesellschaftsrechts Band 3, § 39 Rn. 75.

[576] *Liebscher*, in: MüKo GmbHG, § 51 Rn. 36; *Altmeppen*, in: Altmeppen GmbHG, § 51 Rn. 9.

geringeren Planungssicherheit bei einer Eventualeinberufung lässt sich jedoch entkräften, wenn die Erst- und Zweitversammlung in einem zeitlichen Abstand zueinander terminiert werden, der jedenfalls der Mindestladefrist entspricht.[577] Da eine Beschlussfähigkeit der Erstversammlung den nichtteilnehmenden Gesellschaftern mitzuteilen wäre,[578] steht den Gesellschaftern so im Ergebnis dieselbe Zeit zur verlässlichen Terminplanung zur Verfügung wie im Falle zweier getrennter Einberufungen.

Im Einzelfall kann eine Eventualeinberufung jedoch durch entgegenstehende Satzungsregelung ausgeschlossen sein.[579] Die Grenze des zulässigen Verhaltens ist zudem dort zu ziehen, wo durch eine Vielzahl von zeitlich verschachtelt erfolgten Versammlungseinladungen für die Gesellschafter eine unübersichtliche und daher unzumutbare Situation entsteht.[580] Da der Kernbereich des mitgliedschaftlichen Teilnahmerechts nicht beeinträchtigt werden darf, muss es für die Gesellschafter ersichtlich sein, an welcher Versammlung sie teilnehmen müssen, um an der gesellschaftsinternen Willensbildung partizipieren zu können.[581] Das Rangverhältnis der Versammlungen, zu denen geladen wurde, muss daher aus der Einladung klar hervorgehen.[582]

II. Zur Parallelladung zu virtueller sowie Präsenzversammlung

1. Unzulässigkeit einer unbedingten Parallelladung

Nach dem zuvor Gesagten scheidet eine unbedingte parallele Ladung zu einer virtuellen sowie einer späteren Präsenzversammlung mit identischen Tagesordnungspunkten aus.[583] Bei einem solchen Vorgehen wird nicht erkenntlich, dass die zweite Versammlung nur sicherheitshalber einberufen wurde. Hierbei entstünde für die Gesellschafter das Risiko, nicht hinreichend abschätzen zu können, in welcher

---

[577] *Liebscher*, in: MüKo GmbHG, § 51 Rn. 36; sich dem anschließend *Schindler*, in: BeckOK GmbHG, Stand: 01.11.2025, § 51 Rn. 73; so zudem auch *Friedrich/von Bredow*, in: BeckOGK GmbHG, Stand: 01.10.2025, § 51 Rn. 21.

[578] *Liebscher*, in: MüKo GmbHG, § 51 Rn. 36.

[579] Siehe oben Kap. 4 B. I. 1. b), c).

[580] KG, Urt. v. 08.12.2022–23 U 111/22, BeckRS 2022, 43146 Rn. 53; sich dem anschließend, *Leinekugel*, in: BeckOK GmbHG, Stand: 01.11.2025, Anh. § 47 Rn. 2.2.

[581] *Leinekugel*, in: BeckOK GmbHG, Stand: 01.11.2025, Anh. § 47 Rn. 2.2.

[582] KG, Urt. v. 10.12.2015–23 U 99/15, ZIP 2016, 1166, 1167; zustimmend *Friedrich/von Bredow*, in: BeckOGK, Stand: 15.07.2024, § 51 Rn. 21; zum Rangverhältnis auch *Noack*, in: Noack/Servatius/Haas GmbHG, § 48 Rn. 5.

[583] A.A. *Leinekugel*, DB 2022, 2840, 2849, der eine unbedingte parallele Ladung zu zwei Gesellschafterversammlungen aber gleichfalls nur unter der Voraussetzung für zulässig hält, dass für die Gesellschafter keine Bewertungsrisiken dahingehend bestehen, an welcher Versammlung teilzunehmen ist, um am gesellschaftsinternen Entscheidungsprozess zu partizipieren.

der einberufenen Versammlungen sie die Willensbildung beeinflussen können. Dieses wird, bei zwei getrennten Schreiben erfolgt, nur verstärkt. Zwar wird ein jeder Gesellschafter durch das Erfordernis allseitigen Einverständnisses nach § 48 Abs. 1 S. 2 GmbHG grundsätzlich davor geschützt, dass ein Beschluss ohne sein Zutun virtuell gefasst wird. Es ist aber durchaus denkbar, dass ein rechtsunkundiger Gesellschafter bei einer parallelen Ladung zu zwei Versammlungen in unterschiedlichen Formaten mit identischen Tagesordnungen zwar sein Einverständnis i.S.d. § 48 Abs. 1 S. 2 GmbHG erteilt, jedoch annimmt, die Teilnahme an der Präsenzversammlung genüge für seine Teilhabe an der gesellschaftsinternen Willensbildung.

2. Zulässigkeit einer bedingten Parallelladung

Zulässig ist eine Eventualeinberufung hingegen unter Berücksichtigung der vorstehend dargestellten Leitlinien. Demnach ist es der Geschäftsführung möglich, grundsätzlich zu einer virtuellen Versammlung zu laden und zudem, für den Fall, dass nicht alle Gesellschafter der virtuellen Beschlussfassung i.S.d. § 48 Abs. 1 S. 2 GmbHG bis zum Versammlungstermin zustimmen, eine spätere Präsenzversammlung mit derselben Tagesordnung einzuberufen. Dabei ist zwischen dem Termin der virtuellen Versammlung und dem Termin der Präsenzversammlung ein Abstand in der Länge der jeweils geltenden Mindesteinberufungsfrist zu wahren. Des Weiteren muss aus der Einladung das Rangverhältnis beider Versammlungen klar hervorgehen. Es erkennbar sein, dass es nur dann zu der Präsenzversammlung kommt, wenn eine wirksame Beschlussfassung in der zunächst terminierten virtuellen Versammlung mangels einseitigem Einverständnis nicht sicher erscheint. Dies darf zudem nicht durch Satzungsregelung ausgeschlossen sein.

C. Einberufung einer virtuellen Versammlung bei Berufungsverlangen nach § 50 Abs. 1 GmbHG

Neben den in § 49 Abs. 2, Abs. 3 GmbHG geregelten Fällen ist die Geschäftsführung nach § 50 Abs. 1 GmbHG auch dann zur Berufung einer Gesellschafterversammlung verpflichtet, wenn Gesellschafter, deren Geschäftsanteile zusammen mindestens ein Zehntel des Stammkapitals ausmachen, die Berufung verlangen.

Über den Wortlaut des § 50 Abs. 1 GmbHG hinaus können Minderheitsgesellschafter statt der Einberufung einer Versammlung die Einleitung eines schriftlichen Verfahrens i.S.d. § 48 Abs. 2 GmbHG verlangen.[584] Dementsprechend muss es ihnen nach der Gesetzesänderung durch das DiREG nun auch möglich sein, explizit

---

[584] *Altmeppen*, in: Altmeppen GmbHG, § 50 Rn. 10; *Noack*, in: Noack/Servatius/Haas GmbHG, § 50 Rn. 14; *Bayer*, in: Lutter/Hommelhoff GmbHG, § 50 Rn. 3.

die Berufung einer virtuellen Versammlung nach § 48 Abs. 1 S. 2 GmbHG zu verlangen.[585]

I. Zum Verhältnis des Minderheitsrechts aus § 50 Abs. 1 GmbHG mit dem schriftlichen Verfahren nach § 48 Abs. 2 GmbHG

Dagegen ist es gleichermaßen anerkannt, dass die Initiierung eines schriftlichen Verfahrens i. S. d. § 48 Abs. 2 GmbHG nicht genügt, um einem Minderheitsverlangen auf Einberufung einer Gesellschafterversammlung gem. § 50 Abs. 1 GmbHG zu entsprechen.[586]

Des Weiteren bestimmt § 45 Abs. 2 GmbHG zwar grundsätzlich, dass § 50 GmbHG zur Disposition der Gesellschafter steht. Die heute ganz herrschende Meinung betrachtet den § 50 GmbHG jedoch als einseitig zwingende Norm. Eine Abschaffung oder Verkürzung des in § 50 GmbHG gewährten Minderheitenschutzes ist aufgrund des Schutzzwecks der Norm unzulässig, eine Erweiterung der Minderheitsrechte hingegen zulässig.[587] An diese Grundprämisse anknüpfend wird eine Satzungsregelung, durch die der Minderheit ausschließlich ein Recht auf die Einleitung eines schriftlichen Verfahrens gewährt wird, die also das Verlangen nach der Einberufung einer Gesellschafterversammlung ausschließt, herrschend als unzulässig angesehen.[588]

Darüber hinaus ist es nach Auffassung des OLG Stuttgart mit dem durch § 50 GmbHG bezweckten Minderheitenschutz ebenfalls nicht vereinbar, wenn mit einer Dreiviertelmehrheit eine Satzungsänderung beschlossen wird, die bei einem Minderheitsverlangen auf Einberufung einer Gesellschafterversammlung ein alternatives schriftliches Verfahren ermöglicht.[589] Den Minderheitsgesellschaftern stünde in diesem Fall zwar unverändert das Recht zu, die Berufung der Versammlung nach

[585] So auch *Altmeppen*, in: Altmeppen GmbHG, § 50 Rn. 10.

[586] *Ganzer*, in: Rowedder/Pentz GmbHG, § 50 Rn. 13; *Hüffer/Schäfer*, in: Habersack/Casper/Löbbe GmbHG, § 50 Rn. 17; *Liebscher*, in: MüKo GmbHG, § 50 Rn. 39; *Noack*, in: Noack/Servatius/Haas GmbHG, § 50 Rn. 14; *Altmeppen*, in: Altmeppen GmbHG, § 50 Rn. 10; *Bayer*, in: Lutter/Hommelhoff GmbHG, § 50 Rn. 3.

[587] *Schindler*, in: BeckOK GmbHG, Stand: 01.11.2025, § 50 Rn. 3; *Liebscher*, in: MüKo GmbHG, § 50 Rn. 85, 87; *Hüffer/Schäfer*, in: Habersack/Casper/Löbbe GmbHG, § 50 Rn. 38; *Seibt*, in: Scholz GmbHG, § 50 Rn. 6; *Ganzer*, in: Rowedder/Pentz GmbHG, § 50 Rn. 2; *Vogel*, Gesellschafterbeschlüsse und Gesellschafterversammlung, Köln 1986, S. 129 f.; *A. Teichmann*, Gestaltungsfreiheit in Gesellschaftsverträgen, München 1970, S. 212 f.; *ders.*, Rechte des einzelnen und Befugnisse der Minderheit, in: GmbH-Reform, Bad Homburg v. d. H. 1970, 59, 68 ff.; a. A. in der neueren Literatur *Wolff*, in: Münchener Handbuch des Gesellschaftsrechts Band 3, § 39 Rn. 33, der eine Beschränkung bei Zustimmung aller Gesellschafter zulassen will; ebenso *C. Teichmann*, RNotZ 2013, 346, 353.

[588] *Liebscher*, in: MüKo GmbHG, § 50 Rn. 88; *Seibt*, in: Scholz GmbHG, § 50 Rn. 6.

[589] OLG Stuttgart, Urt. v. 14.02.1974 – 10 U 90/73, NJW 1974, 1566, 1567 f.

§ 50 Abs. 3 S. 1 GmbHG selbst zu bewirken.[590] Die Interessenlage der Minderheitsgesellschafter werde hierdurch aber nicht ausreichend geschützt, da der Beschluss bereits im schriftlichen Verfahren gefasst werden könne, bevor die selbst einberufene Versammlung zur Beschlussfassung zusammentreten kann.[591]

Sämtliche dargestellten Wertungen begründen sich auf demselben Umstand. So ist es den Minderheitsgesellschaftern nur in Gesellschafterversammlung möglich, vor der Beschlussfassung argumentativ auf die Willensbildung ihrer Mitgesellschafter einzuwirken.[592] Daher ist die Einleitung eines schriftlichen Beschlussverfahrens defizitär der Berufung einer Gesellschafterversammlung.[593]

II. Zum Verhältnis des Minderheitsrechts aus § 50 Abs. 1 GmbHG mit der virtuellen Versammlung nach § 48 Abs. 1 S. 2 GmbHG

Vor diesem Hintergrund ist eine Untersuchung des Verhältnisses zwischen dem Minderheitsrecht aus § 50 Abs. 1 GmbHG und der virtuellen Versammlung geboten.

1. Zur Entsprechung eines Minderheitsverlangens nach § 50 Abs. 1 GmbHG durch Einberufung einer virtuellen Versammlung

Der Versammlungsbegriff des § 50 Abs. 1 GmbHG knüpft an den des § 48 Abs. 1 GmbHG an.[594] Daher umfasst auch der Versammlungsbegriff des § 50 Abs. 1 GmbHG nunmehr sowohl virtuelle Versammlungen als auch Präsenzversammlungen.[595] Zudem ist es den Minderheitsgesellschaftern auch in virtueller Versammlung möglich, durch Argumentation in zeitlich synchroner Gesellschafterzusammenkunft auf die gesellschaftsinterne Willensbildung einzuwirken. Hierin unterscheidet sich das in § 48 Abs. 1 S. 2 GmbHG geregelte Beschlussverfahren maßgeblich von dem in § 48 Abs. 2 GmbHG festgeschriebenen schriftlichen Verfahren. Demnach könnte man annehmen, dass dem Verlangen nach § 50 Abs. 1 GmbHG auch durch die Einberufung einer Versammlung i. S. d. § 48 Abs. 1 S. 2 GmbHG entsprochen werden kann.

---

[590] OLG Stuttgart, Urt. v. 14.02.1974 – 10 U 90/73, NJW 1974, 1566, 1568.

[591] OLG Stuttgart, Urt. v. 14.02.1974 – 10 U 90/73, NJW 1974, 1566, 1568.

[592] *Liebscher*, in: MüKo GmbHG, § 50 Rn. 39; *Seibt*, in: Scholz GmbHG, § 50 Rn. 18; *Ganzer*, in: Rowedder/Pentz GmbHG, § 50 Rn. 13; *Eickhoff/Busold*, DStR 2020, 1054, 1057.

[593] Vgl. *Liebscher*, in: MüKo GmbHG, § 50 Rn. 39; *Seibt*, in: Scholz GmbHG, § 50 Rn. 18; *Ganzer*, in: Rowedder/Pentz GmbHG, § 50 Rn. 13; *Eickhoff/Busold*, DStR 2020, 1054, 1057 f.

[594] Vgl. *Bayer*, in: Lutter/Hommelhoff GmbHG, § 50 Rn. 1; *Wicke*, DStR 2022, 498, 505.

[595] Zu dem neuen erweiterten Versammlungsbegriff des § 48 Abs. 1 GmbHG siehe oben Kap. 1 C.

Die beiden in § 48 Abs. 1 GmbHG normierten Versammlungsformen unterscheiden sich allerdings maßgeblich durch das in § 48 Abs. 1 S. 2 GmbHG verankerte Erfordernis allseitigen Einvernehmens. Würde die Einberufung einer virtuellen Versammlung genügen, um dem Verlangen aus § 50 Abs. 1 GmbHG zu entsprechen, wäre es der Gesellschaftermehrheit ohne weiteres möglich, das Minderheitsverlangen zu unterlaufen. So könnte ein jeder Gesellschafter die wirksame Beschlussfassung über die von der Minderheit eingebrachten Tagesordnungspunkte durch Verweigerung seiner Zustimmung zur virtuellen Beschlussfassung verhindern. Sinn und Zweck des § 50 Abs. 1 GmbHG ist es aber, Minderheitsgesellschaftern, deren Kapitalbeteiligung zumindest ein Zehntel des Stammkapitals ausmacht, zu ermöglichen, eine Auseinandersetzung der Gesellschaftergesamtheit mit einem von ihnen als dringlich empfundenen Anliegen zu erzwingen.[596] Daher wird einem Verlangen nach § 50 Abs. 1 GmbHG grundsätzlich nur dann i. S. d. § 50 Abs. 3 S. 1 GmbHG durch die Einberufung einer virtuellen Versammlung entsprochen, wenn im konkreten Fall ein allseitiges textförmliches Einverständnis mit diesem Beschlussverfahren vorliegt. Andernfalls müssen die Gesellschafter auf die Einberufung einer Präsenzversammlung i. S. d. § 48 Abs. 1 S. 1 GmbHG bestehen, bzw. diese insbesondere nach § 50 Abs. 3 S. 1 GmbHG selbst bewirken können. Nur so wird der Schutzzweck des § 50 GmbHG hinreichend gewahrt. Zudem bleibt nur so auch den Minderheitsgesellschaftern das in § 48 Abs. 1 S. 2 GmbHG vorgesehene Recht erhalten, zu entscheiden, dass die Auseinandersetzung mit den von ihnen vorgebrachten Tagesordnungspunkten in Präsenz erfolgen soll.

Etwas anderes muss einzig dann gelten, wenn die Satzung im konkreten Fall virtuelle Versammlungen den Präsenzversammlungen gleichstellt, indem sie das Erfordernis allseitigen textförmlichen Einverständnisses aufhebt. In diesem Fall erlaubt die Einberufung einer virtuellen Versammlung den Minderheitsgesellschaftern, an der gesellschaftsinternen Willensbildung mitzuwirken, ebenso wie verlässlich wirksame Beschlüsse zu den von der Minderheit vorgebrachten Tagesordnungspunkten gefasst werden können.

2. Unzulässigkeit einer Satzungsregelung, nach der die Geschäftsführung bei einem Verlangen nach § 50 Abs. 1 GmbHG einzig zu einer virtuellen Versammlung lädt

Bei der Beantwortung der Frage, ob durch Satzung geregelt werden kann, dass die Geschäftsführung im Fall eines Minderheitsverlangens nach § 50 Abs. 1 GmbHG ausschließlich eine virtuelle Versammlung beruft, muss dem Zweck des § 50 GmbHG gleichermaßen entscheidende Bedeutung zukommen. Maßgeblich ist,

---

596 Vgl. *Altmeppen*, in: Altmeppen GmbHG, § 50 Rn. 9; *Ganzer*, in: Rowedder/Pentz GmbHG, § 50 Rn. 1; *Römermann*, in: Michalski/Heidinger/Leible/Schmidt GmbHG, § 50 Rn. 2.

ob der Schutzzweck des § 50 Abs. 1 GmbHG auch durch die Einberufung einer virtuellen Versammlung anstelle einer Präsenzversammlung gewahrt wird.

Der Zweck des Minderheitenschutzes wird durch die Einberufung einer virtuellen Versammlung aus den soeben genannten Gründen grundsätzlich nicht im selben Maß erreicht. Bei dieser könnten die Mehrheitsgesellschafter die wirksame Beschlussfassung durch Verweigerung des gem. § 48 Abs. 1 S. 2 GmbHG erforderlichen Einverständnisses stets verhindern.[597] Ohne die angedachte Satzungsregelung könnten die Minderheitsgesellschafter gegebenenfalls eine Zusammenkunft in Präsenz durchsetzen.[598] Eine Satzungsbestimmung, nach welcher die Geschäftsführung im Fall eines Minderheitsverlangens nach § 50 Abs. 1 GmbHG ausschließlich virtuelle Versammlungen beruft, muss somit grundsätzlich unzulässig sein, denn dies würde den durch § 50 GmbHG gewährten Minderheitenschutz übermäßig beschneiden. Anders ist die Lage wiederum, wenn durch Satzungsregelung auch das Einverständniserfordernis des § 48 Abs. 1 S. 2 GmbHG aufgehoben wird. In diesem Fall ist die Möglichkeit einer wirksamen Beschlussfassung über die von der Minderheit vorgebrachten Tagesordnungspunkte auch in virtueller Versammlung gesichert.

D. Modalitäten der Einladung zu einer virtuellen Versammlung nach § 51 GmbHG

Da der Gesetzgeber gerade auch von einer Anpassung der Formvorschriften zur Einberufung an die neue Form der Gesellschafterversammlung i. S. d. § 48 Abs. 1 S. 2 GmbHG bewusst abgesehen hat,[599] soll zuletzt betrachtet werden, wie eine Einladung zu einer virtuellen Versammlung auszusehen hat. Als Ausgangspunkt gilt in Anbetracht der unveränderten gesetzlichen Lage, dass § 51 GmbHG auch auf die Einberufung virtueller Versammlungen unmittelbar anwendbar ist.[600]

Zweck des § 51 GmbHG ist es unter anderem, sicherzustellen, dass den Gesellschaftern eine Teilnahme an der einberufenen Versammlung und somit an der gesellschaftsinternen Willensbildung durch ausreichend Gelegenheit zur Planung tatsächlich möglich ist.[601] Damit die Gesellschafter ihre Mitgliedschaftsrechte in angemessener Weise ausüben können, soll außerdem die Möglichkeit zur hinreichenden inhaltlichen Vorbereitung gewährleistet werden.[602] Die Gesellschafter –

[597] Siehe oben Kap. 4 C. II. 1.

[598] Siehe oben Kap. 4 C. II. 1.

[599] RegBegr. Gesetzesentwurf DiREG, BT-Drs. 20/1672 S. 23.

[600] Siehe oben Kap. 4.

[601] Siehe Fn. 572.

[602] Siehe Fn. 572.

insbesondere die Minderheitsgesellschafter – sollen durch den § 51 GmbHG vor einer Überrumpelung geschützt werden.[603]

I. Allgemein zu den Modalitäten einer Versammlungseinladung nach § 51 GmbHG

Ausweislich des § 51 Abs. 1 GmbHG ist zur Gesellschafterversammlung durch eingeschriebenen Brief mit einer Frist von mindestens einer Woche zu laden. Hinsichtlich des Inhalts der Einladung normiert § 51 Abs. 2 GmbHG einzig, dass bei der Berufung der Zweck der Versammlung angegeben werden soll.

Es ist aufgrund des *Telos* der Norm aber allgemein anerkannt, dass die Einladung über die Vorgabe des § 51 Abs. 2 GmbHG hinaus weitere Informationen enthalten muss. Zunächst muss aus dem Inhalt der Einladung für den Empfänger erkennbar sein, dass zu einer Gesellschafterversammlung i. S. d. § 48 Abs. 1 GmbHG – also nicht bloß zu einem informellen Treffen – geladen wird, um die Gesellschafterversammlung welchen Unternehmens es sich handelt und wer als Einberufungsorgan agiert hat.[604] Des Weiteren müssen in der Einladung Versammlungszeit und -ort genannt sein.[605] Es ist davon auszugehen, dass nunmehr auch das gewählte Versammlungsformat klar erkennbar sein muss,[606] wobei sich diese Information aber regelmäßig schlüssig aus der notwendigen Ortsangabe ergeben wird.[607]

Es wird im Folgenden nur auf vereinzelte Modalitäten der Einberufung näher eingegangen, die im Hinblick auf die Besonderheiten von Versammlungen i. S. d. § 48 Abs. 1 S. 2 GmbHG eine eingehendere Betrachtung erforderlich machen.

---

[603] *Seibt*, in: Scholz GmbHG, § 51 Rn. 1.

[604] *Liebscher*, in: MüKo GmbHG, § 51 Rn. 41; *Seibt*, in: Scholz GmbHG, § 51 Rn. 15; *Römermann*, in: Michalski/Heidinger/Leible/Schmidt GmbHG, § 51 Rn. 52–58; *Hüffer/Schäfer*, in: Habersack/Casper/Löbbe GmbHG, § 51 Rn. 17.

[605] BGH, Urt. v. 17. 10. 1988 – II ZR 18/88, NJW-RR 1989, 347, 349; auf dieses Urteil verweisend OLG Dresden, Urt. v. 15. 11. 1999 – 2 U 2303/99, NJW-RR 2000, 565, 566; so bereits zuvor KG, Beschl. v. 13. 05. 1965 – 1 W 848/65, NJW 1965, 2157, 2159; *Liebscher*, MüKo GmbHG, § 51 Rn. 41; *Hüffer/Schäfer*, in: Habersack/Casper/Löbbe GmbHG, § 51 Rn. 17; *Seibt*, in: Scholz GmbHG, § 51 Rn. 15; *Römermann*, in: Michalski/Heidinger/Leible/Schmidt GmbHG, § 51 Rn. 59 ff.

[606] *Leinekugel*, DB 2022, 2840, 2848 f.

[607] Allgemein dazu, dass nicht jede der erforderlichen Angaben ausdrücklich erfolgen muss, *Seibt*, in: Scholz GmbHG, § 51 Rn. 15; zustimmend *Liebscher*, in: MüKo GmbHG, § 51 Rn. 42. Zur Ortangabe bei virtuellen Versammlungen siehe unten Kap. 4 D. III.

II. Zur Einberufungsfrist bei virtuellen Versammlungen

Auch bei der Berufung virtueller Versammlungen ist die Mindestfrist von einer Woche gem. § 51 Abs. 1 S. 2 GmbHG zu wahren.[608]

Zwar scheint die Wochenfrist bei virtuellen Versammlungen *prima facie* recht lang. Denn die Teilnahme ist grundsätzlich von jedem Aufenthaltsort möglich. Voraussetzung ist lediglich, dass die erforderliche Hardware sowie eine Telefon- bzw. Internetverbindung verfügbar sind.[609] Die Planung einer Anreise ist anders als bei einer Präsenzzusammenkunft gerade nicht notwendig.[610]

Die Frist des § 51 Abs. 1 S. 2 GmbHG soll aber insbesondere auch eine hinreichende terminliche Planbarkeit der Versammlungsteilnahme für die Gesellschafter gewährleisten.[611] Den Gesellschaftern muss es auch bei einer virtuellen Versammlung gleichermaßen ermöglicht werden, den Zeitraum der Versammlung von anderen Verpflichtungen freizuhalten oder gegebenenfalls rechtzeitig umzuplanen.[612] Hinzu kommt, dass der Zweck der einwöchigen Einberufungsfrist auch in der Sicherung einer ausreichenden Vorbereitungszeit auf die in der Gesellschafterversammlung zu behandelnden Themen besteht.[613] Dieser Zweck greift bei einer virtuellen Gesellschafterversammlung ebenso unvermindert ein.[614]

Somit ist die Fristenregelung des § 51 Abs. 1 S. 2 GmbHG ihrem Sinn und Zweck nach auch bei Berufung virtueller Versammlungen beachtlich, weshalb eine teleologische Reduktion der Norm nicht in Betracht kommt.[615]

III. Zur Angabe des Versammlungsortes bei virtuellen Versammlungen

In der Einladung ist nach allgemeiner Auffassung unter anderem über den Ort der Gesellschafterversammlung zu informieren.[616] Bei Präsenzversammlungen, mit dem Blick auf welche sich das Erfordernis der Ortangabe etabliert hat, meint dies

---

[608] *Schindler*, in: BeckOK GmbHG, Stand 01.11.2025, § 48 Rn. 96e; *Beck*, GmbHR 2021, 901, 906 Rn. 34 ff.; *Leinekugel*, DB 2022, 2840, 2848; vgl. zudem *Seibt*, in: Scholz GmbHG, § 48 Rn. 54d; *Wicke*, in: Wicke GmbHG, § 48 Rn. 4c; *Noack*, in: Noack/Servatius/Haas GmbHG, § 48 Rn. 42.

[609] *Beck*, GmbHR 2021, 901, 906 Rn. 35.

[610] *Beck*, GmbHR 2021, 901, 906 Rn. 35; *Leinekugel*, DB 2022, 2840, 2848.

[611] Siehe oben Kap. 4 D. I.

[612] *Beck*, GmbHR 2021, 901, 906 Rn. 35.

[613] Siehe oben Kap. 4 D. I.

[614] *Leinekugel*, DB 2022, 2840, 2848; vgl. auch *Beck*, GmbHR 2021, 901, 906 Rn. 35.

[615] So auch *Beck*, GmbHR 2021, 901, 906 Rn. 35.

[616] Siehe oben Kap. 4 D. I.

evident, dass in der Einladung der Ort anzugeben ist, an dem die physische Zusammenkunft der Gesellschafter stattfinden soll.

Bei rein virtuellen Versammlungen fehlt es wesensimmanent an einem gemeinsamen physischen Treffpunkt der Gesellschafter.[617] Entsprechend muss bei Versammlungen i. S. d. § 48 Abs. 1 S. 2 GmbHG über den virtuellen Ort informiert werden, an dem sich die Gesellschafter zusammenfinden sollen.[618] Die Gesellschafter müssen davon in Kenntnis gesetzt werden, wie sie „zur [virtuellen] Versammlung kommen können.“[619] Daher muss jedenfalls das gewählte Kommunikationsmittel sowie die verwendete Plattform mitgeteilt werden.[620] Dies kann beispielsweise geschehen, indem den Gesellschaftern ein Einwahllink übermittelt wird.[621] Es muss hinreichend gewährleistet sein, dass die Gesellschafter sicherstellen können, im Versammlungszeitpunkt die technischen Voraussetzungen ihrer Versammlungsteilnahme zu erfüllen.[622]

Uneinigkeit besteht in der Literatur dahingehend, ob bereits mit der Einladung umfänglich alle für den Zugang essenziellen Informationen zu übermitteln sind. Konkret ist streitig, ob, wenn für die Teilnahme an der Versammlung beispielsweise ein Passwort oder ein Zahlencode erforderlich ist, die Einladung diese Zugangsdaten bereits enthalten muss.[623]

Letztlich kann die Auffassung überzeugen, die es nicht für erforderlich hält, dass Zugangsdaten bereits in der Einladung zur Gesellschafterversammlung übermittelt werden. Wie Schindler/Schaffner richtigerweise argumentieren, bestimmen Zugangsdaten nicht den Ort der Versammlung, sondern stellen vielmehr eine techni-

[617] *Beck*, GmbHR 2021, 901, 905 Rn. 33.

[618] Die Existenz eines Versammlungsortes bei virtuellen Versammlungen verneinend *Noack*, in: Noack/Servatius/Haas GmHG, § 51 Rn. 21 („Bei Vers als Telefonkonferenz oder per Videokommunikation (§ 48 I 2) gibt es keinen ‚Ort‘; […]“).

[619] *Beck*, GmbHR 2021, 901, 905 Rn. 33.

[620] *Schindler/Schaffner*, Virtuelle Beschlussfassung, § 3 Rn. 539; *Schindler*, in: BeckOK GmbHG, Stand: 01.11.2025, § 48 Rn. 96e; *Rensen/Bergjan*, in: Saenger/Inhester GmbHG, § 48 Rn. 18; *Seibt*, in: Scholz GmbHG, § 48 Rn. 54d; *Noack*, in: Noack/Servatius/Haas GmbHG, § 48 Rn. 42; *Leinekugel*, DB 2022, 2840, 2848. Die Information, welches Kommunikationsmittel gewäht wurde, wird sich dabei in aller Regel konkludent aus der Angabe der verwendeten Plattform ergeben.

[621] *Beck*, GmbHR 2021, 901, 906 Rn. 33.

[622] *Rensen/Bergjan*, in: Saenger/Inhaester GmbHG, § 48 Rn. 18.

[623] Verneinend *Schindler/Schaffner*, Virtuelle Beschlussfassung, § 3 Rn. 541; *Schindler*, in: BeckOK GmbHG, Stand: 01.11.2025, § 48 Rn. 96e; *Seibt*, in: Scholz GmbHG, § 48 Rn. 54d; *Denga*, in: BeckOGK GmbHG, Stand: 01.10.2025, § 48 Rn. 15; *Rensen/Bergjan*, in: Saenger/Inhaester GmbHG, § 48 Rn. 18; *Wicke*, in: Wicke GmbHG, § 48 Rn. 4c; *ders.*, DStR 2022, 498, 505; bejahend *Noack*, in: Noack/Servatius/Haas GmbHG, § 51 Rn. 21; *ders.*, „Mittels Videokommunikation“ – virtuelle Gesellschafterversammlungen bei der GmbH, in: FS Heckschen, 2024, 475, 479; *Beck*, GmbHR 2021, 901, 905 f. Rn. 33; *Leinekugel*, DB 2022, 2840, 2848.

sche Voraussetzung für die Teilnahme an der Willensbildung dar.[624] Die bei virtuellen Versammlungen erforderlichen Zugangsdaten sind funktionsäquivalent zu einem Versammlungsraumschlüssel bei Präsenzversammlungen.[625] Auch bei Präsenzversammlungen muss der Schlüssel zum Versammlungsraum den Gesellschaftern nicht mit der Einladung übersendet werden.[626] Vielmehr müssen die Gesellschafter darauf vertrauen, dass ihnen im Versammlungszeitpunkt vom Versammlungsleiter der Zugang zum Versammlungsraum gewährt wird.[627] Hinzu kommt, dass Passwörter ihren bestmöglichen Schutz dann entfalten können, wenn sie spätestmöglich zur Verfügung gestellt werden, denn so kann eine Weitergabe an unbefugte Dritte oder ein sonstiger Missbrauch erschwert werden.[628] Mit der Stärkung der Vertraulichkeit von Versammlungen wird gerade einem entscheidenden Nachteil virtueller Versammlungen[629] entgegengewirkt. In der Einladung ist aber klar zu kommunizieren, wie und wann die Übermittlung der Zugangsdaten erfolgen wird.[630]

E. Zusammenfassung

Die §§ 49 ff. GmbHG finden auch auf die Einberufung virtueller Versammlungen unmittelbare Anwendung. Da die Versammlungsform bereits in der Ladung festgelegt werden muss, obliegt somit der Geschäftsführung die ursprüngliche Entscheidung darüber, in welcher Form sich die Gesellschafter versammeln sollen. Eine verbindliche Festlegung des Versammlungsformates, ist ihr ob des Einverständniserfordernisses des § 48 Abs. 1 S. 2 GmbHG jedoch nicht möglich. Denn ein jeder Gesellschafter kann die wirksame Beschlussfassung in virtueller Versammlung verhindern, indem er seine Zustimmung hierzu verweigert.

Der Geschäftsführung ist es im Grundsatz möglich, sowohl zu einer virtuellen Versammlung als auch einer später terminierten Präsenzversammlung mit identischen Tagesordnungspunkten einzuladen. Die beiden Versammlungen müssen dabei mit dem Mindestabstand der maßgeblichen Einberufungsfrist terminiert werden. Zudem muss aus der Einladung klar hervorgehen, dass es nur dann zu der Präsenzversammlung kommt, wenn die Beschlüsse nicht bereits in virtueller Versammlung wirksam gefasst werden konnten. Der Gesellschaftsvertrag darf einem solchen Vorgehen nicht entgegenstehen.

---

[624] *Schindler/Schaffner*, Virtuelle Beschlussfassung, § 3 Rn. 541.

[625] *Schindler/Schaffner*, Virtuelle Beschlussfassung, § 3 Rn. 541.

[626] *Schindler/Schaffner*, Virtuelle Beschlussfassung, § 3 Rn. 541.

[627] *Schindler/Schaffner*, Virtuelle Beschlussfassung, § 3 Rn. 541.

[628] *Schindler/Schaffner*, Virtuelle Beschlussfassung, § 3 Rn. 541.

[629] Siehe oben Kap. 1 B. IV. 3. d).

[630] *Schindler/Schaffner*, Virtuelle Beschlussfassung, § 3 Rn. 541; *Schindler*, in: BeckOK GmbHG, Stand: 01.11.2025, § 48 Rn. 96e.

Minderheitsgesellschafter, deren Geschäftsanteile zusammen mindestens ein Zehntel des Stammkapitals der Gesellschaft ausmachen, können explizit die Berufung einer virtuellen Versammlung verlangen. Auch wenn sich das Verlangen der Minderheitsgesellschafter nach § 50 Abs. 1 GmbHG allgemein auf die Einberufung einer „Versammlung" bezieht, kann sich die Geschäftsführung für die Einberufung einer virtuellen Versammlung entscheiden. Dem Minderheitsverlangen wird durch die Berufung einer virtuellen Versammlung aber nur dann i. S. d. § 50 Abs. 3 S. 1 GmbHG entsprochen, wenn sich alle Gesellschafter nach § 48 Abs. 1 S. 2 GmbHG mit der virtuellen Beschlussfassung einverstanden erklären, oder das Einverständniserfordernis durch Satzungsregelung abbedungen wurde. Andernfalls können die Gesellschafter auf die Berufung einer Präsenzversammlung bestehen oder diese insbesondere gem. § 50 Abs. 3 S. 1 GmbHG selbst bewirken. Denn ansonsten könnte die Gesellschaftermehrheit eine wirksame Beschlussfassung zu den von der Minderheit eingebrachten Tagesordnungspunkten durch Verweigerung ihres Einverständnisses i. S. d. § 48 Abs. 1 S. 2 GmbHG stets verhindern. Dies würde eine Beschneidung des in § 50 GmbHG gewährten Minderheitenschutzes darstellen.

Gleichermaßen ist eine Satzungsbestimmung, nach welcher die Geschäftsführung im Fall eines Minderheitsverlangens nach § 50 Abs. 1 GmbHG ausschließlich virtuelle Versammlungen beruft, im Grundsatz unzulässig. Anders ist die Lage wiederum, wenn das Einverständniserfordernis des § 48 Abs. 1 S. 2 GmbHG durch Satzungsregelung aufgehoben ist.

Die Modalitäten der Einladung zu virtuellen Versammlungen richten sich nach § 51 GmbHG sowie den sonstigen allgemein anerkannten Anforderungen. Auch bei virtuellen Versammlungen ist die Wochenfrist des § 51 Abs. 1 S. 2 GmbHG zu beachten. Der Versammlungsort ist in der Form anzugeben, dass das gewählte Kommunikationsmittel sowie die verwendete Plattform mitzuteilen sind. Zugangsdaten zum Schutz der virtuellen Versammlung können auch zu einem späteren Zeitpunkt übermittelt werden. Es ist in der Einladung aber klar zu kommunizieren, wie und wann die Übermittlung erfolgen wird.

Kapitel 5

Die Beschlussfeststellung im Rahmen virtueller Versammlungen

Noch nicht im Rahmen der vorangehenden Überlegungen beantwortet wurde derweil die Frage, durch welchen Akt Beschlüsse in virtueller Versammlung nach § 48 Abs. 1 S. 2 GmbHG wirksam zustande kommen. Konkret gilt es zu erörtern, ob in virtueller Versammlung ein Beschluss bereits durch die Stimmabgabe der Gesellschafter zustande kommt oder dieser erst dann als wirksam gefasst gilt, wenn das Beschlussergebnis festgestellt wurde.

A. Beschlussfeststellung als konstitutiver Schlussakt eines jeden Beschlussverfahrens (Ernst und Altmeppen)

In der neueren Literatur vertreten namentlich Ernst und Altmeppen die Auffassung, dass die Stimmabgabe der Gesellschafter von der Willensbildung als Organakt zu unterscheiden sei.[631] Daher komme ein Gesellschafterbeschluss nicht bereits mit der Gesamtheit der abzugebenden Einzelstimmen der Gesellschafter zustande.[632] Vielmehr setze das wirksame Zustandekommen eines Beschlusses stets eine konstitutive Beschlussfeststellung durch das zuständige Gesellschaftsorgan voraus.[633] Für die Beschlussfeststellung zuständig sei grundsätzlich die Gesellschafterversammlung, welche für die Leitung der Versammlung sowie die Beschlussfeststellung einen Versammlungsleiter als Hilfsperson ermächtigen könne, aber

---

[631] Grundlegend *Ernst*, Der Beschluss als Organakt, in: FS Leenen, 2012, 1, 7 ff.; hieran anknüpfend *Altmeppen*, NJW 2016, 2833, 2837; *ders.*, GmbHR 2018, 225, 228; *ders.*, NZG 2022, 1563, 1564.

[632] *Ernst*, Der Beschluss als Organakt, in: FS Leenen, 2012, 1, 7; *Altmeppen*, NJW 2016, 2833, 2837; *Altmeppen*, GmbHR 2018, 225, 228; *ders.*, NZG 2022, 1563, 1564.

[633] *Ernst*, Der Beschluss als Organakt, in: FS Leenen, 2012, 1, 9 ff.; *Altmeppen*, in: Altmeppen GmbHG, § 47 Rn. 4 ff., § 48 Rn. 49; *ders.*, GmbHR 2018, 225, 228; *ders.*, NZG 2022, 1563, 1567; so auch noch *Zöllner*, Die Schranken mitgliedschaftlicher Stimmrechtsmacht bei den privatrechtlichen Personenverbänden, München 1963, S. 394 ff.; in diese Richtung zudem *Skauradszun*, Der Beschluss als Rechtsgeschäft, Berlin 2020, S. 79 f., 84, 102, der die Beschlussfeststellung in Feststellung des Abstimmungsergebnisses und Verkündung des Beschlusses unterteilt und beide Elemnte als Tatbestandsmerkmale des Gesellschafterbeschlusses.

keinesfalls müsse.[634] Sofern die Gesellschafterversammlung ihre Kompetenz zur Beschlussfeststellung nicht delegiert habe, stelle die Gesellschaftermehrheit den Beschluss mit einfacher Mehrheit nach § 47 Abs. 1 GmbHG fest.[635]

Nach Auffassung von Altmeppen sei aber nicht in jedem Fall eine „förmliche Beschlussfeststellung“[636] erforderlich. Vielmehr könne die Beschlussfeststellung auch konkludent erfolgen.[637] Eine konkludente Beschlussfeststellung könne dann angenommen werden, wenn keinerlei Zweifel an dem Wesen der Abstimmung oder dem Abstimmungsergebnis auftreten könnten.[638] Sie könne beispielsweise darin gesehen werden, dass die Gesellschafter am Ende der Versammlung einvernehmlich auseinandergehen.[639]

Nach dieser Ansicht wäre somit auch bei einer Beschlussfassung in virtueller Versammlung eine – jedenfalls konkludente – Beschlussfeststellung konstitutive Bedingung für die wirksame Beschlussfassung.

B. Hinsichtlich der Beschlussfeststellung als Wirksamkeitsvoraussetzung nach Beschlussverfahren differenzierend (BGH)

Der BGH differenziert hingegen nach dem im Einzelfall gewählten Beschlussverfahren, ob eine Feststellung des Beschlusses für dessen Wirksamkeit erforderlich ist oder nicht. So ist nach Auffassung des BGH eine Beschlussfeststellung bei der Beschlussfassung in Präsenzversammlung – jedenfalls bei nicht beurkundungsbedürftigen Beschlüssen – entbehrlich.[640] Bei der Beschlussfassung im schriftlichen Verfahren nach § 48 Abs. 2 GmbHG sei die Beschlussfeststellung hingegen

[634] *Ernst*, Der Beschluss als Organakt, in: FS Leenen, 2012, 1, 13 f.; *Altmeppen*, NJW 2016, 2833, 2837; *ders.*, GmbHR 2018, 225, 228 ff.

[635] *Ernst*, Der Beschluss als Organakt, inFS Leenen, Berlin 2012, 1, 13 f.; *Altmeppen*, NJW 2016, 2833, 2837 f.; *ders.*, GmbHR 2018, 225, 229 f.

[636] *Altmeppen*, in: Altmeppen GmbHG, § 47 Rn. 5.

[637] *Altmeppen*, in: Altmeppen GmbHG, §§ 47 Rn. 5, 48 Rn. 49; *ders.*, NZG 2022, 1563, 1566; in diese Richtung auch *Skauradszun*, Der Beschluss als Rechtsgeschäft, Berlin 2020, S. 110 f., der die Beschlussfeststellung in Feststellung des Abstimmungsergebnisses und Verkündung des Beschlusses unterteilt, aber gleichfalls die Möglichkeit einer konkludenten Verkündung bejaht. Die Auffassung, eine Beschlussfeststellung könne auch konkludent erfolgen, hingegen als „absurd“ ablehnend *Ernst*, Der Beschluss als Organakt, in: LS Leenen, 2012, 1, 14 f.

[638] *Altmeppen*, in: Altmeppen GmbHG, § 47 Rn. 6, § 48 Rn. 49.

[639] *Altmeppen*, NZG 2022, 1563, 1566; a. A. *Ernst*, Der Beschluss als Organakt, in: FS Leenen, 2012, 1, 14 f.

[640] St. Rspr., vgl. BGH, Urt. v. 09. 12. 1968 – II ZR 57/67, NJW 1969, 841, 842 f.; BGH, Urt. v. 28. 01. 1980 – II ZR 84/79, NJW 1980, 1527; BGH, Urt. v. 26. 10. 1983 – II ZR 87/83, NJW 1984, 489, 491 f.; BGH, Urt. v. 11. 12. 2006 – II ZR 166/05, NJW 2007, 917, 918 Rn. 19.

grundsätzlich konstitutive Bedingung.[641] Gleiches gelte bei der Beschlussfassung im sog. kombinierten Beschlussverfahren[642].[643]

Die Frage, ob nach dieser differenzierenden Wertung des BGH eine Beschlussfeststellung bei virtueller Beschlussfassung nach § 48 Abs. 1 S. 2 GmbHG Voraussetzung für eine wirksame Beschlussfassung ist, wurde bislang in Literatur und Rechtsprechung kaum erörtert.[644] Im Folgenden wird aufgezeigt, dass dies zu verneinen ist, da die Gründe, die der BGH für die Notwendigkeit einer Beschlussfeststellung im schriftlichen Verfahren anführt, im Hinblick auf die virtuelle Beschlussfassung keine Geltung beanspruchen.[645]

I. Bisherige Rechtsprechungslinie des BGH

Der BGH führt zur Begründung seiner Auffassung, dass bei der Beschlussfassung im schriftlichen Verfahren nach § 48 Abs. 2 GmbHG eine Beschlussfeststellung grundsätzlich notwendig sei, an, dass bei der schriftlichen Abstimmung zweifelhaft sein könne, ob es sich um eine echte Abstimmung oder lediglich eine vorläufige Meinungsäußerung handle.[646] Daher sei eine Beschlussfeststellung nur dann entbehrlich, wenn „eine einstimmige, eindeutige und offensichtlich endgültige Willenskundgebung der Gesellschafter"[647] gegeben sei. Dies gelte auch für die Beschlussfassung im sog. kombinierten Beschlussverfahren.[648] Die Beschlussfeststellung bestehe dabei darin, dass das Abstimmungsergebnis durch den Abstimmungsleiter zunächst festgestellt und anschließend verlautbart wird.[649]

Eine Beschlussfeststellung sei dagegen zur wirksamen Beschlussfassung in Präsenzversammlung nicht erforderlich, da sich der Abstimmungsvorgang innerhalb von Gesellschafterversammlungen einer GmbH durch die Übersichtlichkeit der Verhältnisse aufgrund der in der Regel geringen Anzahl von Beteiligten gut überblicken lasse.[650] Des Weiteren sei bei der Beschlussfassung in Gesellschafter-

[641] St. Rspr., vgl. BGH, Urt. v. 01.12.1954 – II ZR 285/52, NJW 1955, 220; BGH, Urt. v. 16.01.2006 – II ZR 135/04, NJW 2006, 2044, 2045 f. Rn. 8; BGH, Urt. v. 25.10.2016 – II ZR 230/15, NJW 2017, 1467, 1469 Rn. 19.

[642] Zu diesem Beschlussverfahren siehe unten Kap. 7 B. III.

[643] BGH, Urt. v. 16.01.2006 – II ZR 135/04, NJW 2006, 2044, 2044 f. Rn. 8.

[644] Zu dieser Frage soweit ersichtlich einzig *Altmeppen*, in: Altmeppen GmbHG, § 48 Rn. 53; sowie *ders.*, NZG 2022, 1563, 1567.

[645] So im Ergebnis auch *Walter*, Die virtuelle Haupt- und Gesellschafterversammlung – Rechtsfragen de lege lata und Überlegungen de le ferenda, Berlin 2021, S. 276 f.; a. A. *Altmeppen*, Altmeppen GmbH, § 48 Rn. 53; *ders.*, NZG 2022, 1563, 1567.

[646] BGH, Urt. v. 01.12.1954 – II ZR 283/53, NJW 1955, 220.

[647] BGH, Urt. v. 01.12.1954 – II ZR 283/53, NJW 1955, 220.

[648] BGH, Urt. v. 16.01.2006 – II ZR 135/04, NJW 2006, 2044, 2044 f. Rn. 8.

[649] BGH, Urt. v. 25.10.2016 – II ZR 230/15, NJW 2017, 1467, 1469 Rn. 19.

[650] BGH, Urt. v. 09.12.1968 – II ZR 57/67, NJW 1969, 841, 842.

versammlung nicht zwingend ein Versammlungsleiter zu bestimmen, der das Beschlussergebnis feststellen könnte.[651] In diesen Punkten unterscheide sich die Beschlussfassung in der GmbH von der in der AG.[652] Eine dennoch erfolgte schriftliche Fixierung eines Beschlussergebnisses sei rechtlich im Grundsatz unbeachtlich.[653] Wenn überhaupt, habe sie Beweischarakter.[654] Etwas anderes gelte nur bei satzungsändernden, gem. § 53 Abs. 2 S. 1 GmbHG zu beurkundenden Beschlüssen, da bei diesen der urkundlich fixierte Beschluss vorrangig Geltung beanspruche.[655]

II. Keine Notwendigkeit einer Beschlussfeststellung bei der Beschlussfassung in virtueller Versammlung

Mit der Frage, ob in virtueller Versammlung zu fassende Beschlüsse für ihre Wirksamkeit einer Beschlussfeststellung bedürfen, hat sich der BGH bislang nicht auseinandergesetzt.

Der BGH misst insbesondere dem Aspekt der Übersichtlichkeit des Abstimmungsverfahrens entscheidende Bedeutung zu. Nach seiner Wertung ist eine Beschlussfeststellung dann im Grundsatz erforderlich, wenn bei der Beschlussfassung in dem fraglichen Beschlussverfahren regelmäßig mit Unklarheiten dahingehend zu rechnen ist, ob und mit welchem Inhalt ein Beschluss zustande gekommen ist. Gleichsam besteht ein solches Erfordernis nicht, wenn derartigen Ungewissheiten regelmäßig nicht zu erwarten sind.

Altmeppen ist der Auffassung, dass bei der virtuellen Beschlussfassung eine besonders große Gefahr bestünde, dass Zweifel an der Qualität oder dem Ergebnis einer Abstimmung aufkommen.[656] Diese Gefahr sei sogar größer als bei der Beschlussfassung im schriftlichen Verfahren nach § 48 Abs. 2 GmbHG.[657] Gerade bei einer Beschlussfassung in Telefonkonferenz sei die erhöhte Gefahr des Auftretens von Unklarheiten evident, sie bestehe aber auch bei einer Zusammenkunft in Videokonferenz.[658] Dem ist zu widersprechen.

---

[651] BGH, Urt. v. 09.12.1968 – II ZR 57/67, NJW 1969, 841, 842.

[652] BGH, Urt. v. 09.12.1968 – II ZR 57/67, NJW 1969, 841, 842.

[653] BGH, Urt. v. 28.01.1980 – II ZR 84/79, NJW 1980, 1527; BGH, Urt. v. 09.12.1968 – II ZR 57/67, NJW 1969, 841, 842.

[654] BGH, Urt. v. 09.12.1968 – II ZR 57/67, NJW 1969, 841, 842.

[655] BGH, Urt. v. 09.12.1968 – II ZR 57/67, NJW 1969, 841, 842.

[656] *Altmeppen*, in: Altmeppen GmbHG, § 48 Rn. 53; *ders.*, NZG 2022, 1563, 1567.

[657] *Altmeppen*, in: Altmeppen GmbHG, § 48 Rn. 53; *ders.*, NZG 2022, 1563, 1567.

[658] *Altmeppen*, NZG 2022, 1563, 1567.

1. Überblick über den gesamten Abstimmungsvorgang

So unterscheidet sich die Beschlussfassung in Gesellschafterversammlung – irrelevant, ob diese im Präsenzformat oder virtuell abgehalten wird – vom schriftlichen Verfahren i. S. d. § 48 Abs. 2 GmbHG maßgeblich durch den Umstand, dass die Gesellschafter einen Überblick über den gesamten Abstimmungsvorgang haben. Sie können die Stimmabgabe durch ihre Mitgesellschafter zeitlich synchron mitverfolgen. Irrelevant, ob die Stimmabgabe in virtueller Versammlung auditiv, durch Handzeichen oder auch im Chat der verwendeten Plattform erfolgt, ist sie grundsätzlich ebenso gut wahrnehmbar wie bei Zusammenkünften in Präsenzversammlung. Die Stimmabgabe hat dabei grundsätzlich offen zu erfolgen.[659] Daher ist es den Gesellschaftern auch in virtueller Gesellschafterversammlungen möglich, Kenntnis von der Art und Weise einer jeden Stimmabgabe zu nehmen. Des Weiteren sind sie in der Lage, das Stimmbild, somit das Ergebnis der Abstimmung und mithin auch das Beschlussergebnis nachzuvollziehen. Die direkte Kommunikation in einer zeitlich synchronen Zusammenkunft minimiert Ungewissheiten über die Verbindlichkeit einer Meinungsabfrage; sollten sie dennoch auftreten, lassen sie sich ohne Weiteres durch Nachfrage klären.

Bei der Beschlussfassung im schriftlichen Verfahren i. S. d. § 48 Abs. 2 GmbHG werden die Stimmen der Gesellschafter indes im Regelfall getrennt voneinander gegenüber einem die Gesellschaft vertretenden Abstimmungsleiter abgegeben.[660] Dies hat zur Folge, dass die Gesellschafter weder die Möglichkeit haben, Kenntnis darüber zu erlangen, ob die Stimmabgabe durch ihre Mitgesellschafter in ordnungsgemäßer Art und Weise erfolgte, noch das Abstimmungs- und somit das Beschlussergebnis wahrzunehmen. Auch lassen sich Unsicherheiten hinsichtlich des Wesens der Stimmabgabe weniger einfach beheben.

2. Die Nachteile virtueller Beschlussfassung gebieten keine andere Wertung

Auch die Besonderheiten der virtuellen Beschlussfassung rechtfertigen nicht den Schluss, dass bei dieser regelmäßig mit Unklarheiten zu rechnen ist, ob und mit welchem Inhalt ein Gesellschafterbeschluss zustande gekommen ist. Zwar könnte sich von den anfangs dieser Arbeit dargestellten Nachteilen einer Beschlussfassung in virtueller Versammlung[661] insbesondere das Risiko technischer Störungen[662] ne-

---

[659] *Schindler*, in: BeckOK GmbHG, Stand: 01.11.2025, § 48 Rn. 63; *Seibt*, in: Scholz GmbHG, § 48 Rn. 49; *Altmeppen*, in: Altmeppen GmbHG, § 47 Rn. 13. Grund hierfür sind die zwischen den Gesellschaftern geltende Treuepflichten, *Schindler*, in: BeckOK GmbHG, Stand: 01.11.2025, § 48 Rn. 63; *Seibt*, in: Scholz GmbHG, § 48 Rn. 49. Etwas anderes gilt nur dann, wenn die Satzung dies regelt oder die Gesellschafter im Einzelfall einstimmig eine geheime Abstimmung beschließen, *Schindler*, in: BeckOK GmbHG, Stand: 01.11.2025, § 48 Rn. 63.

[660] *Liebscher*, in: MüKo GmbHG, § 48 Rn. 200.

[661] Siehe oben Kap. 1 B. IV. 3.

gativ auf die Übersichtlichkeit des Abstimmungsvorgangs auswirken und daher nach dem Maßstab des BGH eine Beschlussfeststellung notwendig machen. So besteht bei virtuellen Versammlungen die besondere Gefahr, dass die Verbindung zu ihm abreißt oder die Bild- und/oder Tonübertragung stockt.[663] Allerdings behindert dies die der Beschlussfassung vorausgehende zielführende Kommunikation bei streitigen Beschlussgegenständen weitaus mehr, als er die Übersichtlichkeit des Abstimmungsvorgangs im Regelfall beeinträchtigen wird. So wird die Übertragung nur im Ausnahmefall gerade zu dem Zeitpunkt stocken oder ausfallen, in dem ein Gesellschafter seine Stimme abgibt. Zudem sind technische Probleme zu diesem Zeitpunkt für alle Teilnehmenden absolut offensichtlich, was ein Abwarten sowie auch gegebenenfalls erforderliche Nachfragen ermöglicht.

3. Ergebnis

Damit kommt man bei der Anwendung des Bewertungsmaßstabs des BGH zu dem Ergebnis, dass in virtueller Gesellschafterversammlung gefasste Beschlüsse für ihre Wirksamkeit keiner Feststellung bedürfen.[664]

C. Gegen die Beschlussfeststellung als konstitutive Bedingung eines Beschlusses (h. L.)

Die ganz herrschende Ansicht in der Literatur vertritt zuletzt die Auffassung, eine Beschlussfeststellung sei für die Wirksamkeit eines Beschlusses unabhängig vom Beschlussverfahren nie erforderlich.[665] Sie begreift den Beschluss vielmehr als

---

[662] Siehe oben Kap. 1 B. IV. 3. b).

[663] Siehe oben Kap. 1 B. IV. 3. b).

[664] So im Ergebnis auch *Walter*, Die virtuelle Haupt- und Gesellschafterversammlung – Rechtsfragen de lege lata und Überlegungen de le ferenda, Berlin 2021, S. 276 f.; a. A. *Altmeppen*, in: Altmeppen GmbH, § 48 Rn. 53; *ders.*, NZG 2022, 1563, 1567.

[665] *Hüffer/Schäfer*, in: Habersack/Casper/Löbbe GmbHG, § 47 Rn. 28, § 48 Rn. 41, 53; *Liebscher*, in: MüKo GmbHG, § 48 Rn. 139, 203; *Römermann*, in: Michalski/Heidinger/Leible/Schmidt GmbHG, § 48 Rn. 248; *Noack*, in: Noack/Servatius/Haas GmbHG, § 47 Rn. 28; *ders.*, GmbHR 2017, 792, 794; *Denga*, in: BeckOGK, Stand: 01. 12. 2024, § 48 Rn. 64; *Seibt*, in: Scholz GmbHG, § 48 Rn. 52, 60; *Bayer*, in: Lutter/Hommelhoff GmbHG, § 47 Rn. 11; *Ganzer*, in: Rowedder/Pentz GmbHG, § 47 Rn. 21; *Baltzer*, Der Beschluss als rechtstechnisches Mittel organschaftlicher Funktion im Privatrecht, Berlin 1965, S. 127; *Zöllner/Noack*, ZGR 1989, 525, 527; *Koch*, Das Anfechtungsklageerfordernis im GmbH-Beschlussmängelrecht, Frankfurt a. M. 1997, S. 209 f.; *Zöllner*, Beschluß, Beschlußergebnis und Beschlußergebnisfeststellung, in: FS Lutter, 2000, 821, 826 f.; *Bayer/Möller*, NZG 2018, 801, 807; *Bauerfeind/Müller*, GmbHR 2020, 1215, 1221; *Stefanink/Gutsche*, ZIP 2021, 70, 73 f.; *Jans*, Die Beschlussfeststellung im Verbandsrecht, Berlin 2024, S. 77 f., 87.

das Ergebnis der Gesamtheit der mittels Willenserklärung[666] übermittelten Einzelwillen der zur kollektiven Willensbildung befugten Personen.[667] Der Gesellschafterbeschluss sei bei Mehrpersonengesellschaften ein mehrseitiges Rechtsgeschäft eigener Art.[668] Folglich sei er mit dem Abschluss der verbindlichen Abstimmung wirksam gefasst.[669]

Hieran anknüpfend wird einerseits – insbesondere für die Beschlussfassung im schriftlichen Verfahren nach § 48 Abs. 2 GmbHG – angenommen, die Abstimmung sei mit dem Zugang der letzten Stimme abgeschlossen, sodass ein Beschluss bereits zu diesem Zeitpunkt zustande käme.[670] Andererseits wird aber auch vertreten, die kollektive Abstimmung sei erst mit dem Ende der Stimmauswertung abgeschlossen, sodass der Beschluss in dem Moment wirksam zustande komme, in dem das Abstimmungsergebnis feststehe.[671] Das Resultat der Abstimmung forme den Beschluss, ohne dass eine Beschlussfeststellung hierfür erforderlich wäre.[672]

---

[666] So grundlegend zu Beschlüssen der Mitgliederversammlung eines Vereins *von Tuhr*, Der Allgemeine Teil des Deutschen Bürgerlichen Rechts – Erster Band: Allgemeine Lehren und Personenrecht, Berlin 1957, S. 514; zudem *Bayer*, in: Lutter/Hommelhoff GmbHG, § 47 Rn. 2; *Ganzer*, in: Rowedder/Pentz GmbHG, § 47 Rn. 13; *Schmidt*, Gesellschaftsrecht, § 15 I. 2.; *Bauerfeind/Müller*, GmbHR 2020, 1215, 1216; *Skauradszun*, Der Beschluss als Rechtsgeschäft, Berlin 2020, S. 51 ff.; *Neuhöfer*, MittBayNot 2023, 566, 566.

[667] *Zöllner*, Beschluß, Beschlußergebnis und Beschlußergebnisgeststellung, in: FS Lutter, 2000, 821; vgl. zudem *Baltzer*, Der Beschluss als rechtstechnisches Mittel organschaftlicher Funktion im Privatrecht, Berlin 1965, S. 42.

[668] So grundlegend zu Beschlüssen der Mitgliederversammlung eines Vereins *von Tuhr*, Der Allgemeine Teil des Deutschen Bürgerlichen Rechts – Erster Band: Allgemeine Lehren und Personenrecht, Berlin 1957, S. 514 f.; zudem *Hüffer/Schäfer*, in: Habersack/Casper/Löbbe GmbHG, § 47 Rn. 3; *Drescher*, in: MüKo GmbHG, § 47 Rn. 8; *Schindler*, in: BeckOK, Stand: 01.11.2024, § 47 Rn. 10; *Bayer*, in: Lutter/Hommelhoff GmbHG, § 47 Rn. 1; *Hillmann*, in: Henssler/Strohn Gesellschaftsrecht, § 47 Rn. 3; *Ganzer*, in: Rowedder/Pentz GmbHG, § 47 Rn. 2; *Schmidt*, Gesellschaftsrecht, E. I. 2.; *Bauerfeind/Müller*, GmbHR 2020, 1215, 1220 f.; *Skauradszun*, Der Beschluss als Rechtsgeschäft, Berlin 2020, S. 50 f.

[669] *Hüffer/Schäfer*, in: Habersack/Casper/Löbbe GmbHG, § 48 Rn. 41; *Bayer*, in: Lutter/Hommelhoff GmbHG, § 47 Rn. 2; *Herchen*, Beschlussmängel im GmbH- und Personengesellschaftsrecht, in: Gesellschaftsrecht in der Diskussion 2016, 83, 90; *Noack*, GmbHR 2017, 792, 793 f.

[670] So generell *Römermann*, in: Michalski/Heidinger/Leible/Schmidt GmbHG, § 48 Rn. 246; *Denga*, in: BeckOGK GmbHG, Stand: 01.10.2025, § 47 Rn. 7; *Schmidt/Bochmann*, in: Scholz GmbHG, § 45 Rn. 28; speziell zur Beschlussfassung im Verfahren nach § 48 Abs. 2 GmbHG weiterhin *Hüffer/Schäfer*, in: Habersack/Casper/Löbbe GmbHG, § 48 Rn. 53; *Liebscher*, in: MüKo GmbHG, § 48 Rn. 203; *Bayer*, in: Lutter/Hommelhoff GmbHG, § 48 Rn. 27.

[671] *Drescher*, in: MüKo GmbHG, § 47 Rn. 7; *Noack*, in: Noack/Servatius/Haas GmbHG, § 47 Rn. 3; *Baltzer*, Der Beschluss als rechtstechnisches Mittel organschaftlicher Funktion im Privatrecht, Berlin 1965, S. 125 f.; sich dem anschließend, *Koch*, Das Anfechtungsklageerfordernis im GmbH-Beschlussmängelrecht, Frankfurt a. M. 1997, S. 209, 216; zudem *Zöllner*, Beschluß, Beschlußergebnis und Beschlußergebnisfeststellung, in: FS Lutter, 2000, 821, 826.

[672] *Zöllner*, Beschluß, Beschlußergebnis und Beschlußergebnisgeststellung, in: FS Lutter, 2000, 821, 826 f.; *Noack*, GmbHR 2017, 792, 793.

Dennoch kann beispielsweise einem Versammlungs- bzw. Abstimmungsleiter die Kompetenz zur Beschlussfeststellung zugesprochen werden.[673] Einigkeit besteht darüber, dass die Beschlussfeststellung in diesem Fall grundsätzlich nur deklaratorischen Charakter habe.[674] Ihr falle nur dann eine weitergehende – konstitutive[675] – Bedeutung zu, wenn der Inhalt von gefasstem und verlautbartem Beschluss divergiere, da in diesem Fall der festgestellte Beschluss der maßgebliche sei.[676]

Nach der herrschenden Auffassung in der Literatur stellt die Beschlussfeststellung damit auch in dem Beschlussverfahren gem. § 48 Abs. 1 S. 2 GmbHG keine konstitutive Bedingung für die wirksame Beschlussfassung dar.

D. Stellungnahme

I. Für eine konstitutive Wirkung der Beschlussfeststellung

Als Argument dafür, dass eine Beschlussfeststellung konstitutive Bedingung eines jeden Gesellschafterbeschlusses sei, wird neben der Dogmatik von Gesellschafterbeschlüssen insbesondere angeführt, dass Zweifel am Wesen oder Ergebnis der Abstimmung verfahrensunabhängig immer entstehen könnten.[677] Um solchen Ungewissheiten vorzubeugen, sei die Beschlussfeststellung stets als Bedingung für

[673] *Raiser/Schäfer*, in: Habersack/Casper/Löbbe GmbHG, Anh. § 47 Rn. 5. Teils wird vertreten, die Befugnis zur Beschlussfeststellung falle jedem Versammlungs- bzw. Abstimmungsleiter mit dem Amt zu, OLG Köln, Urt. v. 21.07.2022–18 U 139/21, NZG 2022, 1446, 1447 f.; *Schindler*, in: BeckOK GmbHG, Stand: 01.11.2025, § 48 Rn. 44; *Wertenbruch*, in: MüKo GmbHG, Anh. § 47 Rn. 335; *ders.*, GmbHR 2020, 875, 878 Rn. 9; *Böttcher/Grewe*, NZG 2002, 1086, 1087. Andererseits wird aber auch angenommen, dass eine Feststellungsbefugnis eine Satzungsregelung oder einen einstimmigen Beschluss fordere, OLG Frankfurt a.M., Beschl. v. 04.12.1998–5 W 33/98, NZG 1999, 406; KG, Beschl. v. 12.10.2015–22 W 74/17, NZG 2016, 384, 385 Rn. 9; *Noack*, in: Noack/Servatius/Haas GmbHG, § 48 Rn. 20; *ders.*, GmbHR 2017, 792, 795 f.; *Herchen*, Beschlussmängelrecht im GmbH- und Personengesellschaftsrecht, in: Gesellschaftsrecht in der Diskussion 2016, 83, 89.

[674] *Hüffer/Schäfer*, in: Habersack/Casper/Löbbe GmbHG, § 47 Rn. 29; *Baltzer*, Der Beschluss als rechtstechnisches Mittel organschaftlicher Funktion im Privatrecht, Berlin 1965, S. 127; *Noack*, GmbHR 2017, 792, 795; *Stefanink/Gutsche*, ZIP 2021, 70, 73; a. A. wohl *Seibt*, in: Scholz GmbHG, § 48 Rn. 53.

[675] *Hüffer/Schäfer*, in: Habersack/Casper/Löbbe GmbHG, § 47 Rn. 29; *Noack*, GmbHR 2017, 792, 795.

[676] *Hüffer/Schäfer*, in: Habersack/Casper/Löbbe GmbHG, § 47 Rn. 29; *Baltzer*, Der Beschluss als rechtstechnisches Mittel organschaftlicher Funktion im Privatrecht, Berlin 1965, S. 127; *Zöllner/Noack*, ZGR 1989, 525, 527 ff.; *Zöllner*, Beschluß, Beschlußergebnis und Beschlußergebnisgeststellung, in: FS Lutter, 2000, 821, 827; *Jans*, Die Beschlussfeststellung im Verbandsrecht, Berlin 2024, S. 87; *Rohleder*, GmbHR 1989, 236, 236; *Noack*, GmbHR 2017, 792, 795; a. A. *Stefanink/Gutsche*, ZIP 2021, 70, 74.

[677] *Altmeppen*, in: Altmeppen GmbHG, § 47 Rn. 5, § 48 Rn. 49.

die Wirksamkeit eines Beschlusses vorauszusetzen.[678] Demnach wurzelt diese Ansicht in Rechtssicherheitserwägungen. Dies entspricht der Rechtsprechung des BGH, welcher die Notwendigkeit der Beschlussfeststellung von bestehenden Ungewissheiten hinsichtlich des Beschlussergebnisses in der jeweiligen Verfahrensart abhängig macht.[679] Jedenfalls hinsichtlich des Beschlussverfahrens nach § 48 Abs. 2 GmbHG lässt sich ein Informationsinteresse der Gesellschafter der GmbH nicht leugnen.[680] Die Gesellschafter werden bei der Beschlussfassung regelmäßig erst durch Mitteilung des Ergebnisses Kenntnis von dem Inhalt des Beschlusses erlangen.[681]

II. Gegen eine konstitutive Wirkung der Beschlussfeststellung

Diesem Informationsbedürfnis der Gesellschafter trägt hingegen auch eine deklaratorische Mitteilung des Beschlussergebnisses hinreichend Rechnung.[682]

Gegen die konstitutive Bedeutung der Beschlussfeststellung spricht insbesondere, dass eine solche Wertung – unabhängig davon, in welchem der in §§ 48 Abs. 1, Abs. 2 GmbHG geregelten Verfahren der Beschluss konkret gefasst wird – keine Stütze im Gesetz findet.[683] Die §§ 47, 48 Abs. 1, Abs. 2 GmbHG schreiben anders als das Aktienrecht gem. § 130 Abs. 1 S. 1, Abs. 2 S. 1 AktG das Erfordernis der Feststellung eines jeden Beschlussergebnisses nicht vor. Dies ist umso bedeutender, da der Gesetzgeber im Zuge vergangener Reformen des GmbH-Rechts die Möglichkeit gehabt hätte, eine entsprechende Regelung einzufügen.[684] Unter anderem wäre es dem Gesetzgeber zuletzt erst 2020 möglich gewesen, in § 2 COVMG die Beschlussfeststellung jedenfalls als Wirksamkeitsvoraussetzung einer Be-

---

[678] So noch *Zöllner*, Die Schranken mitgliedschaftlicher Stimmrechtsmacht bei den privatrechtlichen Personenverbänden, München 1963, S. 401 f.; vgl. weiterhin *Ernst*, Der Beschluss als Organakt, in: FS Leenen, 2012, 1, 9 f.; *Altmeppen*, in: Altmeppen GmbHG, §§ 47 Rn. 5, 48 Rn. 49.

[679] Siehe oben Kap. 5 B. I.

[680] *Stefanink/Gutsche*, ZIP 2021, 70, 73.

[681] *Stefanink/Gutsche*, ZIP 2021, 70, 73.

[682] *Stefanink/Gutsche*, ZIP 2021, 70, 74. In der Literatur wird diskutiert, ob eine entsprechende deklaratorische Mitteilung des Beschlussergebnisses verpflichtend ist; bejahend *Römermann*, in: Michalski/Heidinger/Leible/Schmidt GmbHG, § 48 Rn. 246; *Liebscher*, in: MüKo GmbHG, § 48 Rn. 204. Vager hingegen *Hüffer/Schäfer*, in: Habersack/Casper/Löbbe GmbHG, § 48 Rn. 53 („ist der Initiator der Beschlussfassung allerdings gehalten, allen Gesellschaftern das Ergebnis der Abstimmung mitzuteilen"); ebenso *Bayer*, in: Lutter/Hommelhoff GmbHG, § 48 Rn. 27 („ist eine […] Mitteilung an die Gesellschafter […] in jedem Fall zu empfehlen").

[683] *Römermann*, in: Michalski/Heidinger/Leible/Schmidt GmbHG, § 47 Rn. 583; *Bayer/Möller*, NZG 2018, 801, 807; *Stefanink/Gutsche*, ZIP 2021, 70, 72; *Knorr*, GmbHR 2022, 563, 563 f. Rn. 3 ff.

[684] *Stefanink/Gutsche*, ZIP 2021, 70, 72.

schlussfassung im schriftlichen Verfahren nach § 48 Abs. 2 GmbHG festzuschreiben.[685]

Zudem sieht das GmbHG keinen zwingenden Versammlungs- oder Abstimmungsleiter vor, der die Gesellschafterbeschlüsse feststellen könnte.[686] Es würde vielmehr die der Gesellschaftergesamtheit nach §§ 47, 48 GmbHG zugesprochene Beschlussfassungskompetenz unterlaufen, wenn die Wirksamkeit eines gefassten Beschlusses letztlich abhängig von einer Beschlussfeststellung durch einen Versammlungs- bzw. Abstimmungsleiter wäre.[687]

Diese Problematik haben Ernst und Altmeppen erkannt und geschlussfolgert, dass die Beschlussfeststellung keinen Versammlungsleiter voraussetze.[688] Vielmehr könnten die Gesellschafter den Beschluss selbst in einfacher Mehrheit feststellen.[689] Auch diese Lösung vermag allerdings nicht zu überzeugen. So würde letztlich ein zweites, an die Beschlussfassung selbst anknüpfendes Beschlussverfahren gefordert werden, welches wiederum im Gesetz so nicht vorgesehen ist. Indem die Gesellschafter die Notwendigkeit ihres Handelns folglich nicht kennen könnten, vermag diese Auffassung nicht die bezweckte Rechtssicherheit herbeizuführen.

Gegen die differenzierende Auffassung des BGH ist ergänzend einzuwenden, dass sie dem Zweck des § 48 Abs. 2 GmbHG – die gesellschaftsinterne Willensbildung zu erleichtern[690] – zuwiderläuft.[691] Zudem sollen die Beschlüsse, die in den Verfahren nach § 48 Abs. 1, Abs. 2 GmbHG gefasst werden, einander gleichzusetzen sein.[692] Auch dieser Umstand spricht dagegen, unterschiedliche Anforderungen an das Zustandekommen von Beschlüssen in verschiedenen Verfahren zu stellen.[693]

III. Ergebnis

Letztlich überzeugt daher, dass eine Beschlussfeststellung unbeachtlich des konkreten Beschlussverfahrens nie Wirksamkeitsvoraussetzung eines Gesellschafterbeschlusses ist. Demnach ist auch für die wirksame Beschlussfassung in virtu-

---

[685] *Stefanink/Gutsche*, ZIP 2021, 70, 72.

[686] *Römermann*, in: Miachlski/Heidinger/Leible/Schmidt GmbHG, § 47 Rn. 583.

[687] *Stefanink/Gutsche*, ZIP 2021, 70, 72 f.

[688] Siehe oben Kap. 5 A.

[689] Siehe oben Kap. 5 A.

[690] Sten. Ber. über die Verhandlungen des Reichtags, I. Session, 1890/1892, 5. Anlagenband, S. 3752 (Zu diesem Zeitpunkt war die später unter § 48 GmbHG erlassene Bestimmung noch unter § 49 GmbHG vorgesehen); *Schindler*, in: BeckOK GmbHG, Stand: 01.11.2025, § 48 Rn. 4.

[691] *Hüffer/Schäfer*, in: Habersack/Casper/Löbbe GmbHG, § 48 Rn. 5; vgl. *Liebscher*, in: MüKo GmbHG, § 48 Rn. 192.

[692] *Stefanink/Gutsche*, ZIP 2021, 70, 73.

[693] *Stefanink/Gutsche*, ZIP 2021, 70, 73.

eller Versammlung nach § 48 Abs. 1 S. 2 GmbHG eine Beschlussfeststellung nicht erforderlich.

Kapitel 6

Beschlussmängel im Rahmen virtueller Versammlungen

An die gewonnenen Erkenntnisse anknüpfend, wird nun untersucht, welche Rechtsfolgen ausgewählte Beschlussmängel nach sich ziehen, die aufgrund ihres Wesens speziell bei der Beschlussfassung in virtueller Versammlung i. S. d. § 48 Abs. 1 S. 2 GmbHG auftreten können.

Beleuchtet wird zunächst, welche Folge es hat, wenn jedenfalls ein Gesellschafter nicht zur Abgabe seiner Zustimmungserklärung i. S. d. § 48 Abs. 1 S. 2 GmbHG aufgefordert wird. Liegt eine ordnungsgemäße Aufforderung aller Gesellschafter vor, stellt sich des Weiteren die Frage, welche Rechtsfolge sich daraus ergibt, dass das Erfordernis allseitigen textförmlichen Einverständnisses gem. § 48 Abs. 1 S. 2 GmbHG dennoch nicht erfüllt ist. Insofern ist es denkbar, dass die Einverständniserklärung eines Gesellschafters vollends fehlt oder aber nicht der vorgegebenen Textform genügt. Zuletzt ist von erheblicher praktischer Relevanz, welche Rechtsfolgen technische Probleme während der virtuellen Zusammenkunft nach sich ziehen.

A. Kein eigenes Beschlussmängelrecht im GmbHG sowie Unklarheit infolge der Einführung der §§ 110 ff. HGB

Das GmbHG enthält kein eigenes, auf die Besonderheiten der GmbH zugeschnittenes Beschlussmängelrecht, was dazu führt, dass weitgehend unklar ist, wie mit Beschlussmängeln umzugehen ist.

Die sich hieraus ergebende Regelungslücke wurde traditionell durch eine analoge Anwendung des aktienrechtlichen Beschlussmängelregimes gem. §§ 241 ff. AktG geschlossen.[694] Die entsprechende Anwendung der aktienrechtlichen Regelungen auf fehlerhafte Gesellschafterbeschlüsse in der GmbH wurde bereits früher von Stimmen in der Literatur kritisiert.[695] Sie wird neuerdings aber insbesondere

---

[694] So bereits RG, Urt. v. 20. 01. 1941 – II 96/40, RGZ 166, 129, 131 f.

[695] Kritisch zu der Übertragung des aktienrechtlichen Anfechtungsmodells u. a. *Zöllner/Noack*, ZGR 1989, 525, 532 ff.; sich dem anschließend *Raiser*, Nichtigkeits- und Anfech-

durch das am 1. Januar 2024 in Kraft getretene MoPeG in Frage gestellt. So wurde durch das MoPeG in den §§ 110 ff. HGB erstmals ein Beschlussmängelrecht für die Personenhandelsgesellschaften normiert. Der Gesetzgeber hat sich in der Gesetzesbegründung des MoPeG explizit dahingehend geäußert, dass „[u]ngeachtet der Beschränkung seines Anwendungsbereichs auf Personenhandelsgesellschaften [...] davon auszugehen [sei], dass das Anfechtungsmodell [der §§ 110 ff. HGB] auf das von der Rechtsprechung entwickelte Beschlussmängelrecht der Gesellschaft mit beschränkter Haftung ausstrahlen [werde]“[696]. Die §§ 110 ff. HGB würden so „zu einer allgemeinen Institutionenbildung bei[tragen]“[697]. Folglich kommt für Beschlüsse, die ab dem 01.01.2024 gefasst wurden,[698] nunmehr auch eine analoge Anwendung des neu eingeführten Beschlussmängelregimes gem. §§ 110 ff. HGB in Betracht.

In der Literatur besteht derzeit noch Uneinigkeit darüber, nach welchem Normkomplex sich das Beschlussmängelrecht der GmbH in Zukunft richten soll. Einerseits wird dafür plädiert, an der Analogie zu den §§ 241 ff. AktG festzuhalten.[699] Gegensätzlich wird aber auch vertreten, es sei stattdessen zu einer analogen Anwendung der §§ 110 ff. HGB überzugehen.[700] Zuletzt wird vermittelnd angenommen, dass sich das Beschlussmängelrecht der GmbH fortan komplementär aus beiden Regelungsregimen zusammensetze, also Bestimmungen aus beiden Normkomplexen flexibel heranzuziehen seien.[701]

---

tungsklagen, in: FS 100 Jahre GmbHG, 1992, 587, 597–601; zudem *Casper*, ZHR 1999, 54, 78 ff., 86.

[696] RegBegr. Gesetzesentwurf MoPeG BT-Drs. 19/27635 S. 228.

[697] RegBegr. Gesetzesentwurf MoPeG BT-Drs. 19/27635 S. 228.

[698] Die §§ 110 ff. HGB gelten „[n]ach den allgemeinen Grundsätzen des intertemporalen Rechts [...] nicht für Beschlüsse, die vor [ihrem] Inkrafttreten gefasst wurden“, BGH Urt. v. 16.07.2024 – II ZR 71/23, NJW 2024, 2985, 2986 Rn. 13; vgl. hierzu zudem BGH, Beschl. v. 10.12.2024 – II ZR 37/23, NZG 2025, 402, 403 Rn. 32.

[699] So *Schmidt/Bochmann*, in: Scholz GmbHG, Anh. § 45 Rn. 67 ff.; zudem *Löbbe*, Das Beschlussmängelrecht der Personenhandelsgesellschaft, FS Heidel, 2021, 575, 596 f., der im Grundsatz an der Analogie zum Aktienrecht festhalten will und lediglich an den Stellen, wo das Beschlussmängelrecht in der GmbH allgemein anerkannt von den §§ 241 ff. AktG abweicht, eine Ausstrahlungswirkung der §§ 110 ff. HGB in Betracht zieht.

[700] *Wolff*, in: Münchener Handbuch des Gesellschaftsrechts Band 3, § 40 Rn. 6b; *Ebel/Wörner*, NZG 2021, 963, 966, 970; *Meyer/Schwiete*, NZG 2022, 1035, 1040; *Liebscher/Günthner*, ZIP 2022, 713, 721 („Gestalt und Ausmaß der Ausstrahlungswirkung sind im Einzelnen noch unklar, vieles deutet jedoch darauf hin, dass das neue, handelsrechtliche Anfechtungsmodell die aktienrechtlichen Vorschriften als (analoge) Rechtsgrundlage für die GmbH weitgehend verdrängen wird.“); bereits zum Gesetzesentwurf des MoPeG *Bachmann*, NZG 2020, 612, 613; *Otte*, ZIP 2020, 1743, 1749.

[701] *Noack*, in: Noack/Servatius/Haas GmbHG, Anh. § 47 Rn. 7; *Wertenbruch*, in: MüKo GmbHG, Anh. § 47 Rn. 2 ff.; *Bayer*, in: Lutter/Hommelhoff GmbHG, Anh. § 47 Rn. 3a; *Guntermann*, GmbHR 2024, 397, 401 Rn. 16 f. In diese Richtung auch *Leinekugel*, in: BeckOK GmbHG, Stand: 01.11.2025, vor Anh. § 47, der aber eine vermehrte Analogiebildung zu den §§ 241 ff. AktG befürwortet. *Kaulbach*, ZHR 2022, 729, 751 ff. befürwortet indes eine vermehrte Analogiebildung zu den §§ 110 ff. HGB; ebenso *Bayer/Rauch*, DB 2021, 2609,

Auch der BGH ließ die Frage des seit der Einführung des MoPeG geltenden Beschlussmängelrechts in der GmbH in einem Urteil vom 16.07.2024 offen, da sie nicht entscheidungsrelevant war.[702]

In Anbetracht der damit bestehenden erheblichen Unsicherheiten,[703] werden im Folgenden beide Beschlussmängelregime dargestellt. Dies dient dazu, die Rechtsfolgen der möglichen Mängel im Beschlussverfahren nach § 48 Abs. 1 S. 2 GmbHG möglichst umfassend zu klären. Auf diese Weise wird auch geklärt, ob sich aus einem Übergang zur analogen Anwendung der §§ 110 ff. HGB überhaupt abweichende Rechtsfolgen ergeben würden.

B. Das Beschlussmängelrecht der GmbH analog §§ 241 ff. AktG

Begonnen werden soll hierbei mit der Bewältigung der aufgeführten möglichen Mängel bei der virtuellen Beschlussfassung anhand des Beschlussmängelrechts der GmbH, welches aus der entsprechenden Anwendung der §§ 241 ff. AktG entwickelt wurde. So gilt dieses jedenfalls für Beschlüsse, die zwischen dem 01.08.2022 und dem 01.01.2024 in virtueller Versammlung i. S. d. § 48 Abs. 1 S. 2 GmbHG gefasst wurden.[704]

I. Das Beschlussmängelrecht der Aktiengesellschaften gem. §§ 241 ff. AktG

Die §§ 241 ff. AktG[705] normieren ein sog. „Anfechtungsmodell"[706].

Nach diesem sind Hauptversammlungsbeschlüsse in der AG nur ausnahmsweise im Falle „besonders schwerwiegender Mängel"[707] nichtig.[708] Nur dann führt die

---

2617; *Schikorra*, Das Beschlussmängelrecht der GmbH nach dem MoPeG, Baden-Baden 2024, S. 162 f.; zudem *Lieder*, in: BeckOGK, Stand: 01.01.2025, § 1 Rn. 474, der die §§ 241 ff. AktG nur da analog heranziehen will, wo die §§ 110 ff. HGB aufgrund ihrer geringeren Regelungsdichte Lücken aufweisen.

[702] BGH Urt. v. 16.07.2024 – II ZR 71/23, NJW 2024, 2985, 2986 Rn. 13.

[703] Richtigerweise die Notwendigkeit einer Klärung durch den BGH betonend *Rensen*, in: Saenger/Inhester GmbHG, Anh. § 47 Rn. 2.1.

[704] Siehe Fn. 698.

[705] Bis zum 31.12.1965 war das Beschlussmängelrecht der AG in den §§ 195 ff. des Gesetzes über Aktiengesellschaften und Kommanditgesellschaften auf Aktien (Aktiengesetz) geregelt, welches durch das seit dem 01.01.1966 geltende aktuelle Aktiengesetz abgelöst wurde.

[706] *Meyer/Schwiete*, NZG 2022, 1035.

[707] *Drescher*, in: BeckOGK AktG, Stand: 01.10.2025, § 241 Rn. 49.

[708] *Drescher*, in: BeckOGK AktG, Stand: 01.10.2025, § 241 Rn. 49.

Rechtswidrigkeit eines Beschlusses automatisch – *ipso iure* – dazu, dass dieser keinerlei Rechtswirkung entfaltet.[709] Ein nichtiger Beschluss darf nicht durch die Geschäftsführung ausgeführt werden.[710] Die in den §§ 241, 250, 253, 256 AktG geregelten Nichtigkeitstatbestände bilden dabei einen sog. „*numerus clausus* der Nichtigkeitsgründe“[711] (Hervorh. durch Verf.). Die Nichtigkeit kann nach § 249 Abs. 1 S. 2 AktG jederzeit, durch jeden, gegenüber jedermann und in beliebiger Weise geltend gemacht werden.[712]

Verletzt ein Hauptversammlungsbeschluss ein Gesetz oder die Satzung, muss dieser gem. § 243 Abs. 1 AktG durch Klage angefochten werden. Mängel schlagen daher im Regelfall nicht unmittelbar auf die Wirksamkeit des betroffenen Beschlusses durch. Der mangelhafte Beschluss ist vorläufig wirksam,[713] kann aber durch Anfechtung vernichtet werden.[714] Die Klage muss dabei gem. § 246 Abs. 1 AktG innerhalb eines Monats nach der Beschlussfassung mit Anfechtungsbefugnis i.S.d. § 245 AktG geltend gemacht werden. Mit Ablauf der Monatsfrist werden bestehende Beschlussmängel unbeachtlich also „gewissermaßen [...] geheilt“[715].[716] Hat die Anfechtungsklage Erfolg, ist der Beschluss gem. § 248 Abs. 1 S. 1 AktG durch Urteil für nichtig zu erklären. Mit Eintritt seiner Rechtskraft wirkt dieses Nichtigkeitsurteil gem. § 241 Nr. 5 AktG *erga omnes.* Bezüglich in virtueller Versammlung gefasster Beschlüsse sind die in § 243 Abs. 3 S. 1 Nr. 1–3, S. 2 AktG enthaltenen Regelungen von besonderer Bedeutung. Nach diesen kann eine Anfechtung nur dann auf eine durch technische Störung verursachte Rechtsverletzung gestützt werden, wenn der Gesellschaft bezüglich der Störung jedenfalls grobe Fahrlässigkeit vorzuwerfen ist.

---

[709] *Schäfer/Diregger*, in: MüKo AktG, § 241 Rn. 17; vgl. zudem *Fehrenbach*, Der fehlerhafte Gesellschafterbeschluss in der GmbH, Köln 2011, S. 225.

[710] *Drescher*, in: Henssler/Strohn Gesellschaftsrecht, § 241 Rn. 14.

[711] *Wolff*, in: Münchener Handbuch des Gesellschaftsrechts Band 3, § 40 Rn. 11; vgl. weiterhin OLG München, Urt. v. 24.03.1993 – 7 U 3550/92, ZIP 1996, 676, 676; *Ehmann/Gansmeier*, in: Grigoleit AktG, § 241 Rn. 6; *Drescher*, in: BeckOGK AktG, Stand: 01.10.2025, § 241 Rn. 51; *Schäfer/Diregger*, in: MüKo AktG, § 241 Rn. 9.

[712] *Koch*, in: Koch AktG, § 241 Rn. 4.

[713] Eingehend hierzu *Noack*, DB 2014, 1851, 1851 f.; des Weiteren *Drescher*, in: BeckOGK AktG, Stand: 01.10.2025, § 243 Rn. 5; *Fehrenbach*, Der fehlerhafte Gesellschafterbeschluss in der GmbH, Köln 2011, S. 245; *Hüffer*, ZGR 2001, 833, 837.

[714] *Schäfer/Diregger*, in: MüKo AktG, § 243 Rn. 129; *Fehrenbach*, Der fehlerhafte Gesellschafterbeschluss in der GmbH, Köln 2011, S. 245.

[715] *Drescher*, in: BeckOGK AktG, Stand: 01.10.2025, § 243 Rn. 5.

[716] *Ehmann/Gansmeier*, in: Grigoleit AktG, § 241 Rn. 7.

II. Das Beschlussmängelrecht der GmbH analog §§ 241 ff. AktG

Die §§ 241 ff. AktG wurden *quo ante* DiREG nach der ganz herrschenden Auffassung in Literatur[717] sowie durch die ständige Rechtsprechung[718] analog auch zur Behandlung fehlerhafter Gesellschafterbeschlüsse in der GmbH herangezogen. Von den aktienrechtlichen Bestimmungen wurde dabei jedoch dort abgewichen, wo Besonderheiten der Rechtsform der GmbH dies erforderlich machten.[719] Die §§ 241 ff. AktG fanden also lediglich „sinngemäß Anwendung“[720].

1. Analoge Anwendbarkeit der §§ 241 ff. AktG nur bei förmlich festgestellten Gesellschafterbeschlüssen

Anders als Beschlüsse der Hauptversammlung in der AG[721] setzen Gesellschafterbeschlüsse in der GmbH nach zutreffender Auffassung für ihre Wirksamkeit keine Beschlussfeststellung voraus.[722] Gleichwohl kann beispielsweise ein Versammlungsleiter eine förmliche Beschlussfeststellung vornehmen, sofern ihm eine entsprechende Befugnis zukommt.[723]

Hieran anknüpfend differenzieren die Rechtsprechung sowie die herrschende Auffassung in der Literatur bereits im Ausgangspunkt im Hinblick auf die Anwendbarkeit der §§ 241 ff. AktG auf fehlerhafte Gesellschafterbeschlüsse in der GmbH. Die Vorschriften finden nur dann analoge Anwendung auf einen mangelhaften Beschluss, wenn es sich bei diesem um einen festgestellten Gesellschafterbeschluss handelt.[724]

---

[717] *Römermann*, in: Michalski/Heidinger/Leible/Schmidt GmbHG, Anh. § 47 Rn. 21; *Altmeppen*, in: Altmeppen GmbHG, Anh. § 47 Rn. 3; *Raiser/Schäfer*, in: Habersack/Casper/Löbbe GmbHG, Anh. § 47 Rn. 3 f.; *Ganzer*, in: Rowedder/Pentz GmbHG, Anh. § 47 Rn. 1; *Bayer*, in: Lutter/Hommelhoff GmbHG, Anh. § 47 Rn. 3; *Rohleder*, GmbHR 1989, 236; *Nehls*, GmbHR 1995, 703; *Müther*, GmbHR 2000, 966; *Zeilinger*, GmbHR 2001, 541, 545 f.; *Fleischer*, GmbHR 2008, 673, 676 ff.; *Schmidt*, Die AG 2009, 248, 254; *Fleischer/Eschwey*, BB 2015, 2178, 2179; *Bayer/Lieder*, NZG 2011, 1170, 1170 f.

[718] St. Rspr., vgl. RG, Urt. v. 20.01.1941 – II 96/40, RGZ 166, 129, 131 f.; BGH, Urt. v. 16.12.1953 – II ZR 167/52, NJW 1954, 385, 385 f.; BGH, Urt. v. 11.02.2008 – II ZR 187/06, NJW-RR 2008, 706, 708 Rn. 22; BGH, Beschl. v. 24.03.2016 – IX ZB 32/15, NZG 2016, 552, 553 Rn. 20.

[719] RG, Urt. v. 20.01.1941 – II 96/40, RGZ 166, 129, 131 f.; BGH, Urt. v. 16.12.1953 – II ZR 167/52, NJW 1954, 385, 385 f.; *Rohleder*, GmbHR 1989, 236; *Fleischer*, GmbHR 2008, 673, 676 f.; *Schmidt*, AG 2009, 248, 254; *Bayer/Lieder*, NZG 2011, 1170, 1171.

[720] OLG Hamm, Urt. v. 30.08.2001 – 27 U 26/01, NZG 2002, 783, 785.

[721] Die Notwendigkeit der Feststellung über die Beschlussfassung gibt sich für Beschlüsse der Hauptversammlung aus § 130 Abs. 2 S. 1 AktG.

[722] Siehe oben Kap. 5 D. III.

[723] Siehe oben Kap. 5 C.

[724] St. Rspr., vgl. BGH, Urt. v. 21.03.1988 – II ZR 308/87, NJW 1988, 1844; BGH, Urt. v. 13.11.1995 – II ZR 288/94, NJW 1996, 259; BGH, Urt. v. 01.03.1999 – II ZR 205–98, NJW 1999, 2268; BGH, Urt. v. 11.02.2008 – II ZR 187/06, NJW-RR 2008, 706, 708 Rn. 22; BGH,

So sind nicht festgestellte Beschlüsse nicht vergleichbar klar hinsichtlich Beschlussfassung sowie -ergebnis.[725] Daher könnte bei diesen bereits fraglich sein, ob und mit welchem Inhalt ein Beschluss überhaupt gefasst wurde.[726] Um diese Unsicherheit zu klären, sei „eine kassatorische Klage nach §§ 241 ff. AktG […] von vornherein nicht geeignet“[727]. Auch fehle bei nicht festgestellten Beschlüssen aufgrund der verbleibenden Unsicherheit, ob und mit welchem Inhalt ein Beschluss zustande gekommen ist, ein Tatbestand, der „in […] Bestandskraft erwachsen könnte“[728]. Folglich sei es widersinnig, die §§ 241 ff. AktG auf nicht festgestellte Gesellschafterbeschlüsse anzuwenden, da Beschlüsse regelmäßig nach Ablauf der Klagefrist bestandskräftig werden.[729]

a) Nichtigkeit

Festgestellte Gesellschafterbeschlüsse sind gleichfalls nur bei Vorliegen „ganz bestimmter schwerwiegender Gründe“[730] nichtig. Die im AktG festgeschriebenen Nichtigkeitstatbestände bilden dabei die Grundlage für die Bestimmung der Nichtigkeitsgründe im GmbH-Recht.[731] Sie können aufgrund der strukturellen Unterschiede zwischen AG und GmbH jedoch nicht einfach übernommen werden, sondern bedürfen einer Anpassung,[732] sind also „nach dem Wesen der GmbH […] auszulegen“[733]. Die im Aktienrecht vorgesehenen Nichtigkeitstatbestände sind jedoch auch im Recht der GmbH grundsätzlich abschließend, sodass nicht im AktG vorgesehene Tatbestände als Nichtigkeitsgrund nicht in Betracht kommen – beispielsweise finden die §§ 134, 138 BGB keine Anwendung.[734]

Beschl. v. 24.03.2016 – IX ZB 32/15, NZG 2016, 552, 554 Rn. 32; so zudem *Raiser/Schäfer*, in: Habersack/Casper/Löbbe GmbHG, Anh. § 47 Rn. 5 f.; *Göz/Peitsmeyer*, DB 2009, 1915; *Herchen*, Beschlussmängel im GmbH- und Personengesellschaftsrecht, in: Gesellschaftsrecht in der Diskussion 2016, 83, 88 f.; *Wertenbruch*, GmbHR 2020, 875, 876 Rn. 2; kritisch zu dieser Abgrenzung, *Knorr*, GmbHR 2022, 563, 564 ff.

[725] *Raiser/Schäfer*, in: Habersack/Casper/Löbbe GmbHG, Anh. § 47 Rn. 5; *Fehrenbach*, Der fehlerhafte Gesellschafterbeschluss in der GmbH, Köln 2011, S. 156 f.

[726] *Fehrenbach*, Der fehlerhafte Gesellschafterbeschluss in der GmbH, Köln 2011, S. 157.

[727] *Fehrenbach*, Der fehlerhafte Gesellschafterbeschluss in der GmbH, Köln 2011, S. 156 f. Vgl. zu dieser Wertung zudem BGH, Urt. v. 13.11.1995 – II ZR 288/94, NJW 1996, 259; BGH, Urt. v. 11.02.2008 – II ZR 187/06, NZG 2008, 317, 318 Rn. 22.

[728] *Raiser/Schäfer*, in: Habersack/Casper/Löbbe GmbHG, Anh. § 47 Rn. 6.

[729] *Fehrenbach*, Der fehlerhafte Gesellschafterbeschluss in der GmbH, Köln 2011, S. 157.

[730] *Zöllner/Noack*, ZGR 1989, 525.

[731] *Raiser/Schäfer*, in: Habersack/Casper/Löbbe GmbHG, Anh. § 47 Rn. 28; *Wicke*, MittBayNot 2011, 23, 26.

[732] *Raiser/Schäfer*, in: Habersack/Casper/Löbbe GmbHG, Anh. § 47 Rn. 28.

[733] *Leinekugel*, in: BeckOK GmbHG, Stand: 01.11.2025, Anh. § 47 Rn. 1.

[734] BGH, Urt. v. 17.10.1988 – II ZR 18/88, NW-RR 1989, 347, 349; *Ganzer*, in: Rowedder/Pentz GmbHG, Anh. § 47 Rn. 4; *Raiser/Schäfer*, in: Habersack/Casper/Löbbe GmbHG,

Ein gravierender Beschlussmangel, der die Nichtigkeit des Beschlusses zur Folge hat, ist somit zusammenfassend zu bejahen bei „[einer] Beeinträchtigung schwerwiegender Rechtssicherheitsinteressen (schwere Einberufungsmängel, Beurkundungsmängel), bei inhaltlichem Sittenverstoß und bei inhaltlichem Verstoß gegen Gesetze zum Schutz Außenstehender“[735]. Die Nichtigkeit kann dabei wie bei der AG „jederzeit und in jeder Weise durch jedermann“[736] geltend gemacht werden.

Aufgrund der besonderen Relevanz des sich aus § 241 Nr. 1 AktG ergebenden Nichtigkeitsgrundes für die zu behandelnden Probleme, soll dieser nähere Betrachtung finden.[737] In sinngemäßer Anwendung ergibt sich aus § 241 Nr. 1 AktG, dass Gesellschafterbeschlüsse zum einen dann nichtig sind, wenn die Gesellschafterversammlung durch eine hierzu nicht befugte Person berufen wurde.[738] Zum anderen sind Beschlüsse entsprechend § 241 Nr. 1 AktG auch dann nichtig, wenn nicht sämtliche Gesellschafter zu der Versammlung eingeladen wurden oder Versammlungsort oder -zeit nicht oder nicht richtig angegeben wurden.[739] Eine Ausnahme hierzu ergibt sich zum einen aus § 51 Abs. 3 GmbHG, wonach eine wirksame Beschlussfassung trotz fehlender oder fehlerhafter Versammlungsberufung möglich ist, wenn sämtliche Gesellschafter in der Versammlung anwesend sind. Zum anderen ist nach herrschender Auffassung auch die Regelung des § 242 Abs. 2 S. 4 AktG analog anwendbar.[740] Nach dieser scheidet die Geltendmachung eines Einberufungsmangels dann aus, wenn der nicht ordnungsgemäß eingeladene Gesellschafter den Beschluss genehmigt hat. Der Genehmigung analog § 242 Abs. 2 S. 4 AktG steht zuletzt ein sog. Rügeverzicht gleich.[741] Auch durch diesen können

---

Anh. § 47 Rn. 28; *Römermann*, in: Michaksi/Heidinger/Leible/Schmidt GmbHG, Anh. § 47 Rn. 61; *Wolff*, in: Münchener Handbuch des Gesellschaftsrechts Band 3, § 40 Rn. 2, 11.

[735] OLG Hamm, Urt. v. 30.08.2001–27 U 26/01, NZG 2002, 783, 785.

[736] *Zöllner/Noack*, ZGR 1989, 525.

[737] In der Literatur wird beispielsweise teilweise angenommen, dass in virtueller Versammlung gefasste Beschlüsse im Falle des Fehlens allseitigen Einverständnisses analog § 241 Nr. 1 AktG nichtig seien. Siehe hierzu unten Kap. 6 B. III. 2. a).

[738] BGH, Urt. v. 07.02.1983 – II ZR 14/82, NJW 1983, 1677; *Wolff*, in: Münchener Handbuch des Gesellschaftsrechts Band 3, § 40 Rn. 14.

[739] *Raiser/Schäfer*, in: Habersack/Casper/Löbbe GmbHG, Anh. § 47 Rn. 29, 33; *Wolff*, in: Münchener Handbuch des Gesellschaftsrechts Band 3, § 40 Rn. 15.

[740] OLG Naumburg, Urt. v. 30.07.1998–2 U (Hs) 305/97, BeckRS 1998, 31356196; *Wertenbruch*, in: MüKo GmbHG, Anh. § 47 Rn. 197; *Raiser/Schäfer*, in: Habersack/Casper/Löbbe GmbHG, Anh. § 47 Rn. 78; *Ganzer*, in: Rowedder/Pentz GmbHG, Anh. § 47 Rn. 21; *Schmidt/Bochmann*, in: Scholz GmbHG, § 45 Rn. 139; *Wolff*, in: Münchener Handbuch des Gesellschaftsrechts Band 3, § 40 Rn. 34; *Noack*, in: Noack/Servatius/Haas GmbHG, Anh. § 47 Rn. 84; *Fleischer/Eschwey*, BB 2015, 2178, 2185; a. A. *Fehrenbach*, Der fehlerhafte Gesellschafterbeschluss in der GmbH, Köln 2011, S. 243 ff.; *Römermann*, in: Michalski/Heidinger/Leible/Schmidt GmbHG, Anh. § 47 Rn. 104. Für eine „Übertragung des hinter dieser Vorschrift stehenden Gedankens auf das GmbH-Recht“ *Liebscher*, in: MüKo GmbHG, § 51 Rn. 68.

[741] *Wolff*, in: Münchener Handbuch des Gesellschaftsrechts Band 3, § 40 Rn. 34; *Noack*, in: Noack/Servatius/Haas GmbHG, Anh. § 47 Rn. 84.

betroffene Gesellschafter auf ihren Schutz durch die Nichtigkeitsfolge analog § 241 AktG verzichten.[742] Anders als die Genehmigung des Beschlusses in seiner Gänze, kann sich ein Rügeverzicht aber nur auf Mängel beziehen, die dem Gesellschafter bekannt sind oder jedenfalls erkennbar sind.[743]

Die Nichtigkeit des Beschlusses wird – abseits der genannten Einberufungsfehler im engen Sinne – auch dann aus § 241 Nr. 1 AktG abgeleitet, wenn die Beschlussfassung in keinem der von § 48 GmbHG vorgesehenen Beschlussverfahren stattgefunden hat.[744] Gleiches gilt für den Fall, dass nicht alle Gesellschafter an einer Beschlussfassung im Verfahren nach § 48 Abs. 2 GmbHG beteiligt wurden – ihnen also beispielsweise die Möglichkeit zur Abgabe einer Einverständniserklärung i. S. d. § 48 Abs. 2 Alt. 1 oder Alt. 2 GmbHG verwehrt wurde.[745]

b) Anfechtbarkeit

Bei einem festgestellten Gesellschafterbeschluss, der keinen derart gravierenden, die Nichtigkeit begründenden Mangel aufweist, kommt auch bei der GmbH eine Anfechtung analog § 243 Abs. 1 AktG in Betracht.[746] Dies nämlich dann, wenn ein Gesetz oder der Gesellschaftsvertrag verletzt wurde. Der Gesetzesbegriff des § 243 Abs. 1 AktG umfasst dabei nicht nur förmliche (privat- sowie öffentlich-rechtliche) Gesetze, sondern auch untergesetzliche Normen sowie ungeschriebene Rechtsgrundsätze, wie die gesellschaftsrechtliche Treuepflicht.[747] Ein Verstoß gegen Gesetz oder Satzung kann sich grundsätzlich sowohl aus dem Beschlussinhalt als auch aus einem fehlerhaften Beschlussverfahren ergeben.[748] Für die rechtliche Bewältigung der ausgewählten speziell bei der Beschlussfassung in virtueller Versammlung nach § 48 Abs. 1 S. 2 GmbHG möglichen Mängel ist in dieser Arbeit aber einzig

---

[742] Vgl. *Wolff*, in: Münchener Handbuch des Gesellschaftsrechts Band 3, § 40 Rn. 34.

[743] *Seibt*, in: Scholz GmbHG, § 51 Rn. 31; *Wolff*, in: Münchener Handbuch des Gesellschaftsrechts Band 3, § 40 Rn. 34.

[744] BGH, Urt. v. 16.01.2006 – II ZR 135/04, NJW 2006, 2044, 2045 Rn. 9 f.; OLG München, Urt. v. 19.01.1978 – 1 U 1292/77, BeckRS 1978, 1814 Rn. 50, 53; *Raiser/Schäfer*, in: Habersack/Casper/Löbbe GmbHG, § 48 Rn. 59 f.

[745] BGH, Urt. v. 02.07.2019 – II ZR 406/17, NJW 2019, 3155, 3157 Rn. 33; *Römermann*, in: Michalski/Heidinger/Leible/Schmidt GmbHG, § 48 Rn. 280; *Liebscher*, in: MüKo GmbHG, § 48 Rn. 205; *Wicke*, NZG 2020, 501.

[746] *Altmeppen*, in: Altmeppen GmbHG, Anh. § 47 Rn. 9; *Hillmann*, in: Henssler/Strohn Gesellschaftsrecht, Anh. § 47 Rn. 9; *Wolff*, in: Münchener Handbuch des Gesellschaftsrechts Band 3, § 40 Rn. 36; *Rensen*, Beschlussmängelstreitigkeiten in der GmbH, Baden-Baden 2014, Rn. 176.

[747] OLG Düsseldorf, Urt. v. 12.07.2012 – 6 U 220/11, BeckRS 2012, 22394; *Wolff*, in: Münchener Handbuch des Gesellschaftsrechts Band 3, § 40 Rn. 36.

[748] *Altmeppen*, in: Altmeppen GmbHG, Anh. § 47 Rn. 39; *Rensen*, Beschlussmängelstreitigkeiten in der GmbH, Baden-Baden 2014, Rn. 176.

eine vertiefte Auseinandersetzung mit der Anfechtbarkeit aufgrund von Verfahrensmängeln erforderlich.[749]

Verfahrensmängel können zu jedem Zeitpunkt des Beschlussverfahrens entstehen.[750] Unter anderem können Einberufungsfehler[751] sowie Fehler bei der Durchführung der Gesellschafterversammlung selbst ein Anfechtungsrecht begründen.[752] Die letztere Fallgruppe ist beispielsweise betroffen, wenn die übrigen Gesellschafter eine kurze Verspätung eines Mitgesellschafters unter Verletzung der ihnen obliegenden Wartepflicht zu ihrem Vorteil ausnutzen.[753] Ein Verfahrensfehler berechtigt einen GmbH-Gesellschafter indes nur dann zur Anfechtung, wenn dieser von Relevanz für sein Mitgliedschafts- bzw. Partizipationsrecht war bzw. ist (sog. Relevanztheorie[754]).[755] Die Rechtsfolge der Anfechtbarkeit analog § 243 Abs. 1 AktG muss sich dadurch rechtfertigen, dass „dem Beschluss [aufgrund des Verfahrensfehlers] nach wertender Betrachtung ein Legitimationsdefizit anhaftet“[756]. Ausgeschlossen ist die Beschlussanfechtung dementsprechend dann, „wenn dem Verfahrensverstoß die für eine sachgerechte Meinungsbildung eines objektiv urteilenden Gesellschafters erforderliche Relevanz fehlt“[757]. Hieraus folgt, dass ein jeder Gesellschafter jedenfalls ausschließlich eine Verletzung eigener mitgliedschaftlicher Rechte geltend machen kann.[758]

2. Nicht festgestellte Beschlüsse

Bei nicht festgestellten Gesellschafterbeschlüssen ist die Klärung des Beschlussinhaltes mittels Erhebung einer sog. einfachen Beschlussfeststellungsklage

---

749 Ausführlich zu den eine Anfechtung begründenden inhaltlichen Beschlussfehlern *Rensen*, Beschlussmängelstreitigkeiten in der GmbH, Baden-Baden 2014, Rn. 234–266.

750 *Raiser/Schäfer*, in: Habersack/Casper/Löbbe GmbHG, Anh. § 47 Rn. 99.

751 *Rensen*, Beschlussmängelstreitigkeiten in der GmbH, Baden-Baden 2014, Rn. 177.

752 *Wolff*, in: Münchener Handbuch des Gesellschaftsrechts Band 3, § 40 Rn. 38; vgl. *Raiser/Schäfer*, in: Habersack/Casper/Löbbe GmbHG, Anh. § 47 Rn. 104.

753 OLG Dresden, Urt. v. 15.11.1999–2 U 2303/99, NZG 2000, 429, 429 f.; OLG Hamm, Urt. v. 03.11.1997–8 U 197/96, NJW-RR 1998, 967, 969 f.

754 OLG Düsseldorf, Urt. v. 31.07.2003 – I-6 U 27/03, GmbHR 2003, 1006, 1007; OLG Stuttgart, Urt. v. 27.06.2018–14 U 33/17, GmbHR 2019, 67, 72; *Wertenbruch*, in: MüKo GmbHG, Anh. § 47 Rn. 247.

755 BGH, Urt. v. 20.11.2018 – II ZR 12/17, NJW 2019, 933, 997 Rn. 61; OLG Stuttgart, Urt. v. 27.06.2018–14 U 33/17, GmbHR 2019, 67, 72; *Bayer*, in: Lutter/Hommelhoff GmbHG, Anh. § 47 Rn. 51; *Wertenbruch*, in: MüKo GmbHG, Anh. § 47 Rn. 248. Dieser Grundsatz gilt nunmehr für Verfahrensmängel bei der Beschlussfassung in der Hauptversammlung einer AG gleichermaßen, vgl. BGH, Urt. v. 18.10.2004 – II ZR 250/02, NJW 2005, 828, 830; BGH, Urt. v. 10.10.2017 – II ZR 375/15, NJW 2018, 52, 58 Rn. 74.

756 OLG Stuttgart, Urt. v. 27.06.2018–14 U 33/17, GmbHR 2019, 67, 72.

757 BGH, Urt. v. 20.11.2018 – II ZR 12/17, NJW 2019, 933, 997 Rn. 61.

758 OLG Stuttgart, Urt. v. 27.06.1018–14 U 33/17, GmbHR 2019, 67, 72; *Altmeppen*, in: Altmeppen GmbHG, Anh. § 47 Rn. 64.

gem. § 256 Abs. 1 ZPO herbeizuführen.[759] Diese ist nicht fristgebunden, sondern kann nur nach allgemeinen Grundsätzen verwirkt werden.[760]

3. (Schwebende) Unwirksamkeit

Mittels Feststellungsklage nach § 256 ZPO ist es zudem auch möglich, gegen (schwebend) unwirksame Beschlüsse vorzugehen.[761] Die (schwebende) Unwirksamkeit bildet neben der Nichtigkeit und Anfechtbarkeit von Gesellschafterbeschlüssen eine weitere eigenständige Beschlussmängel-Kategorie.[762] In diese fallen festgestellte sowie nicht festgestellte Gesellschafterbeschlüsse, bei denen zwar der Beschlusstatbestand selbst erfüllt ist, nicht aber ein weiteres, gesetzlich vorgesehenes Wirksamkeitserfordernis, welches im konkreten Fall zu dem für eine wirksame Beschlussfassung zu erfüllenden Gesamttatbestand gehört.[763] Solche zusätzliche Wirksamkeitsvoraussetzungen sind beispielsweise das Erfordernis einer gesonderten Zustimmung durch einen oder mehrere Gesellschafter, die Notwendigkeit einer Genehmigung durch einen Dritten sowie eine erforderliche Handelsregistereintragung.[764]

---

[759] BGH, Urt. v. 11.02.2008 – II ZR 187/06, NJW-RR 2008, 706, 708; *Leinekugel*, in: BeckOK GmbHG, Stand: 01.11.2025, Anh. § 47 Rn. 139; *Göz/Peitsmeyer*, DB 2006, 1915; *Kaufmann*, NZG 2015, 336, 337 f.

[760] BGH, Urt. v. 01.03.1999 – II ZR 205–98, NJW 1999, 2268; BGH, Urt. v. 11.02.2008 – II ZR 187/06, NJW-RR 2008, 706, 708 Rn. 22; BGH, Beschl. v. 24.03.2016 – IX ZB 32/15, NZG 2016, 552, 554 Rn. 32.

[761] OLG Hamm, Urt. v. 21.12.2015 – 8 U 67/15, RNotZ 2016, 188, 191; *Römermann*, in: Michalski/Heidinger/Leible/Schmidt GmbHG, Anh. § 47 Rn. 31; *Emde*, ZIP 2000, 59, 61; *Bayer*, GmbHR 2024, 337, 342 Rn. 28.

[762] BGH, Urt. v. 13.07.1967 – II ZR 238/64, NJW 1967, 2159, 2160; OLG Hamm, Urt. v. 30.08.2001 – 27 U 26/01, NZG 2002, 783, 785; *Noack*, in: Noack/Servatius/Haas GmbHG, Anh. § 47 Rn. 9; *Leinekugel*, in: BeckOK GmbHG, Stand: 01.11.2025, vor Anh. § 47; *Emde*, ZIP 2000, 59, 61; *Hueck*, Mangelhafte Gesellschafterbeschlüsse in der GmbH, in: FS Molitor, 1962, 401, 402. Hingegen für eine ausschließliche Arbeit mit den Kategorien der Nichtig- sowie Anfechtbarkeit *Römermann*, in: Michalski/Heidinger/Leible/Schmidt GmbHG, Anh. § 47 Rn. 24 f.

[763] OLG Hamm, Urt. v. 30.08.2001 – 27 U 26/01, NZG 2002, 783, 785; OLG Hamm, Urt. v. 21.12.2015 – 8 U 67/15, RNotZ 2016, 188, 191; *Noack*, in: Noack/Servatius/Haas GmbHG, Anh. § 47 Rn. 13; *Raiser/Schäfer*, in: Habersack/Casper/Löbbe GmbHG, Anh. § 47 Rn. 22; *Koch*, ZHR 2018, 378, 398.

[764] *Römermann*, in: Michalski/Heidinger/Leible/Schmidt GmbHG, Anh. § 47 Rn. 26; *Leinekugel*, BeckOK GmbHG, Stand: 01.11.2025, Anh. § 47 Rn. 144; *Raiser/Schäfer*, in: Habersack/Casper/Löbbe GmbHG, Anh. § 47 Rn. 22; weiterhin speziell zur Unwirksamkeitsfolge, wenn ein Gesellschafterbeschluss einer gesonderten Zustimmung bedarf, diese aber nicht gefunden hat, BGH, Urt. v. 13.07.1967 – II ZR 238/64, NJW 1967, 2159, 2160; OLG Hamm, Urt. v. 30.08.2001 – 27 U 26/01, NZG 2002, 783, 785; OLG Hamm, Urt. v. 21.12.2015 – 8 U 67/15, RNotZ 2016, 188, 191; OLG Düsseldorf, Urt. v. 12.10.2016 – VI-U (Kart) 2/16, BeckRS 2016, 19234 Rn. 99.

Ist eine zusätzliche Wirksamkeitsvoraussetzung nicht erfüllt, ist der Beschluss schwebend unwirksam.[765] Das heißt, der Fehler kann grundsätzlich geheilt werden, indem das Tatbestandsmerkmal nachträglich erfüllt wird, also beispielswiese die erforderliche Zustimmung eines Gesellschafters nachträglich noch erteilt wird.[766] In diesem Fall ist der Gesellschafterbeschluss als „von Anfang an wirksam zu behandeln“[767]. Erst wenn der Eintritt der Wirksamkeitsvoraussetzung unmöglich ist, z. B. die Genehmigung verweigert wird, tritt die endgültige Unwirksamkeit – und damit die Nichtigkeit –[768] des Gesellschafterbeschlusses ein.[769]

Wie nichtige Beschlüsse dürfen auch (schwebend) unwirksame Beschlüsse nicht ausgeführt werden.[770] Wird dies missachtet, kann die (schwebende) Unwirksamkeit des Beschlusses – wie bereits eingangs erwähnt – im Wege der Feststellungsklage geltend gemacht werden.[771] Anders als die Anfechtbarkeit kann sie auch von jedem gegenüber jedermann einredeweise geltend gemacht werden.[772]

III. Rechtsfolgen ausgewählter Mängel bei der virtuellen Beschlussfassung nach § 48 Abs. 1 S. 2 GmbHG bei analoger Anwendung der §§ 241 ff. AktG

Aufbauend auf den dargestellten rechtlichen Rahmenbedingungen sollen nun die Rechtsfolgen der spezifischen, bei der Beschlussfassung in virtueller Versammlung auftretenden Mängel in entsprechender Anwendung der §§ 241 ff. AktG bestimmt werden.

---

[765] OLG Hamm, Urt. v. 30.08.2001 – 27 U 26/01, NZG 2002, 783, 785; OLG Düsseldorf, Urt. v. 12.10.2016 – VI-U (Kart) 2/16, BeckRS 2016, 19234 Rn. 99; *Noack*, in: Noack/Servatius/Haas GmbHG, Anh. § 47 Rn. 13; *Leinekugel*, in: BeckOK GmbHG, Stand: 01.11.2025, Anh. § 47 Rn. 145; *Raiser/Schäfer*, in: Habersack/Casper/Löbbe GmbHG, Anh. § 47 Rn. 23.

[766] Vgl. *Raiser/Schäfer*, in: Habersack/Casper/Löbbe GmbHG, Anh. § 47 Rn. 23.

[767] *Raiser/Schäfer*, in: Habersack/Casper/Löbbe GmbHG, Anh. § 47 Rn. 23.

[768] OLG Düsseldorf, Urt. v. 12.10.2016 – VI-U (Kart) 2/16, BeckRS 2016, 19234 Rn. 99; *Leinekugel*, in: BeckOK GmbHG, Stand: 01.11.2025, Anh. § 47 Rn. 147; *Römermann*, in: Michalski/Heidinger/Leible/Schmidt GmbHG, Anh. § 47 Rn. 30.

[769] *Noack*, in: Noack/Servatius/Haas GmbHG, Anh. § 47 Rn. 14; *Leinekugel*, in: BeckOK GmbHG, Stand: 01.11.2025, Anh. § 47 Rn. 147; *Raiser/Schäfer*, in: Habersack/Casper/Löbbe GmbHG, Anh. § 47 Rn. 24; *Bayer*, GmbHR 2024, 337, 341 Rn. 23.

[770] *Leinekugel*, BeckOK GmbHG, Stand: 01.11.2025, Anh. § 47 Rn. 145; *Raiser/Schäfer*, in: Habersack/Casper/Löbbe GmbHG, Anh. § 47 Rn. 23.

[771] Siehe Fn. 759.

[772] *Wolff*, in: MünchHdB GesR Bd. 3, § 40 Rn. 7; *Raiser/Schäfer*, in: Habersack/Casper/Löbbe GmbHG, Anh. § 47 Rn. 24; *Noack*, in: Noack/Servatius/Haas GmbHG, Anh. § 47 Rn. 15.

1. Fehlende Aufforderung jedenfalls eines Gesellschafters zur Erklärung seines Einverständnisses i. S. d. § 48 Abs. 1 S. 2 GmbHG

Es soll damit begonnen werden, zu untersuchen, welche Rechtsfolge es für einen in virtueller Versammlung gefassten Beschluss nach sich zieht, wenn jedenfalls ein Gesellschafter nicht zur Erklärung seines Einverständnisses i. S. d. § 48 Abs. 1 S. 2 GmbHG aufgefordert wurde.

a) Meinungsstand in der Literatur: Nichtigkeit

Bei Beschlüssen, die im schriftlichen Verfahren gem. § 48 Abs. 2 GmbHG gefasst wurden, wird herrschend angenommen, ein Beschluss sei bei unterlassener Aufforderung aller Gesellschafter zur Abgabe ihrer Einverständniserklärungen analog § 241 Nr. 1 AktG nichtig.[773] Es fehle in diesem Fall, wie auch bei Nichtladung zu einer Gesellschafterversammlung, an einer Beteiligung der betroffenen Gesellschafter an der gesellschaftsinternen Willensbildung.[774]

Nach Auffassung von Heckschen/Heidinger lässt sich dies auf die Konstellation, dass im Beschlussverfahren nach § 48 Abs. 1 S. 2 GmbHG nicht alle Gesellschafter zur Erklärung ihres textförmlichen Einverständnisses aufgefordert werden, übertragen.[775] Den betroffenen Gesellschaftern werde von Seiten der Gesellschaft gleichfalls bereits im Ausgangspunkt die Möglichkeit verwehrt, an der gesellschaftsinternen Willensbildung zu partizipieren.[776] Folglich sei die fehlende Aufforderung zur Abgabe einer Einverständniserklärung i. S. d. § 48 Abs. 1 S. 2 GmbHG mit einer erheblichen Beeinträchtigung des mitgliedschaftlichen Teilnahmerechts der betroffenen Gesellschafter verbunden.[777] Aus diesem Grund stelle sie einen gravierenden Verfahrensfehler dar, der die Nichtigkeitsfolge nach sich ziehe.[778]

b) Anfechtbarkeit

Hiergegen ist allerdings einzuwenden, dass ein ganz relevanter Unterschied zwischen dem Verfahren nach § 48 Abs. 1 S. 2 GmbHG und dem schriftlichen Verfahren gem. § 48 Abs. 2 GmbHG besteht. Denn im Verfahren gem. § 48 Abs. 1

---

[773] Siehe Fn. 745.

[774] *Liebscher*, in: MüKo GmbHG, § 48 Rn. 205.

[775] *Heckschen/Heidinger*, Die GmbH in der Gestaltungs- und Beratungspraxis, Köln 2023, Kap. 8 Rn. 247.

[776] *Heckschen/Heidinger*, Die GmbH in der Gestaltungs- und Beratungspraxis, Köln 2023, Kap. 8 Rn. 247.

[777] *Heckschen/Heidinger*, Die GmbH in der Gestaltungs- und Beratungspraxis, Köln 2023, Kap. 8 Rn. 247.

[778] *Heckschen/Heidinger*, Die GmbH in der Gestaltungs- und Beratungspraxis, Köln 2023, Kap. 8 Rn. 247.

S. 2 GmbHG findet die gesellschaftsinterne Willensbildung durch Beschlussfassung in virtueller Gesellschafterversammlung statt. Demnach sind sämtliche Gesellschafter nicht nur zur Abgabe ihrer Einverständniserklärungen aufzufordern, sondern insbesondere auch ordnungsgemäß i. S. d. § 51 GmbHG zu der virtuellen Versammlung einzuladen. Sofern die Einladung aller Gesellschafter unter Angabe aller erforderlichen Informationen[779] erfolgt, ist sämtlichen Gesellschaftern eine Teilnahme an Diskurs und Abstimmung möglich, ohne dass es dabei auf eine Aufforderung zur Abgabe der Einverständniserklärung i. S. d. § 48 Abs. 1 S. 2 GmbHG ankäme. Demnach ist mit der unterlassenen Aufforderung zur Zustimmung keine unmittelbare Beeinträchtigung des mitgliedschaftlichen Teilnahmerechts der Gesellschafter verbunden. Folglich stellt sich der vorliegende Verfahrensfehler keinesfalls als derart gravierend dar, dass in der nachfolgenden Versammlung gefasste Beschlüsse nichtig wären.[780] Dies gilt insbesondere auch vor dem Hintergrund, dass die Gesellschafter bereits dadurch einen umfassenden Schutz erfahren, dass in virtueller Versammlung gefasste Beschlüsse bis zum Vorliegen textförmlicher Zustimmungserklärungen sämtlicher Gesellschafter schwebend unwirksam sind.[781]

Somit ist ein virtuell gefasster Beschluss analog § 241 Nr. 1 AktG einzig wegen einer nicht ordnungsgemäßen Einberufung der virtuellen Gesellschafterversammlung nichtig, nicht aber aufgrund einer fehlenden Aufforderung zur Abgabe der nach § 48 Abs. 1 S. 2 GmbHG erforderlichen Einverständniserklärungen. In diesem Fall kann einzig eine Anfechtung des Beschlusses in Betracht kommen, sofern die Voraussetzungen der Beschlussanfechtung analog § 243 Abs. 1 AktG im Einzelfall erfüllt sind.

2. Fehlendes Einverständnis sämtlicher Gesellschafter i. S. d. § 48 Abs. 1 S. 2 GmbHG

Bei der Beschlussfassung in virtueller Versammlung i. S. d. § 48 Abs. 1 S. 2 GmbHG drängt sich des Weiteren insbesondere auch maßgeblich die Frage auf, welche Folge es für einen virtuell gefassten Gesellschafterbeschluss hat, wenn zwar alle Gesellschafter zur Abgabe ihrer Einverständniserklärung aufgefordert wurden, jedenfalls ein Gesellschafter seine Zustimmung aber nicht erklärt.

Im Folgenden wird aufgezeigt, dass die Rechtsfolge dieses Mangels nicht wie bislang vielfach angenommen in der Nichtigkeit des Gesellschafterbeschlusses besteht, sondern vielmehr in dessen (schwebender) Unwirksamkeit.

---

[779] Zu den Modalitäten der Einberufung einer virtuellen Gesellschafterversammlung siehe oben Kap. 4 D.

[780] Zu dieser Wertung vgl. *Römermann*, in: Michalski/Heidinger/Leible/Schmidt GmbHG, § 48 Rn. 280.

[781] Siehe oben Kap. 3 B. II. 2.

a) Meinungsstand in der Literatur: Nichtigkeit

In der Literatur wird bislang ausschließlich die Auffassung vertreten, in Versammlung i.S.d. § 48 Abs. 1 S. 2 GmbHG gefasste Beschlüsse seien in dem Fall, dass nicht alle Gesellschafter ihr Einvernehmen mit der virtuellen Beschlussfassung erklärt haben, nichtig.[782] Nur teilweise wird die Nichtigkeitsfolge dabei ausdrücklich auf § 241 Abs. 1 S. 1 AktG analog gestützt.[783]

Zur Begründung dieser Auffassung wird auf die der Regelung des § 48 Abs. 1 S. 2 GmbHG zugrunde liegende gesetzgeberische Wertentscheidung verwiesen, dass die virtuelle Beschlussfassung keinem Gesellschafter aufgezwungen werden dürfe.[784] Hierdurch sei dem Recht auf Teilnahme an einer Präsenzversammlung ein hervorgehobener Rang eingeräumt worden.[785] Das Fehlen einer textförmlichen Einverständniserklärung könne daher nicht nur die Anfechtbarkeit des Beschlusses zur Folge haben.[786] So müsste der Mangel, würde er einzig zur Anfechtung berechtigen, analog der Monatsfrist des § 246 Abs. 1 AktG geltend gemacht werden.[787] Zudem hätte der seine Zustimmung verweigernde Gesellschafter den Zeit- und Kostenaufwand einer Anfechtungsklage zu tragen.[788] Diese Risikoverteilung sei mit der gesetzgeberischen Wertung nicht vereinbar.[789] Des Weiteren sei es mit der gesetzgeberischen Wertentscheidung keinesfalls vereinbar, wäre es der Gesellschaftermehrheit möglich, unter vorsätzlichem Verstoß gegen das Zustimmungserfordernis des § 48 Abs. 1 S. 2 GmbHG wirksame und lediglich anfechtbare Beschlüsse zu fassen.[790]

---

[782] *Denga*, in: BeckOGK GmbHG, Stand: 01.10.2025, § 48 Rn. 13; *Bayer*, in: Lutter/Hommelhoff GmbHG, § 48 Rn. 34; *Wolff*, in: Münchener Handbuch des Gesellschaftsrechts Band 3, § 40 Rn. 15; *Teichmann*, in: Gehrlein/Born/Simon GmbH, § 48 Rn. 26; *Liebscher*, in: MüKo GmbHG, § 48 Rn. 167; *Leinekugel*, in: BeckOK GmbHG, Stand: 01.11.2025, Anh. § 47 Rn. 23; *ders.*, DB 2022, 2840, 2847; *Wertenbruch*, in: MüKo GmbHG, Anh. § 47 Rn. 65; *ders.*, GmbHR 2023, 157, 160 Rn. 10; *Heckschen/Heidinger*, Die GmbH in der Gestaltungs- und Beratungspraxis, Köln 2023, Kap. 8 Rn. 248; *Stelmaszczyk/Strauß*, ZIP 2022, 1077, 1081; *Heckschen/Knaier*, NZG 2022, 885, 890; *Wicke*, GmbHR 2022, 516, 521 Rn. 23 („regelmäßig nichtig, jedenfalls aber anfechtbar").

[783] So *Leinekugel*, BeckOK GmbHG, Stand: 01.11.2025, Anh. § 47 Rn. 23; *ders.*, DB 2022, 2840, 2846; jedenfalls auf § 241 Nr. 1 AktG Bezug nehmend weiterhin *Wicke*, GmbHR 2022, 516, 521 Rn. 23; *Heckschen/Heidinger*, Die GmbH in der Gestaltungs- und Beratungspraxis, Köln 2023, Kap. 8 Rn. 248.

[784] *Wertenbruch*, in: MüKo GmbHG, Anh. § 47 Rn. 65; *Wicke*, GmbHR 2022, 516, 521 Rn. 23.

[785] *Wicke*, GmbHR 2022, 516, 521 Rn. 23.

[786] *Wertenbruch*, in: MüKo GmbHG, Anh. § 47 Rn. 65; *ders.*, GmbHR 2023, 157, 160 Rn. 10.

[787] *Wertenbruch*, GmbHR 2023, 157, 160 Rn. 10.

[788] *Wertenbruch*, GmbHR 2023, 157, 160 Rn. 10.

[789] *Wertenbruch*, GmbHR 2023, 157, 160 Rn. 10.

[790] *Wertenbruch*, GmbHR 2023, 157, 160 Rn. 10.

Teils wird zudem argumentiert, dass sich im Falle des fehlenden allseitigen Einverständnisses i. S. d. § 48 Abs. 1 S. 2 GmbHG „eine Parallele zur Nichtladung eines Gesellschafters oder [der] fehlende[n] Beteiligung im Umlaufverfahren auf[dränge]“[791]. Folge dieser beiden Mängel ist entsprechend § 241 Nr. 1 AktG die Nichtigkeit des gefassten Beschlusses,[792] weshalb dasselbe in dem Fall gelten müsse, dass das Erfordernis allseitigen textförmlichen Einverständnisses nicht erfüllt sei.[793] Andererseits wird für die Nichtigkeitsfolge auch eine Parallele zum schriftlichen Beschlussverfahren nach § 48 Abs. 2 Alt. 2 GmbHG angeführt. So sei in diesem ein ohne allseitige Zustimmung in schriftlicher Abstimmung gefasster Beschluss gleichfalls nichtig.[794]

Uneinigkeit besteht hinsichtlich der Frage, ob der Mangel i. R. d. Einverständniserfordernisses geheilt werden kann. Heckschen/Knaier vertreten insofern die Auffassung, dass eine Heilung durch Zustimmung sämtlicher Gesellschafter denkbar sei, da in diesem Fall keine schutzwürdigen Interessen mehr bestünden, die Berücksichtigung finden müssten.[795] Leinekugel nimmt hingegen an, die Nichtigkeit der gefassten Beschlüsse sei unheilbar.[796]

b) (Schwebende) Unwirksamkeit

Die dargelegte Wertung überzeugt im Ansatz. Dem Vorgesagten ist insoweit zuzustimmen, als dass es mit der in § 48 Abs. 1 S. 2 GmbHG verankerten gesetzgeberischen Wertentscheidung tatsächlich nicht vereinbar wäre, bestünde die

---

[791] *Wicke*, GmbHR 2022, 516, 521 Rn. 23; vgl. zudem auch für eine Vergleichbarkeit mit dem „Nichtigkeitsverdikt[...] der Nichtladung“ *Wertenbruch*, GmbHR 2023, 157, 160 Rn. 10.

[792] Siehe oben Kap. 6 B. II. 1. a).

[793] *Wicke*, GmbHR 2022, 516, 521 Rn. 23.

[794] So *Leinekugel*, DB 2022, 2840, 2847; *Heckschen/Heidinger*, Die GmbH in der Gestaltungs- und Beratungspraxis, Köln 2023, Kap. 8 Rn. 248, gleichermaßen mit Verweis auf die Kommentierung von *Liebscher*, in: MüKo GmbHG, § 48 Rn. 172 (aktuell: Rn. 205). Die von Liebscher vertretene Auffassung stellt indes eine Mindermeinung dar. So wird im Fall des Fehlens einer Einverständniserklärung i. S. d. § 48 Abs. 2 Alt. 2 GmbHG ganz überwiegend die (schwebende) Unwirksamkeit als Rechtsfolge angenommen, OLG Düsseldorf, Urt. v. 13.07.1989–8 U 187/88, ZIP 1989, 1554, 1556; *Noack*, in: Noack/Servatius/Haas GmbHG, § 48 Rn. 54; *Hillmann*, in: Henssler/Strohn Gesellschaftsrecht, § 48 Rn. 23; *Seibt*, in: Scholz GmbHG, § 48 Rn. 62; *Hüffer/Schäfer*, in: Habersack/Casper/Löbbe GmbHG, § 48 Rn. 49; *Römermann*, in: Michalski/Heidinger/Leible/Schmidt GmbHG, § 48 Rn. 268. Des Weiteren mit einem Verweis auf § 48 Abs. 2 Alt. 2 GmbHG *Stelmaszczyk/Strauß*, ZIP 2022, 1077, 1081. Die Nichtigkeitsfolge beruht in dem BGH-Urteil, auf das verwiesen wird, allerdings nicht darauf, dass ein Gesellschafter die Einverständniserklärung nicht abgegeben hat, sondern vielmehr darauf, dass ihm die Möglichkeit zur Abgabe einer solchen Erklärung überhaupt nicht eingeräumt wurde, BGH, Urt. v. 02.07.2019 – II ZR 406/17, NJW 2019, 3155, 3157 Rn. 33.

[795] *Heckschen/Knaier*, NZG 2022, 885, 890.

[796] *Leinekugel*, DB 2022, 2840, 2847.

Rechtsfolge einer fehlenden Zustimmung lediglich in der Anfechtbarkeit des dennoch virtuell gefassten Beschlusses.

Aus den vorgebrachten, im Ausgangspunkt tragfähigen Argumenten ergibt sich gleichfalls nicht zwingend die Nichtigkeitsfolge. Vielmehr erscheint es, insbesondere auch bei systematischer Einordnung des Einverständnisdefizits i.R.d. § 48 Abs. 1 S. 2 GmbHG in den Katalog der Beschlussmängel als sachgerechter, die Rechtsfolge des Mangels in der schwebenden Unwirksamkeit des Beschlusses zu sehen.

aa) Systematische Einordnung des Mangels in den Katalog der Beschlussmängel

So regeln die aktienrechtlichen Nichtigkeitsgründe in entsprechender Anwendung auch im GmbH-Recht die Nichtigkeitstatbestände abschließend.[797] Demnach müsste das fehlende allseitige Einverständnis i.R.d. § 48 Abs. 1 S. 2 GmbHG grundsätzlich unter einen der in § 241 AktG geregelten Tatbestände subsumierbar sein, um die Nichtigkeitsfolge bewirken zu können. In der Literatur wird sich jedenfalls teilweise darauf berufen, die Nichtigkeitsfolge ergebe sich aus § 241 Nr. 1 AktG.[798] Ein fehlendes Einverständnis i.R.d. § 48 Abs. 1 S. 2 GmbHG betrifft hingegen nicht die ordnungsgemäße Einberufung der virtuellen Versammlung entsprechend § 241 Nr. 1 AktG.[799] Der Mangel besteht nicht darin, dass nicht alle Gesellschafter ordnungsgemäß zur virtuellen Versammlung eingeladen wurden. Auch im Übrigen begründet sich der Fehler gerade nicht in einem Verhalten des Einberufungsorgans der Gesellschaft. Dadurch, dass jedenfalls ein Gesellschafter seine Zustimmung nicht erklärt, wird vielmehr ein zusätzliches verfahrensspezifisches Erfordernis[800] nicht gewahrt, welches durch Willenserklärungen der Gesellschafter herbeizuführen ist. Dieser Mangel lässt sich auch sonst unter keinen der aktienrechtlichen Nichtigkeitstatbestände subsumieren.

Hingegen ist es – wie bereits angeführt[801] – für bestimmte Fallgruppen anerkannt, dass Beschlüsse, die der Zustimmung jedenfalls eines Gesellschafters bedürfen, bei dessen Mangel (schwebend) unwirksam sind.

Dies betrifft zunächst den in § 53 Abs. 4 GmbHG geregelten Fall.[802] Nach § 53 Abs. 4 GmbHG ist für einen Satzungsänderungsbeschluss eine Zustimmung derjenigen Gesellschafter notwendig, denen durch die Satzungsregelung eine Pflicht unmittelbar neu auferlegt wird bzw. deren bereits bestehende Pflichten erweitert

---

[797] Siehe oben Kap. 6 B. II. 1. a).

[798] Siehe Fn. 783.

[799] So auch *Wertenbruch*, GmbHR 2023, 157, 161 Rn. 13.

[800] Vgl. in diese Richtung *Wertenbruch*, GmbHR 2023, 157, 161 Rn. 13.

[801] Siehe oben Kap. 6 B. II. 3.

[802] *Raiser/Schäfer*, in: Habersack/Casper/Löbbe GmbHG, Anh. § 47 Rn. 22; *Noack*, in: Noack/Servatius/Haas GmbHG, Anh. § 47 Rn. 13; *Bayer*, GmbHR 2024, 337, 341 f. Rn. 26.

oder verstärkt werden.[803] Die zweite Fallgruppe stellen die Konstellationen dar, bei denen durch einen Beschluss in den Kernbereich der Mitgliedschaft eines Gesellschafters eingegriffen wird.[804] Zum Kernbereich gehören die sog. relativ unentziehbaren mitgliedschaftlichen Rechte, wie beispielsweise das Stimmrecht.[805] Auch relativ unentziehbare Mitgliedschaftsrechte können nur mit Einverständnis des betroffenen Gesellschafters entzogen oder unmittelbar beeinträchtigt werden.[806] In den anerkannten Fallgruppen begründet sich das Zustimmungserfordernis demnach im Inhalt des Beschlusses. Den Gesellschaftern sollen nicht ohne ihr Einverständnis essentielle mitgliedschaftliche Rechte genommen oder Pflichten auferlegt werden können, weshalb sie Beschlüssen mit einem entsprechenden Inhalt zustimmen müssen. Tun sie dies nicht und kommt es dennoch zur Beschlussfassung, ist der Beschluss zum Schutz der betroffenen Gesellschafter (schwebend) unwirksam.[807]

Etwas anders verhält es sich bei den in §§ 48 Abs. 1 S. 2, Abs. 2 Alt. 2 GmbHG verankerten Einverständniserfordernissen. Diese begründen sich nicht im Inhalt des Beschlusses. Vielmehr ist nach diesen gesetzlichen Regelungen stets die Zustimmung aller Gesellschafter erforderlich, wenn die Beschlussfassung außerhalb einer Präsenzversammlung erfolgen soll. Das nach § 48 Abs. 1 S. 2, Abs. 2 Alt. 2 GmbHG erforderliche Einverständnis bezieht sich also nicht auf den Beschluss selbst, sondern auf die Beschlussfassung in einem von der Präsenzversammlung abweichenden Beschlussverfahren.[808] Gleichwohl ist eine Ähnlichkeit der Fallkonstellationen augenscheinlich. So stellt sich das Erfordernis eines allseitigen Einverständnisses nach § 48 Abs. 1 S. 2 sowie Abs. 2 Alt. 2 GmbHG gleichermaßen als ein auf die Beschlussfassung im Einzelfall bezogenes gesondertes Einverständniserfordernis dar. Jedem Gesellschafter steht es zum Schutz seiner Interessen grundsätzlich frei, ob er seine Zustimmung erteilt oder nicht.

bb) Passende Rechtsfolge durch wesensimmanente Möglichkeit der Heilung

Zwar unterscheiden sich Nichtigkeit und Unwirksamkeit *prima facie* in ihrer Wirkung kaum.[809] Sowohl (schwebend) unwirksame als auch nichtige Beschlüsse dürfen insofern keine Beachtung finden, als sie nicht ausgeführt werden dürfen.[810] Der entscheidende Unterschied zwischen den beiden Rechtsfolgen steht derweil

---

803 Siehe oben Kap. 2 B. II. 2. a).

804 Vgl. BGH, Urt. v. 13.07.1967 – II ZR 238/64, NJW 1967, 2159, 2160 f.; *Raiser/Schäfer*, in: Habersack/Casper/Löbbe GmbHG, Anh. § 47 Rn. 22.

805 Siehe oben Kap. 2 B. II. 2. c) aa) (1).

806 Siehe oben Kap. 2 B. II. 2. c) aa) (1).

807 Siehe oben Kap. 6 B. II. 3.

808 Vgl. so zu dem in § 48 Abs. 2 Alt. 2 verankerten Einverständniserfordernisses *Noack*, in: Noack/Servatius/Haas GmbHG, § 48 Rn. 54.

809 So OLG Hamm, Urt. v. 21.12.2015 – 8 U 67/15, RNotZ 2016, 188, 191.

810 Siehe oben Kap. 6 B. I., II. 3.

darin, dass einem Beschluss in dem Fall, dass ein zusätzliches Wirksamkeitserfordernis vor der Beschlussfassung nicht erfüllt wurde, durch die nachträgliche Erfüllung desselben noch ohne Weiteres zur Wirksamkeit verholfen werden kann.[811] (Schwebend) unwirksame Beschlüsse sind also „auf Heilung angelegt“[812]. Hierin unterscheiden sie sich von nichtigen Beschlüssen, bei denen der Nichtigkeitsgrund einzig ausnahmsweise keine Beachtung finden kann.[813] Die wesensimmanente Heilungsmöglichkeit erscheint im vorliegenden Fall interessengerecht. Wurde ein Gesellschafter durch die virtuelle Beschlussfassung trotz fehlender allseitiger Zustimmung in seinem Recht auf Beschlussfassung in Präsenzversammlung verletzt und erklärt im Nachhinein dennoch sein Einverständnis mit der entsprechenden Beschlussfassung, leuchtet es nicht ein, warum dem Beschluss die Anerkennung versafr werden soll. So steht in diesem Fall der Beachtlichkeit des virtuell gefassten Beschlusses kein schutzwürdiges Einzelinteresse mehr entgegen. Das Interesse der Gesellschaftergesamtheit an einer verbindlichen Beschlussfassung muss daher Beachtung finden können.[814]

cc) Einheitliche Lösung für festgestellte und nicht festgestellte Beschlüsse

Für die Rechtsfolge der (schwebenden) Unwirksamkeit von Beschlüssen, die trotz fehlenden allseitigen Einverständnisses i. S. d. § 48 Abs. 1 S. 2 GmbHG virtuell gefasst wurden, spricht zuletzt zudem, dass es so möglich ist, die Problematik für Beschlüsse aller Art einer einheitlichen Lösung zuzuführen.[815] Die Nichtigkeit kann hingegen nur für festgestellte Beschlüsse aus § 241 Nr. 1 AktG analog begründet werden.[816]

dd) Zwischenergebnis

Aus den dargelegten Gründen sind Beschlüsse, die ohne das textförmliche Einverständnis aller Gesellschafter in virtueller Versammlung gefasst werden, schwebend unwirksam. Sie dürfen nicht ausgeführt werden. Die endgültige Unwirksamkeit tritt dann ein, wenn die Zustimmung zu der Beschlussfassung im Verfahren gem. § 48 Abs. 1 S. 2 GmbHG endgültig verweigert wird. Wird das notwendige

---

[811] Im Gegensatz hierzu ist die Heilung eines nichtigen Beschlusses nur im Ausnahmefall möglich, *Koch*, Das Anfechtungsklageerfordernis im GmbH-Beschlussmängelrecht, Frankfurt a. M. 1997, S. 29.

[812] *Koch*, Das Anfechtungsklageerfordernis im GmbH-Beschlussmängelrecht, Frankfurt a. M. 1997, S. 29.

[813] Siehe oben Kap. 6 B. II. 1. a).

[814] Siehe hierzu ausführlich oben Kap. 3 B. II. 2.

[815] Dazu, dass auch nicht festgestellte Beschlüsse (schwebend) unwirksam sein können, siehe oben Kap. 6 B. II. 3.

[816] Siehe oben Kap. 6 B. II. 1.

Einverständnis derweil nach der Beschlussfassung noch textförmlich erklärt, ist der virtuell gefasste Beschluss als von Anfang an wirksam zu behandeln.

Gleichermaßen ist auch ein Beschluss, der trotz dessen, dass nicht alle Gesellschafter ihr Einverständnis hiermit erklärt haben, im schriftlichen Verfahren gem. § 48 Abs. 2 Alt. 2 GmbHG gefasst wurde, (schwebend) unwirksam und nicht nichtig.[817]

c) Keine Heilungsmöglichkeit durch rügelose Teilnahme sämtlicher Gesellschafter entsprechend § 51 Abs. 3 GmbHG

Eine Beschlussfassung in virtueller Vollversammlung vermag nicht, analog § 51 Abs. 3 GmbHG über den Mangel allseitigen textförmlichen Einverständnisses hinwegzuhelfen und die Wirksamkeit der gefassten Beschlüsse unmittelbar herbeizuführen.[818] So fehlt es in den gegenständlichen Konstellationen bereits an der rechtlichen Vergleichbarkeit, was für die Analogiebildung jedoch erforderlich wäre[819]. Daher kann nicht davon ausgegangen werden, dass der Gesetzgeber im Hinblick auf das Einverständniserfordernis des § 48 Abs. 1 S. 2 GmbHG eine zu § 51 Abs. 3 GmbHG parallele Wertung getroffen hätte, hätte er diese Frage bedacht.

Denn die Regelungen in § 51 Abs. 1, Abs. 2 GmbHG und das Einverständniserfordernis des § 48 Abs. 1 S. 2 GmbHG schützen zum einen unterschiedliche Gesellschafterbelange.[820] Die Vorgaben an eine ordnungsgemäße Einberufung der Gesellschafterversammlung bezwecken den Schutz des mitgliedschaftlichen Rechts auf Teilnahme an der konkreten Gesellschafterversammlung zu der geladen wird.[821] Es soll verhindert werden, dass ein Gesellschafter überrumpelt wird und daher nicht teilnehmen oder sich hinreichend auf die Tagesordnungspunkte vorbereiten kann.[822] Das Zustimmungserfordernis des § 48 Abs. 1 S. 2 GmbHG geht hingegen weiter, indem es jedem einzelnen Gesellschafter ein Wahlrecht hinsichtlich der Form der

---

[817] Ebenso OLG Düsseldorf, Urt. v. 13.07.1989–8 U 187/88, ZIP 1989, 1554, 1556; *Noack*, in: Noack/Servatius/Haas GmbHG, § 48 Rn. 54; *Hillmann*, in: Henssler/Strohn Gesellschaftsrecht, § 48 Rn. 23; *Seibt*, in: Scholz GmbHG, § 48 Rn. 62; *Hüffer/Schäfer*, in: Habersack/Casper/Löbbe GmbHG, § 48 Rn. 49; *Römermann*, in: Michalski/Heidinger/Leible/Schmidt GmbHG, § 48 Rn. 268. Hingegen für die Nichtigkeit des Beschlusses als Rechtsfolge *Liebscher*, in: MüKo GmbHG, § 48 Rn. 205; *Rensen*, in: Saenger/Inhester GmbHG, Anh. § 47 Rn. 22. Die Frage nach der Rechtsfolge offenlassend OLG München, Urt. v. 09.01.2019–7 U 1509/18, BeckRS 2019, 37 Rn. 43 f.

[818] Gleichfalls gegen eine Anwendbarkeit von § 51 Abs. 3 GmbHG *Denga*, in: BeckOGK GmbHG, Stand: 01.10.2025, § 48 Rn. 13; *Wertenbruch*, GmbHR 2023, 157, 161 Rn. 13; a. A. *Leinekugel*, DB 2022, 2840, 2847 f.

[819] *Larenz/Canaris*, Methodenlehre der Rechtswissenschaft, Berlin u. a. 1995, S. 202 ff.; *Möllers*, Juristische Methodenlehre, München 2025, § 6 Rn. 94, 103.

[820] *Denga*, in: BeckOGK GmbHG, Stand: 01.10.2025, § 48 Rn. 13.

[821] Siehe oben Kap. 4 D.

[822] Siehe oben Kap. 4 D.

Gesellschafterversammlung gewährt.[823] Ein jeder Gesellschafter kann durch die Verweigerung seines Einverständnisses sicherstellen, dass sich die Gesellschafter zur Beschlussfassung in Präsenz versammeln.[824]

Zum anderen würde das Textformerfordernis des § 48 Abs. 1 S. 2 GmbHG unterlaufen, würde man bereits eine widerspruchslose Teilnahme aller Gesellschafter an der virtuellen Versammlung für eine Wirksamkeit der virtuell gefassten Beschlüsse ausreichen lassen. Die Beweisfunktion des Textformerfordernisses würde verfehlt werden.[825]

Des Weiteren ist es durchaus denkbar, dass sich ein Gesellschafter der virtuellen Versammlung einzig zu Informationszwecken zuschaltet.[826] Würde der widerspruchslosen Teilnahme an einer virtuellen Versammlung ein Gewicht beigemessen werden, träfe den lediglich zu Informationszwecken teilnehmenden Gesellschafter gegebenenfalls eine Beweislast hinsichtlich seiner konkludenten Einwilligung.[827] Dies erscheint mit der in § 48 Abs. 1 S. 2 GmbHG verankerten gesetzgeberischen Wertentscheidung des Schutzes jedes einzelnen Gesellschafters nicht vereinbar.[828]

d) Ergebnis

Das in § 48 Abs. 1 S. 2 GmbHG festgeschriebene Erfordernis allseitigen textförmlichen Einverständnisses stellt eine zusätzliche Wirksamkeitsvoraussetzung dar.[829] Daher sind Beschlüsse, die in virtueller Versammlung gefasst werden, ohne dass alle Gesellschafter diesem Beschlussverfahren zugestimmt haben, entgegen der bisherigen Auffassung der Literatur nicht nichtig, sondern schwebend unwirksam. Ihnen kann durch eine spätere textförmliche Einverständniserklärung noch zur Wirksamkeit verholfen werden. Die endgültige Unwirksamkeit tritt dadurch ein, dass einer der Gesellschafter sein Einverständnis verweigert. Eine Beschlussfassung in virtueller Vollversammlung ist nicht in der Lage, analog § 51 Abs. 3 GmbHG über den Mangel allseitigen textförmlichen Einverständnisses hinwegzuhelfen und die unmittelbare Wirksamkeit der gefassten Beschlüsse herbeizuführen.

---

[823] Siehe oben Kap. 1 C. II.

[824] Siehe oben Kap. 1 C. II.

[825] *Wertenbruch*, GmbHR 2023, 157, 161 Rn. 13.

[826] *Wertenbruch*, GmbHR 2023, 157, 161 Rn. 13.

[827] *Wertenbruch*, GmbHR 2023, 157, 161 Rn. 13.

[828] *Wertenbruch*, GmbHR 2023, 157, 161 Rn. 13.

[829] Siehe auch bereits oben Kap. 3 B. II. 2.

3. Fehlendes textförmliches Einverständnis sämtlicher Gesellschafter i. S. d. § 48 Abs. 1 S. 2 GmbHG

Des Weiteren kann ein Mangel bei der virtuellen Beschlussfassung auch in der Form bestehen, dass zwar alle Gesellschafter der Beschlussfassung in virtueller Versammlung zugestimmt haben, jedenfalls eine Einverständniserklärung aber nur mündlich erteilt wurde. Eine solche mündliche Erklärung wahrt das Textformerfordernis nach § 48 Abs. 1 S. 2 GmbHG nicht.

a) Meinungsstand in der Literatur: Nichtigkeit oder Anfechtbarkeit

Die Rechtsfolge des Formmangels gem. § 48 Abs. 1 S. 2 GmbHG ist in der Literatur umstritten; im Wesentlichen werden zwei Ansichten vertreten.

Einerseits wird angenommen, ein in virtueller Versammlung gefasster Beschluss sei nichtig, wenn zwar allseitige Einverständniserklärungen vorliegen, die Erklärung jedenfalls eines Gesellschafters aber nicht die vorgeschriebene Textform wahrt.[830] Andererseits wird vertreten, der Beschluss sei in diesem Fall nicht nichtig, sondern lediglich aufgrund Verstoßes gegen ein Gesetz analog § 243 Abs. 1 AktG anfechtbar.[831] Teils werden zuletzt sowohl die Nichtigkeit als auch die Anfechtbarkeit des Beschlusses für mögliche Rechtsfolgen gehalten.[832]

b) (Schwebende) Unwirksamkeit

Im Ausgangspunkt lässt sich feststellen, dass sich ein Rückgriff auf die zu § 48 Abs. 2 GmbHG gewonnenen Erkenntnisse für die Ermittlung der Rechtsfolge eines Formmangels i. R. d. § 48 Abs. 1 S. 2 GmbHG nicht anbietet.[833] Denn keines der beiden in § 48 Abs. 2 GmbHG normierten Verfahren entspricht dem des § 48 Abs. 1 S. 2 GmbHG. Während das Verfahren nach § 48 Abs. 2 Alt. 1 GmbHG einstufig ist, muss das im Verfahren gem. § 48 Abs. 2 Alt. 2 GmbHG zusätzlich zur textförmlichen Stimmabgabe erforderliche allseitige Einverständnis keine besondere Form wahren. Dass die Einverständniserklärungen der Gesellschafter im Beschlussver-

---

[830] *Wertenbruch*, in: MüKo GmbHG, Anh. § 47 Rn. 66; *ders.*, GmbHR 2023, 157, 160 Rn. 10; *Heckschen/Knaier*, NZG 2022, 885, 890; etwas vager *Stelmaszczyk/Strauß*, ZIP 2022, 1077, 1081 („Verstöße gegen die Vorgaben des § 48 Abs. 1 Satz 2 GmbHG-E dürften zur Nichtigkeit des zugrunde liegenden Beschlusses führen"); *Bayer*, in: Lutter/Hommelhoff GmbHG, § 48 Rn. 34 („dies müsste wohl auch gelten, wenn das Einverständnis nicht in Textform erklärt wurde").

[831] *Leinekugel*, in: BeckOK GmbHG, Stand: 01.11.2025, Anh. § 47 Rn. 24; *ders.*, DB 2022, 2840, 2847; *Teichmann*, in: Gehrlein/Born/Simon GmbH, § 48 Rn. 26.

[832] *Wicke*, GmbHR 2022, 516, 521 Rn. 24 („Folge des Formverstoßes dürfte im Grundsatz die Nichtigkeit der Zustimmung sein (§ 125 Satz 1 BGB), jedenfalls aber die Anfechtbarkeit der Beschlussfassung wegen Verletzung des Gesetzes (§ 243 Abs. 1 AktG)".

[833] Dennoch mit einem Vergleich zu § 48 Abs. 2 GmbHG argumentierend, *Heckschen/Heidinger*, Die GmbH in der Gestaltungs- und Beratungspraxis, Köln 2023, Kap. 8 Rn. 249.

fahren nach § 48 Abs. 1 S. 2 GmbHG die Textform des § 126b BGB wahren müssen, stellt also ein Novum dar.

Nach in dieser Arbeit vertretener Auffassung stellt das Erfordernis allseitigen textförmlichen Einverständnisses jedoch eine gesonderte Wirksamkeitsvoraussetzung für virtuell gefasste Beschlüsse i. S. d. § 48 Abs. 1 S. 2 GmbHG dar.[834] Wahrt die Zustimmungserklärung eines Gesellschafters die Formvorgabe des § 48 Abs. 1 S. 2 GmbHG nicht, ist dieses Wirksamkeitserfordernis (noch) nicht erfüllt. Entsprechend führt der Formmangel jedenfalls einer Einverständniserklärung weder zur Anfechtbarkeit noch zur Nichtigkeit des Beschlusses, sondern vielmehr gleichfalls zu der (schwebenden) Unwirksamkeit des Beschlusses. Diese kann dadurch geheilt werden, dass der Gesellschafter – der seine Zustimmungswilligkeit ohnehin bereits signalisiert hat – sein Einverständnis mit der virtuellen Beschlussfassung textförmlich wiederholt.

4. Technische Probleme

Zuletzt erscheint es von maßgeblicher praktischer Relevanz, welche Rechtsfolge technische Probleme während der virtuellen Versammlung für einen Beschluss nach sich ziehen. Denn durch solche Probleme kann es zu einer Beeinträchtigung (ungeschriebener) mitgliedschaftlicher Rechte eines oder mehrerer Gesellschafter kommen.

So kann beispielsweise ein Gesellschafter aufgrund schlechter Telefon- oder Internetverbindung nicht in der Lage sein, den der Beschlussfassung vorausgehenden Diskurs zu verfolgen, seine Auffassung in diesem kundzutun oder gar seine Stimme abzugeben. In diesem Fall begründet sich die Rechtsverletzung nicht in menschlichem Verhalten, sondern in einem Technikversagen – also in einer technischen Störung.[835]

Daneben sind aber auch Konstellationen denkbar, in denen das technische Problem auf menschlichem Fehlverhalten beruht. Dies ist etwa der Fall, wenn einem Gesellschafter von der Gesellschaft falsche Anmeldedaten übermittelt wurden und es ihm daher nicht möglich ist, sich in die Videokonferenz einzuwählen. Ebenfalls denkbar ist die Konstellation, dass ein Gesellschafter ein zur Zuschaltung erforderliches Passwort, welches ihm richtig mitgeteilt wurde, falsch eingibt.

---

[834] Siehe oben Kap. 3 B. II. 2., Kap. 6 B. III. 2. b).

[835] Grundlegend dazu, dass eine technische Ströung nur bei Technikversagen, nicht aber bei menschlichem Versagen anzunehmen ist, *Lochner/Keller*, ZIP 2022, 1997, 2005; sich dem anschließend *Drescher*, in: BeckOGK AktG, Stand: 01.10.2025, § 243 Rn. 238; *ders.*, in: Henssler/Strohn Gesellschaftsrecht, § 243 Rn. 31; zudem *Kubis*, in: MüKo AktG, § 118a Rn. 95.

a) Technisches Problem aus Machtbereich der Gesellschaft

Bei der Bestimmung der Rechtsfolge einer aus einem technischen Problem resultierenden Rechtsverletzung ist grundlegend zu berücksichtigen, dass das Zustimmungserfordernis des § 48 Abs. 1 S. 2 GmbHG jedem Gesellschafter grundsätzlich die freie Wahl lässt, ob er sein Einverständnis mit der virtuellen Beschlussfassung erklärt und die damit verbundenen Risiken eingehen will oder nicht. Er ist nicht gezwungen, sich in virtueller Form an der gesellschaftsinternen Willensbildung zu beteiligen. Hieraus folgt, dass ein technisches Problem, dessen Ursache im Einflussbereich des betroffenen Gesellschafters liegt, auch alleine seinen Risikobereich betrifft.[836] Eine Rechtsverletzung durch die Gesellschaft liegt in diesen Fällen nicht vor.[837] Hier ist beispielsweise der Fall anzuführen, dass eine technische Störung Folge der vom Gesellschafter verwendeten Internetverbindung bzw. Hardware ist oder sich der Gesellschafter bei der Eingabe der Zugangsdaten vertippt. Diese Konstellationen sind vergleichbar mit derjenigen, dass ein Gesellschafter der Beschlussfassung an einem für ihn nicht oder nur schwer erreichbaren Ort zugestimmt hat.[838]

Der Gesellschafter muss indes trotz seiner Zustimmung grundsätzlich darauf vertrauen können, dass seine Versammlungsteilnahme durch kein aus der Gesellschaftssphäre stammendes technisches Problem so gestört wird, dass hierdurch seine mitgliedschaftlichen Rechte beeinträchtigt werden.[839]

Aus dem Gesagten folgt, dass sich die Rechtsverletzung eines Gesellschafters aufgrund eines technischen Problems nur dann auf die Wirksamkeit eines Beschlusses auswirken kann, wenn sich dieses im Machtbereich der Gesellschaft begründet.[840]

Jedenfalls bei reinem Versagen der Technik wird allerdings nicht nachvollziehbar sein, aus wessen Machtbereich diese technische Störung stammt.[841] Da die Be-

---

[836] *Drinhausen/Keinath*, BB 2008, 1238, 1240.

[837] *Beck*, GmbHR 2021, 901, 907 Rn. 42; des Weiteren ganz richtig zur Beschlussfassung in virtueller Hauptversammlung *Lochner/Keller*, ZIP 2022, 1997, 2005; sich dem anschließend *Drescher*, in: Henssler/Strohn Gesellschaftsrecht, § 243 Rn. 31; zudem *Kubis*, in: MüKo AktG, § 118 Rn. 97, § 118a Rn. 96; so zudem bereits *Drinhausen/Keinath*, BB 2008, 1238, 1240 („Demgegenüber liegen Störungen im Bereich der vom Aktionär eingesetzten Technik in dessen Risikobereich").

[838] *Leinekugel*, DB 2022, 2840, 2844.

[839] *Leinekugel*, in: BeckOK GmbHG, Stand: 01.11.2025, Anh. § 147 Rn. 84.1.

[840] Vgl. *Heckschen/Heidinger*, Die GmbH in der Gestaltungs- und Beratungspraxis, Köln 2023, Kap. 8 Rn. 244; *Leinekugel*, DB 2022, 2840, 2844. Weniger konkret äußern sich *Stemaszczyk/Strauß*, ZIP 2022, 1077, 1081 lediglich dahingehend, dass „das Einverständnis eines Gesellschafters mit einer präsenzlosen Versammlung eine Anfechtungsmöglichkeit wegen insbesondere technischer Besonderheiten dieses Versammlungstyps nicht gänzlich ausschließen [werde]".

[841] *Leinekugel*, DB 2022, 2840, 2844.

weislast insofern beim klagenden Gesellschafter liegt,[842] gehen technische Störungen letztlich im Zweifel zulasten des betroffenen Gesellschafters.[843]

b) Nichtigkeit analog § 241 Nr. 1 AktG bei Beeinträchtigungen des Kernbereichs des Teilnahmerechts

Der Katalog der analog anzuwendenden Nichtigkeitstatbestände des § 241 AktG führt den Fall, dass ein Aktionär infolge eines technischen Problems in einem seiner mitgliedschaftlichen Rechte verletzt wird, nicht als Nichtigkeitsgrund auf.

Es ist aber anerkannt, dass kein Gesellschafter in dem Kernbereich seines Rechts auf Teilnahme an der gesellschaftsinternen Willensbildung verletzt werden darf.[844] Ihm darf eine auf seinem Willen fußende Wahrnehmung seiner mitgliedschaftlichen Rechte nicht unmöglich gemacht werden.[845] Dementsprechend wird die Nichtigkeit eines Satzungsänderungsbeschlusses beispielsweise dann aufgrund dessen Inhalts bejaht, wenn ein Gesellschafter durch diesen von der Versammlungsteilnahme ausgeschlossen wird oder die Vertretung durch eine Person angeordnet wird, auf deren Verhalten der vertretene Gesellschafter keinerlei Einfluss hat.[846] Aufgrund eines Verfahrensfehlers sind in entsprechender Anwendung der ausdrücklichen Nichtigkeitsregel des § 241 Nr. 1 AktG des Weiteren insbesondere auch solche Gesellschafterbeschlüsse nichtig, die in einer Versammlung gefasst wurden, zu der jedenfalls ein Gesellschafter nicht ordnungsgemäß i. S. d. § 51 GmbHG eingeladen wurde.[847] Analog § 241 Nr. 1 AktG wird eine Nichtigkeit eines Gesellschafterbeschlusses auch dann bejaht, wenn nicht alle Gesellschafter an einer Beschlussfassung im Verfahren nach § 48 Abs. 2 GmbHG beteiligt wurden.[848] Die genannten Fälle haben gemeinsam, dass dem betroffenen Gesellschafter die Teilhabe an der Willensbildung in Gänze unmöglich gemacht wird.

Nicht anders stellt sich die Lage beispielsweise dann dar, wenn einem Gesellschafter von der Gesellschaft keine oder falsche Anmeldedaten übermittelt werden[849] und es ihm daher nicht möglich ist, sich in die Videokonferenz einzuwählen. Gleiches gilt für die Situation, in der einem der Gesellschafter im Falle der Zwischenschaltung eines sog. (digitalen) Warteraums der Beitritt zu der Konferenz selbst nicht gewährt wird. Auch in diesen Konstellationen, in denen ein technisches Problem die Partizipation an der Versammlung in Gänze unmöglich macht, ist dem

---

[842] *Leinekugel*, BeckOK GmbHG, Stand: 01.11.2025, Anh. § 47 Rn. 84.1.

[843] *Leinekugel*, DB 2022, 2840, 2844.

[844] Siehe oben Kap. 2 A.

[845] Siehe oben Kap. 2 A.

[846] Siehe oben Kap. 2 A.

[847] Siehe oben Kap. 6 B. II. 1. a).

[848] Siehe Fn. 745.

[849] Entsprechende Daten müssen nach in dieser Arbeit vertretener Ansicht nicht bereits in der Einladung übermittelt werden, siehe oben Kap. 4 D. III.

Gesellschafter eine auf seinem Willen fußende Wahrnehmung seiner Rechte unmöglich. Er erscheint daher als ebenso schutzwürdig, wie wenn ihm beispielsweise ein falscher Versammlungsort mitgeteilt wird. Die bloße Möglichkeit zur Beschlussanfechtung bietet aufgrund der knapp bemessenen Anfechtungsfrist analog § 246 Abs. 1 AktG mit der damit einhergehenden Gefahr eines Rechtsbehelfsausschlusses keinen hinreichenden Schutz. Demnach müssen auch die durch die Gesellschaft verursachten technischen Probleme, die den Gesellschafter in Gänze von der Partizipation an der virtuellen Gesellschafterversammlung ausschließen, analog § 241 Nr. 1 AktG die Nichtigkeit des betreffenden Beschlusses zur Folge haben.[850]

c) Anfechtbarkeit; analoge Geltung des Anfechtungsausschlusses gem. § 243 Abs. 3 S. 1 Nr. 1, S. 2 AktG bei technischen Störungen

In den übrigen Fällen kommt eine Beschlussanfechtung analog § 243 Abs. 1 AktG in Betracht.

Im Aktienrecht schränken die § 243 Abs. 3 S. 1 Nr. 1, Nr. 2, S. 2 AktG die Anfechtbarkeit von Hauptversammlungsbeschlüssen allerdings dahingehend ein, dass eine durch technische Störung verursachte Rechtsverletzung nur dann zur Anfechtung berechtigt, wenn der Gesellschaft jedenfalls grobe Fahrlässigkeit vorzuwerfen ist.[851] Andernfalls ist die Anfechtung aufgrund von technischer Störung ausgeschlossen. § 243 Abs. 3 S. 1 Nr. 1 AktG regelt dabei die Begrenzung des Anfechtungsrechts für den Fall, dass ein Aktionär von einem ihm durch die Satzung oder den Vorstand nach § 118 Abs. 1 S. 2 AktG eingeräumten Wahlrecht Gebrauch macht und sich bewusst für eine virtuelle Teilnahme an einer im Grundsatz in Präsenz abgehaltenen Hauptversammlung entscheidet.

Diese Regelung muss in analoger Anwendung auch für die Anfechtbarkeit von in virtueller Gesellschafterversammlung gefassten Beschlüssen in der GmbH gelten. Hierfür spricht bereits, dass sich die analoge Übernahme des aktienrechtlichen Beschlussmängelrechts konsequenterweise auch auf die Anwendung aktienrechtlicher Ausschlusstatbestände erstrecken muss.[852] Hinzu kommt, dass den Gesellschaftern durch das Erfordernis allseitigen textförmlichen Einverständnisses nach § 48 Abs. 1 S. 2 GmbHG gleichfalls die Möglichkeit eingeräumt wird, sich zu entscheiden, ob sie die für sie aus der virtuellen Versammlungsteilnahme resultierenden Risiken und

[850] Vgl. zu dieser Wertung *Schindler/Schaffner*, Virtuelle Beschlussfassung, § 3 Rn. 563, die die Nichtigkeitsfolge gleichfalls in dem Fall bejahen, in dem nicht allen Gesellschaftern ein für die Versammlungsteilnahme notwendiges Passwort übermittelt wurde; zudem *Altmeppen*, in: Altmeppen GmbHG, Anh. § 47 Rn. 13 („Faustformel: Bis zur Grenze der faktischen Teilnahmeunmöglichkeit führen einfache Verfahrensfehler bei der Ladung lediglich zur Anfechtbarkeit") – in den hier besprochenen Fällen handelt es sich gerade um Fälle, in denen eine faktische Teilnahmeunmöglichkeit geschaffen wird und die demnach zur Nichtigkeit des Beschlusses führen müssen.

[851] Kritisch zu dem Anfechtungsausschluss *Heckschen/Wicke*, NZG 2022, 433.

[852] *Schindler/Schaffner*, Virtuelle Beschlussfassung, § 3 Rn. 572.

Nachteile in Kauf nehmen wollen. Jedem Gesellschafter steht ein Wahlrecht dahingehend zu, ob er selbst virtuell an der Gesellschafterversammlung teilnehmen will und noch weitergehend als im Aktienrecht sogar auch dahingehend, ob er die virtuelle Zuschaltung anderer zulassen will.[853] Demnach besteht eine vergleichbare Situation, wie die, für die § 243 Abs. 3 S. 1 Nr. 1 AktG einen Anfechtungsausschluss vorsieht. Vor diesem Hintergrund erscheint es angemessen, dass auch ein jeder GmbH-Gesellschafter das Risiko einer Beeinträchtigung durch technische Störung im Falle der Wahl virtueller Versammlungsteilnahme im Grundsatz trägt.[854] Eine Übertragung der in § 243 Abs. 3 S. 1 Nr. 1, S. 2 AktG verankerten Wertung erscheint zuletzt auch sinnvoll, um einem Missbrauch durch wahrheitswidriges Behaupten technischer Störungen vorzubeugen.[855] Somit berechtigen Rechtsverletzungen aufgrund technischer Störung der virtuellen Gesellschafterversammlung analog § 243 Abs. 3 S. 1 Nr. 1, S. 2 AktG nur dann zur Anfechtung, wenn die Störung aus dem Machtbereich der Gesellschaft stammt und ihr jedenfalls grobe Fahrlässigkeit vorzuwerfen ist.[856] Beispielhaft angeführt sei insofern der Fall, dass die Gesellschaft während der virtuellen Gesellschafterversammlung eine technische Störung bei jedenfalls einem der Gesellschafter feststellt, jedoch keine Maßnahmen zur Behebung derselben ergreift.[857]

Nicht zu übertragen ist der Anfechtungsausschluss derweil auf technische Probleme infolge menschlichen Fehlverhaltens. So sollten die Gesellschaften durch die Einführung des Anfechtungsausschlusses in § 243 Abs. 3 AktG einzig vor einem gesteigerten Anfechtungsrisiko infolge der notwendigen Verwendung von Technik geschützt werden.[858] Insoweit erscheint die Gesellschaft schutzwürdig.[859] Nicht schutzwürdig erscheint sie hingegen hinsichtlich sabotierendem menschlichen

---

[853] Siehe oben Kap. 1 C. II.

[854] *Leinekugel*, DB 2022, 2840, 2844; *Noack*, „Mittels Videokommunikation" – virtuelle Gesellschafterversammlungen bei der GmbH, in: FS Heckschen, 2024, 475, 480; vgl. zu dieser Wertung bei Vorliegen einer Wahlmöglichkeit der Gesellschafter auch bereits *Schindler/Schaffner*, Virtuelle Beschlussfassung, § 3 Rn. 573 f., die sich allerdings noch mit der analogen Anwendung des § 243 Abs. 3 S. 1 Nr. 1 AktG bei der Rechtslage vor dem DiREG auseinandersetzen.

[855] *Leinekugel*, DB 2022, 2840, 2844.

[856] So auch *Leinekugel*, in: BeckOK, Stand: 01.05.2025, Anh. § 47 Rn. 84.1; *ders.*, DB 2022, 2840, 2844; *Noack*, „Mittels Videokommunikation" – virtuelle Gesellschafterversammlungen bei der GmbH, in: FS Heckschen, 2024, 475, 480. Bereits vor der Gesetzesänderung durch das DiREG für eine Übertragbarkeit des Anfechtungsausschlusses, sofern den Gesellschaftern durch Satzungsregelung eine Wahlmöglichkeit hinsichtlich ihrer Teilnahmeform eingeräumt war, *Schindler/Schaffner*, Virtuelle Beschlussfassung, § 3 Rn. 572. Die Anwendbarkeit vor dem DiREG im Falle fehlender Wahlmöglichkeit verneinend, *Beck*, GmbHR 2021, 901, 907 Rn. 41.

[857] Vgl. *Lochner/Keller*, ZIP 2022, 1997, 2006.

[858] RegBegr. Gesetzesentwurf Gesetz zur Einführung virtueller Hauptversammlungen von Aktiengesellschaften und Änderung weiterer Vorschriften BT-Drs. 20/1738 S. 37.

[859] RegBegr. Gesetzesentwurf Gesetz zur Einführung virtueller Hauptversammlungen von Aktiengesellschaften und Änderung weiterer Vorschriften BT-Drs. 20/1738 S. 37.

Verhalten bei virtueller Abhaltung einer Gesellschafterversammlung; eine Verschärfung des Verschuldensmaßstabs wäre vielmehr eine ungerechtfertigte Beschneidung der Rechte der einzelnen beeinträchtigten Gesellschafter.

d) Verbot der Ausnutzung technischer Probleme durch Treuepflicht

In diesem Zusammenhang ist zuletzt zu beachten, dass die GmbH-Gesellschafter sich – unabhängig von der Größe ihres jeweiligen Geschäftsanteils[860] – untereinander zur Treue verpflichtet sind.[861] Diese sog. „horizontale Treuepflicht"[862] gebietet es den Gesellschaftern, in angemessener Weise Rücksicht auf die mitgliedschaftlichen – das heißt die gesellschaftsbezogenen, nicht aber die privaten – Interessen ihrer Mitgesellschafter zu nehmen.[863] Hieraus resultiert unter anderem die Pflicht, vor der Beschlussfassung einen angemessenen Zeitraum ab Versammlungsbeginn abzuwarten, damit einem eventuell verspäteten Gesellschafter eine Teilnahme an der Beschlussfassung möglich bleibt.[864] In Übertragung auf die Beschlussfassung in virtueller Versammlung ergibt sich hieraus, dass die Treuepflicht es Gesellschaftern gebietet, technische Probleme nicht zulasten des beeinträchtigten Mitgesellschafters auszunutzen.[865] Daher ist beispielsweise im Falle von Einwahlproblemen eine angemessene Zeit abzuwarten, bevor in die Abstimmung eingetreten wird.[866] Gleiches gilt für den Fall, dass die virtuelle Teilnahme eines Gesellschafters überraschend unterbrochen wird.[867] Keinesfalls darf in solch einer Situation beispielsweise ein Tagesordnungspunkt vorgezogen werden, um ein von der Gesellschaftermehrheit gewünschtes Abstimmungsergebnis herbeizuführen.[868]

Wird gegen das Gebot zur Rücksichtnahme auf die mitgliedschaftlichen Interessen eines Mitgesellschafters verstoßen, kann der benachteiligte Gesellschafter – da die Treuepflicht ein Gesetz i. S. d. § 243 Abs. 1 AktG analog darstellt[869] – den Beschluss anfechten. Hierbei kann es weder eine Rolle spielen, in wessen Machtbereich sich das technische Problem ursprünglich begründet hat, noch inwieweit eine technische Störung verschuldet wurde.

---

[860] *Merkt*, in: MüKo GmbHG, § 13 Rn. 110; *Lieder*, in: Michalski/Heidinger/Leible/Schmidt GmbHG, § 13 Rn. 146; vgl. *Bayer*, in: Lutter/Hommelhoff GmbHG, § 13 Rn. 30.

[861] Siehe bereits oben Kap. 1 B. IV. 3. d) bb) (1).

[862] Siehe Fn. 204.

[863] BGH, Urt. v. 05.06.1975 – II ZR 23/74, NJW 1976, 191; OLG Stuttgart, Urt. v. 12.05. 1999–20 U 62/98, NZG 2000, 159, 161; *Seibt*, in: Scholz GmbHG, § 14 Rn. 82; *Dreher*, DStR 1993, 1632, 1663; so der Weiteren zur AG *Hüffer*, Zur gesellschaftsrechtlichen Treuepflicht als richterrechtlicher Generalklausel, in: FS Steindorff, 1990, 59, 69.

[864] Siehe Fn. 753.

[865] *Leinekugel*, DB 2022, 2840, 2844.

[866] *Leinekugel*, DB 2022, 2840, 2844.

[867] *Leinekugel*, DB 2022, 2840, 2844.

[868] *Leinekugel*, DB 2022, 2840, 2844.

[869] Siehe Fn. 747.

e) Ergebnis

Die Beschlussfassung in virtueller Versammlung ist einzig dann wegen der Verletzung eines mitgliedschaftlichen Rechts aufgrund eines technischen Problems angreifbar, wenn dieses aus der Sphäre der Gesellschaft stammt.

Dabei führen technische Probleme, die den Gesellschafter gänzlich von der Teilnahme an der virtuellen Gesellschafterversammlung ausschließen, zur Nichtigkeit des Gesellschafterbeschlusses analog § 241 Nr. 1 AktG.

Im Übrigen kommt eine Beschlussanfechtung analog § 243 Abs. 1 AktG in Betracht. Im Falle einer technischen Störung setzt die Anfechtung des Gesellschafterbeschlusses gem. § 243 Abs. 3 S. 1 Nr. 1, S. 2 AktG grob fahrlässiges Handeln der Gesellschaft voraus. Dies gilt nicht für den Fall, in dem sich ein technisches Problem in menschlichem Fehlverhalten begründet. Wird ein technisches Problem bei einem der Gesellschafter von seinen Mitgesellschaftern bewusst zulasten des beeinträchtigten Gesellschafters ausgenutzt, kann dieser den Beschluss ungeachtet der soeben genannten Einschränkungen wegen Verletzung der mitgliedschaftlichen Treuepflicht anfechten.

C. Das mögliche neue Beschlussmängelrecht der GmbH analog §§ 110 ff. HGB

Für Gesellschafterbeschlüsse, die seit dem 01.01.2024 gefasst wurden, kommt neben der Bestimmung der Rechtsfolgen von Beschlussmängeln in entsprechender Anwendung der §§ 241 ff. AktG nunmehr auch eine analoge Heranziehung des neuen Beschlussmängelrechts der Personenhandelsgesellschaften gem. §§ 110 ff. HGB in Betracht.

Daher soll im Folgenden auch das Beschlussmängelrecht der Personenhandelsgesellschaften nach den §§ 110 ff. HGB in knapper Form dargestellt werden. Sodann werden entsprechend der vorherigen Vorgehensweise die Rechtsfolgen der möglichen Mängel bei der virtuellen Beschlussfassung gleichfalls analog den §§ 110 ff. HGB bestimmt. Auf diese Weise wird auch untersucht, ob sich insoweit Unterschiede zu dem Beschlussmängelregime analog den §§ 241 ff. AktG ergeben oder ob man bei der rechtlichen Bewertung der möglichen Fehler bei der virtuellen Beschlussfassung nach beiden Regimen zu denselben Ergebnissen kommt.

I. Das Beschlussmängelrecht der Personenhandelsgesellschaften gem. §§ 110 ff. HGB

Die §§ 241 ff. AktG dienten bei der Entwicklung der §§ 110 ff. HGB als Regelungsvorbild.[870] Dementsprechend richten sich auch die §§ 110 ff. HGB nunmehr nach dem sog. Anfechtungsmodell.[871]

1. Anwendbarkeit der §§ 110 ff. HGB nur bei förmlich festgestellten Gesellschafterbeschlüssen

Zunächst muss wiederum auf den Anwendungsbereich des Beschlussmängelregimes der §§ 110 ff. HGB eingegangen werden. So stellt die Beschlussfeststellung im Recht der Personenhandelsgesellschaften zwar keine konstitutive Wirksamkeitsvoraussetzung für Gesellschafterbeschlüsse dar.[872] Nach der Gesetzesbegründung des MoPeG ist vielmehr zwischen der Beschlussfassung sowie der nachfolgenden Beschlussfeststellung als Dokumentation des gefassten Beschlusses zu differenzieren.[873] Die (unterlassene) Beschlussfeststellung ist nach dieser jedoch insofern entscheidend, als dass sie „die Rechtsschutzmöglichkeiten in Gestalt der Anfechtungs- oder Nichtigkeitsklage oder der Feststellungsklage vorgibt"[874]. Diese Äußerung impliziert, dass die Anfechtungs- sowie Nichtigkeitsklage nach §§ 110 ff. HGB eine Beschlussfeststellung voraussetzt.[875] Dieses Ergebnis wird durch die Regelung zu dem Beginn des Laufs der Anfechtungsfrist unterstützt.[876] So knüpft § 112 Abs. 2 HGB für den Fristbeginn an die Bekanntgabe des Beschlusses an. Eine

---

[870] RegBegr. Gesetzesentwurf MoPeG BT-Drs. 19/27635 S. 227.

[871] *Klimke*, in: BeckOK HGB, Stand: 01.10.2025, § 110 Rn. 3; *Drescher*, in: Ebenroth/Boujong HGB, § 110 Rn. 1; *Noack*, ZIP 2020, 1382; *Guntermann*, GmbHR 2024, 397, 398 Rn. 2; *Fehrmann/Leclerc/Schirrmacher*, GmbHR 2024, 57 Rn. 1.

[872] RegBegr. Gesetzesentwurf MoPeG BT-Drs. 19/27635 S. 111, 226. Dies entspricht auch der in dieser Arbeit für das Recht der GmbH vertretenen Auffassung, siehe oben Kap. 5 D.

[873] RegBegr. Gesetzesentwurf MoPeG BT-Drs. 19/27635 S. 226.

[874] RegBegr. Gesetzesentwurf MoPeG BT-Drs. 19/27635 S. 111, 226.

[875] So jedenfalls im Ergebnis auch *Klimke*, in: BeckOK HGB, Stand: 01.10.2025, § 110 Rn. 5 ff.; *Otte/Dietlein*, in: BeckOGK HGB, Stand: 01.07.2025, § 110 Rn. 67 ff.; *Drescher*, in: Ebenroth/Boujong HGB, § 110 Rn. 14; *Otte*, ZIP 2021, 2162, 2167; *Degistirici/Ioannidis*, BB 2023, 2698, 2700; *Fehrmann/Leclerc/Schirrmacher*, GmbHR 2024, 57, 59 Rn. 9 f.; *Lieder*, in: Oetker HGB, § 110 Rn. 12, 31; *Nolting*, NJW 2022, 113, 115 Rn. 11, 118 Rn. 35; a. A. m. w. N. *Mock*, in: Röhricht/Graf von Westphalen/Haas/Mock/Wöstmann HGB, § 110 Rn. 10, der eine solche Differnzierung aufgrund der fehlenden ausdrücklichen gesetzlichen Verankerung der Beschlussfeststellung an Voraussetzung von Anfechtungs- und Nichtigkeitsklage ablehnt.

[876] *Klimke*, in: BeckOK HGB, Stand: 01.10.2025, § 110 Rn. 5 f.; *Otte/Dietlein*, in: BeckOGK HGB, Stand: 01.07.2025, § 110 Rn. 68; *Schäfer*, ZIP 2021, 1527, 1532.

solche „Bekanntgabe [setzt] eine förmliche Feststellung des gefassten Beschlusses implizit voraus[...]“[877].

Wurde der streitgegenständliche Beschluss nicht festgestellt, ist wiederum die allgemeine Feststellungsklage gem. § 256 Abs. 1 ZPO die statthafte Klageart.[878]

2. Anfechtbarkeit eines mangelhaften Beschlusses als Regelfall

§ 110 Abs. 1 HGB bestimmt, dass „[e]in Beschluss der Gesellschafter [...] wegen Verletzung von Rechtsvorschriften durch Klage auf Nichtigerklärung angefochten werden [kann] (Anfechtungsklage).“

Demnach müssen Beschlussmängel nun auch im Recht der Personenhandelsgesellschaften grundsätzlich klageweise geltend gemacht werden.[879] Das heißt, auch Gesellschafterbeschlüsse, die Rechtsvorschriften verletzen,[880] sind zunächst wirksam und damit verbindlich.[881] Sie können daher umgesetzt werden.[882] Nur bei klageweise Anfechtung tritt nach § 110 Abs. 1 S. 1 Nr. 2 mit Rechtskraft des stattgebenden Urteils *ex tunc* die Nichtigkeit des Beschlusses ein. Anfechtungsbefugt ist gem. § 111 Abs. 1 HGB grundsätzlich „jeder Gesellschafter, der oder dessen Rechtsvorgänger im Zeitpunkt der Beschlussfassung der Gesellschaft angehört hat.“ Die Anfechtungsfrist ist mit drei Monaten (§ 112 Abs. 1 HGB) länger als die aktienrechtliche Monatsfrist. Sie beginnt zudem gem. § 112 Abs. 2 HGB erst „mit dem Tag, an dem der Beschluss dem anfechtungsbefugten Gesellschafter bekannt gegeben worden ist.“

Der in § 110 HGB verwendete Begriff der Rechtsvorschrift meint nach der Gesetzesbegründung jede Rechtsnorm sowie auch den Gesellschaftsvertrag.[883] Von dem Begriff der Rechtsnorm sind dabei nicht nur Gesetze im formellen Sinn umfasst.[884] Vielmehr werden unter diesem „auch Rechtsverordnungen, Satzungen öf-

---

[877] RegBegr. Gesetzesentwurf MoPeG BT-Drs. 19/27635 S. 231.

[878] *Klimke*, in: BeckOK HGB, Stand: 01.10.2025, § 110 Rn. 7; *Drescher*, in: Ebenroth/Boujong HGB, § 110 Rn. 15; *Otte/Dietlein*, in: BeckOGK HGB, Stand: 01.07.2025, § 110 Rn. 63; *Lieder*, in: Oetker HGB, § 110 Rn. 12; *Otte*, ZIP 2021, 2162, 2167; *Nolting*, NJW 2022, 113, 115 Rn. 11; *Fehrmann/Leclerc/Schirrmacher*, GmbHR 2024, 57, 59 Rn. 10.

[879] *Drescher*, in: Henssler/Stohn Gesellschaftsrecht, § 110 Rn. 1.

[880] In der Gesetzesbegründung wird ausdrücklich klargestellt, dass es im Hinblick auf die Anfechtbarkeit eines Beschlusses keinen Unterschied macht, „ob ein Mangel das Zustandekommen oder den Inhalt des Beschlusses betrifft“, RegBegr. Gesetzesentwurf MoPeG BT-Drs. 19/27635 S. 228.

[881] *Lieder*, in: Oetker HGB, § 110 Rn. 2; *Drescher*, in: Ebenroth/Boujong HGB, § 110 Rn. 44.

[882] *Drescher*, in: Ebenroth/Boujong HGB, § 110 Rn. 44.

[883] RegBegr. Gesetzesentwurf MoPeG BT-Drs. 19/27635 S. 229.

[884] *Klimke*, in: BeckOK HGB, Stand: 01.10.2025, § 110 Rn. 15; vgl. zudem RegBegr. Gesetzesentwurf MoPeG BT-Drs. 19/27635 S. 111 f.; *Lieder*, in: Oetker HGB, § 110 Rn. 19; *Drescher*, in: Ebenroth/Boujong HGB, § 110 Rn. 25.

fentlich-rechtlicher Körperschaften, Gewohnheitsrecht sowie ungeschriebene Rechtsgrundsätze“[885] verstanden.

Inwieweit sich ein Verfahrensmangel kausal auf den zustande gekommenen Beschluss auswirken oder von Relevanz für das Mitgliedschaftsrecht eines Gesellschafters sein muss,[886] um zur Anfechtung des Beschlusses zu berechtigen, wurde ausdrücklich der Rechtsprechung überlassen.[887] Überwiegend wird eine Anpassung an das Aktien- und GmbH-Recht[888] erwartet und angenommen, dass sich die Frage der Anfechtbarkeit bei Verfahrensmängeln fortan auch im Recht der Personenhandelsgesellschaften nach der Relevanztheorie richten wird.[889]

3. Nichtigkeit nur bei besonders schweren rechtlichen Mängeln

Von dem Grundsatz des Erfordernisses einer klageweisen Geltendmachung ausgenommen, sind wiederum besonders schwerwiegende Mängel, welche *ipso iure* zur anfänglichen Nichtigkeit des Beschlusses führen, vgl. § 110 Abs. 2 S. 1 Nr. 1 HGB.[890] So kann die Nichtigkeit eines Beschlusses zwar gem. § 114 S. 1 HGB mittels Nichtigkeitsklage durch die Gesellschafter geltend gemacht werden. Gem. § 110 Abs. 2 S. 2 HGB ist die Erhebung einer Nichtigkeitsklage jedoch nicht notwendig; die Geltendmachung kann vielmehr auch auf andere Weise erfolgen. Auch Dritte können sich auf die Nichtigkeit des Beschlusses berufen.[891]

§ 110 Abs. 2 S. 1 Nr. 1 HGB normiert als Nichtigkeitsgrund, dass „[e]in Gesellschafterbeschluss [dann] von Anfang an nichtig [ist], wenn er durch seinen Inhalt Rechtsvorschriften verletzt, auf deren Einhaltung die Gesellschafter nicht verzichten können […].“ § 110 Abs. 2 S. 1 Nr. 1 HGB ist damit deutlich weniger detailliert, als die Regelung des § 241 AktG und enthält insbesondere keine abschließende Aufzählung von Nichtigkeitstatbeständen.

---

[885] *Klimke*, in: BeckOK HGB, Stand: 01.10.2025, § 110 Rn. 15.

[886] Bis zur Gesetzesänderung durch das MoPeG trat die Nichtigkeit eines Beschlusses bei Personengesellschaften dann nicht als Folge eines Verfahrensfehlers ein, wenn auszuschließen war, dass das Zustandekommen des Beschlusses durch diesen beeinflusst wurde, BGH, Urt. v. 16.10.2012 – II ZR 251/10, NZG 2013, 57, 62, Rn. 47; BGH, Urt. v. 11.03.2014 – II ZR 24/13, NZG 2014, 621 Rn. 13.

[887] RegBegr. Gesetzesentwurf MoPeG BT-Drs. 19/27635 S. 228.

[888] Siehe oben Kap. 6 B. II. 1. b).

[889] *Holle*, in: Koch Personengesellschaftsrecht, § 110 Rn. 14; *Klimke*, in: BeckOK HGB, Stand: 01.10.2025, § 110 Rn. 21 f.; *Lieder*, in: Oetker HGB, § 110 Rn. 23; *Grunewald*, in: Das neue Personengesellschaftsrecht, § 5 Rn. 49; *Guntermann*, GmbHR 2024, 397, 400 Rn. 13; *Ebel/Wörner*, NZG 2021, 963, 696 f.; kritisch *Fehrmann/Leclerc/Schirrmacher*, GmbHR 2024, 57, 63 Rn. 31; a. A. *Drescher*, in: Ebenroth/Boujong HGB, § 110 Rn. 26; *ders.*, in: Henssler/Strohn Gesellschaftrecht, § 110 Rn. 26; *Schmitz-Herscheidt*, ZIP 2024, 2061, 2066.

[890] *Drescher*, in: Henssler/Stohn Gesellschaftsrecht, § 110 Rn. 1.

[891] *Lieder*, in: Oetker HGB, § 110 Rn. 2.

a) Rechtsvorschriften, „auf deren Einhaltung die Gesellschafter nicht verzichten können"

Im Folgenden gilt es, den Nichtigkeitstatbestand des § 110 Abs. 2 S. 1 Nr. 1 HGB zu konkretisieren, um diesen im Einzelfall besser handhaben zu können.

Im Hinblick auf den Begriff der Rechtsvorschrift kann auf die zu § 110 Abs. 1 HGB getroffenen Ausführungen verwiesen werden.[892] Eine Rechtsvorschrift ist nach der Gesetzesbegründung dann von den Gesellschaftern unverzichtbar, wenn sie zum zwingenden Recht gehört.[893] Der zwingende Charakter einer Vorschrift könne sich dabei sowohl direkt aus ihrem Wortlaut als auch im Wege der Auslegung anhand des *Telos* der Norm ergeben.[894]

Unproblematisch von der Nichtigkeitsfolge des § 110 Abs. 2 S. 1 Nr. 1 HGB umfasst sind danach Beschlüsse, die inhaltlich gegen ein gesetzliches Verbot i. S. d. § 134 BGB[895] oder eine gläubigerschützende Vorschrift[896] verstoßen, ebenso wie solche, die einen sittenwidrigen Inhalt i. S. d. § 138 BGB[897] aufweisen. Zudem nimmt die Gesetzesbegründung auch auf die sog. absolut unentziehbaren mitgliedschaftlichen Rechte eines jeden Gesellschafters Bezug. Es seien auch solche Rechtsvorschriften zwingend, welche „den unverzichtbaren [Bereich] der Mitgliedschaft eines jeden Gesellschafters tangieren."[898] Hieraus folgt, dass ein Beschluss des Weiteren auch dann nichtig ist, wenn er durch seinen Inhalt in ein absolut unentziehbares Mitgliedschaftsrecht jedenfalls eines Gesellschafters eingreift.[899] Welche Rechte als unverzichtbar zu qualifizieren sind, überlässt der Gesetzgeber erneut ausdrücklich der Rechtsprechung.[900]

---

[892] Siehe oben Kap. 6 C. I. 2.

[893] RegBegr. Gesetzesentwurf MoPeG BT-Drs. 19/27635 S. 229.

[894] RegBegr. Gesetzesentwurf MoPeG BT-Drs. 19/27635 S. 229.

[895] *Drescher*, in: Henssler/Strohn Gesellschaftsrecht, § 110 Rn. 30; *ders.*, in: Ebenroth/Boujong HGB, § 110 Rn. 30; *Roth*, in: Hopt HGB, § 110 Rn. 16.

[896] RegBegr. Gesetzesentwurf MoPeG BT-Drs. 19/27635 S. 229; *Drescher*, in: Henssler/Strohn Gesellschaftsrecht, § 110 Rn. 31; *ders.*, in: Ebenroth/Boujong HGB, § 110 Rn. 31; *Roth*, in: Hopt HGB, § 110 Rn. 16; *Holle*, in: Koch Personengesellschaftrecht, § 110 Rn. 20.

[897] RegBegr. Gesetzesentwurf MoPeG BT-Drs. 19/27635 S. 229; *Drescher*, in: Henssler/Strohn Gesellschaftsrecht, § 110 Rn. 30; *ders.*, in: Ebenroth/Boujong HGB, § 110 Rn. 30; *Roth*, in: Hopt HGB, § 110 Rn. 16.

[898] RegBegr. Gesetzesentwurf MoPeG BT-Drs. 19/27635 S. 229.

[899] *Roth*, in: Hopt HGB, § 110 Rn. 16; *Klimke*, in: BeckOK HGB, Stand: 01.10.2025, § 110 Rn. 27; *Drescher*, in: Ebenroth/Boujong HGB, § 110 Rn. 32; *ders.*, in: Henssler/Strohn Gesellschaftsrecht, § 110 Rn. 32; *Holle*, in: Koch Personengesellschaftrecht, § 110 Rn. 21.

[900] RegBegr. Gesetzesentwurf MoPeG BT-Drs. 19/27635 S. 229.

b) Verfahrensfehler als Nichtigkeitsgrund i. S. d. § 110 Abs. 2 S. 1 Nr. 1 HGB

Die Formulierung des § 110 Abs. 2 S. 1 Nr. 1 HGB, dass ein Gesellschafterbeschluss dann nichtig ist, wenn er „durch seinen Inhalt" unverzichtbare Rechtsvorschriften verletzt, wirft die Frage auf, ob auch ein Verstoß gegen eine Verfahrensvorschrift zur Nichtigkeit des betroffenen Beschlusses führen kann. Dies ist in der Literatur stark umstritten.[901]

aa) Keine direkte Anwendung des § 110 Abs. 2 S. 1 Nr. 1 HGB

Einer direkten Anwendung des § 110 Abs. 2 S. 1 Nr. 1 HGB auf Verfahrensfehler steht der klare Wortlaut der Regelung entgegen. Denn ein Beschluss verletzt bei Fehlern im Beschlussverfahren nicht durch seinen Inhalt, sondern durch die Art und Weise seines Zustandekommens eine Rechtsvorschrift.[902] Die Regelung, dass der Gesellschafterbeschluss durch seinen Inhalt Rechtsvorschriften verletzen muss, um zur Nichtigkeit zu führen, gewinnt dadurch an zusätzlicher Bedeutung, dass § 110 Abs. 1 HGB als Voraussetzung für die Anfechtung schlicht die „Verletzung von Rechtsvorschriften" normiert, ohne auf den Inhalt des Beschlusses Bezug zu nehmen.[903] Die in der Literatur vorgeschlagene Leseweise des § 110 Abs. 2 S. 1 Nr. 1 HGB, dass dieser einzig die Nichtigkeitsfolge für Verstöße gegen Rechtsvorschriften vor der Beschlussfassung ausschließen wolle,[904] findet im Wortlaut der Norm keine Stütze.[905] Eine direkte Anwendbarkeit der Nichtigkeitsregel des § 110 Abs. 2 S. 1 Nr. 1 HGB auf Verfahrensfehler kommt daher nicht in Betracht.[906]

---

[901] Die Nichtigkeitsfolge bei Verfahrensmängeln verneinend *Klimke*, in: BeckOK HGB, Stand: 01.10.2025, § 110 Rn. 30 ff.; *Drescher*, in: Ebenroth/Boujong HGB, § 110 Rn. 33; *ders.*, in: Henssler/Strohn Gesellschaftsrecht, § 110 Rn. 33; *Fehrmann/Leclerc/Schirrmacher*, GmbHR 2024, 57, 62 Rn. 26; *Ebel/Wörner*, NZG 2021, 963, 965 f. Hingegen für eine direkte Anwendbarkeit des § 110 Abs. 2 S. 2 Nr. 1 HGB *Grunewald*, in: Das neue Personengesellschaftsrecht, § 5 Rn. 42; sich dem anschließend *Holle*, in: Koch Personengesellschaftsrecht, § 110 Rn. 18. Für eine erweiternde Auslegung *Guntermann*, GmbHR 2024, 397, 400 Rn. 14. Für eine analoge Anwendung der Nichtigkeitsregel *Lieder*, in: Oetker HGB, § 110 Rn. 21. Im Ergebnis offen *Degistirici/Ioannidis*, BB 2023, 2698, 2701.

[902] *Klimke*, in: BeckOK HGB, Stand: 01.10.2025, § 110 Rn. 30.

[903] *Fehrmann/Leclerc/Schirrmacher*, GmbHR 2024, 57, 62 Rn. 25.

[904] So *Grunewald*, in: Das neue Personengesellschaftsrecht, § 5 Rn. 42; sich dem anschließend *Holle*, in: Koch Personengesellschaftsrecht, § 110 Rn. 18.

[905] So auch *Fehrmann/Leclerc/Schirrmacher*, GmbHR 2024, 57, 62 Rn. 26.

[906] So ausdrücklich auch *Ebel/Wörner*, NZG 2021, 963, 965; vgl. zudem *Klimke*, in: BeckOK HGB, Stand: 01.10.2025, § 110 Rn. 32; sowie *Lieder*, in: Oetker HGB, § 110 Rn. 21, der sich auf eine analoge Anwendung der Norm stützt; außerdem für eine erweiternde Auslegung *Guntermann*, GmbHR 2024, 397, 400 Rn. 14; a. A. *Grunewald*, in: Das neue Personengesellschaftsrecht, § 5 Rn. 42; *Holle*, in: Koch Personengesellschaftsrecht, § 110 Rn. 18.

bb) Gesetzesbegründung des MoPeG

In der Gesetzesbegründung des MoPeG wird die mögliche Nichtigkeitsfolge von Verfahrensmängeln indes entgegen des für die Bestimmung des § 110 Abs. 2 S. 1 Nr. 1 HGB gewählten Wortlauts nicht umfassend ausgeschlossen. Nach dieser führen „Verfahrensmängel [zwar] im Regelfall nur zur Anfechtbarkeit eines Beschlusses"[907], was sich darin begründe, dass das Recht der Personenhandelsgesellschaften – im Gegensatz zum Aktienrecht – kaum Vorgaben hinsichtlich des Beschlussverfahrens mache.[908] Weiterhin äußert sich der Gesetzgeber aber auch dahingehend, dass „die Frage, ob bei besonders gewichtigen Einberufungsmängeln, die das Teilnahmerecht der Gesellschafter tangieren, anstelle der Anfechtbarkeit die Nichtigkeit oder die Unwirksamkeit des Beschlusses in Betracht kommt"[909], „der weiteren Entwicklung durch die Rechtsprechung überlassen werden [könne]"[910].

cc) Analoge Anwendung des § 110 Abs. 2 S. 1 Nr. 1 HGB

Vor diesem Hintergrund ist es jedenfalls in Betracht zu ziehen, dass bei besonders gewichtigen Verfahrensmängeln eine Nichtigkeitsfolge durch eine analoge Anwendung des § 110 Abs. 2 S. 1 Nr. 1 HGB begründet werden kann.[911]

(1) Planwidrige Regelungslücke

Voraussetzung einer entsprechenden Analogiebildung ist zunächst das Vorliegen einer planwidrigen Regelungslücke.[912] Nach der Rechtsprechung des BGH ist es für die Annahme einer solchen erforderlich, dass der Gesetzgeber unbeabsichtigt von dem Regelungsplan abgewichen ist, der seinem Gesetzgebungsverfahren zugrunde lag.[913] Dementsprechend liegt eine planwidrige Lücke dann nicht vor, wenn der Gesetzgeber von der Aufnahme gewisser Tatbestände in eine Regelung bewusst abgesehen hat, da die betreffende Rechtsfolge nach seinem Willen in diesen Fällen nicht eintreten soll.[914] Diese Konstellation wird als beredtes Schweigen des Gesetzgebers bezeichnet.[915]

---

[907] RegBegr. Gesetzesentwurf MoPeG BT-Drs. 19/27635 S. 228.

[908] RegBegr. Gesetzesentwurf MoPeG BT-Drs. 19/27635 S. 228.

[909] RegBegr. Gesetzesentwurf MoPeG BT-Drs. 19/27635 S. 228 f.

[910] RegBegr. Gesetzesentwurf MoPeG BT-Drs. 19/27635 S. 228.

[911] So auch eine analoge Anwendung im Ergebnis aber verneinend *Ebel/Wörner*, NZG 2021, 963, 965 f.; hingegen für eine analoge Anwendung des § 110 Abs. 2 S. 1 Nr. 1 HGB auf „Verfahrensfehler [...], die sich auf prozedurale Schutzvorschriften beziehen, auf deren Einhaltung der Gesellschafter i. S. d. Abs. 2 S. 1 Nr. 1 nicht verzichten kann", *Lieder*, in: Oetker HGB, § 110 Rn. 21.

[912] Siehe oben Kap. 2 B. II. 2. b) ee) (1).

[913] Siehe Fn. 290.

[914] *Würdinger*, AcP 2006, 946, 951; auf diesen verweisend auch *Maus*, ZfPW 2023, 25, 28 f.

Bei dem vorliegenden Fall handelt es sich letztlich trotz der bewussten Nichtaufnahme besonders gewichtiger Verfahrensmängel in den Nichtigkeitstatbestand des § 110 Abs. 2 S. 1 Nr. 1 HGB um keinen Fall beredten gesetzgeberischen Schweigens. Denn es besteht vorliegend die Besonderheit, dass der Gesetzgeber mit der inhaltlichen Beschränkung des Nichtigkeitstatbestandes gem. § 110 Abs. 2 S. 1 Nr. 1 HGB gerade nicht entscheiden wollte, dass die Nichtigkeitsfolge im Falle von gravierenden Verfahrensmängeln nicht eintritt. Vielmehr ergibt sich aus der Gesetzesbegründung, dass die Entscheidung hierüber der Rechtsprechung überlassen werden sollte.[916] Der Gesetzgeber hat also die legislatorische Klärung bewusst hinter judikatorisch zu findende Erkenntnisse gestellt. Daher erscheint es verfehlt, den vorliegenden Fall als beredtes Schweigen des Gesetzgebers zu klassifizieren.[917] Somit bleibt es grundsätzlich möglich, dass Verfahrensfehler trotz bewussten Absehens einer Regelung durch Analogieschluss zu § 110 Abs. 2 S. 1 Nr. 1 HGB zur Nichtigkeit führen.[918]

(2) Vergleichbare Interessenlage

Ein Analogieschluss zu § 110 Abs. 2 S. 1 Nr. 1 HGB setzt des Weiteren voraus, dass die Interessenlage im vorliegenden Fall mit derjenigen des gesetzlich geregelten Falles hinreichend vergleichbar ist.[919] Insoweit muss die Verletzung eines absolut unentziehbaren Mitgliedschaftsrechts durch einen Verfahrensfehler einer auf den Inhalt bezogenen Rechtsverletzung hinreichend gleichstehen, sodass eine Ausweitung der Nichtigkeitsfolge des § 110 Abs. 2 S. 1 Nr. 1 HGB gerechtfertigt erscheint.

Fehrmann/Leclerc/Schirrmacher lehnen die Analogie mit dem Argument ab, dass sie aufgrund der Fristenregelung des § 112 Abs. 2 HGB nicht notwendig sei.[920] So banne § 112 Abs. 2 HGB, indem der Fristbeginn von der Beschlussbekanntgabe abhängig gemacht wird, die Gefahr, dass ein Gesellschafter bei einer Beschlussfassung in geheimer Gesellschafterversammlung aufgrund von Verfristung rechtsschutzlos gestellt wird.[921] Gleiches gilt allerdings in dem Fall, dass durch den Inhalt eines Gesellschafterbeschlusses in ein absolut unentziehbares mitgliedschaftliches Recht eines Gesellschafters eingegriffen wird. Auch in dieser Konstellation besteht aufgrund der Regelung des § 112 Abs. 2 HGB keine Gefahr, dass der Gesellschafter – nachdem er von dem Inhalt des Beschlusses Kenntnis erlangt hat – verhindert sein

---

915 *Würdinger*, AcP 2006, 946, 951; *Maus*, ZfPW 2023, 25, 28 f.; *Pionteck/Trübenbach*, JA 2022, 411, 443.

916 RegBegr. Gesetzesentwurf MoPeG BT-Drs. 19/27635 S. 228 f.

917 Vgl. *Maus*, ZfPW 2023, 25, 32 f.

918 Vgl. *Maus*, ZfPW 2023, 25, 32 f.; hierzu kritisch *Ebel/Wörner*, NZG 2021, 693, 965.

919 Siehe Fn. 819.

920 *Fehrmann/Leclerc/Schirrmacher*, GmbHR 2024, 57, 62 Rn. 26.

921 *Fehrmann/Leclerc/Schirrmacher*, GmbHR 2024, 57, 62 Rn. 26.

könnte, gegen den Beschluss vorzugehen. Gleichwohl soll die Nichtigkeit nach § 110 Abs. 2 S. 1 Nr. 1 HGB gerade auch in diesem Fall eintreten.[922]

Dies macht deutlich, dass in der Bestimmung des § 110 Abs. 2 S. 1 Nr. 1 HGB in erster Linie auch eine gesetzgeberische Wertentscheidung zu sehen ist. Gesellschafterbeschlüsse, die durch ihren Inhalt in elementare, unverzichtbare mitgliedschaftliche Rechte eingreifen, sollen nicht vorläufig wirksam und verbindlich sein. Der beeinträchtigte Gesellschafter soll zugleich von der Last des Klageerfordernisses befreit werden.

Vor diesem Hintergrund ist es nicht nachvollziehbar, einen Beschluss, der unter Verletzung eines elementaren unverzichtbaren Mitgliedschaftsrechts gefasst wurde, lediglich als anfechtbar einzuordnen. Denn eine Beeinträchtigung des einzelnen Gesellschafters wiegt in diesem Fall nicht weniger schwer als bei einem Eingriff in ein absolut unentziehbares Recht durch den Beschlussinhalt. Hinzu kommt, dass beispielsweise das Recht auf Versammlungsteilnahme, welches in seinem Kernbereich unverzichtbar ist,[923] häufiger durch das Beschlussverfahren, als durch den Beschlussinhalt verletzt wird.[924] Daher erscheint die bloße Anfechtbarkeit von Beschlüssen, die unter Verletzung maßgeblicher Mitgliedschaftsrechte gefasst wurden, als mit den „grundlegenden Struktur- und Wertungsprinzipien des Verbandsrechts“[925] unvereinbar.[926] Dieses Ergebnis wird dadurch gestützt, dass, auch wenn die Regelung des § 112 Abs. 2 HGB formal einen Anfechtungszugang des beeinträchtigten Gesellschafters sicherstellt, aufgrund der mit einer Klage verbundenen drohenden Kostenlast (§ 91 ZPO) das reale Risiko besteht, dass der Gesellschafter von der Geltendmachung eines gravierenden Verfahrensmangels absieht.[927]

Die Konstellation, in der ein Gesellschafter durch einen Verfahrensfehler in einem absolut unentziehbaren Mitgliedschaftsrecht verletzt wird, erscheint daher im Ergebnis also hinreichend vergleichbar mit der Situation, in der es durch den Beschlussinhalt zu einer solchen Verletzung kommt. Dies macht es erforderlich, die Nichtigkeitsfolge des § 110 Abs. 2 S. 1 Nr. 1 HGB auch auf den ungeregelten Sachverhalt zu erstrecken.[928]

dd) Zwischenergebnis

§ 110 Abs. 2 S. 1 Nr. 1 HGB führt aufgrund seines eindeutigen Wortlautes nicht in direkter Anwendung zur Nichtigkeit eines Beschlusses bei Verfahrensfehlern.

---

[922] Siehe oben Kap. 6 C. I. 3. a).

[923] Siehe oben Kap. 2 A.

[924] *Guntermann*, GmbHR 2024, 397, 400 Rn. 14.

[925] *Lieder*, in: Oetker HGB, § 110 Rn. 22.

[926] *Lieder*, in: Oetker HGB, § 110 Rn. 22.

[927] *Guntermann*, GmbHR 2024, 397, 400 Rn. 14.

[928] So auch *Lieder*, in: Oetker HGB, § 110 Rn. 21 f.

Die Nichtigkeitsregel des § 110 Abs. 2 S. 1 Nr. 1 HGB ist aber analog auf solche Beschlüsse zu erstrecken, bei deren Fassung durch einen Verfahrensfehler in ein absolut unentziehbares Mitgliedschaftsrecht zumindest eines Gesellschafters eingegriffen wurde.[929]

c) Ergebnis

Beschlüsse sind nach § 110 Abs. 2 S. 1 Nr. 1 HGB *ipso iure* nichtig, wenn sie durch ihren Inhalt gegen ein gesetzliches Verbot i. S. d. § 134 BGB, eine gläubigerschützende Vorschrift oder die guten Sitten i. S. d. § 138 BGB verstoßen. Denn auf die Einhaltung dieser Rechtsvorschriften können die Gesellschafter nicht verzichten. Darüber hinaus können die Gesellschafter über eigene essenzielle Mitgliedschaftsrechte nicht disponieren. Daher sind auch solche Beschlüsse nichtig, die durch ihren Inhalt ein unverzichtbares Recht jedenfalls eines Gesellschafters verletzen. In analoger Anwendung des § 110 Abs. 2 S. 1 Nr. 1 HGB sind schließlich auch solche Beschlüsse nichtig, die durch einen Verfahrensfehler ein absolut unentziehbares Mitgliedschaftsrecht eines Gesellschafters verletzen.

4. (Schwebende) Unwirksamkeit eines Beschlusses als weitere Kategorie von Beschlussmängeln

Neben Anfechtbarkeit und Nichtigkeit tritt auch im Recht der Personenhandelsgesellschaften– obgleich sie in den §§ 110 ff. HGB keine ausdrückliche Erwähnung findet – die (schwebende) Unwirksamkeit als weitere eigenständige Beschlussmängelkategorie.[930] Dieser Kategorie zuzuordnen sind solche Beschlüsse, bei denen zwar der Beschlusstatbestand erfüllt ist, eine zusätzliche Wirksamkeitsbedingung jedoch (noch) nicht.[931]

Zu den praktisch bedeutsamsten Beispielen einer zusätzlichen Wirksamkeitsvoraussetzung, ausdrücklich erwähnt in der Gesetzesbegründung des MoPeGs,[932] zählt im Recht der Personenhandelsgesellschaften gleichfalls die Zustimmung eines Gesellschafters, die dann erforderlich ist, wenn durch einen Beschluss in eines

---

[929] So auch *Lieder*, in: Oetker HGB, § 110 Rn. 21 f.

[930] *Holle*, in: Koch Personengesellschaftsrecht, § 110 Rn. 30; *Klimke*, in: BeckOK HGB, Stand: 01. 10. 2025, § 110 Rn. 36; *Tröger/Happ*, NZG 2021, 133, 135; *Fehrmann/Leclerc/Schirrmacher*, GmbHR 2024, 57, 62 f. Rn. 28; vgl. zudem insbesondere auch RegBegr. Gesetzesentwurf MoPeG BT-Drs. 19/27635 S. 111 f.; außerdem *Drescher*, in: Ebenroth/Boujong HGB, § 110 Rn. 38 ff.; *ders.*, in: Henssler/Strohn Gesellschaftsrecht, § 110 Rn. 38 ff.; *Schäfer*, ZIP 2021, 1527, 1532. Zur Unwirksamkeit als Beschlussmängelkategorie im Beschlussmängelrecht der GmbH analog den §§ 241 ff. AktG siehe oben Kap. 6 B. II. 3.

[931] *Drescher*, in: Henssler/Strohn Gesellschaftsrecht, § 110 Rn. 38; *ders.*, in: Ebenroth/Boujong HGB, § 110 Rn. 38.

[932] RegBegr. Gesetzesentwurf MoPeG BT-Drs. 19/27635 S. 111 f.

seiner relativ unentziehbaren Mitgliedschaftsrechte[933] unmittelbar eingegriffen wird.[934]

Die (schwebende) Unwirksamkeit kann wiederum im Wege der allgemeinen Feststellungsklage gem. § 256 ZPO[935] aber auch außerhalb des Klagewegs[936] geltend gemacht werden.

II. Rechtsfolgen ausgewählter Mängel bei der virtuellen Beschlussfassung nach § 48 Abs. 1 S. 2 GmbHG bei analoger Anwendung der §§ 110 ff. HGB

Die Rechtsfolgen der ausgewählten potenziellen Mängel bei der Beschlussfassung in virtueller Gesellschafterversammlung werden nun gleichfalls unter analoger Heranziehung des zuvor dargestellten handelsrechtlichen Beschlussmängelregimes bestimmt.

1. Fehlende Aufforderung jedenfalls eines Gesellschafters zur Erklärung seines Einverständnisses i. S. d. § 48 Abs. 1 S. 2 GmbHG

Zunächst ist wiederum zu untersuchen, welche Rechtsfolge es für einen in virtueller Gesellschafterversammlung gefassten Beschluss hat, wenn jedenfalls ein Gesellschafter nicht zur Abgabe seiner textförmlichen Einverständniserklärung i. S. d. § 48 Abs. 1 S. 2 GmbHG aufgefordert wird.

Die unterlassene Aufforderung stellt einen Verfahrensfehler dar. Nach in dieser Arbeit vertretener Auffassung führt ein Verfahrensfehler dann zur Nichtigkeit des Beschlusses analog § 110 Abs. 2 S. 1 Nr. 1 HGB, wenn durch ihn ein absolut unentziehbares Mitgliedschaftsrecht eines Gesellschafters verletzt wird.[937] Vorliegend

---

[933] Zur Kategorie der sog. relativ unentziehbaren mitgliedschaften Rechte siehe oben Kap. 2 B. II. 2. c) aa) (1).

[934] Vgl. *Holle*, in: Koch Personengesellschaftsrecht, § 110 Rn. 30; *Klimke*, in: BeckOK HGB, Stand: 01.10.2025, § 110 Rn. 36 ff.; *Drescher*, in: Ebenroth/Boujong HGB, § 110 Rn. 38; *ders.*, in: Henssler/Strohn Gesellschaftsrecht, § 110 Rn. 38; *Tröger/Happ*, NZG 2021, 133, 135; *Fehrmann/Leclerc/Schirrmacher*, GmbHR 2024, 57, 63 Rn. 28. Darüber hinausgehend werden als Beispiele zusätzlicher Wirksamkeitsvoraussetzungen eine erforderliche Zustimmung Dritter sowie eine im Beschluss vereinbarte Bedingung genannt, *Drescher*, in: Henssler/Strohn Gesellschaftsrecht, § 110 Rn. 38; *ders.*, in: Ebenroth/Boujong HGB, § 110 Rn. 38.

[935] *Drescher*, in: Ebenroth/Boujong HGB, § 110 Rn. 40; *Klimke*, in: BeckOK HGB, Stand: 01.10.2025, § 110 Rn. 40, § 115 Rn. 20; *Schäfer*, ZIP 2021, 1527, 1532; *Fehrmann/Leclerc/Schirrmacher*, GmbHR 2024, 57, 63 Rn. 28.

[936] *Drescher*, in: Ebenroth/Boujong HGB, § 110 Rn. 40; *ders.*, in: Henssler/Strohn Gesellschaftsrecht, § 110 Rn. 40.

[937] Siehe oben Kap. 6 C. I. 3. b), c).

käme insoweit grundsätzlich eine Verletzung des Teilnahmerechts in Betracht, das in seinem Kernbereich als unverzichtbares Mitgliedschaftsrecht gilt.[938] Ein Eingriff in den Kernbereich des Teilnahmerechts ist jedoch im Ergebnis abzulehnen. Denn die Möglichkeit zur Teilnahme an der Willensbildung in virtueller Versammlung hängt, wie bereits ausgeführt, nicht von der Aufforderung zur Zustimmung, sondern maßgeblich von der Einladung zur virtuellen Versammlung nach § 51 GmbHG ab. Sofern die Einladung ordnungsgemäß erfolgt, ist sämtlichen Gesellschaftern die Teilnahme an der Beschlussfassung möglich.[939] Der Umstand, dass mindestens ein Gesellschafter nicht zur Zustimmung aufgefordert wurde, führt nicht dazu, dass ihm eine willentliche Wahrnehmung seiner mitgliedschaftlichen Rechte unmöglich gemacht wird.[940] Die Rechtsfolge besteht dementsprechend nicht in der Nichtigkeit der gefassten Beschlüsse analog § 110 Abs. 2 S. 1 Nr. 1 HGB. In Betracht kommt lediglich eine Anfechtung des Beschlusses, sofern die Voraussetzungen der Beschlussanfechtung im Einzelfall erfüllt sind.

2. Fehlendes Einverständnis sämtlicher Gesellschafter i. S. d. § 48 Abs. 1 S. 2 GmbHG

Die Rechtsfolge eines Mangels allseitiger textförmlicher Zustimmung i. S. d. § 48 Abs. 1 S. 2 GmbHG ist auch bei analoger Anwendung der §§ 110 ff. HGB nicht in der Nichtigkeit, sondern in der schwebenden Unwirksamkeit des virtuell gefassten Beschlusses zu sehen.

So ist es zunächst bereits stark umstritten, ob Verfahrensmängel nach den §§ 110 ff. HGB überhaupt die Nichtigkeit eines Gesellschafterbeschlusses zur Folge haben können.[941] Obgleich dies – nach der in dieser Arbeit vertretenen Auffassung – im Wege einer analogen Anwendung des § 110 Abs. 2 S. 1 Nr. 1 HGB grundsätzlich möglich wäre, sofern ein Verfahrensmangel ein unverzichtbares gesellschafterliches Mitgliedschaftsrecht tangiert, kommt eine entsprechende Anwendung vorliegend nicht in Betracht. Denn das Recht der Gesellschafter, auf eine Beschlussfassung in Präsenzversammlung zu bestehen, ist kein unverzichtbares Recht. Die Gesellschafter können gem. § 45 Abs. 2 GmbHG mittels abweichender Satzungsregelung über das in § 48 Abs. 1 S. 2 GmbHG verankerte Einverständniserfordernis disponieren.[942] Derweil ist es auch im Recht der Personenhandelsgesellschaften anerkannt, dass das Fehlen einer aufgrund eines Eingriffs in ein relativ

[938] Siehe oben Kap. 2 A.

[939] Siehe zu dieser Wertung ausführlicher oben Kap. 6 B. III. 1. b).

[940] Damit wird das Teilnahmerecht nicht in seinem unverzichtbaren Kernbereich betroffen, vgl. oben Kap. 2 A.

[941] Siehe Fn. 901.

[942] Zur Frage der Zulässigkeit einer von § 48 Abs. 1 S. 2 GmbHG abweichenden Satzungsregelung sowie den formalen Anforderungen, die ein Beschluss über eine solche gesellschaftsvertragliche Regelung wahren muss, siehe umfassend oben Kap. 2.

unentziehbares Mitgliedschaftsrecht erforderlichen Zustimmung zur (schwebenden) Unwirksamkeit des betreffenden Beschlusses führt.[943] Die Ähnlichkeit dieser Konstellation zu dem Zustimmungserfordernis des § 48 Abs. 1 S. 2 GmbHG drängt sich gleichermaßen auf,[944] weshalb dieses ebenfalls als zusätzliches Wirksamkeitserfordernis zu qualifizieren ist.

Ebenso ist wiederum zu konstatieren, dass die wesensimmanente Möglichkeit der Heilung des betreffenden Beschlusses interessengerecht ist.[945] Zudem ist eine einheitliche Bestimmung der Rechtsfolge für festgestellte und nicht festgestellte Beschlüsse nur dann möglich, wenn das Fehlen allseitiger Zustimmung als Unwirksamkeitsgrund qualifiziert wird.[946]

Dem schwebend unwirksamen Beschluss kann durch spätere textförmliche Einverständniserklärungen der fehlenden Gesellschafter zur Wirksamkeit verholfen werden; die endgültige Unwirksamkeit tritt ein, wenn einer der Gesellschafter sein Einverständnis verweigert.[947]

3. Fehlendes textförmliches Einverständnis sämtlicher Gesellschafter i.S.d. § 48 Abs. 1 S. 2 GmbHG

Dementsprechend führt auch die alleinige mündliche Zustimmung eines Gesellschafters zur virtuellen Beschlussfassung – analog §§ 110ff. HGB – zur schwebenden Unwirksamkeit.[948] Denn sofern die Zustimmungserklärung jedenfalls eines Gesellschafters die Formvorgabe des § 48 Abs. 1 S. 2 GmbHG nicht wahrt, ist das Wirksamkeitserfordernis des § 48 Abs. 1 S. 2 GmbHG (noch) nicht erfüllt. Die schwebende Unwirksamkeit kann abermals dadurch geheilt werden, dass der zustimmungswillige Gesellschafter sein Einverständnis mit der virtuellen Beschlussfassung textförmlich wiederholt.

4. Technische Probleme

Zuletzt ist zu untersuchen, welche Rechtsfolgen bei Beeinträchtigung gesellschafterlicher Rechte durch technische Probleme während der virtuellen Zusammenkunft i.S.d. § 48 Abs. 1 S. 2 GmbHG eintreten.

---

943 Siehe oben Kap. 6 C. I. 4.

944 Siehe zu dieser Wertung ausführlicher oben Kap. 6 B. III. 2. b) aa).

945 Siehe zu dieser Wertung ausführlicher oben Kap. 6 B. III. 2. b) bb).

946 Die §§ 110ff. sind nur auf festgestellte Beschlüsse anwendbar, siehe oben Kap. 6 C. I. 1.

947 Siehe oben Kap. 6 C. I. 4.

948 Siehe auch oben Kap. 6 B. III. 3. b).

a) Technisches Problem aus Machtbereich der Gesellschaft

Im Ausgangspunkt lässt sich wiederum festhalten, dass sich eine Rechtsverletzung eines Gesellschafters aufgrund eines technischen Problems nur dann auf die Wirksamkeit eines virtuell gefassten Beschlusses auswirken kann, wenn dieses der Sphäre der Gesellschaft entstammt. Das Risiko von technischen Problemen, die der virtuellen Versammlungsform immanent sind und durch die Gesellschaft nicht beeinflusst werden können, hat der Gesellschafter mit der Abgabe seiner Einverständniserklärung i. S. d. § 48 Abs. 1 S. 2 GmbHG in Kauf genommen.[949] Schutzwürdig ist er nur insofern, als dass er darauf vertrauen darf, durch keine aus der Gesellschaftssphäre stammenden technischen Probleme in seiner virtuellen Versammlungsteilnahme behindert zu werden.[950]

b) Nichtigkeit analog § 110 Abs. 2 S. 1 Nr. 1 HGB bei Beeinträchtigungen des Kernbereichs des Teilnahmerechts

Nach in dieser Arbeit vertretener Auffassung führen Verfahrensfehler nur dann zur Nichtigkeit des betroffenen Beschlusses analog § 110 Abs. 2 S. 1 Nr. 1 HGB, wenn durch sie ein absolut unentziehbares Mitgliedschaftsrecht eines Gesellschafters verletzt wurde.[951]

Das Recht zur Teilnahme an der Gesellschafterversammlung ist in seinem Kern absolut unentziehbar,[952] also unverzichtbar i. S. d. § 110 Abs. 2 S. 1 Nr. 1 HGB. Keinem Gesellschafter darf die auf seinem Willen fußende Wahrnehmung seiner mitgliedschaftlichen Rechte unmöglich gemacht werden.[953] Dementsprechend ist ein zur Nichtigkeit führender Eingriff in den Kernbereich des Teilnahmerechts dann zu bejahen, wenn dem Gesellschafter durch ein technisches Problem vollständig verwehrt wird, an der Versammlung teilzunehmen.[954] Dies ist beispielsweise dann der Fall, wenn einem Gesellschafter von der Gesellschaft falsche Anmeldedaten übermittelt wurden und es ihm daher nicht möglich ist, sich in die Videokonferenz einzuwählen; ebenso wenn ihm der Eintritt aus dem virtuellen Warteraum in die Konferenz nicht gewährt wird.[955] Wird der Gesellschafter nur vorübergehend an der Teilnahme gehindert, beispielsweise durch zwischenzeitliche Unterbrechung seiner Zuschaltung, führt dies hingegen nicht zur Nichtigkeit des Beschlusses, da dem Gesellschafter die auf seinem Willen fußende Wahrnehmung seiner Rechte im Grundsatz weiterhin möglich ist.

---

[949] Siehe oben Kap. 6 B. III. 4. a).

[950] Siehe zu dieser Wertung ausführlicher oben Kap. 6 B. III. 4. a).

[951] Siehe oben Kap. 6 C. I. 3. b), c).

[952] Siehe oben Kap. 2 A.

[953] Siehe Fn. 245.

[954] Siehe zu dieser Wertung ausführlicher oben Kap. 6 B. III. 4. b).

[955] Siehe oben Kap. 6 B. III. 4. b).

c) Ansonsten Anfechtbarkeit; kein Anfechtungsausschluss

In derartigen Fällen kommt einzig eine Beschlussanfechtung in Betracht, sofern deren Voraussetzungen im Einzelfall erfüllt sind.

Ein Anfechtungsausschluss bei Rechtsverletzung aufgrund technischer Störung entsprechend der Regelung des § 243 Abs. 3 S. 1 Nr. 1, S. 2 AktG gibt es im deutlich weniger detaillierten Anfechtungsregime des HGB nicht. Daher wäre analog den §§ 110 ff. HGB ein Beschluss auch bei bloß leicht fahrlässiger Verletzung eines mitgliedschaftlichen Rechts durch eine der Gesellschaftssphäre entspringende technische Störung anfechtbar. Dies erscheint – angesichts der willentlichen virtuellen Teilnahme der Gesellschafter und dem damit einhergehenden Einverständnis mit den hiermit verbundenen Risiken – zu weitgehend.

Für den Fall, dass die Rechtsfolge von Beschlussmängeln im GmbH-Recht künftig in analoger Anwendung des Beschlussmängelregimes der §§ 110 ff. HGB zu bestimmen sind, erscheint daher eine ergänzende analoge Heranziehung der aktienrechtlichen Ausschlussregelung angezeigt.[956]

d) Verbot der Ausnutzung technischer Störungen durch Treuepflicht

Ebenso wie der Gesetzesbegriff in § 241 Abs. 1 AktG umfasst auch der Begriff der Rechtsvorschrift in § 110 HGB ungeschriebene Rechtsgrundsätze.[957] Die mitgliedschaftliche Treuepflicht ist solch ein ungeschriebener Rechtsgrundsatz. Daher ist ein Beschluss auch nach den §§ 110 ff. HGB ungeachtet der Frage, wessen Risikobereich das technische Problem zuzuordnen ist, anfechtbar, wenn dieses zu Lasten des beeinträchtigten Gesellschafters ausgenutzt wird.[958]

e) Ergebnis

Eine in einem Technikproblem begründete Verletzung mitgliedschaftlicher Rechte kann sich auch analog § 110 HGB nur dann auf die Wirksamkeit eines in Versammlung i. S. d. § 48 Abs. 1 S. 2 GmbHG gefassten Beschlusses auswirken, wenn das technische Problem dem Machtbereich der Gesellschaft entstammt. Führt solch ein technisches Problem zu einer Verletzung des Teilnahmerechts eines Gesellschafters in seinem Kernbereich, ist der Beschluss analog § 110 Abs. 2 S. 1 Nr. 1 HGB nichtig. Dies ist dann der Fall, wenn einem Gesellschafter durch ein technisches Problem die auf seinem Willen fußende Wahrnehmung seiner mitgliedschaftlichen Rechte, also die Partizipation an der virtuellen Versammlung in

---

[956] Dazu, dass die Interessenlage im GmbH-Recht mit der der Regelung des § 243 Abs. 3 S. 1 Nr. 1, S. 2 AktG zugrundeliegenden Interessenlage vergleichbar ist siehe oben Kap. 6 B. III. 4. c).

[957] Siehe Fn. 885.

[958] Siehe zu dieser Wertung ausführlicher oben Kap. 6 B. III. 4. d).

Gänze, unmöglich gemacht wird. Im Übrigen kommt eine Anfechtung des Beschlusses analog § 110 Abs. 1 HGB in Betracht. Das HGB enthält keinen Anfechtungsausschluss für Rechtsverletzungen aufgrund von technischen Störungen. Sofern die §§ 110 ff. HGB zukünftig auf Beschlussmängel im Recht der GmbH angewendet werden, erscheint – aufgrund der vergleichbaren Interessenlagen – eine ergänzende analoge Anwendung des § 243 Abs. 3 S. 1 Nr. 1, S. 2 AktG sachgerecht. Ungeachtet der Frage, welcher Risikosphäre das technische Problem eines Gesellschafters zuzurechnen ist, kann der beeinträchtigte Gesellschafter den Beschluss auch dann wegen Treupflichtverletzung anfechten, wenn seine Mitgesellschafter die Störung bewusst zu seinen Lasten ausgenutzt haben.

D. Zusammenfassung

Im Ergebnis führt damit die Bestimmung der Rechtsfolgen der ausgewählten möglichen Mängel bei der virtuellen Beschlussfassung analog §§ 110 ff. HGB sowie analog §§ 241 ff. AktG zu weitgehend gleichlaufenden Ergebnissen. Sofern jedenfalls ein Gesellschafter nicht aufgefordert wurde, sein textförmliches Einverständnis abzugeben, kommt einzig eine Beschlussanfechtung analog § 243 Abs. 1 AktG bzw. § 110 Abs. 1 HGB in Betracht, sofern die – leicht divergierenden – Voraussetzungen für die Beschlussanfechtung im Einzelfall erfüllt sind. Der Umstand, dass die (textförmliche) Zustimmung eines Gesellschafters fehlt, führt des Weiteren gleichermaßen zur schwebenden Unwirksamkeit des Beschlusses mit wesensimmanenter Heilungsmöglichkeit.

Zu voneinander abweichenden Ergebnissen gelangt man einzig bei der Beurteilung der möglichen Rechtsfolgen technischer Probleme: Zwar kann sich eine Rechtsverletzung aufgrund eines technischen Problems in beiden Regimen gleichermaßen nur dann auf die Wirksamkeit des Beschlusses auswirken, wenn das technische Problem aus der Sphäre der Gesellschaft stammt. Zudem ist die Nichtigkeit nur dann zu bejahen, wenn das technische Problem dem betroffenen Gesellschafter die Teilnahme an der virtuellen Gesellschafterversammlung vollständig unmöglich gemacht hat. Auch kommt im Übrigen gleichermaßen eine Beschlussanfechtung in Betracht. Im Aktienrecht wird die Anfechtbarkeit aufgrund von Rechtsverletzungen durch technische Störung aber gem. § 243 Abs. 3 S. 1 Nr. 1, S. 2 AktG auf die Fälle beschränkt, in denen der Gesellschaft hinsichtlich der durch technische Störung verursachten Rechtsverletzung zumindest grobe Fahrlässigkeit zur Last gelegt werden kann. Einen derartigen Anfechtungsausschluss kennt das deutlich weniger detaillierte handelsrechtliche Beschlussmängelregime nicht. Angesichts der im Grundsatz gleichlaufenden Interessenlagen sollte jedoch im GmbH-Recht eine ergänzende analoge Anwendung des aktienrechtlichen Anfechtungsausschlusses erwogen werden. Nach beiden Regimen kann der Gesellschafter den Beschluss ungeachtet der genannten Einschränkungen anfechten, wenn die Mitgesellschafter das technische Problem unter Verletzung ihrer Treuepflicht ausnutzen.

Kapitel 7

Die Kombination verschiedener Beschlussverfahren gem. § 48 Abs. 1, Abs. 2 GmbHG

Die bislang erörterten Beschlussverfahren nach § 48 Abs. 1 und Abs. 2 GmbHG regeln die möglichen Vorgehensweisen bei der Beschlussfassung jedoch nicht abschließend. So müssen Versammlungen nicht zwingend ausschließlich in Präsenz oder rein virtuell stattfinden. Es kann ebenso dem Wunsch der Gesellschafter entsprechen, dass ein Teil von ihnen physisch am Versammlungsort anwesend ist, während ein anderer Teil virtuell teilnimmt. Ebenso kann es praktikabel sein, dass die Gesellschafter nur teilweise innerhalb einer Versammlung – sei es in physischer, virtueller oder hybrider Form – abstimmen, während andere ihre Stimme vor- oder nachträglich schriftlich abgeben.

Im Folgenden wird daher abschließend beleuchtet, ob bzw. unter welchen Voraussetzungen eine Beschlussfassung in solchen kombinierten, präsenzlosen oder teil-präsenzlosen Verfahren nach der neuen Gesetzeslage zulässig ist.

A. Allgemein zur Zulässigkeit einer Beschlussfassung in einem durch das Gesetz nicht vorgesehenen Beschlussverfahren

Im Ausgangspunkt ist davon auszugehen, dass die Gesellschafter bei der Beschlussfassung grundsätzlich auf die in § 48 Abs. 1, Abs. 2 GmbHG normierten Verfahren beschränkt sind. Eine Beschlussfassung in einem abweichenden Verfahren ist einzig dann zulässig, wenn der Gesellschaftsvertrag dies vorsieht. Ein nicht im Gesellschaftsvertrag verankertes Einverständnis aller Gesellschafter mit dem abweichenden Beschlussverfahren genügt nicht.

I. Grundsatzurteil des BGH vom 16.01.2006 – II ZR 153/04

Dies hat der Senat des BGH im Jahr 2006 in einem *obiter dictum* entschieden.[959] Er legte fest, dass den Gesellschaftern eine wirksame Beschlussfassung im Grundsatz einzig in Präsenzversammlung oder im schriftlichen Verfahren nach § 48

[959] BGH, Urt. v. 16.01.2006 – II ZR 135/04, NJW 2006, 2044, 2045 Rn. 9 f.

Abs. 1, Abs. 2 GmbHG a.F. möglich ist.[960] Beabsichtigten die Gesellschafter eine Beschlussfassung in einem anderen Verfahren, müsse dieses im Gesellschaftsvertrag ausdrücklich vorgesehen sein.[961] Werde ein Beschluss ohne entsprechende Satzungsgrundlage gefasst, sei dieser – auch bei Einverständnis sämtlicher Gesellschafter mit dem Verfahren – nichtig.[962]

Nach diesem Maßstab des BGH ist nach derzeitiger Rechtslage also eine Beschlussfassung im Grundsatz einzig in drei Verfahren zulässig: in Präsenzversammlung gem. § 48 Abs. 1 S. 1 GmbHG, in virtueller Versammlung gem. § 48 Abs. 1 S. 2 GmbHG und im schriftlichen Verfahren gem. § 48 Abs. 2 GmbHG.

II. Stellungnahme

Dem ist zuzustimmen.[963] Zwar dienen die Vorgaben der § 48 Abs. 1, Abs. 2 GmbHG insbesondere auch dem Schutz der Gesellschafter,[964] weshalb es im Ausgangspunkt schlüssig erscheint, den Gesellschaftern die Entscheidung zur Beschlussfassung in einem abweichenden Verfahren zu ermöglichen.[965] Wenn sie über den ihnen gesetzlich gewährten Schutz disponieren wollen, muss ihnen dies möglich sein.[966] Folgerichtig eröffnet § 45 Abs. 2 GmbHG den Gesellschaftern die Möglichkeit, das Beschlussverfahren durch Erlass einer Satzungsbestimmung abweichend zu gestalten. Aber auch unter Berücksichtigung dieses Gedankens hält die Auffassung des BGH stand, dass ein Beschluss auch dann nichtig ist, wenn zwar sämtliche Gesellschafter mit dem Beschlussverfahren einverstanden sind, dieses Einverständnis aber nicht in einer entsprechenden Satzungsbestimmung zum Ausdruck gebracht wurde.[967]

Zwar kann die Begründung des BGH, es sei wertungsmäßig stringent, dass, wenn schon Einberufungsmängel zur Nichtigkeit des gefassten Beschlusses führen, dies erst recht gelten müsse, wenn überhaupt kein zugelassenes Abstimmungsver-

---

[960] BGH, Urt. v. 16.01.2006 – II ZR 135/04, NJW 2006, 2044, 2045 Rn. 9 f.

[961] BGH, Urt. v. 16.01.2006 – II ZR 135/04, NJW 2006, 2044, 2045 Rn. 9 f.

[962] BGH, Urt. v. 16.01.2006 – II ZR 153/04, NJW 2006, 2044, 2044 f. Rn. 8 ff.

[963] So auch OLG München, Urt. v. 19.01.1978 – 1 U 1292/77, BeckRS 1978, 1814 Rn. 53; *Hüffer/Schäfer*, in: Habersack/Caspar/Löbbe GmbHG, § 48 Rn. 59; *Römermann*, in: Michalski/Heidinger/Leible/Schmidt GmbHG, § 48 Rn. 279; *Schindler*, in: BeckOK GmbHG, Stand: 01.11.2025, § 48 Rn. 99; *Blasche*, GmbHR 2011, 232, 234.

[964] *Liebscher*, in: MüKo GmbHG, § 48 Rn. 6, 207; *Altmeppen*, in: Altmeppen GmbHG, § 48 Rn. 1; *Mayer*, NZG 2007, 448, 449.

[965] Vgl. *Schmidt*, NJW 2006, 2599, 2601; *Seibt*, in: Scholz GmbHG, § 48 Rn. 67.

[966] *Liebscher*, in: MüKo GmbHG, § 48 Rn. 207.

[967] A.A., ein Einverständnis aller Gesellschafter mit der gewählten Form der Beschlussfassung für ausreichend erachtend *Noack*, in: Noack/Servatius/Haas GmbHG, § 48 Rn. 60 f.; *Liebscher*, in: MüKo GmbHG, § 48 Rn. 207, *Seibt*, in: Scholz GmbHG, § 48 Rn. 67; *Liese/Theusinger*, GmbHR 2006, 682, 684.

fahren stattgefunden hat,[968] nicht vollends überzeugen. So ist gem. § 51 Abs. 3 GmbHG trotz Vorliegens eines Einberufungsmangels eine wirksame Beschlussfassung gem. § 51 Abs. 3 GmbHG in Vollversammlung möglich.[969] Dies bedeutet, dass eine wirksame Beschlussfassung trotz Einberufungsmangels gerade auch dann möglich ist, wenn sämtliche Gesellschafter in Versammlung anwesend und mit der Beschlussfassung insbesondere auch einverstanden sind.[970] Hieraus könnte man ableiten, dass bei Einvernehmen sämtlicher Gesellschafter mit der Beschlussfassung in einem grundsätzlich unzulässigen Verfahren nichts anderes gelten könne,[971] weshalb eine wirksame Beschlussfassung in einem Alternativverfahren bei Einvernehmen aller möglich sein müsse[972].

Die Auffassung des BGH, dass die Beschlussfassung in einem von dem Gesetz nicht vorgesehenen Verfahren einer Satzungsgrundlage i. S. d. § 45 Abs. 2 GmbHG bedarf, wird aber durch die Existenz ebendieser Bestimmung gestützt.[973] Den Gesellschaftern wird durch das Gesetz ausdrücklich die Möglichkeit eingeräumt, auf Grundlage einer Satzungsregelung von den gesetzlichen Vorgaben zum Beschlussverfahren abzuweichen. Das Gesetz trifft hinsichtlich des Beschlussverfahrens indes keine dem § 51 Abs. 3 GmbHG entsprechende Regelung. Bereits hieraus lässt sich herleiten, dass nach dem gesetzgeberischen Willen ein Abweichen von den Verfahrensvorgaben des § 48 GmbHG einzig auf Grundlage einer Satzungsbestimmung zulässig ist.[974]

Dieses Ergebnis wird durch den Schutzzweck der Verfahrensvorgaben in § 48 Abs. 1, Abs. 2 GmbHG bestätigt. Zwar könnte man annehmen, es stelle eine „übertriebene[...] Förmelei[...]“[975] dar, die Zulässigkeit einer Beschlussfassung in einem abweichenden Verfahren von einer Satzungsregelung abhängig zu machen, wenn es den Gesellschaftern durch eine solche ohnehin möglich ist, einen wirksamen Beschluss in dem jeweils anvisierten Verfahren zu fassen.[976] Dem ist jedoch entgegenzuhalten, dass es für einen Satzungsänderungsbeschluss gem. § 53 Abs. 1, Abs. 2 S. 1 GmbHG eines Beschlusses der Gesellschafter in einem zugelassenen Verfahren mit einer Mehrheit von drei Vierteln der abgegebenen Stimmen sowie

---

[968] BGH, Urt. v. 16.01.2006 – II ZR 153/04, NJW 2006, 2044, 2045 Rn. 10.

[969] *Liese/Theusinger*, GmbHR 2006, 682, 683; *Schmidt*, NJW 2006, 2599, 2602; zudem auf die Regelung des § 53 Abs. 3 GmbHG als Ausdruck der Eigenschaft der Gesellschafter als „Herren der Beschlussfassung“ verweisend, *Seibt*, in: Scholz GmbHG, § 48 Rn. 67.

[970] BGH, Urt. v. 30.03.1987 – II ZR 180/86, NJW 1987, 2580, 2581; BGH, Beschl. v. 04.05.2009 – II ZR 169/07, NJW-RR 2010, 49 Rn. 9; *Noack*, in: Noack/Servatius/Haas GmbHG, § 51 Rn. 37; *Liebscher*, in: MüKo GmbHG, § 51 Rn. 63 f.

[971] *Liese/Theusinger*, GmbHR 2006, 682, 683 f.

[972] Vgl. *Seibt*, in: Scholz GmbHG, § 48 Rn. 67; *Liese/Theusinger*, GmbHR 2006, 682, 683 f.

[973] *Blasche*, GmbHR 2011, 232, 234.

[974] *Blasche*, GmbHR 2011, 232, 234.

[975] *Liebscher*, in: MüKo GmbHG, § 48 Rn. 207.

[976] So *Liebscher*, in: MüKo GmbHG, § 48 Rn. 207.

einer notariellen Beurkundung bedarf. Dies schützt die Gesellschafter vor Überrumpelung.[977] Es wird verhindert, dass die Gesellschafter *ad hoc* einem ungewohnten Beschlussverfahren und zugleich einem weitreichenden Beschlussgegenstand zustimmen, ohne sich der Tragweite dessen hinreichend bewusst zu sein.[978] Es wird eine gewisse Bedenkzeit gesichert. Das Satzungserfordernis trägt daher dem Zweck des Formerfordernisses des § 48 GmbHG als „Schutzzaun der Willensbildung"[979] Rechnung.

B. Beurteilung der denkbaren Einzelfälle

An die vorangegangenen Überlegungen anknüpfend, ist nun zu prüfen, ob eine Beschlussfassung in den verschiedenen denkbaren, teils bereits eingangs dargestellten, kombinierten (teil-)präsenzlosen Verfahren zulässig ist. Nach dem gefundenen Ergebnis ist dies im Grundsatz einzig dann zu bejahen, wenn sich das Verfahren unter einen der in § 48 Abs. 1 oder Abs. 2 GmbHG geregelten Fälle subsumieren lässt. Andernfalls stellt das Verfahren ein abweichendes und somit im Grundsatz unzulässiges Beschlussverfahren dar.

I. Kombination der beiden virtuellen Versammlungsformen i. S. d. § 48 Abs. 1 S. 2 GmbHG

Die erste denkbare Kombination besteht in einer Verbindung aus fernmündlicher und videokommunikativer virtueller Versammlung; also einer Kombination der Alternativen des § 48 Abs. 1 S. 2 GmbHG.

Zwar bestimmt der Wortlaut des § 48 Abs. 1 S. 2 GmbHG, dass „Versammlungen [...] auch fernmündlich *oder* mittels Videokommunikation abgehalten werden [können]" (Hervorh. durch Verf.). Dieser Wortlaut könnte indizieren, dass die Gesellschafter sich für eine der beiden Formen der virtuellen Versammlungen entscheiden müssen.

Gegen eine solche Annahme spricht indes, dass die videokommunikative Zusammenkunft ein Mehr zur reinen Telefonkonferenz darstellt. Wenn bereits die ausschließlich auditive Zwei-Wege-Kommunikation der Telefonkonferenz vom Gesetzgeber als grundsätzlich zur Beschlussfassung geeignet angesehen wurde, besteht kein nachvollziehbarer Grund, es einzelnen Gesellschaftern zu untersagen, zusätzlich visuell zu kommunizieren. Folglich muss von der Regelung des § 48 Abs. 1 S. 2 GmbHG gleichermaßen umfasst sein, dass sich einige Gesellschafter

---

[977] *Mayer*, NZG 2007, 448, 450.

[978] *Mayer*, NZG 2007, 448, 449.

[979] *Mayer*, NZG 2007, 448, 449.

mittels audiovisueller Zwei-Wege-Kommunikation zusammenfinden, während andere nur auditiv teilnehmen.[980]

Erforderlich ist allerdings, da es sich um eine rein virtuelle Versammlung i. S. d. § 48 Abs. 1 S. 2 GmbHG handelt, dass sich alle Gesellschafter in Textform mit der Beschlussfassung in derselben einverstanden erklären.[981] Dabei muss sich die Zustimmungserklärung grundsätzlich auf die spezifische kombinierte virtuelle Versammlungsform beziehen.[982] So ist jemand, der der Beschlussfassung im Wege der Videokommunikation zustimmt, nicht zwangsweise auch damit einverstanden, dass ein Teil der Gesellschafter rein auditiv teilnimmt.[983] Derweil wird man die Zustimmung zur fernmündlichen Versammlung in der Regel auch als Einverständnis hinsichtlich der weniger beeinträchtigenden audiovisuellen Versammlung verstehen können.

II. Präsenz-Gesellschafterversammlung mit ergänzender virtueller Zuschaltung Einzelner (Sog. Hybrid-Versammlung)

Des Weiteren soll nun die Zulässigkeit einer Beschlussfassung in „Hybrid-Versammlung"[984] erörtert werden. Als Hybrid-Versammlung bezeichnet man eine Versammlung, bei der ein Teil der Gesellschafter physisch am Versammlungsort anwesend ist, während ein anderer Teil der Versammlung virtuell beiwohnt.[985] Es handelt sich demnach um ein teilpräsenzloses Beschlussverfahren.

1. Stand *quo ante* DiREG

Die Zulässigkeit dieser Form der Beschlussfassung wurde von einigen Stimmen in der Literatur bereits vor der Gesetzesänderung durch das DiREG bejaht.[986] Es

[980] So auch *Schindler*, in: BeckOK GmbHG, Stand: 01.11.2025, § 48 Rn. 96b; zustimmend *Noack*, „Mittels Videokommunikation" – virtuelle Gesellschafterversammlungen bei der GmbH, in: FS Heckschen, 2024, 475, 480.

[981] *Noack*, „Mittels Videokommunikation" – virtuelle Gesellschafterversammlungen bei der GmbH, in: FS Heckschen, 2024, 475, 480.

[982] Vgl. *Noack*, „Mittels Videokommunikation" – virtuelle Gesellschafterversammlungen bei der GmbH, in: FS Heckschen, 2024, 475, 477; *Schindler*, in: BeckOK GmbHG, Stand: 01.11.2025, § 48 Rn. 96b.

[983] *Noack*, „Mittels Videokommunikation" – virtuelle Gesellschafterversammlungen bei der GmbH, in: FS Heckschen, 2024, 475, 477. Zudem zu dieser Wertung bereits oben Kap. 3 B. II. 1.

[984] *Leinekugel*, DB 2022, 2840, 2845.

[985] *Leinekugel*, DB 2022, 2840, 2845; *Heckschen/Hilser*, ZPG 2023, 41, 42; vgl. auch *Wertenbruch*, GmbHR 2023, 157, 160 Rn. 8 f.

[986] Grundlegend *Wertenbruch*, GmbHR 2019, 149, 152 f.; *ders.*, in: MüKo GmbHG, Anh. § 47 Rn. 71; zustimmend *Hüffer/Schäfer*, in: Habersack/Casper/Löbbe GmbHG, § 48 Rn. 16a;

wurde argumentiert, digital abgegebene Stimmen würden in diesem Rahmen gem. § 130 Abs. 1 S. 1 BGB durch Zugang in der Versammlung wirksam, weshalb die Beschlussfassung „in Versammlung" i.S.d. § 48 Abs. 1 GmbHG a.F. erfolge.[987] Daher verliere die Präsenzversammlung nach § 48 Abs. 1 GmbHG a.F. ihren Charakter durch die virtuelle Zuschaltung Einzelner nicht.[988] Im Ergebnis subsumiert diese Ansicht die Hybrid-Versammlung also unter die Vorschrift des § 48 Abs. 1 GmbHG a.F.[989]

2. Stand unter dem DiREG

Auch hinsichtlich der Zulässigkeit einer Beschlussfassung in Hybrid-Versammlung wurde durch das DiREG Klarheit geschaffen. Der neue Versammlungsbegriff im Recht der GmbH umfasst gem. § 48 Abs. 1 S. 2 GmbHG nun auch virtuelle Zusammenkünfte in den Formen der Telefon- oder Videokonferenz.[990] In der Begründung des Gesetzesentwurfs des DiREG hat der Gesetzgeber dabei ausdrücklich klargestellt, dass es für eine Beschlussfassung in virtueller Versammlung i.S.d. § 48 Abs. 1 S. 2 GmbHG nicht erforderlich sei, dass sich sämtliche Teilnehmer an unterschiedlichen Orten befinden.[991] Es sei nicht notwendig, dass sich die Gesellschafter rein virtuell versammeln.[992] Vielmehr solle es nach § 48 Abs. 1 S. 2 GmbHG auch möglich sein, dass sich mehrere Gesellschafter in Präsenz an einem Ort zusammenfinden, während sich ein oder mehrere Gesellschafter fernmündlich oder mittels Videokommunikation zuschalten.[993] Somit sieht der Gesetzgeber die Hybrid-Versammlung fortan als Ausprägung der virtuellen Versammlung i.S.d. § 48 Abs. 1 S. 2 GmbHG an.[994] Die Beschlussfassung in Hybrid-Versammlung stellt also keine andersartige und damit allgemein unzulässige Form der Beschlussfassung dar.

§ 48 Abs. 1 S. 2 GmbHG enthält jedoch die Einschränkung, dass Beschlüsse nur dann wirksam in Telefon- oder Videokonferenz gefasst werden können, wenn alle

---

Schindler/Schaffner, Virtuelle Beschlussfassung, § 3 Rn. 477; *Miller/Nehring-Köppl*, WM 2020, 911, 914 f.; *Bayer/Möller*, GmbHR 2021, 461, 462 Rn. 2.

[987] Grundlegend *Wertenbruch*, GmbHR 2019, 149, 152; *ders.*, in: MüKo GmbHG, Anh. § 47 Rn. 70; zustimmend *Hüffer/Schäfer*, in: Habersack/Casper/Löbbe GmbHG, § 48 Rn. 16a; *Miller/Nehring-Köppl*, WM 2020, 911, 914 f.

[988] *Bayer/Möller*, GmbHR 2021, 461, 462 Rn. 2.

[989] Grundlegend *Wertenbruch*, GmbHR 2019, 149, 153; *ders.*, in: MüKo GmbHG, Anh. § 47 Rn. 71; zustimmend *Hüffer/Schäfer*, in: Habersack/Caspar/Löbbe GmbHG, § 48 Rn. 16a; *Bayer/Möller*, GmbHR 2021, 461, 461 f. Rn. 2.

[990] Siehe oben Kap. 1 C. I.

[991] RegBegr. Gesetzesentwurf DiREG BT-Drs. 20/1672 S. 23.

[992] RegBegr. Gesetzesentwurf DiREG BT-Drs. 20/1672 S. 23.

[993] RegBegr. Gesetzesentwurf DiREG BT-Drs. 20/1672 S. 23.

[994] *Leinekugel*, DB 2022, 2840, 2842, 2845; vgl. außerdem *Bayer*, in: Lutter/Hommelhoff, § 48 Rn. 33; *Liebscher*, in: MüKo GmbHG, § 48 Rn. 168.

Gesellschafter sich damit in Textform einverstanden erklären.[995] Dieser Vorbehalt greift bei der Beschlussfassung in Hybrid-Versammlung gleichermaßen ein.[996]

Im Ergebnis ist die Beschlussfassung in Hybrid-Versammlung also zulässig, da sie gesetzlich vorgesehen wurde. In Hybrid-Versammlung gefasste Beschlüsse sind jedoch nur dann wirksam, wenn sämtliche Gesellschafter sich mit der Beschlussfassung in diesem Verfahren i. S. d. § 48 Abs. 1 S. 2 GmbHG textförmlich einverstanden erklären.[997]

3. Anspruch auf virtuelle Zuschaltung zu Präsenzversammlung?

Vor dem Hintergrund dieser Überlegungen stellt sich die Frage, ob bzw. unter welchen Voraussetzungen dem einzelnen Gesellschafter ein Anspruch auf virtuelle Zuschaltung zu einer im Grundsatz in Präsenz abgehaltenen Gesellschafterversammlung zustehen kann.

a) Grundsatz

Grundsätzlich ist das Bestehen eines solchen Anspruchs aufgrund der Einordnung hybrider Versammlungen als solche i. S. d. § 48 Abs. 1 S. 2 GmbHG zu verneinen.[998] Andernfalls wäre es einem Einzelnen möglich, den übrigen Gesellschaftern die Beschlussfassung in Hybrid-Versammlung aufzuzwingen. Dies wider dem gesetzgeberischen Willen,[999] wie er insbesondere auch im Einverständniserfordernis des § 48 Abs. 1 S. 2 GmbHG eindeutig manifestiert ist.[1000] Dieses Ergebnis erscheint vor dem Hintergrund, dass die der virtuellen Gesellschafterversammlung innewohnenden Nachteile einer Hybrid-Versammlung zu großen Teilen ebenso anhaften,[1001] auch sachgerecht. Die Gesellschafter müssen den Risiken einer (teil-)

---

[995] Zu dem hier vertretenen Verständnis des Einverständniserfordernisses als Wirksamkeitserfordernis siehe ausführlich oben Kap. 3 B. II. 2., Kap. 6 B. III. 2. b).

[996] *Leinekugel*, DB 2022, 2840, 2842, 2845.

[997] *Schindler*, in: BeckOK GmbHG, Stand: 01. 11. 2025, § 48 Rn. 99; *Altmeppen*, in: Altmeppen GmbHG, § 48 Rn. 56; *Denga*, in: BeckOGK GmbHG, Stand: 01. 10. 2025, § 48 Rn. 16; *Bayer*, in: Lutter/Hommelhoff GmbHG, § 48 Rn. 31 ff.; *Wertenbruch*, in: MüKo GmbHG, Anh. § 47 Rn. 71; *ders.*, GmbHR 2023, 157, 160 Rn. 9; *Leinekugel*, DB 2022, 2840, 2842, 2845; *Noack*, „Mittels Videokommunikation“ – virtuelle Gesellschafterversammlungen bei der GmbH, in: FS Heckschen, 2024, 475, 480.

[998] So auch *Leinekugel*, DB 2022, 2840, 2845; *Wertenbruch*, GmbHR 2023, 157, 161 Rn. 14.

[999] RegBegr. Gesetzesentwurf DiREG BT-Drs. 20/1672 S. 23 („Mit dem Zustimmungserfordernis sämtlicher Gesellschafter soll zum Ausdruck gebracht werden, dass bei fehlender Grundlage im Gesellschaftsvertrag diese Versammlungsform keinem Gesellschafter aufgezwungen werden soll.“).

[1000] *Wertenbruch*, GmbHR 2023, 157, 161 Rn. 14; *Leinekugel*, DB 2022, 2840, 2845.

[1001] *Heckschen/Hilser*, ZPG 2023, 41, 47 ff.; vgl. zudem *Heckschen*, GmbHR 2023, 105, 108 („Nachteile hybrider/virtueller Formate“).

virtuellen Beschlussfassung zustimmen, ansonsten wird das ihnen zustehende Recht auf Durchführung einer reinen Präsenzversammlung in unzulässiger Weise beschnitten.[1002]

b) Sich aus Treuepflicht ergebende Pflicht zur Zustimmung im Einzelfall

Es gibt aber bestimmte Einzelfallkonstellationen, in denen die übrigen Gesellschafter ausnahmsweise zur Erteilung ihres textförmlichen Einvernehmens hinsichtlich der virtuellen Zuschaltung eines Mitgesellschafters verpflichtet sind.

Zwar steht nach dem soeben Gesagten grundsätzlich jedem Gesellschafter ein Recht auf Beschlussfassung in reiner Präsenzversammlung zu. Daher ist es ihnen im Grundsatz freigestellt, ob sie ihr Einvernehmen mit dem abweichenden Verfahren erteilen oder nicht. Demgegenüber ist aber wiederum die horizontale Treuepflicht der Gesellschafter zu beachten, die GmbH-Gesellschafter untereinander verpflichtet, Rücksicht auf die mitgliedschaftlichen Interessen ihrer Mitgesellschafter zu nehmen.[1003]

Die Gesellschafterversammlung dient maßgeblich der gesellschaftsinternen Willensbildung. Das Recht, hieran teilzunehmen, ist ein elementares mitgliedschaftliches Recht der GmbH-Gesellschafter.[1004] Daher ist es in seinem Kern sogar absolut unentziehbar.[1005] Zwar kann das Teilnahmerecht nach der Wertung des § 48 Abs. 1 S. 2 GmbHG nicht das Recht umfassen, eine Erweiterung einer Präsenzversammlung in ein hybrides Versammlungsformat zu verlangen.[1006] Das Interesse eines Gesellschafters an seiner virtuellen Zuschaltung zu einer grundsätzlich in Präsenz abgehaltenen Versammlung ist aber jedenfalls als ein gewichtiges mitgliedschaftliches Interesse zu qualifizieren. So erfüllt die virtuelle Zuschaltung keinen Selbstzweck, sondern dient dem zentralen mitgliedschaftlichen Interesse, an der gesellschaftsinternen Willensbildung teilzuhaben.

Ihre Treuepflicht kann mitgliedschaftliche Befugnisse, die den Gesellschaftern grundsätzlich zustehen, einschränken.[1007] Darüber hinaus kann sie auch eine positive Mitwirkungs- oder Handlungspflicht begründen.[1008] So ist es beispielsweise anerkannt, dass die Treuepflicht die Gesellschafter verpflichten kann, gewissen Maßnahmen zuzustimmen, sofern diese mit Rücksicht auf das Gesellschaftsver-

---

[1002] Siehe oben Kap. 1 C. II.

[1003] Siehe oben Kap. 6 B. III. 4. d).

[1004] *Hüffer/Schäfer*, in: Habersack/Casper/Löbbe GmbHG, § 48 Rn. 12.

[1005] Siehe oben Kap. 2 A.

[1006] Siehe oben Kap. 7 B. II. 3. a).

[1007] *Seibt*, in: Scholz GmbHG, § 14 Rn. 78; *Lieder*, in: Michalsi/Heidinger/Leible/Schmidt GmbHG, § 13 Rn. 161; *Fastrich*, in: Noack/Servatius/Haas GmbHG, § 13 Rn. 64.

[1008] *Lieder*, in: Michalski/Heidinger/Leible/Schmidt GmbHG, § 13 Rn. 190; *Merkt*, in: MüKo GmbHG, § 13 Rn. 150; *Seibt*, in: Scholz GmbHG, § 14 Rn. 83 f.

hältnis dringend geboten und den Gesellschaftern unter Berücksichtigung ihrer eigenen Belange zumutbar sind.[1009]

Die horizontale Treuepflicht schränkt daher das den Gesellschaftern zustehende Recht auf Durchführung einer reinen Präsenzversammlung dahingehend ein, dass ein Gesellschafter im Einzelfall die virtuelle Zuschaltung zur Präsenzversammlung verlangen kann. In bestimmten Eilsituationen, in denen eine Verlegung der Entscheidungsfindung und damit der Gesellschafterversammlung nicht in Betracht kommt, können die übrigen Gesellschafter zur textförmlichen Zustimmung zu der virtuellen Zuschaltung ihres Mitgesellschafters ausnahmsweise verpflichtet sein.[1010] Ob eine Zustimmungspflicht im Einzelfall besteht, ist dabei jeweils von den konkreten Umständen abhängig zu machen.[1011] Es ist eine umfassende Interessenabwägung vorzunehmen.[1012] Das Interesse des anspruchsstellenden Gesellschafters an einer virtuellen Versammlungsteilnahme muss mit dem grundsätzlich bestehenden Recht der übrigen Gesellschafter auf eine Beschlussfassung in Präsenzversammlung abgewogen werden.

aa) Entscheidungsformel nach Wertenbruch und Leinekugel

Ein von Wertenbruch und Leinekugel vertretener Ansatz bringt die beiden widerstreitenden Interessen in der Form miteinander in Ausgleich, dass der anspruchsstellende Gesellschafter erstens ein berechtigtes Interesse an der Zuschaltung haben und diese zweitens für die übrigen Gesellschafter auch zumutbar sein muss.[1013] Nur in diesem Fall sei der Anspruch zu bejahen.[1014]

[1009] BGH, Urt. v. 05.11.1984 – II ZR 111/84, NJW 1985, 974; BGH, Urt. v. 07.07.2003 – II ZR 235/01, NJW 2003, 3127, 3129 f.; OLG Köln, Urt. v. 09.03.1999 – 22 U 145/98, NZG 1999, 1166, 1167; *Raiser*, in: Habersack/Casper/Löbbe GmbHG, § 14 Rn. 95; *Lieder*, in: Michalski/Heidinger/Leible/Schmidt, § 13 Rn. 183; *Seibt*, in: Scholz GmbHG, § 14 Rn. 84; *Bayer*, in: Lutter/Hommelhoff GmbHG, § 14 Rn. 33; *Saenger*, in: Saenger/Inhester GmbHG, § 13 Rn. 28.

[1010] Vgl. *Leinekugel*, DB 2022, 2840, 2846.

[1011] *Leinekugel*, DB 2022, 2840, 2846; vgl. *Wertenbruch*, in: MüKo GmbHG, Anh. § 47 Rn. 72. Es handelt es sich hierbei um einen allgemeinen Grundsatz bei Bestimmung des Inhaltes der Treuepflicht, vgl. BGH, Urt. v. 14.02.2019 – IX ZR 149/16, NJW 2019, 1289, 1290 Rn. 19; *Raiser/Veil*, in: Habersack/Casper/Löbbe GmbHG, § 14 Rn. 87; *Merkt*, in: MüKo GmbHG, § 13 Rn. 94; vgl. so zur positiven Stimmpflicht *Dreher*, DStR 1993, 1632, 1635 f.

[1012] *Wertenbruch*, in: MüKo GmbHG, Anh. § 47 Rn. 72; *ders.*, GmbHR 2019, 149, 154; *Leinekugel*, DB 2022, 2840, 2846. Es handelt es sich hierbei um einen allgemeinen Grundsatz bei Bestimmung des Inhaltes der Treuepflicht, BGH, Urt. v. 14.02.2019 – IX ZR 149/16, NJW 2019, 1289, 1290 Rn. 19; *Raiser/Veil*, in: Habersack/Casper/Löbbe GmbHG, § 14 Rn. 87; *Merkt*, in: MüKo GmbHG, § 13 Rn. 99; vgl. zudem so zur positiven Stimmpflicht *Dreher*, DStR 1993, 1632, 1635 f.

[1013] *Wertenbruch*, in: MüKo GmbHG, Anh. § 47 Rn. 72; *Leinekugel*, DB 2022, 2840, 2846.

[1014] *Wertenbruch*, in: MüKo GmbHG, Anh. § 47 Rn. 72; *Leinekugel*, DB 2022, 2840, 2846; a. A. *Denga*, in: BeckOGK GmbHG, Stand: 01.10.2025, § 48 Rn. 14, der eine Zustim-

Diese Entscheidungsformel erleichtert die Einzelfallentscheidung, indem sie einen Zweischritt fixiert. Sie trägt zudem dem Umstand Rechnung, dass ein Anspruch auf Zustimmung zur virtuellen Zuschaltung aufgrund der Wertung des § 48 Abs. 1 S. 2 GmbHG von vornherein nur dann in Betracht kommen kann, wenn der anspruchsstellende Gesellschafter ein berechtigtes Interesse an dieser vorweisen kann. Das Recht der übrigen Gesellschafter auf eine Beschlussfassung in Präsenzversammlung wird in dem zweiten Bewertungsschritt dadurch gewürdigt, dass diesen zumutbar sein muss.

Dies führt jedenfalls in einigen Konstellationen zu klaren und sachgerechten Ergebnissen. So beispielsweise im Fall eines Gesellschafters, der die Zuschaltung aus reiner Bequemlichkeit verlangt, denn die bloße Bequemlichkeit kann nach keiner Betrachtungsweise ein berechtigtes Interesse darstellen.[1015] Deshalb scheidet eine aus der Treuepflicht folgende Zustimmungspflicht zur virtuellen Zuschaltung von vornhinein aus.

Es wird allerdings nicht in allen Fällen derart eindeutig sein, ob ein berechtigtes Interesse vorliegt und die Zuschaltung den übrigen Gesellschaftern zumutbar ist. Die beiden Anspruchsvoraussetzungen sind nicht klar definiert, weshalb nicht einfach unter sie subsumiert werden kann. Sie sind vielmehr unbestimmt und daher auslegungsbedürftig.[1016]

bb) Konkretisierung der Voraussetzungen

Dies führt wiederum zu einer gewissen Unsicherheit dahingehend, wann letztlich von einer aus der Treuepflicht folgenden Pflicht zur Zustimmung zur virtuellen Zuschaltung eines anspruchstellenden Mitgesellschafters auszugehen ist und wann nicht. Diese Unsicherheit gilt es aber insbesondere mit Blick auf die möglichen Rechtsfolgen einer Treuepflichtverletzung so gering wie möglich zu halten.[1017] Daher sollen die beiden Anspruchsvoraussetzungen – das berechtigte Interesses an der Zuschaltung sowie die Zumutbarkeit derselben – im Folgenden näher konkretisiert werden, um die Rechtssicherheit für die Beteiligten zu erhöhen.

---

mungspflicht bereits bejaht, „wenn ein Gesellschafter aus wichtigen Gründen und unverschuldet nicht an der Präsenzversammlung teilnehmen kann“.

[1015] Vgl. so zum Begriff des berechtigten Interesses in § 553 Abs. 1 S. 1 BGB AG Lichtenberg, Urt. v. 13.03.2019 – 8 C 338/18, BeckRS 2019, 37151 Rn. 11.

[1016] Vgl. so zum Begriff des berechtigten Interesses in § 12 GBO *Wilsch*, in: BeckOK GBO, Stand: 01.12.2025, § 12 Rn. 1; sowie zum Begriff des berechtigten Interesses in § 573 BGB *Häublein*, in: MüKo BGB, § 573 Rn. 36.

[1017] Es kommt eine Beschlussanfechtung in Betracht, *Seibt*, in: Scholz GmbHG, § 14 Rn. 121; *Lieder*, in: Michalski/Heidinger/Leible/Schmidt GmbHG, § 13 Rn. 198; *Merkt*, in: MüKo GmbHG, § 13 Rn. 198. Zudem kann sich aus einer Treuepflichtverletzung eine Schadensersatzpflicht ergeben; *Lieder*, in: Michalski/Heidinger/Leible/Schmidt GmbHG, § 13 Rn. 202; *Seibt*, in: Scholz GmbHG, § 14 Rn. 125; *Bayer*, in: Lutter/Hommelhoff GmbHG, § 14 Rn. 44.

(1) Berechtigtes Interesse an der virtuellen Zuschaltung

Zunächst sind daher die Voraussetzungen zu bestimmen, unter denen ein berechtigtes Interesse des seine virtuelle Zuschaltung verlangenden Gesellschafters bejaht werden kann.

Eine rechtsnormübergreifende, allgemeingültige Definition des Begriffs des berechtigten Interesses ist nicht möglich.[1018] In welchen Fällen ein solches Interesse zu bejahen ist, hängt vielmehr maßgeblich vom jeweiligen Regelungskontext ab.[1019] Demnach sind die Anforderungen an ein berechtigtes Interesse im vorliegenden Zusammenhang eigenständig zu bestimmen. Maßgeblich ist hierbei, ob das Interesse des anspruchsstellenden Gesellschafters in der konkreten Situation schutzwürdig erscheint. Nur wenn dies zu bejahen ist, kann überhaupt erwogen werden, das gesellschafterliche Recht auf Durchführung einer Präsenzversammlung einzuschränken. Demnach wird im Folgenden konkretisiert, unter welchen Voraussetzungen ein Interesse auf virtuelle Zuschaltung schutzwürdig ist.

(a) Unmöglichkeit oder Unzumutbarkeit der Präsenzteilnahme

Ausgangspunkt muss insofern sein, dass dem die Zuschaltung verlangenden Gesellschafter die Präsenzteilnahme an der Gesellschafterversammlung unmöglich ist.[1020]

Denn die Präsenzversammlung ist nach der in § 48 Abs. 1 S. 2 GmbHG verankerten gesetzgeberischen Wertentscheidung weiterhin das „Mittel der Wahl“[1021]. Eine virtuelle oder hybride Versammlung soll „bei fehlender Grundlage im Gesellschaftsvertrag […] niemandem aufgezwungen werden“[1022]. Ist einem Gesellschafter aber im konkreten Fall die physische Teilnahme an der Versammlung unmöglich, während eine virtuelle Zuschaltung möglich wäre, besteht die Besonderheit, dass er hinsichtlich seiner Teilnahmeform keine Wahlmöglichkeit hat.[1023] Auch wenn sich alle Gesellschafter grundsätzlich gegen eine die Regelung des § 48 Abs. 1 S. 2 GmbHG modifizierende Satzungsbestimmung entschieden haben, ist der verhinderte Gesellschafter in solchen Fällen ausnahmsweise zwingend auf die Möglichkeit der virtuellen Zuschaltung angewiesen, um sein Recht zur Teilnahme

[1018] Vgl., bereits die Möglichkeit einer einheitlichen Begriffsbildung im Mietrecht verneinend, *Börstinghaus*, in: Schmidt-Futterer Mietrecht, § 573 Rn. 186; *Geib*, in: BeckOGK BGB, Stand: 01.10.2025, § 573 Rn. 18.

[1019] Aus diesem Grund die Möglichkeit einer einheitlichen Begriffsbildung im Mietrecht verneinend, *Geib*, in: BeckOGK BGB, Stand: 01.10.2025, § 573 Rn. 18.

[1020] Vgl. *Wertenbruch*, GmbHR 2023, 157, 161 f. Rn. 15; *ders.*, in: MüKo GmbHG, Anh. § 47 Rn. 72.

[1021] RegBegr. Gesetzesentwurf DiREG BT-Drs. 20/1672 S. 23.

[1022] RegBegr. Gesetzesentwurf DiREG BT-Drs. 20/1672 S. 23.

[1023] So auch *Wertenbruch*, GmbHR 2023, 157, 162 Rn. 15.

an der gesellschaftsinternen Willensbildung ausüben zu können.[1024] Er ist daher schutzwürdig.

Die Gesellschafter haben grundsätzlich keine Verpflichtung, sondern lediglich ein Recht darauf, in Präsenz[1025] an der Gesellschafterversammlung teilzunehmen.[1026] Daher scheidet eine unmittelbare Anwendung des § 275 BGB mangels Verletzung einer Leistungspflicht aus. Die Frage, wann dem Gesellschafter die Wahrnehmung seines mitgliedschaftlichen Rechts auf Versammlungsteilnahme unmöglich ist, ist aber auch anderweitig gesetzlich nicht geregelt. § 275 BGB dient dazu, die Grenze der Naturalleistungspflicht festzulegen.[1027] In den geregelten Tatbeständen beschränkt sich die Leistungspflicht des Schuldners auf Sekundärleistungspflichten.[1028] Insoweit hat die Unmöglichkeit eine „Überleitungsfunktion"[1029]. Dementsprechend geht es in dem vorliegenden Fall darum, zu bestimmen, wo die Grenze der Pflicht liegt, das Recht zur Versammlungsteilnahme in Präsenz wahrzunehmen. Es sollen Sachverhalte festgelegt werden, in denen dieses Recht auch in anderer Form – virtuell – wahrgenommen werden kann. Daher ist die Frage, wann dem Gesellschafter die Präsenzteilnahme an der Gesellschafterversammlung unmöglich ist, letztlich in analoger Anwendung des § 275 BGB zu beantworten.

Zunächst kommen insofern in Fälle der sog. „tatsächlichen Unmöglichkeit"[1030] i. S. d. § 275 Abs. 1 BGB in Betracht. Gemeint sind Konstellationen, in denen ein Gesellschafter aus „Gründen elementarer Naturgesetze oder der Logik"[1031] an der Präsenzteilnahme gehindert ist. Der wohl häufigste Fall, in dem einem Gesellschafter eine Präsenzteilnahme tatsächlich unmöglich ist, die virtuelle Teilnahme aber möglich bleibt, betrifft geografisch bedingte Hindernisse. Beispielhaft angeführt sei der Fall, dass ein Gesellschafter sich auf einer Auslandsreise befindet und durch Einschränkungen des Flugverkehrs keine rechtzeitige Rückkehrmöglichkeit hat. Eine virtuelle Teilnahme an der Gesellschafterversammlung wäre derweil weiterhin möglich.

[1024] Vgl. *Wertenbruch*, GmbHR 2023, 157, 162 Rn. 15.

[1025] Siehe oben Kap. 7 B. II. 3. a).

[1026] *Bayer*, in: Lutter/Hommelhoff GmbHG, § 48 Rn. 2; *Seibt*, in: Scholz GmbHG, § 48 Rn. 19; *Bayer/Möller*, GmbHR 2021, 461, 461 Rn. 2.

[1027] *Riehm*, in: BeckGK BGB, Stand: 01.08.2023, § 275 Rn. 3; *Ernst*, in: MüKo BGB, § 275 Rn. 1.

[1028] *Riehm*, in: BeckGK BGB, Stand: 01.08.2023, § 275 Rn. 3; *Schulze*, in: Schulze BGB, § 275 Rn. 1.

[1029] *Riehm*, in: BeckGK BGB, Stand: 01.08.2023, § 275 Rn. 3.

[1030] *Riehm*, in: BeckOGK BGB, Stand: 01.08.2023, § 275 Rn. 90; *Joussen*, in: BeckOK ArbR, Stand: 01.12.2025, § 616 Rn. 16.

[1031] *Riehm*, in: BeckOGK BGB, Stand: 01.08.2023, § 275 Rn. 90. Vgl. zudem BGH, Urt. v. 13.01.2011 – III ZR 87/19, NJW 2011, 756, 757 Rn. 10 („nach den Naturgesetzen oder nach dem Stand der Erkenntnis von Wisschenschaft und Technik").

Ebenso ist eine Unmöglichkeit der Präsenzversammlungsteilnahme analog § 275 Abs. 1 BGB in Fällen sog. „rechtliche[r] Unmöglichkeit“[1032] anzunehmen. Diese liegt vor, wenn „der geschuldeten Leistung unüberwindbare rechtliche Hinderungsgründe entgegenstehen“[1033]. Erfasst sind damit unter anderem Fälle, in denen die geschuldete Leistung zwar tatsächlich durch den Schuldner erbracht werden könnte, es hierfür aber eines Verstoßes gegen die Rechtsordnung bedürfte.[1034] Ein entsprechendes unüberwindbares rechtliches Hindernis für die Präsenzteilnahme kann beispielsweise durch eine Anordnung zur Absonderung (sog. „Quarantäne“[1035]) oder ein Tätigkeitsverbot nach §§ 30 Abs. 1, 31 IfSG geschaffen werden.[1036] Abhängig von seinem Gesundheitszustand kann dem Gesellschafter in einer solchen Situation die virtuelle Versammlungsteilnahme aber durchaus möglich bleiben.

Daneben kann eine Präsenzteilnahme auch unzumutbar i. S. d. § 275 Abs. 2 bzw. Abs. 3 BGB sein. Auch hier muss es dem Gesellschafter – unbeachtlich des Einverständniserfordernisses gem. § 48 Abs. 1 S. 2 GmbHG – im Grundsatz möglich sein, seine virtuelle Zuschaltung zu fordern. Denn er hat gleichfalls keine echte Wahlmöglichkeit hinsichtlich der Form seiner Versammlungsteilnahme und erscheint daher gleichermaßen schutzwürdig.

Zunächst ist insofern analog § 275 Abs. 2 BGB an Fälle zu denken, in denen die Präsenzteilnahme dem Gesellschafter nur unter grob unverhältnismäßigem – insbesondere finanziellen – Aufwand möglich wäre. Beispielshalber genannt sei insofern die Konstellation, dass sich ein Gesellschafter aufgrund einer Reise im Ausland aufhält und ihm eine kurzfristige, verfrühte Rückreise zur persönlichen Versammlungsteilnahme zwar möglich, diese jedoch mit grob unverhältnismäßigen Zusatzkosten verbunden wäre. Während die Präsenzteilnahme so faktisch unmöglich ist, bleibt die virtuelle Teilnahme regelmäßig unproblematisch möglich.

Zudem sind in Analogie zu § 275 Abs. 3 BGB solche Fälle mit einzubeziehen, in denen der Präsenzteilnahme „immaterielle oder ideelle Leistungshindernisse“[1037] entgegenstehen. Im Arbeitsrecht hat sich insoweit unter anderem etabliert, dass die Arbeitserbringung dann unzumutbar ist, wenn sich ein Arbeitnehmer nach ärztlicher Bescheinigung um sein krankes Kind oder sonst einen pflegebedürftigen nahen Angehörigen kümmern muss, da keine andere Person zumutbarer Weise die Pflege

---

[1032] *Ernst*, in: MüKo BGB, § 275 Rn. 48.

[1033] *Riehm*, in: BeckOGK BGB, Stand: 01.08.2023, § 275 Rn. 120. Vgl. zudem *Ernst*, in: MüKo BGB, § 275 Rn. 48 ff.

[1034] *Ernst*, in: MüKo BGB, § 275 Rn. 50; *Riehm*, in: BeckOGK BGB, Stand: 01.08.2023, § 275 Rn. 120.

[1035] *Henssler*, in: MüKo BGB, § 616 Rn. 25.

[1036] *Bieder*, in: BeckOGK BGB, Stand: 01.04.2025, § 616 Rn. 17; *Henssler*, in: MüKo BGB, § 616 Rn. 25; vgl. zudem VGH Mannheim, Beschl v. 28.07.2022 – A 9 S 696/22, NVwZ, 698, 699 Rn. 5 f.

[1037] *Riehm*, in: BeckOGK BGB, Stand: 01.08.2023, § 275 Rn. 307; § 275 Abs. 3 BGB bei persönlich zu erbringenden Leistungen als *lex specialis* zu § 275 Abs. 2 BGB ansehend, *Lorenz*, in: BeckOK BGB, Stand: 01.11.2025, § 275 Rn. 63.

übernehmen kann.[1038] Diese Wertung lässt sich auf den vorliegenden Sachverhalt übertragen. Einem Gesellschafter kann dadurch, dass ihn im Zeitraum der Gesellschafterversammlung eine hochrangige anderweitige Verpflichtung trifft, der er nachkommen muss, die Präsenzversammlungsteilnahme faktisch unmöglich werden. Jedenfalls die Pflege eines Kindes oder sonst eines pflegebedürftigen Angehörigen wird aber in den meisten Fällen in einem häuslichen Umfeld stattfinden. Es wird des Weiteren häufig insbesondere darum gehen, „ein Auge auf die zu betreuende Person zu haben", was keine durchgehende Beschäftigung mit der Person erfordert. Folglich kann beispielsweise die Notwendigkeit, sich um einen nahestehenden Angehörigen zu kümmern, einem Gesellschafter die Präsenzteilnahme unzumutbar und damit faktisch unmöglich machen, während ihm eine virtuelle Versammlungsteilnahme möglich wäre.

(b) Unverschuldeter Verhinderungsgrund

Hinzu kommt, dass der die virtuelle Zuschaltung verlangende Gesellschafter den Grund der Unmöglichkeit seiner Präsenzteilnahme an der Gesellschafterversammlung nicht verschuldet haben darf.[1039]

Denn die Gesellschafter trifft die Obliegenheit, dafür Sorge zu tragen, dass sie ihr Recht auf Teilnahme an der Gesellschafterversammlung auch tatsächlich ausüben können.[1040] Da es grundsätzlich kein Recht auf eine virtuelle Versammlungsteilnahme gibt,[1041] bedeutet dies, dass die Möglichkeit zur physischen Teilnahme im eigenen Interesse sicherzustellen ist. Dieser Obliegenheit ist der seine virtuelle Zuschaltung anstrebende Gesellschafter nur dann hinreichend nachgekommen, wenn er seinen Verhinderungsgrund nicht verschuldet hat. Nur dann erscheint das Interesse des Gesellschafters schutzwürdig.

Wertenbruch nennt mit einer Verhinderung „wegen Krankheit, Unfall oder Reise"[1042] beispielhaft Fälle, in denen ein Gesellschafter den Grund der Unmöglichkeit der Präsenzteilnahme seiner Ansicht nach nicht zu vertreten hat. Leinekugel schließt sich dem an.[1043] Ein abstrakter Maßstab des Vertretenmüssens wurde bislang indes noch nicht aufgestellt, sodass ein solcher im Folgenden herauszuarbeiten ist.

[1038] BAG, Urt. v. 07.06.1978 – 5 AZR 466/77, NJW 1978, 2318, 2318 f.; *Joussen*, in: BeckOK ArbR, Stand: 01.12.2025, § 616 BGB Rn. 29 ff.; *Henssler*, in: MüKo BGB, § 616 Rn. 35 ff., 39 ff.

[1039] *Wertenbruch*, in: MüKo GmbHG, Anh. § 47 Rn. 72; *ders.*, GmbHR 2023, 157, 161 f. Rn. 15; *Leinekugel*, DB 2022, 2840, 2846.

[1040] OLG Düsseldorf, Beschl. v. 12.07.2012 – 6 U 220/11, BeckRS 2013, 4656.

[1041] Siehe oben Kap. 7 B. II. 3. a).

[1042] *Wertenbruch*, in: MüKo GmbHG, 4. Auflage, Anh. § 47 Rn. 72.

[1043] *Leinekugel*, DB 2022, 2840, 2846 (Fn. 49).

Wie bereits festgestellt, haben die Gesellschafter grundsätzlich keine Pflicht, an der Gesellschafterversammlung teilzunehmen, sondern nur ein Recht hierzu.[1044] Der Gesellschafter hat demnach im Grundsatz ausschließlich im eigenen Interesse sicherzustellen, dass ihm die Präsenzteilnahme möglich ist, um sein Recht auf Versammlungsteilnahme wahrnehmen zu können. Tut er dies nicht, verletzt er eine sich selbst gegenüber bestehende Obliegenheit, weswegen es sich um ein sog. „Verschulden gegen sich selbst“[1045] handelt.[1046] Auch insofern greift grundsätzlich der objektive Maßstab des § 276 BGB ein.[1047] Der im Arbeitsrecht anerkannte erhöhte Verschuldensmaßstab bei einem Verschulden gegen sich selbst[1048] stößt im vorliegenden Fall auf durchgreifende Bedenken. Denn im Arbeitsrecht kommen sozialpolitische Erwägungen maßgeblich zum Tragen.[1049] Der Arbeitnehmer ist auf die Zahlung des Arbeitsentgeldes zur Sicherung seiner wirtschaftlichen Existenz angewiesen.[1050] Daher würde das Risiko, Lohnansprüchen bereits bei bloß fahrlässiger Sorgfaltspflichtverletzung zu verlieren, zu stark in die allgemeine Handlungsfreiheit von Arbeitnehmern eingreifen.[1051] Diesem Schutzzweck wird in der gegenständlichen Konstellation nicht entsprochen.

Ein anspruchsausschließendes Verschulden ist demnach dann gegeben, wenn der Gesellschafter die Unmöglichkeit seiner Präsenzteilnahme jedenfalls fahrlässig herbeigeführt hat. Beispielhaft genannt seien insofern die Fälle, in denen ein Gesellschafter in dem Bewusstsein einer gesellschaftlichen Krisensituation in den Urlaub geflogen ist oder sich in Kenntnis der Infektion einer anderen Person mit dieser getroffen hat.

(c) Unzulässigkeit bzw. Unzumutbarkeit einer Vertretung

Schließlich ist für die Schutzwürdigkeit des Zuschaltungsinteresses auch maßgeblich, ob es dem Gesellschafter offensteht und zumutbar ist, sich – anstatt einer

---

[1044] Siehe Fn. 1026.

[1045] *Lorenz*, in: BeckOK BGB, Stand: 01.11.2025, § 254 Rn. 10; *Oetker*, in: MüKo BGB, § 254 Rn. 3.

[1046] *Lorenz*, in: BeckOK BGB, Stand: 01.11.2025, § 254 Rn. 10; *Oetker*, in: MüKo BGB, § 254 Rn. 3.

[1047] *Lorenz*, in: BeckOK BGB, Stand: 01.11.2025, § 254 Rn. 10; *Loosschelders*, in: BeckOGK BGB, Stand: 01.09.2025, § 254 Rn. 5, 97 ff.; *Oetker*, in: MüKo BGB, § 254 Rn. 31.

[1048] Insofern wird ein gesteigertes Verschulden gegen sich selbst i.S.e. „gröb[lichen] Verstoß[es] gegen das von einem verständigen Menschen im eigenen Interesse gebotene Verhalten“ (BAG, Urt. v. 13.11.1974–5 AZR 54/74, AP BGB § 616 Nr. 45) gefordert. In der Literatur wird teilweise alternativ auch an jedenfalls grobe Fahrlässigkeit angeknüpft, *Henssler*, in: MüKo BGB, § 616 Rn. 64.

[1049] *Henssler*, in: MüKo BGB, § 616 Rn. 2; *Bieder*, in: BeckOGK BGB, Stand: 01.04.2025, § 616 Rn. 2.

[1050] *Henssler*, in: MüKo BGB, § 616 Rn. 2; *Bieder*, in: BeckOGK BGB, Stand: 01.04.2025, § 616 Rn. 2.

[1051] *Bieder*, in: BeckOGK BGB, Stand: 01.04.2025, § 616 Rn. 41.

virtuellen Versammlungsteilnahme – durch eine andere Person in der Präsenzversammlung vertreten zu lassen.[1052]

Dass sich ein Gesellschafter in der Gesellschafterversammlung vertreten lässt, ist grundsätzlich stets zulässig.[1053] Etwas anderes gilt nur, wenn die Satzung eine höchstpersönliche Versammlungsteilnahme und Stimmrechtsausübung vorschreibt oder ein gewichtiger Grund im Einzelfall gegen die Zulässigkeit der Stellvertretung spricht.[1054]

Zwar ließe sich pauschal argumentieren, dass einem Gesellschafter auch ohne virtuelle Zuschaltung eine mittelbare Partizipation an der gesellschaftsinternen Willensbildung möglich ist, sofern er sich in der Präsenzversammlung vertreten lassen kann. Aus diesem Grund könnte man die Schutzwürdigkeit des Zuschaltungsinteresses und demnach das berechtigte Interesse an der höchstpersönlichen virtuellen Teilnahme generell verneinen, sofern eine Vertretung rechtlich zulässig ist.[1055]

Richtigerweise kann ein seine Zuschaltung verlangender Gesellschafter aber nur dann auf die Möglichkeit seiner Vertretung verwiesen werden, wenn die Vertretung für ihn nicht nur zulässig, sondern auch zumutbar ist.[1056] Denn auch wenn es grundsätzlich zulässig wäre, sich vertreten zu lassen, kommt die Stellvertretung für den Gesellschafter im Fall ihrer Unzumutbarkeit letztlich tatsächlich nicht in Betracht. Demnach erscheint sein Interesse an einer virtuellen Zuschaltung schutzwürdig.

Bei der Beurteilung, ob die Stellvertretung im Einzelfall zumutbar ist, muss es wiederum maßgeblich auf den Sinn und Zweck des Teilnahmerechts ankommen. Dieses umfasst neben dem bloßen Anwesenheitsrecht ein Recht auf aktive Teilnahme an dem der Beschlussfassung vorangehenden Diskurs und dabei insbeson-

---

[1052] Ähnlich vertrat Wertenbruch, zur Rechtslage *quo ante* DiREG die Auffassung, dem Umstand, ob für den die Zuschaltung verlangenden Gesellschafter eine Vertretung zulässig und zumutbar ist, sei ein wesentliches Gewicht im Hinblick auf das Ergebnis der Interessenabwägung beizumessen, *Wertenbruch*, GmbHR 2019, 149, 154.

[1053] OLG München, Urt. v. 26.01.2011 – 7 U 3764/10, GmbHR 2011, 590, 592; OLG Dresden, Urt. v. 25.08.2016 – 8 U 347/16, GmbHR 2016, 1149, 1151 Rn. 6; *Liebscher*, in: MüKo GmbHG, § 48 Rn. 32; *Schindler*, in: BeckOK, Stand: 01.02.2024, § 48 Rn. 28; *Altmeppen*, in: Altmeppen GmbHG, § 48 Rn. 6.

[1054] OLG Dresden, Urt. v. 25.08.2016 – 8 U 347/16, GmbHR 2016, 1149, 1151 Rn. 6; *Liebscher*, in: MüKo GmbHG, § 48 Rn. 32; zur Unzulässigkeit aufgrund eines gewichtigen Grundes im Einzelfall zudem OLG München, Urt. v. 26.01.2011 – 7 U 3764/10, GmbHR 2011, 590, 592.

[1055] In diese Richtung dem Umstand, ob der Gesellschafter einen „Vertreter schicken kann bzw. darf" im Hinblick auf das Ergebnis der Frage, ob ein Zulassungsanspruch gegeben ist ein erhebliches Gewicht einräumend, *Leinekugel*, DB 2022, 2840, 2846.

[1056] Ähnlich vertrat Wertenbruch, zur Rechtslage *quo ante* DiREG die Auffassung, dem Umstand, ob für den die Zuschaltung verlangenden Gesellschafter die eigene Vertretung zulässig sowie zumutbar ist, sei ein wesentliches Gewicht im Hinblick auf das Ergebnis der Interessenabwägung beizumessen, *Wertenbruch*, GmbHR 2019, 149, 154.

dere das Recht, die eigenen Ansichten zu den Beschlussgegenständen kundzutun.[1057] Den Gesellschaftern soll so die Möglichkeit gesichert werden, auf das Beschlussergebnis einzuwirken.[1058] In der Regel ist einem Gesellschafter ein schutzwürdiges Interesse daran zuzugestehen, seinen Standpunkt in dem der Abstimmung vorangehenden Diskurs – wenn auch nur rein virtuell – selbst vorbringen zu können.[1059] Dem Gesellschafter wird es nämlich – trotz der der virtuellen Versammlung inhärenten Kommunikationsdefizite – regelmäßig eher möglich sein, die übrigen Gesellschafter zu erreichen und zu überzeugen, wenn er seine Auffassung selbst darlegt. So wird er zu seinen Mitgesellschaftern, insbesondere in der typischen Gesellschafterstruktur mit unter fünf Gesellschaftern, eine andere Beziehung haben als ein bevollmächtigter Dritter. Zum anderen dient das Teilnahmerecht gerade auch dem Zweck, den Gesellschaftern die Möglichkeit zu eröffnen, auf Entwicklungen und Meinungsbilder zu reagieren, die im Vorfeld der Versammlung noch nicht absehbar waren.[1060] Dieses Ziel wird nur dann vollständig erreicht, wenn der Gesellschafter persönlich (virtuell) teilnehmen kann. Denn nur dann ist es ihm möglich, auch auf unerwartete Entwicklungen und Nachfragen vollumfänglich einzugehen. Ein Vertreter, der naturgemäß keinen identischen Informationsstand besitzen wird, kann den Gesellschafter insbesondere bei unvorhersehbaren Entwicklungen regelmäßig nicht vergleichbar vertreten. Daher erscheint ein Verweis auf die Möglichkeit, sich vertreten zu lassen, im Grundsatz unbillig. Etwas anderes kann nur dann gelten, wenn der die Zuschaltung verlangende Gesellschafter kein Interesse daran haben kann, seinen Standpunkt höchstpersönlich zu vertreten, da die Beschlussergebnisse bereits vor der Gesellschafterversammlung faktisch feststehen. Gemeint sind Fälle, in denen zwischen den Gesellschaftern Einigkeit hinsichtlich der zu fällenden Beschlüsse herrscht oder sogar eine aus der Treuepflicht resultierende Pflicht besteht, bei der Abstimmung i. S. d. § 47 GmbHG einen bestimmten Standpunkt zu vertreten.[1061]

(d) Keine Nachvollziehbarkeit des Verhinderungsgrundes erforderlich

Leinekugel verlangt zudem, dass der Grund des Zuschaltungsverlanges im Einzelfall nachvollziehbar ist.[1062] Als Beispiele, in welchen der Grund des Zuschaltungsverlangens als nachvollziehbar anzusehen sei, nennt er eine Quarantänepflicht des Gesellschafters sowie einen schon vor dem Zugang der Einladung zur Ver-

---

[1057] Siehe oben Kap. 2 B. II. 2. c) bb) (1).

[1058] Siehe oben Kap. 2 B. II. 2. c) bb) (1).

[1059] Vgl. einen Vorrang der Möglichkeit des Sich-Vertreten-Lassens vor der eigenen virtuellen Zuschaltung ebenfalls insbesondere mit dem Verweis auf die hieraus resultierenden Teilnahmedefizite des verhinderten Gesellschafters ablehnend, *Denga*, in: BeckOGK GmbHG, Stand: 01.10.2025, § 48 Rn. 14.

[1060] *Röttger*, Die Kernbereichslehre im Recht der Personenhandelsgesellschaften, Heidelberg 1989, S. 191 f.

[1061] Vgl. *Leinekugel*, DB 2022, 2840, 2846.

[1062] *Leinekugel*, DB 2022, 2840, 2846.

sammlung geplanten Urlaub.[1063] Der Verhinderungsgrund müsse also einleuchtend bzw. verständlich sein.

Hiergegen spricht allerdings, dass der Gesellschafter, dem die Präsenzteilnahme unmöglich oder unzumutbar ist, der seinen berechtigten Verhinderungsgrund nicht zu vertreten hat und dem eine Vertretung unzumutbar ist, bereits schutzwürdig ist. Es wäre unbillig, ihm sein berechtigtes Interesse an der virtuellen Teilnahme allein deswegen abzusprechen, da sein Grund – nach unbekannten und unkonkreten Maßstäben – nicht nachvollziehbar sei. Zudem würde durch einen weiteren auslegungsbedürftigen Rechtsbegriff die Rechtsunsicherheit verstärkt, ohne dass ein konkretes Erfordernis hierfür bestünde.

(e) Zwischenergebnis

Im Ergebnis ist ein berechtigtes Interesse eines Gesellschafters an seiner virtuellen Zuschaltung somit dann zu bejahen, wenn diesem die Präsenzteilnahme an der Gesellschafterversammlung tatsächlich oder rechtlich unmöglich oder unzumutbar ist, der Gesellschafter den Grund seiner Verhinderung nicht verschuldet hat und es unzulässig oder ihm unzumutbar ist, sich in der Gesellschafterversammlung vertreten zu lassen.

Die Präsenzteilnahme an der Gesellschafterversammlung ist einem Gesellschafter dann unzumutbar, wenn sie ihm nur unter grob unverhältnismäßigem – insbesondere finanziellem – Aufwand möglich wäre. Gleiches gilt, wenn ihn im Zeitraum der Gesellschafterversammlung eine hochrangige anderweitige Verpflichtung trifft, der er faktisch nachkommen muss, aufgrund welcher ihm die Präsenzversammlungsteilnahme faktisch unmöglich wird. Bei der Beurteilung der Verschuldensfrage gilt § 276 BGB entsprechend. Der Gesellschafter hat seinen Verhinderungsgrund damit zu vertreten, wenn er diesen jedenfalls fahrlässig herbeigeführt hat. Ein Gesellschafter kann nur dann auf die Möglichkeit verwiesen werden, sich in der Gesellschafterversammlung vertreten zu lassen, wenn das Ergebnis der Beschlussfassung zu den anstehenden Tagesordnungspunkten faktisch bereits vor der Versammlung feststeht. Andernfalls ist ihm ein berechtigtes Interesse daran zuzugestehen, seinen Standpunkt in dem der Abstimmung vorangehenden Diskurs selbst vorbringen zu können und die Stellvertretung daher als unzumutbar zu bewerten.

(2) Zumutbarkeit der virtuellen Zuschaltung

Einem Gesellschafter steht ein Anspruch auf Zustimmung zur virtuellen Zuschaltung des Weiteren nur dann zu, wenn dies seinen Mitgesellschaftern zumutbar

---

[1063] *Leinekugel*, DB 2022, 2840, 2846.

ist.[1064] Folglich gilt gleichfalls näher zu bestimmen, wann die virtuelle Zuschaltung eines Gesellschafters für seine Mitgesellschafter unzumutbar ist und wann nicht.

(a) Überschaubarer Gesellschafterkreis und keine schwer überbrückbaren technischen Hindernisse

Jedenfalls genügt es für die Zumutbarkeit der Zuschaltung nicht, dass diese technisch möglich ist – die benötigte Hardware also vorhanden oder problemlos zu beschaffen ist[1065] – und die Gesellschaft einen „überschaubaren Gesellschafterkreis“[1066] hat.[1067] Denn nur ein sehr geringer Anteil aller Gesellschaften mit beschränkter Haftung hat keinen überschaubaren Gesellschafterkreis.[1068] Auch ist die virtuelle Zuschaltung eines Gesellschafters mittlerweile aufgrund der großen Verbreitung der notwendigen technischen Mittel und Fähigkeiten in aller Regel unproblematisch möglich.[1069] Im Ergebnis wäre ein Anspruch auf Zustimmung zur virtuellen Zuschaltung daher in ganz überwiegender Mehrheit der Fälle zu bejahen. Das Recht der übrigen Gesellschafter auf eine Beschlussfassung in reiner Präsenzversammlung wäre entgegen der in § 48 Abs. 1 S. 2 GmbHG verankerten Wertung nicht hinreichend geschützt.

(b) Berücksichtigung der Einzelfallumstände

Stattdessen ist die Zumutbarkeit der Zuschaltung eines Gesellschafters von einer wertenden Betrachtung aller relevanten Umstände des Einzelfalls abhängig zu machen.[1070]

Zwar scheidet ein Anspruch auf Zustimmung zur Zuschaltung in den seltenen Fällen, in denen diese den in Präsenz an der Gesellschafterversammlung teilnehmenden Gesellschaftern nur unter „schwer überbrückbaren technischen Hindernissen“[1071] möglich wäre, tatsächlich aus.[1072] Im Übrigen ist die virtuelle Teilnahme indes nur dann zumutbar, wenn die damit verbundenen Vorteile nicht außer Verhältnis zu den Nachteilen der Hybrid-Versammlung stehen.[1073] Das Interesse des virtuell teilnehmenden Gesellschafters, an der gesellschaftlichen Willensbil-

---

[1064] Siehe oben Kap. 7 B. II. 3. b) aa).

[1065] *Wertenbruch*, GmbHR 2019, 149, 154.

[1066] *Wertenbruch*, in: MüKo GmbHG, 4. Auflage, Anh. § 47 Rn. 72.

[1067] So aber *Wertenbruch*, in: MüKo GmbHG, 4. Auflage, Anh. § 47 Rn. 72.

[1068] Siehe oben Kap. 1 B. I. 2. b) cc).

[1069] Siehe oben Kap. 1 B. IV. 3. a).

[1070] So auch *Wertenbruch*, GmbHR 2023, 157, 162 Rn. 15; vgl. zudem *Leinekugel*, DB 2022, 2840, 2846.

[1071] *Wertenbruch*, in: MüKo GmbHG, 4. Auflage, Anh. § 47 Rn. 72.

[1072] So *Wertenbruch*, GmbHR 2019, 149, 154.

[1073] Vgl. *Lieder*, in: Michalski/Heidinger/Leible/Schmidt GmbHG, § 13 Rn. 159; *Raiser/Veil*, in: Ulmer/Habersack/Löbbe, § 14 Rn. 88.

dung angemessen teilzuhaben, ist gegenüber dem Interesse der übrigen Gesellschafter an einer reinen Präsenzversammlung gebührend auszugleichen.[1074]

Nach diesem Maßstab ist die virtuelle Zuschaltung eines Gesellschafters jedenfalls dann zumutbar, wenn sie technisch möglich ist und durch diese im Einzelfall keine konkrete, auf einer gewissen Tatsachengrundlage fußende Gefahr eines Nachteils droht. So verursachen Hybrid-Versammlungen zwar naturgemäß gewisse Bedenken hinsichtlich Vertraulichkeit und Kommunikationsqualität,[1075] welche gesetzgeberisch durch das Zustimmungserfordernis gewürdigt wurden.[1076] Die bloß abstrakte Möglichkeit eines Nachteils durch hybride Versammlung kann indes nicht ausreichen, um das Recht auf Beschlussfassung in Präsenzversammlung gegenüber dem Zuschaltungsinteresse vorrangig zu berücksichtigen. Andernfalls bliebe das schutzwürdige Interesse des einzelnen Gesellschafters stets unbeachtet. Es bedarf vielmehr einer konkreten Gefährdungslage, bei der sich eine mit der hybriden Beschlussfassung typischerweise verbundene Gefahr im Einzelfall konkretisiert hat und ein Nachteil für die übrigen Gesellschafter ernsthaft zu befürchten ist.

Das Ergebnis der Abwägung ist hingegen weniger eindeutig, sobald durch die Beschlussfassung in Hybrid-Versammlung ein konkreter Nachteil zu befürchten ist. Denn dann stehen sich zwei schutzwürdige Interessen gegenüber.

Die Verpflichtung der Gesellschafter, sich mit der virtuellen Teilnahme eines Mitgesellschafters einverstanden zu erklären, ist regelmäßig unzumutbar und scheidet daher aus, wenn konkrete Vertraulichkeitsdefizite abzusehen sind.[1077] Denn diese können nicht nur ganz erheblich negative Folgen für einzelne Gesellschafter, sondern auch für die Gesellschaft als solche haben – beispielsweise wenn Geschäftsgeheimnisse oder eine kontroverse, reputationsschädigende Ansicht eines Gesellschafters nach außen dringen. Auch dem Interesse des die Zuschaltung verlangenden Gesellschafters kann es objektiv nicht entsprechen, wenn seine virtuelle Zuschaltung negative Folgen für die Gesellschaft nach sich zieht. Folglich ist die Zuschaltung beispielsweise dann nicht zumutbar, wenn es zur Beschlussfassung der Erörterung besonders sensibler geschäftlicher Informationen bedarf.[1078]

Aus der geringeren Kommunikationsqualität in Hybrid-Versammlung kann sich eine Unzumutbarkeit der Zuschaltung eines Gesellschafters derweil nicht ergeben. Aus der virtuellen Zuschaltung eines Gesellschafters, der aufgrund seines geringen Stimmgewichts ohnehin keinen Einfluss auf das Beschlussergebnis nehmen kann, folgt zunächst bereits kein Nachteil für seine Mitgesellschafter. In solch einem Fall erleidet vielmehr einzig der Minderheitsgesellschafter einen Nachteil, der seine vom Konsens abweichende Auffassung gegebenenfalls weniger überzeugend vor-

---

[1074] Vgl. *Leinekugel*, DB 2022, 2840, 2846.

[1075] Siehe Fn. 1001.

[1076] Siehe oben Kap. 1 C. II.

[1077] Vgl. *Leinekugel*, DB 2022, 2840, 2846.

[1078] *Leinekugel*, DB 2022, 2840, 2846.

bringen kann. Anders ist die Lage zwar, wenn der seine virtuelle Zuschaltung anstrebende Gesellschafter über ein Stimmgewicht verfügt, welches das Abstimmungsergebnis maßgeblich beeinflussen kann. In diesem Fall wird den Gesellschaftern die Möglichkeit genommen, vor der Beschlussfassung effektiver in Präsenz auf ihren Mitgesellschafter einzuwirken und ihn so gegebenenfalls von ihrer Auffassung zu überzeugen.[1079] Insofern ist indes zu beachten, dass sich die Mitgesellschafter durch die Nichtzulassung eines Gesellschafters mit entscheidendem Stimmgewicht, der eventuell nicht in ihrem Sinne abstimmt, einen unwerten Vorteil verschaffen könnten.[1080] Sie würden ihr eigenes Stimmgewicht faktisch erhöhen.[1081] Dies erscheint unbillig.[1082] Hinzu kommt, dass ein Gesellschafter, der über ein Stimmgewicht verfügt, das das Abstimmungsergebnis maßgeblich beeinflussen kann, ein besonders gewichtiges und daher besonders schutzwürdiges Interesse daran hat, an der Gesellschafterversammlung teilzunehmen.[1083] Demnach kann die Zuschaltung aufgrund von Kommunikationsdefiziten nicht als unzumutbar abgelehnt werden.

(c) Zwischenergebnis

Die Beantwortung der Frage, ob die virtuelle Zuschaltung eines Mitgesellschafters für die übrigen Gesellschafter zumutbar ist, bedarf einer umfassenden Abwägung der gegenüberstehenden Interessen des virtuell teilnehmenden und der übrigen Gesellschafter.

Diese Abwägung muss jedenfalls in den seltenen Fällen, in denen keine zumutbare technische Möglichkeit zur Zuschaltung des anspruchsstellenden Gesellschafters zur Verfügung steht, zugunsten der übrigen Gesellschafter ausfallen.

Ist die Zuschaltung technisch grundsätzlich unproblematisch möglich, ist zu differenzieren. Zumutbar ist die virtuelle Zuschaltung jedenfalls dann, wenn sich aus der Beschlussfassung in Hybrid-Versammlung keine konkrete Gefahr eines Nachteils für die übrigen Gesellschafter ergibt. Die Abwägung muss auch zugunsten des die Zuschaltung verlangenden Gesellschafters ausfallen, wenn die einzigen Nachteile Kommunikationsdefizite sind. Unzumutbar ist die virtuelle Zuschaltung ihres Mitgesellschafters für die übrigen Gesellschafter hingegen in der Regel, wenn konkrete Bedenken hinsichtlich der Vertraulichkeit der in der Versammlung geteilten Inhalte bestehen.

[1079] Vgl. *Leinekugel*, DB 2022, 2840, 2846.

[1080] Vgl. *Wertenbruch*, GmbHR 2019, 149, 154.

[1081] *Wertenbruch*, GmbHR 2019, 149, 154.

[1082] *Wertenbruch*, GmbHR 2019, 149, 154.

[1083] Vgl. *Wertenbruch*, GmbHR 2019, 149, 154.

cc) Ergebnis

Mit Wertenbruch und Leinekugel erfordert eine sich aus der mitgliedschaftlichen Treuepflicht ergebende Zustimmungspflicht zu der virtuellen Zuschaltung eines Mitgesellschafters nach § 48 Abs. 1 S. 2 GmbHG ein berechtigtes Interesse an seiner Zuschaltung. Daneben muss diese den Mitgesellschaftern auch zumutbar sein.

Ein schutzwürdiges und somit berechtigtes Interesse liegt dann vor, wenn dem Gesellschafter die Präsenzteilnahme tatsächlich oder rechtlich unmöglich oder unzumutbar ist, er den Grund seiner Verhinderung nicht jedenfalls fahrlässig verursacht hat und eine Stellvertretung unzulässig oder unzumutbar ist.

Ob die virtuelle Zuschaltung den Mitgesellschaftern zumutbar ist, ist im Einzelfall durch eine Abwägung des berechtigten Zuschaltungsinteresses des Einzelnen mit dem Interesse der übrigen Gesellschafter auf eine Beschlussfassung in Präsenzversammlung zu ermitteln. Haben die übrigen Gesellschafter durch die Beschlussfassung in Hybrid-Versammlung keinen konkreten Nachteil zu befürchten, überwiegt das Zuschaltungsinteresse des Einzelnen mangels besonderer Schutzwürdigkeit des Rechts auf Beschlussfassung in reiner Präsenzversammlung. Droht den übrigen Gesellschaftern durch die virtuelle Zuschaltung ihres Mitgesellschafters ein konkreter Nachteil, ist zu differenzieren. Konkretisiert sich einzig die Gefahr einer geringeren Kommunikationsqualität, überwiegt gleichermaßen das Zuschaltungsinteresse, weshalb die virtuelle Zuschaltung für die Mitgesellschafter zumutbar ist. Konkretisieren sich hingegen im Einzelfall die Vertraulichkeitsbedenken in einer Weise, dass durch die Beschlussfassung in Hybrid-Versammlung ein konkreter Nachteil zu befürchten ist, muss dem Recht der übrigen Gesellschafter auf eine Beschlussfassung in reiner Präsenzversammlung der Vorrang eingeräumt werden.

III. Präsenz-Gesellschafterversammlung mit ergänzender schriftlicher Stimmabgabe Einzelner (Sog. kombiniertes Beschlussverfahren)

An dritter Stelle soll nun die Zulässigkeit einer sog. „kombinierten Beschlussfassung“[1084] thematisiert werden. Eine kombinierte Beschlussfassung liegt nach in dieser Arbeit vertretener Auffassung dann vor, wenn ein Teil der Gesellschafter in Präsenzversammlung abstimmt, während ein anderer Teil der Gesellschafter mit Einverständnis aller[1085] seine Stimme vor- oder nachträglich schriftlich abgibt.[1086] Es handelt sich damit ebenfalls um ein teilpräsenzloses Beschlussverfahren.

[1084] BGH, Urt. v. 16.01.2006 – II ZR 135/04, NJW 2006, 2044; *Wernicke/Albrecht*, GmbHR 2010, 393; *Hoffmann-Becking*, NZG 2022, 99, 102.

[1085] Hierzu *Liese/Theusinger*, GmbHR 2006, 682, 684, 686.

[1086] So auch OLG München, Urt. v. 19.01.1978 – 1 U 1292/77, BeckRS 1978, 1814 Rn. 53; *Hüffer/Schäfer*, in: Habersack/Caspar/Löbbe GmbHG, § 48 Rn. 59; *Römermann*, in: Mich-

1. Meinungsstand in Rechtsprechung und Literatur

Nach Auffassung des BGH ist das kombinierte Beschlussverfahren ein von den Vorgaben des § 48 Abs. 1, Abs. 2 GmbHG abweichendes und damit unzulässiges Beschlussverfahren.[1087] Auch von der ganz herrschenden Meinung in der Literatur wird die gesetzliche Zulässigkeit einer Beschlussfassung im kombinierten Verfahren verneint.[1088]

Andererseits wird in der Literatur teilweise aber auch die Auffassung vertreten, die Beschlussfassung im kombinierten Verfahren sei auch ohne Satzungsgrundlage zulässig.[1089] Das kombinierte Verfahren stelle kein dem Gesetz fremdes Beschlussverfahren dar, sondern sei vielmehr als Minus zum schriftlichen Verfahren nach § 48 Abs. 2 GmbHG einzuordnen.[1090] Wenn es nach § 48 Abs. 2 GmbHG schon zulässig sei, dass sämtliche Gesellschafter ihre Stimme schriftlich abgeben, müsse erst recht die schriftliche Abstimmung durch nur einzelne Gesellschafter zulässig sein.[1091] Voraussetzung für die wirksame Beschlussfassung im kombinierten Beschlussverfahren sei somit einzig, dass sich sämtliche Gesellschafter hiermit i. S. d. § 48 Abs. 2 GmbHG einverstanden erklärt haben.[1092]

---

alski/Heidinger/Leibke/Schmidt GmbHG, § 48 Rn. 274; *Bayer*, in: Lutter/Hommelhoff GmbHG, § 48 Rn. 29; *Wicke*, in: Wicke GmbHG, § 48 Rn. 8; *Hüffer*, Die Gesellschafterversammlung, in: FS 100 Jahre GmbHG, 1992, 521, 533; *Wernicke/Albrecht*, GmbHR 2010, 393; *Wertenbruch*, GmbHR 2019, 149; *Liese/Theusing*, GmbHR 2006, 682. Die Bezeichnung auf eine Kombination aus Gesellschafterversammlung mit nachträglicher schriftlicher Stimmabgabe beziehend *Hoffmann-Becking*, NZG 2022, 99, 102. Die Bezeichnung bereits vor der Gesetzesänderung durch das DiREG weiter verstehend *Mayer*, NZG 2007, 448; *Blasche*, GmbHR 2011, 232, 235 (Fn. 35). So nun jedenfalls nach der Gesetzesänderung *Schindler*, in: BeckOK GmbHG, Stand: 01.11.2025, § 48 Rn. 98 f.; *Altmeppen*, in: Altmeppen GmbHG, § 48 Rn. 56; *Noack*, in: Noack/Servatius/Haas GmbHG, § 48 Rn. 60.

[1087] Vgl. BGH, Urt. v. 16.01.2006 – II ZR 125/04, NJW 2006, 2044, 2045; so auch bereits OLG München, Urt. v. 19.01.1978 – 1 U 1292/77, BeckRS 1978, 1814 Rn. 53.

[1088] Zur alten Gesetzeslage *Hüffer/Schäfer*, in: Habersack/Caspar/Löbbe GmbHG, § 48 Rn. 59; *Römermann*, in: Michalski/Heidinger/Leible/Schmidt GmbHG, § 48 Rn. 279; *Schindler/Schaffner*, in: Virtuelle Beschlussfassung, § 3 Rn. 474; *Hüffer*, Die Gesellschafterversammlung, in: FS 100 Jahre GmbHG, 1992, 521, 533 f.; *Blasche*, GmbHR 2011, 232, 234; *Wertenbruch*, GmbHR 2019, 149, 151; *Miller/Nehring-Köppl*, WM 2020, 911, 914; zur neuen Gesetzeslage *Wertenbruch*, in: MüKo GmbHG, Anh. § 47 Rn. 77 ff.; *Schindler*, in: BeckOK GmbHG, Stand: 01.11.2025, § 48 Rn. 99; a. A. *Noack*, in: Noack/Servatius/Haas GmbHG, § 48 Rn. 60 f.; wohl auch *Altmeppen*, in: Altmeppen GmbHG, § 48 Rn. 59.

[1089] *Liese/Theusinger*, GmbHR 2006, 682, 683 f.; *Hoffmann-Becking*, Kombinierte Beschlussfassung in Gesellschafterversammlung und Aufsichtsrat, in: FS Priester, 2007, 233, 236 ff.

[1090] *Liese/Theusinger*, GmbHR 2006, 682, 684.

[1091] *Liese/Theusinger*, GmbHR 2006, 682, 684.

[1092] *Liese/Theusinger*, GmbHR 2006, 682, 683 f.

2. Stellungnahme

Diese Argumentation hält einer näheren Prüfung nicht stand, weshalb die gesetzliche Zulässigkeit einer Beschlussfassung im kombinierten Verfahren mit der ganz herrschenden Meinung abzulehnen ist. Die Beschlussfassung im kombinierten Verfahren ist einzig dann zulässig, wenn der Gesellschaftsvertrag diese Möglichkeit einräumt.

So stellt das kombinierte Verfahren rechtlich gerade kein bloßes Minus zum rein schriftlichen Verfahren nach § 48 Abs. 2 GmbHG dar. Die kombinierte Beschlussfassung setzt sich vielmehr aus Elementen der Verfahren nach § 48 Abs. 1 GmbHG a.F. bzw. § 48 Abs. 1 S. 1 GmbHG n.F. sowie des § 48 Abs. 2 GmbHG zusammen.[1093] Auch durch eine solche Verbindung der gesetzlichen Verfahrensarten zu einem neuartigen Beschlussverfahren wird von den in § 48 normierten Regelverfahren abgewichen.[1094]

Hinzu kommt, dass nur dieses Ergebnis dem Umstand hinreichend Rechnung trägt, dass bei der kombinierten zeitversetzten Beschlussfassung, bei der lediglich ein Teil der Gesellschafter der Gesellschafterversammlung beiwohnt, erhebliche Informationsasymmetrien auftreten können.[1095] Während den Teilnehmenden der Präsenzversammlung der Austausch von Informationen und Meinungen unproblematisch möglich ist, bleibt der Austausch mit dem schriftlich abstimmenden Teil der Gesellschafter im Wesentlichen aus.[1096] Demnach ist nicht gewährleistet, dass sämtliche Gesellschafter im Zeitpunkt ihrer Stimmabgabe den gleichen Kenntnisstand haben.[1097] Hierdurch kann im Ergebnis die gesellschaftsinterne Willensbildung empfindlich beeinträchtigt werden.[1098] Dieses Risiko wurde vom Gesetzgeber bei der Einführung des Zustimmungserfordernisses nach § 48 Abs. 2 GmbHG ersichtlich nicht berücksichtigt.

[1093] *Schindler/Schaffner*, Virtuelle Beschlussfassung, § 3 Rn. 472; *Neuhöfer*, DStR 2024, 1132, 1133.

[1094] A.A. *Hoffmann-Becking*, Kombinierte Beschlussfassung in Gesellschafterversammlung und Aufsichtsrat, in: FS Priester, 2007, 233, 239.

[1095] *Wertenbruch*, in: MüKo GmbHG, Anh. § 47 Rn. 77; *ders.*, GmbHR 2019, 149, 151; *Bormann*, ZGR 2017, 621, 626 f. Schindler/Schaffner sehen dieses Argument vor dem Hintergrund der notwendigen Einwilligung aller Gesellschafter in die schriftliche Stimmabgabe als zu vernachlässigen an, *Schindler/Schaffner*, Virtuelle Beschlussfassung, § 3 Rn. 473.

[1096] *Wernicke/Albrecht*, GmbHR 2010, 393, 394.

[1097] *Wertenbruch*, GmbHR 2019, 149, 151; *ders.*, in: MüKo GmbHG, Anh. § 47 Rn. 76.

[1098] *Wertenbruch*, GmbHR 2019, 149, 151.

IV. Virtuelle Gesellschafterversammlung oder Hybrid-Versammlung mit ergänzender schriftlicher Stimmabgabe

Zuletzt ist es denkbar, dass es dem Interesse der Gesellschafter entspricht, dass ein Teil der Gesellschafter in virtueller oder hybrider Gesellschafterversammlung i. S. d. § 48 Abs. 1 S. 2 GmbHG abstimmt, während ein anderer Teil seine Stimme zuvor oder im Anschluss an die Versammlung schriftlich abgibt. Abschließend soll auch die gesetzliche Zulässigkeit eines solchen Vorgehens beleuchtet werden.

1. Meinungsstand in der Literatur

Altmeppen und Noack vertreten die Auffassung, dass nach der durch das DiREG geschaffenen Gesetzeslage eine Beschlussfassung in einer Kombination aus Präsenzversammlung, virtueller Versammlung und schriftlichem Verfahren auch ohne eine entsprechende Satzungsbestimmung zulässig sei.[1099] Als Begründung führen sie an, dass die Beschlussfassung in Hybrid-Versammlung nach neuer Gesetzeslage auch ohne eine entsprechende Satzungsbestimmung zulässig und stattdessen lediglich eine allseitige textförmliche Zustimmung erforderlich ist.[1100] Gleiches müsse seiner Ansicht nach auch für die Beschlussfassung in weiterer Kombination mit dem schriftlichen Verfahren gelten.[1101] So habe der Gesetzgeber mit dem textförmlichen Zustimmungserfordernis in § 48 Abs. 1 S. 2 GmbHG Abstand von dem durch den BGH festgesetzten Grundsatz genommen, dass die Beschlussfassung in einer Kombination verschiedener Beschlussfassungsverfahren eine entsprechende Satzungsregelung erfordert.[1102] Daher sei die Beschlussfassung in einer Kombination aus Hybrid-Versammlung und schriftlichem Verfahren nunmehr bereits zulässig, wenn alle Gesellschafter hinsichtlich dieser Verfahrensart ihr textförmliches Einverständnis erklärt haben.[1103]

2. Stellungnahme

Dem kann nicht gefolgt werden. Sowohl die virtuelle Versammlung als auch die Hybrid-Versammlung mit ergänzender schriftlicher Stimmabgabe weichen von den gesetzlichen Regelbeschlussverfahren ab. Sie vermengen die beiden gesetzlich ge-

---

[1099] *Altmeppen*, in: Altmeppen GmbHG, § 48 Rn. 56; *Noack*, in: Noack/Servatius/Haas GmbHG, § 48 Rn. 60.

[1100] *Altmeppen*, in: Altmeppen GmbHG, § 48 Rn. 56; *Noack*, in: Noack/Servatius/Haas GmbHG, § 48 Rn. 60.

[1101] *Altmeppen*, in: Altmeppen GmbHG, § 48 Rn. 56; *Noack*, in: Noack/Servatius/Haas GmbHG, § 48 Rn. 60.

[1102] Vgl. *Altmeppen*, in: Altmeppen GmbHG, § 48 Rn. 56; *Noack*, in: Noack/Servatius/Haas GmbHG, § 48 Rn. 60.

[1103] *Altmeppen*, in: Altmeppen GmbHG, § 48 Rn. 56; *Noack*, in: Noack/Servatius/Haas GmbHG, § 48 Rn. 60.

regelten Verfahrensarten gem. § 48 Abs. 1 S. 2 und Abs. 2 GmbHG, die eine Beschlussfassung außerhalb reiner Präsenzversammlung ermöglichen. Keinesfalls lässt sich die Beschlussfassung in einer Kombination aus Hybrid-Versammlung und schriftlichem Verfahren unter das Verfahren nach § 48 Abs. 1 S. 2 GmbHG subsumieren, da der Beschluss gerade nicht in bloß virtueller Versammlung gefasst wird. Daher setzt eine wirksame Beschlussfassung in beiden Verfahrenskombinationen gleichermaßen eine die Zulässigkeit der Beschlussfassung in dem jeweiligen Verfahren regelnde Bestimmung im Gesellschaftsvertrag voraus.[1104]

Es ist weder im Wortlaut des Gesetzes noch in der Gesetzesbegründung angelegt, dass für die Beschlussfassung in einer Kombination aus Hybrid-Versammlung und schriftlichem Verfahren nach dem Willen des Gesetzgebers etwas anderes gelten soll. Es ginge daher erheblich zu weit, die Regelung des § 48 Abs. 1 S. 2 GmbHG als umfassende Abkehr von dem Grundsatz zu verstehen, dass ein abweichendes Verfahren stets eine Satzungsbestimmung voraussetzt. Das Erfordernis einer Satzungsbestimmung für die Beschlussfassung in Hybrid-Versammlung mit ergänzender schriftlicher Stimmabgabe wird zudem dadurch untermauert, dass erst durch die vor- oder nachträgliche schriftliche Stimmabgabe das Risiko einer Informationsasymmetrie im Zeitpunkt der Stimmabgabe[1105] entsteht. Dieses Risiko besteht bei der Beschlussfassung in Hybrid-Versammlung nicht, da es dort allen Gesellschaftern gleichermaßen möglich ist, ihre Informationen und Ansichten einzubringen und die Ausführungen ihrer Mitgesellschafter wahrzunehmen.[1106] Es ist davon auszugehen, dass der Gesetzgeber durch die Normierung des Erfordernisses allseitigen textförmlichen Einvernehmens in § 48 Abs. 1 S. 2 GmbHG zwar die einer Beschlussfassung in virtueller bzw. hybrider Versammlung inhärenten Risiken gewürdigt hat,[1107] nicht aber auch das aus der zusätzlichen Verbindung mit einer schriftlichen Stimmabgabe folgende Risiko von Informationsasymmetrien. Auch aus diesem Grund kann das textförmliche Einverständnis sämtlicher Gesellschafter für die Zulässigkeit einer Beschlussfassung in Hybrid-Versammlung mit ergänzender schriftlicher Stimmabgabe nicht genügen.

C. Zusammenfassung

Die Gesellschafter sind im Grundsatz auf die in den § 48 Abs. 1, Abs. 2 GmbHG vorgesehenen Beschlussverfahren beschränkt. Eine präsenzlose bzw. teilpräsenzlose Beschlussfassung ist damit gem. § 48 Abs. 1 S. 2 GmbHG in virtueller oder hybrider Versammlung sowie gem. § 48 Abs. 2 GmbHG im schriftlichen Verfahren möglich. Da die Hybrid-Versammlung einen Unterfall der virtuellen Versammlung

[1104] Siehe oben Kap. 7 A. II.

[1105] Siehe hierzu oben Kap. 7 B. III. 2.

[1106] *Schindler/Schaffner*, Virtuelle Beschlussfassung, § 3 Rn. 477.

[1107] Siehe oben Kap. 1 C. II.

i. S. d. § 48 Abs. 1 S. 2 GmbHG darstellt, ist für eine wirksame Beschlussfassung in dieser gleichfalls erforderlich, dass sich alle Gesellschafter textförmlich mit dem Beschlussverfahren einverstanden erklären. Im Übrigen ist die Beschlussfassung in einem Verfahren, das die in § 48 Abs. 1, Abs. 2 GmbHG geregelten Verfahren miteinander verbindet, einzig dann zulässig, wenn der Gesellschaftervertrag das jeweilige Beschlussverfahren vorsieht.

Die dem § 48 Abs. 1 S. 2 zugrunde liegende Wertung führt dazu, dass ein Anspruch einzelner Gesellschafter auf eine virtuelle Zuschaltung zu einer Präsenzversammlung grundsätzlich ausscheidet. Die übrigen Gesellschafter sind nur dann ausnahmsweise aufgrund ihrer horizontalen Treuepflicht zur Abgabe einer Zustimmungserklärung verpflichtet, wenn ein berechtigtes Interesse an der Zuschaltung besteht und ihnen die Zuschaltung auch zumutbar ist. Ein berechtigtes Interesse an der Zuschaltung liegt dann vor, wenn einem Gesellschafter seine Präsenzteilnahme im Gegensatz zur virtuellen Teilnahme tatsächlich oder rechtlich unmöglich oder unzumutbar ist, er den Verhinderungsgrund nicht zu vertreten hat und es unzulässig oder unzumutbar ist, dass er sich in der Gesellschafterversammlung vertreten lässt. Ob die virtuelle Zuschaltung den Mitgesellschaftern auch zumutbar ist, muss durch eine Interessenabwägung im Einzelfall entschieden werden. Diese Abwägung wird zumeist zugunsten des Gesellschafters ausfallen, der seine virtuelle Zuschaltung anstrebt, da dieser regelmäßig schutzwürdiger ist als seine Mitgesellschafter. Etwas anderes gilt regelmäßig nur dann, wenn der Zuschaltung im Einzelfall schwer überbrückbare technische Hindernisse entgegenstehen oder konkrete Vertraulichkeitsbedenken gegen die Beschlussfassung in Hybrid-Versammlung sprechen.

Zusammenfassung der wesentlichen Ergebnisse in Thesenform

I. Durch die Einführung des § 48 Abs. 1 S. 2 GmbHG kam es zu einem Wandel des Versammlungsbegriffs im GmbH-Recht. Denn eine Subsumtion virtueller Versammlungen unter den Versammlungsbegriff des § 48 Abs. 1 GmbHG a. F. wäre mit der *ratio legis* nicht vereinbar gewesen. § 48 Abs. 1 S. 2 GmbHG erweitert den Versammlungsbegriff im GmbH-Recht nun ausdrücklich. Fortan sind auch virtuelle Zusammenkünfte in den Formen einer Telefon- oder Videokonferenz „Versammlungen" i. S. d. GmbH-Rechts. Zudem unterfallen dem Versammlungsbegriff des § 48 Abs. 1 S. 2 GmbHG auch Hybrid-Versammlungen.

II. Mit der Erweiterung des Versammlungsbegriffs geht jedoch keine gesetzliche Gleichstellung von Präsenzversammlungen und virtuellen Versammlungen i. S. d. § 48 Abs. 1 S. 2 GmbHG einher. Vielmehr soll die Präsenzversammlung nach dem Willen des Gesetzgebers nach wie vor den Regelfall der Versammlung darstellen und die Beschlussfassung in virtueller Versammlung keinem Gesellschafter aufgezwungen werden. Diese Wertentscheidung hat sich in dem Erfordernis eines textförmlichen Einverständnisses sämtlicher Gesellschafter niedergeschlagen.

III. Das in § 48 Abs. 1 S. 2 GmbHG verankerte Zustimmungserfordernis stellt eine zusätzliche Wirksamkeitsbedingung von in virtueller Versammlung gefassten Beschlüssen dar.

IV. § 45 Abs. 2 GmbHG eröffnet den Gesellschaftern die Möglichkeit, das Einverständniserfordernis durch Satzungsregelung abzubedingen und so beide Versammlungsformen einander gleichzustellen. Eine solche Satzungsregelung tangiert den Kernbereich des Teilnahmerechts der Gesellschafter nicht und ist daher zulässig. Für die Beschlussfassung ist ein allseitiges Einverständnis lediglich dann notwendig, wenn die Satzungsregelung bereits bei Gründung in den Gesellschaftsvertrag einbezogen wird, vgl. § 2 Abs. 1 S. 2 GmbHG. Für einen Satzungsänderungsbeschluss gelten ausschließlich die Vorgaben des § 53 Abs. 1, Abs. 2 S. 1 GmbHG. Ein Erfordernis allseitigen Einvernehmens ergibt sich weder aus § 54 Abs. 4 GmbHG noch aus § 48 Abs. 1 S. 2 GmbHG oder der Lehre vom Kernbereich der gesellschaftsrechtlichen Position.

V. § 48 Abs. 1 S. 2 GmbHG erfordert zur wirksamen virtuellen Beschlussfassung auch das textförmliche Einverständnis solcher Gesellschafter, die von der Teilnahme an der Abstimmung ausgeschlossen sind. Dies ergibt sich aus dem Wortlaut der Norm. Eine teleologische Reduktion derselben kommt nicht in Betracht.

VI. Es ist den Gesellschaftern möglich, ihr textförmliches Einverständnis i. S. d. § 48 Abs. 1 S. 2 GmbHG bereits vor Einberufung der virtuellen Gesellschafterversammlung wirksam zu erklären. Voraussetzung ist hierbei aber zum einen, dass sich die Erklärung auf die konkrete virtuelle Versammlungsform bezieht. Zum anderen muss sich die Zustimmung entweder auf die konkrete Tagesordnung beziehen oder es muss zum Ausdruck kommen, dass der Gesellschafter hinsichtlich der bevorstehenden Versammlung in Gänze auf sein Recht auf Teilnahme an einer Präsenzversammlung verzichtet.

VII. Aus dem Wesen des Zustimmungserfordernisses als Wirksamkeitsvoraussetzung folgt, dass auch eine textförmliche Einverständniserklärung in der virtuellen Versammlung sowie im Anschluss an diese genügt, um die Bedingung des § 48 Abs. 1 S. 2 GmbHG zu erfüllen.

VIII. Die textförmlichen Einverständniserklärungen der Gesellschafter müssen der Gesellschaft zugehen, um gem. § 130 Abs. 1 S. 1 BGB wirksam zu werden. Empfangszuständig innerhalb der Gesellschaft sind gem. § 35 Abs. 1, Abs. 2 S. 2 GmbHG sämtliche Geschäftsführer. Die Gesellschafter können die Gesellschaft hingegen grundsätzlich nicht vertreten. Etwas anderes gilt nur in den Ausnahmefällen der §§ 35 Abs. 1 S. 2, 50 Abs. 3 S. 1 Alt. 1 GmbHG. Die Satzung und die Geschäftsführung können weitere Personen zur Entgegennahme der Einverständniserklärungen ermächtigen.

IX. Eine rein mündliche Erklärung zu Protokoll der Gesellschafterversammlung ist allein nicht ausreichend, um das Erfordernis einer textförmlichen Einverständniserklärung zu erfüllen. Vielmehr muss eine im Protokoll textförmlich fixierte Zustimmungserklärung dem Gesellschafter, beispielsweise nach Protokollunterzeichnung durch diesen, zugerechnet werden können. Auch eine reine Stimmabgabe in Textform genügt dem Wirksamkeitserfordernis des § 48 Abs. 1 S. 2 GmbHG nicht. Stattdessen muss aus Inhalt und Gesamtbild der Erklärung hervorgehen, dass der Gesellschafter nicht nur abstimmt, sondern auch seine Zustimmung zu der Verfahrensart erklärt. Bei anderer Wertung würde das Textformerfordernis unterlaufen.

X. Die Einberufung virtueller Versammlungen richtet sich nach den §§ 49 ff. GmbHG und erfolgt damit grundsätzlich durch die Geschäftsführung. Da die Versammlungsform bereits in der Ladung festgelegt werden muss, obliegt der Geschäftsführung somit die ursprüngliche Entscheidung darüber, in welcher Form sich die Gesellschafter versammeln sollen. Eine verbindliche Festlegung des Versammlungsformates ist ihr ob des Einverständniserfordernisses des § 48 Abs. 1 S. 2 GmbHG jedoch nicht möglich. Denn ein jeder Gesellschafter kann die wirksame Beschlussfassung in virtueller Versammlung verhindern, indem er seine Zustimmung hierzu verweigert.

XI. Der Geschäftsführung ist es möglich, sowohl zu virtueller Versammlung als auch einer später terminierten Präsenzversammlung mit identischer Tagesordnung zu laden, um eine zeitnahe, wirksame Beschlussfassung zu gewährleisten. Beide Versammlungen müssen dabei mit dem Mindestabstand der maßgeblichen Einberufungsfrist terminiert werden. Zudem muss aus der Einladung klar hervorgehen, dass die Ladung zur Präsenzversammlung nur sicherheitshalber erfolgt, es also zu dieser nur kommt, wenn die Beschlüsse nicht bereits virtuell wirksam gefasst werden konnten.

XII. Minderheitsgesellschaftern, deren Geschäftsanteile zusammen mindestens ein Zehntel des Stammkapitals der Gesellschaft ausmachen, ist es nach § 50 Abs. 1 GmbHG möglich, explizit die Berufung einer virtuellen Versammlung i. S. d. § 48 Abs. 1 S. 2 GmbHG zu verlangen. Auch wenn die Minderheitsgesellschafter die Versammlungsform nicht konkretisieren, kann sich die Geschäftsführung für die Einberufung einer virtuellen Versammlung entscheiden. Dem Minderheitsverlangen wird durch die Berufung einer virtuellen Versammlung aber nur dann i. S. d. § 50 Abs. 3 S. 1 GmbHG entsprochen, wenn sich alle Gesellschafter mit der virtuellen Beschlussfassung einverstanden erklären oder das Einverständniserfordernis des § 48 Abs. 1 S. 2 GmbHG durch Satzungsregelung abbedungen wurde. Andernfalls können die Gesellschafter auf die Einberufung einer Präsenzversammlung bestehen oder diese gem. § 50 Abs. 3 S. 1 GmbHG selbst bewirken.

XIII. Eine Satzungsbestimmung, nach welcher die Geschäftsführung im Fall eines Minderheitsverlangens nach § 50 Abs. 1 GmbHG ausschließlich virtuelle Versammlungen beruft, ist unzulässig, es sei denn, durch die Satzungsregelung wird zudem das Einverständniserfordernis des § 48 Abs. 1 S. 2 GmbHG abbedungen.

XIV. Die erforderlichen Modalitäten der Einladung zu virtueller Versammlung richten sich nach § 51 GmbHG sowie den allgemein anerkannten Grundsätzen. Auch bei virtuellen Versammlungen ist die Wochenfrist des § 51 Abs. 1 S. 2 GmbHG zu beachten; eine teleologische Reduktion der Regelung kommt nicht in Betracht. Der Versammlungsort ist in der Form anzugeben, dass das gewählte Kommunikationsmittel sowie die verwendete Plattform mitzuteilen sind. Zugangsdaten zum Schutz der virtuellen Versammlung können auch zu einem späteren Zeitpunkt übermittelt werden. In der Einladung ist aber klar zu kommunizieren, wie und wann die Übermittlung erfolgen wird.

XV. Die Feststellung des Beschlussergebnisses ist verfahrensunabhängig keine Wirksamkeitsvoraussetzung eines Beschlusses. Folglich ist auch für die wirksame virtuelle Beschlussfassung i. S. d. § 48 Abs. 1 S. 2 GmbHG eine Beschlussfeststellung nicht erforderlich.

XVI. Die möglichen Fehler bei der Beschlussfassung in virtueller Versammlung führen in analoger Anwendung der §§ 241 ff. AktG sowie der §§ 110 ff. HGB zu weitgehend gleichlaufenden Rechtsfolgen. Wurde ein Gesellschafter nicht zur Abgabe seiner textförmlichen Zustimmungserklärung aufgefordert, kann eine Beschlussanfechtung in Betracht kommen. Hat ein Gesellschafter seine Zustimmung i. S. d. § 48 Abs. 1 S. 2 GmbHG vor der virtuellen Beschlussfassung nicht oder nicht textförmlich erklärt, ist der Beschluss schweben unwirksam. Er kann durch nachträgliche textförmliche Zustimmung geheilt werden. Die endgültige Unwirksamkeit tritt bei Verweigerung des erforderlichen Einvernehmens ein. Wird ein Gesellschafter durch ein technisches Problem in einem seiner mitgliedschaftlichen Rechte verletzt, kann sich das auf die Wirksamkeit des Beschlusses nur dann auswirken, wenn das Problem aus der Sphäre der Gesellschaft stammt. Hierbei tritt die Nichtigkeit dann ein, wenn dem Gesellschafter die Teilnahme an der virtuellen Gesellschafterversammlung vollständig unmöglich wurde. Im Übrigen kommt eine Beschlussanfechtung in Betracht. Bei Rechtsfolgenbestimmung analog zum Aktienrecht wird die Anfechtbarkeit aufgrund von Rechtsverletzung durch technische Störung nach § 243 Abs. 3 S. 1 Nr. 1, S. 2 AktG auf die Fälle beschränkt, in denen der Gesellschaft zumindest grobe Fahrlässigkeit vorzuwerfen ist. Dies gilt nicht für durch menschliches Verhalten verursachte technische Probleme. Einen derartigen Anfechtungsausschluss kennt das handelsrechtliche Beschlussmängelregime nicht. Angesichts der im Grundsatz gleichlaufenden Interessenlagen wäre eine ergänzende analoge Anwendung des aktienrechtlichen Anfechtungsausschlusses angezeigt. Nach beiden Regimen ist eine Anfechtung ungeachtet der genannten Einschränkungen möglich, wenn die Mitgesellschafter das technische Problem unter Verletzung ihrer Treuepflicht ausnutzen.

XVII. Den Gesellschaftern ist eine präsenzlose bzw. teilpräsenzlose Beschlussfassung grundsätzlich einzig gem. § 48 Abs. 1 S. 2 GmbHG in virtueller oder hybrider Versammlung oder im schriftlichen Verfahren nach § 48 Abs. 2 Alt. 1 und 2 GmbHG möglich. Da die Hybrid-Versammlung eine Ausprägung der virtuellen Versammlung i. S. d. § 48 Abs. 1 S. 2 GmbHG darstellt, sind auch für eine wirksame Beschlussfassung in dieser textförmliche Zustimmungserklärungen aller Gesellschafter erforderlich. Die Beschlussfassung in einem Verfahren, das die Beschlussverfahren der § 48 Abs. 1, Abs. 2 GmbHG kombiniert, ist einzig dann zulässig, wenn der Gesellschaftervertrag dies vorsieht.

XVIII. Ein Anspruch auf virtuelle Zuschaltung zu einer Präsenzversammlung scheidet aufgrund der Wertung des § 48 Abs. 1 S. 2 GmbHG grundsätzlich aus. Die übrigen Gesellschafter sind nur dann ausnahmsweise aufgrund ihrer horizontalen Treuepflicht zur Abgabe einer Zustimmungserklärung verpflichtet, wenn der anspruchsstellende Gesellschafter ein berechtigtes Interesse an der Zuschaltung hat und ihnen die Zuschaltung zumutbar ist. Ein berechtigtes Interesse an der Zuschaltung ist dann gegeben, wenn einem Gesellschafter seine Präsenzteilnahme im Gegensatz zur virtuellen Teilnahme tatsächlich oder rechtlich unmöglich oder unzumutbar ist, er den Verhinderungsgrund nicht zu vertreten hat und es unzulässig oder unzumutbar ist, dass er sich in der Gesellschafterversammlung vertreten lässt. Ob die virtuelle Zuschaltung den Mitgesellschaftern zumutbar ist, muss durch Interessenabwägung im Einzelfall entschieden werden. Diese Abwägung wird zumeist zugunsten des Gesellschafters ausfallen, der seine virtuelle Zuschaltung anstrebt, da dieser typischerweise schutzwürdiger als seine Mitgesellschafter ist. Etwas anderes gilt regelmäßig dann, wenn der Zuschaltung im Einzelfall schwer überbrückbare technische Hindernisse entgegenstehen oder konkrete Vertraulichkeitsbedenken gegen die Beschlussfassung in Hybrid-Versammlung sprechen.

Literaturverzeichnis

Altmeppen, Holger: Beschlussfeststellung, Stimmrecht und Klageobliegenheit in der GmbH, GmbHR 2018, S. 225–231

Altmeppen, Holger: Dogmatische Grundfragen des Beschlusstatbestands in GmbH und Personengesellschaft und ihre Bedeutung für Online-Beschlussfassungen, NZG 2022, S. 1563–1568

Altmeppen, Holger: Gesetz betreffend die Gesellschaften mit beschränkter Haftung – Kommentar, 11. Auflage, München 2023 (Zitiert: *Altmeppen*, in: Altmeppen GmbHG)

Altmeppen, Holger: Machtverhältnisse bei Abberufung eines Gesellschafter-Geschäftsführers in der GmbH aus „wichtigem Grund", NJW 2016, S. 2833–2839

Argyle, Michael: Körpersprache & Kommunikation, 10. Auflage, Paderborn 2013

Armbrüster, Christian: Zur Beurkundungsbedürftigkeit von Treuhandabreden über GmbH-Anteile – Zugleich ein Beitrag zu den Formzwecken des § 15 Abs. 4 Satz 1 GmbHG, DNotZ 1997, S. 762–786

Arzt, Markus/*Brückner*, Bettina/*Benecke*, Martina u. a. (Hrsg.): beck-online. Grosskommentar, Bürgerliches Gesetzbuch, München 2025 (Zitiert: *Bearbeiter(in)*, in: BeckOGK BGB)

Bachmann, Gregor: Zum Entwurf eines Gesetzes zur Modernisierung des Personengesellschaftsrechts (MoPeG), NZG 2020, S. 612–619

Ballof, Lino/*Stich*, Maria/*Stich*, Michael: Kommunikation in Aufsichtsratssitzungen: Sitzungen in Präsenz, hybrid und virtuell, Audit Committee Quarterly III/2024, S. 51–53

Baltzer, Johannes: Der Beschluß als rechtstechnisches Mittel organschaftlicher Funktion im Privatrecht, Köln 1965

Barkowski, Dirk: Erfahrungsbericht: Die ersten Tage als Führungskraft im Job, BC 2017, S. 217–219

Bauerfeind, Tobias/*Müller*, Armin: Die Rechtsnatur des Gesellschafterbeschlusses, GmbHR 2020, S. 1215–1222

Bayer, Walter: Sonderrechte in der GmbH: Dogmatik und Praxisfragen, GmbHR 2024, S. 337–363

Bayer, Walter/*Hoffmann*, Thomas: Gesellschafterstrukturen deutscher GmbH, GmbHR 2014, S. 12–17

Bayer, Walter/*Hommelhoff*, Peter/*Kleindiek*, Detlef (Bearb.): GmbH-Gesetz – Kommentar, 21. Auflage, Köln 2023 (Zitiert: *Bearbeiter(in)*, in: Lutter/Hommelhoff GmbHG)

Bayer, Walter/*Lieder*, Jan: Das aktienrechtliche Freigabeverfahren für die GmbH, NZG 2011, S. 1170–1175

Bayer, Walter/*Möller*, Sven: Beschlussfassung in der GmbH-Gesellschafterversammlung im Pandemiemodus, GmbHR 2021, S. 461–468

Bayer, Walter/*Möller*, Sven: Beschlussmängelklagen de lege lata und de lege ferenda, NZG 2018, S. 801–811

Bayer, Walter/*Rauch*, Fritz Philemon: Beschlussmängel im neuen Recht der Personengesellschaften nach dem MoPeG, DB 2021 S. 2609–2618

Beck, Lukas: Aktuelles zur elektronischen Hauptversammlung, RNotZ 2014, S. 160–168

Beck, Lukas: Die virtuelle Gesellschafterversammlung in der GmbH, GmbHR 2021, S. 901–908

Behnker, Kurt/*Karla*, Jürgen/*Müdler*, Wilhelm: Grundkurs Mobilfunk und Mobile Business, Wiesbaden 2022

Berger, Elke/*Reichebner*, Christoph/*Erisken*, Astrid u. a.: Covid-19 als Stresstest für das Gesundheitssystem – Eine Bestandsaufnahme der Situation in Dänemark und Deutschland, Gesundheits- und Sozialpolitik 2020, S. 49–61

Beurskens, Michael/*Haas*, Urich/*Kerstin*, Christian/*Kraft*, Julia/*Noack*, Ulrich/*Servatius*, Wolfgang (Bearb.): Beck'sche Kurz-Kommentare, Band 20 – Gesetz betreffend die Gesellschaften mit beschränkter Haftung, 25. Auflage, München 2025 (Zitiert: *Bearbeiter(in)*, in: Noack/Servatius/Haas GmbHG)

Blasche, Sebastian: Praxisfragen und Gestaltungsmöglichkeiten bei der Beschlussfassung ohne Gesellschafterversammlung, GmbHR 2011, S. 232–238

Blath, Simon: Das Mehrheitsprinzip im GmbH-Recht – Grundlegendes und Gestaltungsfragen, RNotZ 2017, S. 218–230

Bochmann, Christian: § 48 I 2 GmbHG-E des DiREG-Referentenentwurfs als Digitalisierungsbremse im Recht der GmbH-Gesellschafterversammlung, NZG 2022, S. 531–535

Bochmann, Christian: Statutarische Gestaltung virtueller Gesellschafterversammlungen nach dem DiREG, in: Heckschen, Heribert/Limmer, Peter/Blath, Simon/Forschner, Julius (Hrsg.), Festschrift für Andreas Heidinger zum 65. Geburtstag, München 2023, S. 37–46 (Zitiert: *Bochmann*, Statutarische Gestaltung virtueller Gesellschafterversammlungen nach dem DiREG, in: FS Heidinger, 2023)

Bochmann, Christian: Versammlung der Anteilsinhaber in virtueller Form, EWiR 2021, S. 677–678

Börstinghaus, Ulf (Hrsg.): Schmidt-Futterer Mietrecht – Großkommentar des Wohn- und Gewerberaummietrechts, 16. Auflage, München 2024 (Zitiert: *Bearbeiter(in)*, in: Schmidt-Futterer Mietrecht)

Böttcher, Lars/*Grewe*, Daniel: Der Versammlungsleiter in der Gesellschaft mit beschränkter Haftung – Kompetenzen, Bestellung und Abberufung, NZG 2000, S. 1086–1090

Burgoon, Judee/*Manusov*, Valerie/*Guerrero*, Laura: Nonverbal Communikation, 2. Auflage, New York 2022

Bydlinksi, Franz: Juristische Methodenlehre und Rechtsbegriff, 2. Auflage, Wien 1991

Canaris, Claus-Wilhelm: Die Feststellung von Lücken im Gesetz, 2. Auflage, Berlin 1983

Casper, Matthias: Das Anfechtungsklageerfordernis im GmbH-Beschlußmängelrecht, ZHR 1999, S. 54–86

Degistirici, Can/*Ioannidis*, Nikos: Das durch das MoPeG reformierte Beschlussverfahren und Beschlussmängelrecht der Personenhandelsgesellschaften, BB 2023, S. 2698–2704

Denga, Michael: Digitale Beurkundungen im Gesellschaftsrecht, RDi 2024, S. 123–132

Dölling, Dieter/*Hermann*, Dieter/*Laue*, Christian: Kriminologie, Berlin 2022

Dreher, Meinhard: Die gesellschaftsrechtliche Treuepflicht bei der GmbH, DStR 1993, S. 1632–1636

Dreier, Horst (Begr.)/*Brosius-Gersdorf*, Frauke (Hrsg.): Grundgesetz-Kommentar, Band I: Präambel, Artikel 1–19, Tübingen 2023 (Zitiert: *Bearbeiter(in)*, in: Dreier GG)

Drinhausen, Florian/*Keinath*, Astrid: Referentenentwurf eines Gesetzes zur Umsetzung der Aktionärsrichtlinie (ARUG) – Ein Beitrag zur Modernisierung der Hauptversammlung, BB 2008, S. 1238–1245

Ebel, Dominik/*Wörner*, Leon: Wechselspiel der Beschlussmängelregime in den Personenhandelsgesellschaften und der GmbH, NZG 2021, S. 963–970

Eickhoff, Andreas/*Busold*, Julius: Vorübergehende (?) Erleichterungen im Gesellschaftsrecht – Alte und neue gesellschaftsrechtliche Probleme im Recht der GmbH in Zeiten von Corona, DStR 2020, S. 1054–1059

Ellenberger, Jürgen/*Götz*, Isabell/*Grüneberg*, Christian u. a. (Bearb.): Beck'sche Kurz-Kommentare, Band 7 – Bürgerliches Gesetzbuch mit Nebengesetzen, 85. Auflage, München 2026 (Zitiert: *Bearbeiter(in)*, in: Grüneberg BGB)

Emde, Raimond: Die Bestimmtheit von Gesellschafterbeschlüssen, ZIP 2000, S. 59–64

Erdmann, Ulrich: Die Online-Versammlung im Vereins- und GmbH-Recht, MMR 2000, S. 526–532

Ernst, Wolfgang: Der Beschluss als Organakt, in: Rechtsgeschäft, Methodenlehre und darüber hinaus – Liber Amicorum für Detlef Leenen zum 70. Geburtstag am 4. August 2012, Berlin 2012, S. 1–42 (Zitiert: *Ernst*, Der Beschluss als Organakt, in: FS Leenen, 2012)

Fehrenbach, Markus: Der fehlerhafte Gesellschafterbeschluss in der GmbH, Köln 2011

Fehrmann, Denis/*Leclerc*, Stefanie/*Schirrmacher*, Paul: Das neue Beschlussmängelrecht der §§ 110 ff. HGB, GmbHR 2024, S. 57–70

Fleischer, Holger: Zur ergänzenden Anwendung von Aktienrecht auf die GmbH, GmbHR 2008, S. 673–682

Fleischer, Holger/*Eschwey*, Claudius: Die versäumte Einladung als Beschlussmangel im Aktien-, GmbH-, Vereins- und Wohnungseigentumsrecht, BB 2015, S. 2178–2185

Fleischer, Holger/*Goette*, Wulf (Hrsg.): Münchener Kommentar zum Gesetz betreffend die Gesellschaften mit beschränkter Haftung, Band 1: §§ 1–34, 5. Auflage, München 2025 (Zitiert: *Bearbeiter(in)*, in: MüKo GmbHG)

Fleischer, Holger/*Goette*, Wulf (Hrsg.): Münchener Kommentar zum Gesetz betreffend die Gesellschaften mit beschränkter Haftung, Band 2: §§ 35–52, 4. Auflage, München 2023 (Zitiert: *Bearbeiter(in)*, in: MüKo GmbHG, 4. Auflage)

Fleischer, Holger/*Goette*, Wulf (Hrsg.): Münchener Kommentar zum Gesetz betreffend die Gesellschaften mit beschränkter Haftung, Band 2: §§ 35–52, 5. Auflage, München 2026 (Zitiert: *Bearbeiter(in)*, in: MüKo GmbHG)

Fleischer, Holger/*Goette*, Wulf (Hrsg.): Münchener Kommentar zum Gesetz betreffend die Gesellschaften mit beschränkter Haftung, Band 3: §§ 53–88, 5. Auflage, München 2025 (Zitiert: *Bearbeiter(in)*, in: MüKo GmbHG)

Flume, Werner: Die Rechtsprechung des II. Zivilsenats des BGH zur Treuepflicht des GmbH-Gesellschafters und des Aktionärs, ZIP 1996, S. 161–167

Gehrlein, Markus/*Born*, Born/*Simon*, Stefan (Hrsg.): GmbHG, Gesetz betreffend die Gesellschaften mit beschränkter Haftung, Kommentar, 6. Auflage, Köln 2024 (Zitiert: *Bearbeiter(in)*, in: Gehrlein/Born/Simon GmbHG)

Geitzhaus, Georg: Die Generalbevollmächtigung – empfehlenswertes Instrument der Unternehmensführung?, GmbHR 1989, S. 229–236

Gieseke, Horst: Interessenkonflikte der GmbH-Geschäftsführer bei Pflichtenkollisionen, GmbHR 1996, S. 486–492

Goette, Wulf: Auslandsbeurkundungen in Kapitalgesellschaften, DStR 1996, S. 709–713

Goette, Wulf/*Goette*, Maximilian: Die GmbH – Darstellung anhand der Rechtsprechung des BGH, 3. Auflage, München 2019 (Zitiert: *Goette/Goette*, Die GmbH)

Goette, Wulf/*Habersack*, Mathias/*Kalss*, Susanne (Hrsg.): Münchener Kommentar zum Aktiengesetz, Band 1: §§ 1–75, 6. Auflage, München 2024 (Zitiert: *Bearbeier(in)*, in: MüKo AktG

Goette, Wulf/*Habersack*, Mathias/*Kalss*, Susanne (Hrsg.): Münchener Kommentar zum Aktiengesetz, Band 3: §§ 118–178, 6. Auflage, München 2024 (Zitiert: *Bearbeier(in)*, in: MüKo AktG

Goette, Wulf/*Habersack*, Mathias/*Kalss*, Susanne (Hrsg.): Münchener Kommentar zum Aktiengesetz, Band 4: §§ 179–277, 6. Auflage, München 2025 (Zitiert: *Bearbeier(in)*, in: MüKo AktG)

Göz, Philipp/*Peitsmeyer*, Philip: Schiedsfähigkeit von Beschlussmängelklagen bei der – Zugleich Besprechung des BGH-Urteils vom 6.4.2009 – II ZR 255/08, DB 2009, S. 1915–1921

Graf von Westphalen, Friedrich/*Haas*, Ulrich/*Mock*, Sebastian/*Wöstmann*, Heinz (Hrsg.): Handelsgesetzbuch – Kommentar zu Handelsstand, Handelsgesellschaften, besonderen Handelsverträgen, internationalem Vertragsrecht und nachhaltiger Unternehmensführung (ohne Bilanz-, Transport- und Seerecht), 6. Auflage, Köln 2023 (Zitiert: *Bearbeiter(in)*, in: Röhricht/Graf von Westphalen/Haas/Mock/Wöstmann HGB)

Gräfin Wolffskeel von Reichenberg, Nadja: Virtuelle Versammlungen im Gesellschaftsrecht, Wohnungseigentumsrecht und Berufsrecht – Eine rechtsformübergreifende Gegenüberstellung, RDi 2025, S. 95–102

Grigoleit, Christoph (Hrsg.): Aktiengesetz – Kommentar, 3. Auflage, München 2025 (Zitiert: *Bearbeiter(in)*, in: Grigoleit AktG)

Grotheer, Marc: Satzungsänderungsbeschlüsse in der GmbH und besondere Formvorschriften, RNotZ 2015, S. 4–9

Guntermann, Lisa Marleen: Beschlussfassung im virtuellen Raum als rechtsformübergreifende Aufgabe für den Gesetzgeber, in: Bochmann, Christian/Kumpan, Christoph/Schmidt, Karsten/Röthel, Anne (Hrsg.), Beschlussfassung im virtuellen Raum, Baden-Baden 2023, S. 125–152 (Zitiert: *Guntermann*, Beschlussfassung im virtuellen Raum als rechtsformübergreifende Aufgabe, in: Beschlussfassung im virtuellen Raum)

Guntermann, Lisa Marleen: Das Beschlussmängelrecht in der GmbH nach dem MoPeG, GmbHR 2024, S. 397–406

Habersack, Mathias/*Casper*, Matthias/*Löbbe*, Marc (Hrsg.): Gesetz betreffend die Gesellschaften mit beschränkter Haftung (GmbHG) – Großkommentar, Band I: Einleitung; §§ 1–28, 4. Auflage, Tübingen 2025 (Zitiert: *Bearbeiter(in)*, in: Habersack/Casper/Löbbe GmbHG)

Habersack, Mathias/*Casper*, Matthias/*Löbbe*, Marc (Hrsg.): Gesetz betreffend die Gesellschaften mit beschränkter Haftung (GmbHG) – Großkommentar, Band II: §§ 29–52, 3. Auflage, Tübingen 2020 (Zitiert: *Bearbeiter(in)*, in: Habersack/Casper/Löbbe GmbHG)

Habersack, Mathias/*Casper*, Matthias/*Löbbe*, Marc (Hrsg.): Gesetz betreffend die Gesellschaften mit beschränkter Haftung (GmbHG) – Großkommentar, Band III: §§ 53–88 (sowie EGGmbHG), 3. Auflage, Tübingen 2021 (Zitiert: *Bearbeiter(in)*, in: Habersack/Casper/Löbbe GmbHG)

Hachenburg, Max (Begr.)/*Barz*, Hand/*Behrens*, Peter u. a. (Bearb.): Gesetz betreffend die Gesellschaften mit beschränkter Haftung (GmbHG) – Großkommentar, Zweiter Band: §§ 13–52, 7. Auflage, Berlin 1979 (Zitiert: *Bearbeiter(in)*, in: Hachenburg GmbHG, 7. Auflage)

Hachenburg, Max (Begr.)/*Ulmer*, Peter (Hrsg.): Gesetz betreffend die Gesellschaften mit beschränkter Haftung (GmbH) – Großkommentar, Zweiter Band: §§ 35–52, 8. Auflage, Berlin 1997 (Zitiert: *Bearbeiter(in)*, in: Hachenburg GmbHG, 8. Auflage)

Harnos, Rafael: Beschlussfassung in der virtuellen Hauptversammlung, in: Bochmann, Christian/Kumpan, Christoph/Schmidt, Karsten/Röthel, Anne (Hrsg.), Beschlussfassung im virtuellen Raum, Baden-Baden 2023, S. 59–81 (Zitiert: *Harnos*, Beschlussfassung in der virtuellen Hauptversammlung, in: Beschlussfassung im virtuellen Raum)

Hau, Wolfgang/*Posek*, Roman (Hrsg.): Beck'scher Online-Kommentar BGB, 76. Edition, Stand: 01.11.2025, München 2025 (Zitiert: *Bearbeiter(in)*, in: BeckOK BGB)

Häublein, Martin/*Hoffmann-Theinert*/*Poll*, Jens (Hrsg.): Beck'scher Online-Kommentar HGB, 48. Edition, Stand: 01.10.2025, München 2025 (Zitiert: *Bearbeiter(in)*, in: BeckOK HGB)

Heckschen, Heribert: Aspekte der (Nicht-)Vergleichbarkeit des Diskurses in Präsenz und im virtuellen Raum, in: Bochmann, Christian/Kumpan, Christoph/Schmidt, Karsten/Röthel, Anne (Hrsg.), Beschlussfassung im virtuellen Raum, Baden-Baden 2023, S. 29–47 (Zitiert: *Heckschen*, Aspekte der (Nicht-)Vergleichbarkeit des Diskurses in Präsenz und im virtuellen Raum, in: Beschlussfassung im virtuellen Raum)

Heckschen, Heribert: Virtuelle Gesellschafterversammlungen – Spannende Aufgaben für die Gestaltungspraxis, GmbHR 2023, 105–112

Heckschen, Heribert/*Bachmann*, Daniel: Mehrheitsklauseln bei Personengesellschaften, NZG 2015, S. 531–537

Heckschen, Heribert/*Heidinger*, Andreas: Die GmbH in der Gestaltungs- und Beratungspraxis, Köln 2023

Heckschen, Heribert/*Hilser*, Raphael: Die virtuelle Gesellschafterversammlung – Bestandsaufnahme und aktuelle Entwicklungslinien, ZIP 2022, S. 461–472

Heckschen, Heribert/*Hilser*, Raphael: Digitalisierung im Personengesellschaftsrecht, ZPG 2023, S. 41–52

Heckschen, Heribert/*Knaier*, Ralf: Weitere Digitalisierung des Gesellschaftsrechts (DiREG), NZG 2022, 885–893

Heckschen, Heribert/*Wicke*, Wartmut: Digitalisierung auf gesicherter Datengrundlage, NZG 2022, S. 433

Henssler, Martin/*Herresthal*, Carsten/*Paschke*, Marian (Hrsg.): beck-online.Grosskommentar, HGB, München 2025 (Zitiert: *Bearbeiter(in)*, in: BeckOGK HGB)

Henssler, Martin/*Strohn*, Lutz (Hrsg.): Beck'sche Kurz-Kommentare, Band 62 – Gesellschaftsrecht, 6. Auflage, München 2024 (Zitiert: *Bearbeiter(in)*, in: Henssler/Strohn Gesellschaftsrecht)

Henze, Hartwig: Zur Treupflicht unter Aktionären, in: Goerdeler, Reinhard/Hommelhoff, Peter/Lutter, Marcus u. a. (Hrsg.), Festschrift für Alfred Kellermann zum 70. Geburtstag am 29. November 1990, Berlin 1991, S. 141–152 (Zitiert: *Henze*, Zur Treupflicht unter Aktionären, in: FS Kellermann, 1991)

Heppe, Hansjörg/*Bauer*, Thomas: 14. Österberg-Seminar zur aktuellen Fragen des Wirtschaftsrechts, NZG 2024, S. 626–632

Herchen, Hilke: Beschlussmängelrecht im GmbH- und Personengesellschaftsrecht, in: Gesellschaftsrechtliche Vereinigung (Hrsg.), Gesellschaftsrecht in der Diskussion 2016, Band 22, Köln 2017, S. 83–128 (Zitiert: *Herchen*, Beschlussmängelrecht im GmbH- und Personengesellschaftsrecht, in: Gesellschaftsrecht in der Diskussion 2016)

Herwig, Volker: Zugang und Zustellung in elektronischen Medien, MMR 2001, S. 145–149

Herz, Benjamin/*Hupka*, Jan: Das neue Videobeurkundungsverfahren, NJW 2022, S. 3385–3389

Hoffmann-Becking, Michael: Gibt es ein allgemeines Verfahrensrecht für Gremien?, NZG 2022, S. 99–103

Hoffmann-Becking, Michael: Kombinierte Beschlussfassung in Gesellschafterversammlung und Aufsichtsrat, in: Hommelhoff, Peter/Rawert, Peter/Schmidt, Karsten (Hrsg.), Festschrift für Hans-Joachim Priester zum 70. Geburtstag, Köln 2007, S. 233–243 (Zitiert: *Hoffmann-Becking*, Kombinierte Beschlussfassung in Gesellschafterversammlung und Aufsichtsrat, in: FS Priester, 2007)

Hohlfeld, Matthias: Virtuelle GmbH-Gesellschafterversammlung, GmbHR 2000, S. R53–R54

Hopt, Klaus/*Kumpan*, Christoph/*Leyens*, Patrick/*Merkt*, Hanno/*Roth*, Markus (Bearb.): Beck'sche Kurz-Kommentare, Band 59 – Handelsgesetzbuch mit GmbH & Co., Handelsklauseln, Bank- und Kapitalmarktrecht, Transportrecht (ohne Seerecht), 45. Auflage, München 2026 (Zitiert: *Bearbeiter(in)*, in: Hopt HGB)

Hueck, Alfred: Der Treuegedanke im modernen Privatrecht, München 1946

Hueck, Alfred: Mangelhafte Gesellschafterbeschlüsse bei der GmbH, in: Nipperdey, Hans Carl (Hrsg.), Festschrift für Erich Molitor zum 75. Geburtstag, 3. Oktober 1961, München/Berlin 1962, S. 401–427 (Zitiert: *Hueck*, Mangelhafte Gesellschafterbeschlüsse in der GmbH, in: FS Molitor, 1962)

Hüffer, Uwe: Beschlußmängel im Aktienrecht und im Recht der GmbH – eine Bestandsaufnahme unter Berücksichtigung der Beschlüsse von Leitungs- und Überwachungsorganen, ZGR 2001, S. 833–874

Hüffer, Uwe: Die Gesellschafterversammlung – Organ der GmbH oder bloßes Beschlussverfahren?, in: Lutter, Marcus/Ulmer, Peter/Zöllner, Wolfgang (Hrsg.), Festschrift 100 Jahre GmbH-Gesetz, Köln 1992, S. 521–537 (Zitiert: *Hüffer*, Die Gesellschafterversammlung, in: FS 100 Jahre GmbH-Gesetz, 1992)

Hüffer, Uwe: Zur gesellschaftsrechtlichen Treuepflicht als richterrechtlicher Generalklausel, in: Baur, Jürgen/Hopt, Klaus/Mailänder, Peter (Hrsg.), Festschrift für Ernst Steindorff zum 70. Geburtstag am 13. März 1990, Berlin 1990, S. 59–78 (Zitiert: *Hüffer*, Zur gesellschaftsrechtlichen Treuepflicht als richterrechtlicher Generalklausel, in: FS Steindorff, 1990)

Hüffer, Uwe (Begr.)/*Koch*, Jens (Bearb.): Beck'sche Kurz-Kommentare, Band 53 – Aktiengesetz, 19. Auflage, München 2025 (Zitiert: *Bearbeiter(in)*, in: Koch AktG)

Immenga, Ulrich: Die personalistische Kapitalgesellschaft, Bad Homburg v.d.H. 1970

Jans, Oliver: Die Beschlussfeststellung im Verbandsrecht, Berlin 2024

Jarass, Hans/*Pieroth*, Bodo (Begr.)/*Jarass*, Hans/*Kment*, Martin (Bearb.): Grundgesetz für die Bundesrepublik Deutschland – Kommentar, 18. Auflage, München 2024 (Zitiert: *Bearbeiter(in)*, in: Jarass/Pieroth GG)

Kaspras, Denis/*Schirrmacher*, Paul: Der GmbHR-Kommentar zu BGH, Beschl. v. 05.10.2021 – II ZB 7/21, GmbHR 2021, S. 1333–1335

Kaufmann, Jörg: Die Klagefrist bei Beschlussmängelstreitigkeiten im Recht der AG und GmbH, NZG 2015, S. 336–340

Kaulbach, Ann-Marie: Das neue Anfechtungsmodell im Personengesellschaftsrecht: Vorbild für die GmbH? – Zu den methodischen Voraussetzungen eines „Modellwechsels" im GmbH-Recht, ZHR 2022, S. 729–769

Knorr, Henrik: Die Beschlussfeststellung als Abgrenzungskriterium zwischen Anfechtungsklage und allgemeiner Feststellungsklage, GmbHR 2022, S. 563–570

Koch, Christian: Das Anfechtungsklageerfordernis im GmbH-Beschlussmängelrecht, Frankfurt a.M. 1997

Koch, Jens: Nichtigkeit oder Anfechtbarkeit? – Auf der Suche nach einem rechtsformübergreifenden Sortiermechanismus, ZHR 2018, S. 378–414

Koch, Jens (Hrsg.): Personengesellschaftsrecht – Kommentar, 1. Auflage, Köln 2023 (Zitiert: *Bearbeiter(in)*, in: Koch Personengesellschaftsrecht)

Kornblum, Udo/*Hampf*, Thorsten/*Naß*, Nicole: Neue württembergische Rechtstatsachen zum Unternehmens- und Gesellschaftsrecht, GmbHR 2000, S. 1240–1251

Krüger, Wolfgang/*Rauscher*, Thomas (Hrsg.): Münchener Kommentar zur Zivilprozessordnung mit Gerichtsverfassungsgesetz und Nebengesetzen – Band 1: §§ 1–354, 7. Auflage, München 2025 (Zitiert: *Bearbeiter(in)*, in: MüKo ZPO)

Langer, Paul: Digitale Profile, Reputation Scoring und Social Credits am Beispiel von Chinas National Credit Management System, in: Demokratietheorie im Zeitalter der Frühdigitalisierung, Wiesbaden 2020, S. 305–322

Lantwin, Tobias: Deep Fakes – Düstere Zeiten für den Persönlichkeitsschutz? – Rechtliche Herausforderungen und Lösungsansätze, MMR 2019, S. 574–578

Larenz, Karl/*Canaris*, Claus-Wilhelm: Methodenlehre der Rechtswissenschaft, 3. Auflage, Berlin u. a. 1995

Leinekugel, Rolf: GmbH-Gesellschafterversammlungen per Telefon oder per Videokommunikation gem. § 48 Abs. 1 Satz 2 GmbHG nach Inkrafttreten des DiREG – Möglichkeiten, Anforderungen, Interessenlagen und Satzungsgestaltungen für Beschlussfassungen in Konferenzschaltungen, DB 2022, S. 2840–2851

Lennartz, Jannis: „Digitale Puppenspieler" – die Nachbildung von Körper und Stimme durch KI, NJW 2023, S. 3543–3547

Leuering, Dieter/*Rubner*, Daniel: Virtueller Verschmelzungsbeschluss, NJW-Spezial 2021, S. 751

Liebscher, Thomas: Die Präsenzlose Beschlussfassung in der GmbH – eine kritische Würdigung der COVID-Gesetzgebung, in: Deckenbrock, Christian/Höpfner, Clemens/Kilian, Matthias u. a. (Hrsg.), Arbeit Wirtschaft Recht – Festschrift für Martin Henssler zum 70. Geburtstag, München 2023, S. 1043–1056 (Zitiert: *Liebscher*, Die Präsenzlose Beschlussfassung in der GmbH – eine kritische Würdigung der COVID-Gesetzgebung, in: FS Henssler, 2023)

Liebscher, Thomas/*Günthner*, Ralf: Die Schiedsfähigkeit von im Feststellungsstreit auszutragenden Beschlussmängelstreitigkeiten im Lichte des MoPeG, ZIP 2022, S. 713–723

Lieder, Jan: Virtuelle Versammlungen, in: Grunewald, Barbara/Koch, Jens/Tielmann, Jörgen (Hrsg.), Festschrift für Eberhard Vetter zum 70. Geburtstag, Köln 2019, S. 419–445 (Zitiert: *Lieder*, Virtuelle Versammlungen, in: FS Vetter, 2019)

Lieder, Jan/*Hoffmann*, Thomas: Bundesweite Rechtstatsachen zum Unternehmens- und Gesellschaftsrecht (Stand: 1. 1. 2025), GmbHR 2025, S. 785–800

Lieder, Jan/*Schaub*, Bernhard/*Schmidt*, Uwe/*Vetter*, Jochen (Hrsg.): beck-online.Grosskommentar, GmbHG, München 2025 (Zitiert: *Bearbeiter(in)*, in: BeckOGK GmbHG)

Liese, Jens/*Theusinger*, Ingo: Beschlussfassung durch GmbH-Gesellschafter – das Ende des kombinierten Verfahrens?, GmbHR 2006, S. 682–686

Löbbe, Marc: Das Beschlussmängelrecht der Personenhandelsgesellschaften nach dem MoPeG-Regierungsentwurf – ein Überblick, in: Gehle, Burkhard/Hirte, Heribert/Lochner, Daniel (Hrsg.), Festschrift für Thomas Heidel, Baden-Baden 2021, S. 575–597 (Zitiert: *Löbbe*, Das Beschlussmängelrecht der Personenhandelsgesellschaften nach dem MoPeG-Regierungsentwurf, in: FS Heidel, 2020)

Lochner, Daniel/*Keller*, Philippe: Das Gesetz zur Einführung virtueller Hauptversammlungen, ZIP 2022, S. 1997–2006

Löffler, Joachim: Der Kernbereich der Mitgliedschaft als Schranke für Mehrheitsbeschlüsse bei Personengesellschaften, NJW 1989, S. 2656–2662

Lutz, Reinhard: Der Gesellschafterstreit, 8. Auflage, München 2024

Mangoldt, Hermann von (Begr.)/*Huber*, Peter/*Voßkuhle*, Andreas (Hrsg.): Grundgesetz – Kommentar, Band I: Präambel, Art. 1–19, München 2024 (Zitiert: *Bearbeiter(in)*, in: Huber/Voßkuhle GG)

Marquard, Lina/*Cornelsen*, Niels: Chinesische Regulierung der (kommerziellen) Datennutzung – ein Faktor für die europäische Wirtschaft, ZD-Aktuell 2023, 01384

Maunz, Theodor/*Dürig*, Günter (Begr.)/*Herzog*, Roman/*Scholz*, Rupert/*Herdegen*, Matthias/*Klein*, Hans (Hrsg.): Grundgesetz – Kommentar, Band II: Art. 6–16a, München 2025 (Zitiert: *Bearbeiter(in)*, in: Dürig/Herzog/Scholz GG)

Maus, Carolin: Die Analogiefähigkeit im Falle einer bewussten Regelungslücke, ZfPW 2023, S. 25–34

Mayer, Ulrich: Nichtige Gesellschafterbeschlüsse einer GmbH, NZG 2007, S. 448–450

Mennicke, Petra: Zum Weisungsrecht der Gesellschafter und der Folgepflicht des GF in der mitbestimmungsfreien GmbH, NZG 2000, S. 622–626

Meyer, Andreas H./*Schwiete*, Daniel: Totgesagte leben länger – ein Plädoyer für das „Feststellungsmodell“ als Gestaltungsoption im Beschlussmängelrecht, NZG 2022, S. 1035–1043

Meyer-Landrut, Joachim/*Miller*, Georg/*Niehus*, Rudolf: Gesetz betreffend die Gesellschaften mit beschränkter Haftung (GmbHG) – Kommentar, Berlin 1987 (Zitiert: *Bearbeiter(in)*, in: Meyer-Landrut/Miller/Niehus GmbHG)

Michalski, Lutz (Begr.)/*Heidinger*, Andreas/*Leible*, Stefan/*Schmidt*, Jessica (Hrsg.): Kommentar zum Gesetz betreffend die Gesellschaften mit beschränkter Haftung (GmbH-Gesetz), Band I: Systematische Darstellungen, §§ 1–34 GmbHG, 4. Auflage, München 2023 (Zitiert: *Bearbeiter(in)*, in: Michalski/Heidinger/Leible/Schmidt GmbHG)

Michalski, Lutz (Begr.)/*Heidinger*, Andreas/*Leible*, Stefan/*Schmidt*, Jessica (Hrsg.): Kommentar zum Gesetz betreffend die Gesellschaften mit beschränkter Haftung (GmbH-Gesetz), Band II: §§ 35–88 GmbHG, EGGmbHG, 4. Auflage, München 2023 (Zitiert: *Bearbeiter(in)*, in: Michalski/Heidinger/Leible/Schmidt GmbHG)

Miller, Matthias/*Nehring-Köppl*, Jan: Die präsenzlose Beschlussfassung in der GmbH – Wahrung der Handlungsfähigkeit in Zeiten der Covid-19-Pandemie, WM 2020, S. 911–917

Möhlen, Christian: Das Recht auf Versammlungsfreiheit im Internet – Anwendbarkeit eines klassischen Menschenrechts auf neue digitale Kommunikations- und Protestformen, MMR 2013, S. 221–230

Möllers, Thomas: Juristische Methodenlehre, 6. Auflage, München 2025

Morat, Daniel: Telefon, in: Morat, Daniel/Ziemer, Hansjakob (Hrsg.): Handbuch Sound, Stuttgart 2018, S. 367–370 (Zitiert: *Morat*, Telefon, in: Handbuch Sound, Stuttgart 2018)

Münch, Ingo von/*Kunig*, Philip (Begr.)/*Kämmerer*, Jörn Axel/*Kotzur*, Markus (Hrsg.): Grundgesetz-Kommentar, Band 1: Präambel, Art. 1–69, München 2025 (Zitiert: *Bearbeiter(in)*, in: von Münch/Kunig GG)

Müther, Peter-Hendrik: Zur Nichtigkeit führende Fehler bei der Einberufung der GmbH-Gesellschafterversammlung, GmbHR 2000, S. 966–972

Nehls, Albrecht: Die Anfechtungsfrist für GmbH-Gesellschafterbeschlüsse, GmbHR 1995, S. 703–708

Neuber, Katharina/*Göbel*, Kerstin: Zuhause statt Hörsaal, in: Deimann, Markus/Karapanos, Marios/Rummler, Klaus (Hrgs.), CoViD-19 und die digitale Hochschulbildung, Zürich 2021, S. 56–76 (Zitiert: *Neuber/Göbel*, Zuhause statt Hörsaal, in: CoViD-19 und die digitale Hochschulbildung)

Neuhöfer, Stefan: Beschlussfassung bei Personengesellschaften – Status quo, MoPeG und Vertragsgestaltung, MittBayNot 2023, S. 566–572

Neuhöfer, Stefan: Digitalisierung in der GmbH – Aktuelle Aspekte in der Praxis, DStR 2024, S. 1132–1138

Noack, Max: Adieu „Feststellungsmodell“, bonjour „Anfechtungsmodell“ – über den Systemwechsel im Beschlussmängelrecht der Personengesellschaften, ZIP 2020, S. 1382–1388

Noack, Ulrich: Der Versammlungsleiter im GmbH-Recht, GmbHR 2017, S. 792–800

Noack, Ulrich: Fehlerhafte Beschlüsse in Gesellschaften und Vereinen, Köln u. a. 1989

Noack, Ulrich: „Mittels Videokommunikation“ – virtuelle Gesellschafterversammlungen bei der GmbH, in: Grunewald, Barbara/Loo, Oswald van de/Paefgen, Walter/Westermann, Harm Peter (Hrsg.), Notare als Mentoren im Gesellschaftsrecht: Festschrift für Heribert Heckschen zum 65. Geburtstag, München 2024, S. 475–487 (Zitiert: *Noack*, „Mittels Videokommunikation“ – virtuelle Gesellschafterversammlungen bei der GmbH, in: FS Heckschen, 2024)

Noack, Ulrich: Zur vorläufigen Wirksamkeit angefochtener Gesellschafterbeschlüsse – Handlungen während der Schwebezeit, DB 2014, S. 1851–1857

Nolting, Ekkehard: Anfechtungsklage gegen Beschlüsse im Personengesellschaftsrecht und deren Fixierung, NJW 2022, S. 113–118

Nutz, Patrick: Die virtuelle Hauptversammlung, in: Beyer, Elena/Erler, Katharina/Hartmann, Christoph u. a. (Hrsg.), Privatrecht 2050 – Blick in die digitale Zukunft, Baden-Baden 2020, S. 281–309 (Zitiert: *Nutz*, Die virtuelle Hauptversammlung, in: Privatrecht 2050, Baden-Baden 2020)

Oetker, Hartmut: Handelsgesetzbuch – Kommentar, 8. Auflage, München 2024 (Zitiert: *Bearbeiter(in)*, in: Oetker HGB)

Otte, Daniel: Auswirkungen des MoPeG auf die anwaltliche Gestaltungs- und Beratungspraxis, ZIP 2021, S. 2162–2169

Otte, Daniel: Beschlussmängelstreitigkeiten in Personengesellschaften nach dem Mauracher Entwurf für ein Gesetz zur Modernisierung des Personengesellschaftsrechts, ZIP 2020, S. 1743–1749

Peters, Wilfried/*Janz*, Norbert: Digitales Versammlungsrecht?, GSZ 2021, S. 161–164

Pionteck, Alexander/*Trübenbach*, Hagen: Rechtsfortbildung im Arbeitsrecht: Flashmob, Arbeitnehmerhaftung und vieles mehr, JA 2022, S. 441–446

Piper, Bernd: Virtuelle Mitgliederversammlungen bei Vereinen, NZG 2012, S. 735–737

Porschke, Anisja: Digitaler Umlaufbeschluss in der GmbH – Ungenutzte Möglichkeit und überschätzte Grenzen, LTZ 2023, S. 102–105

Priester, Hans-Joachim: Eine Lanze für die Kernbereichslehre – Zwischenruf, NZG 2015, S. 529–531

Priester, Hans-Joachim: Kurzkommentar zu BGH, Urt. v. 21.10.2014 – II ZR 84/13, EWiR 2015, S. 71–72

Raiser, Thomas: Nichtigkeits- und Anfechtungsklagen, in: Lutter, Marcus/Ulmer, Peter/Zöllner, Wolfgang (Hrsg.), Festschrift 100 Jahre GmbHG, Köln 1992, S. 587–606 (Zitiert: *Raiser*, Nichtigkeits- und Anfechtungsklagen, in: FS 100 Jahre GmbHG, 1992)

Redeke, Julian: Virtuelle Hauptversammlungen börsennotierter Aktiengesellschaften „Virtual Insanity"?, Die AG 2022, S. 98–110

Reif, Sebastian/*Walter*, Tim: Die gesellschaftsrechtliche Treuepflicht, JuS 2021, S. 630–635

Rensen, Hartmut: Beschlussmängelstreitigkeiten in der GmbH, 1. Auflage, Baden-Baden 2014

Ridder, Christa-Maria: Onlinenutzung in Deutschland, Media Perspektiven 2002, S. 121–131

Risse, Jörg/*Höfling*, Tobias: Leitplankentheorie statt Bestimmtheitsgrundsatz und Kernbereichslehre – Zur richterlichen Kontrolle von Gesellschafterbeschlüssen in Personengesellschaften, NZG 2017, S. 1131–1138

Rohleder, Michael: Zur Anfechtungsklage gegen einen fehlerhaften Gesellschafterbeschluss in der GmbH – Anmerkungen zum Urteil des BGH vom 21.3.1988 – II ZR 308/87, GmbHR 1989, S. 236–242

Rolfs, Christian/*Giesen*, Richard/*Meßling*, Miriam/*Udsching*, Peter (Hrsg.): Beck'scher Online-Kommentar Arbeitsrecht, 78. Edition, Stand: 01.12.2025, München 2025 (Zitiert: *Bearbeiter(in)*, in: BeckOK ArbR)

Rotsch, Friederike/*Jacob*, Gabriel: Die virtuelle Hauptversammlung – ein Zwischenstand, ZHR 2024, S. 611–619

Röttger, Robert: Die Kernbereichslehre im Recht der Personenhandelsgesellschaften, Heidelberg 1989

Rowedder, Heinz (Begr.)/*Pentz*, Andreas (Hrsg.): Gesetz betreffend die Gesellschaften mit beschränkter Haftung – Kommentar, 7. Auflage, München 2022 (Zitiert: *Bearbeiter(in)*, in: Rowedder/Pentz GmbHG)

Rump, Jutta/*Brandt*, Marc/*Eilers*, Silke: Zoom-Fatigue – Eine Untersuchungsreihe zu den Konsequenzen der steigenden Nutzung virtueller Meetings, in: Rump, Jutta/Eilers, Silke (Hrsg.), Arbeiten in der neuen Normalität, Berlin 2022, S. 189–203 (Zitiert: *Rump/Brandt/Eilers*, Zoom-Fatigue – Eine Untersuchungsreihe zu den Konsequenzen der Steigenden Nutzung virtueller Meetings, in: Arbeiten in der neuen Normalität)

Sachs, Michael (Begr.)/*von Coelln*, Christian/*Mann*, Thomas (Hrsg.): Grundgesetz – Kommentar, 10. Auflage, München 2024 (Zitiert: *Bearbeiter(in)*, in: Sachs GG)

Säcker, Franz Jürgen/*Rixecker*, Roland/*Oetker*, Hartmut (Hrsg.)/*Schubert*, Claudia (Red.): Münchener Kommentar zum Bürgerlichen Gesetzbuch, Band 1: Allgemeiner Teil – §§ 1–34, AllgPersönlR, StiftRG, RostG, AGG 10. Auflage, München 2025 (Zitiert: *Bearbeiter(in)*, in: MüKo BGB)

Saenger, Ingo/*Inhester*, Michael (Hrsg.): NomosHandkommentar, GmbHG, 5. Auflage, Baden-Baden 2024 (Zitiert: *Bearbeiter(in)*, in: Saenger/Inhester GmbHG)

Savigny, Friedrich Carl von: System des heutigen Römischen Rechts – Erster Band, Berlin 1840

Schäfer, Carsten: Beschlussfassung und Beschlussanfechtung in der Personenhandelsgesellschaft nach dem MoPeG-RegE, ZIP 2021, S. 1527–1533

Schäfer, Carsten (Hrsg.): Das neue Personengesellschaftsrecht – Einführung zum MoPeG, München 2022 (Zitiert: *Bearbeiter(in)*, in: Das neue Personengesellschaftsrecht)

Schäfer, Carsten: Der Bestimmtheitsgrundsatz ist (wirklich) Rechtsgeschichte, NZG 2014, S. 1401–1404

Schäfer, Carsten: Der stimmrechtslose GmbH-Geschäftsanteil, Köln 1997

Scheben, Barbara: Deepfakes – wie KI-generierte Bilder zur Falle für Unternehmen werden können, Audit Committee Quarterly III/2024, S. 15–17

Schiffer, Jack: Mehrheitsentscheidungen in der Personengesellschaft – Ende der Kernbereichslehre?, BB 2015, S. 584–586

Schikorra, Maximilian: Das Beschlussmängelrecht der GmbH nach dem MoPeG, Baden-Baden 2024

Schindler, Hendrik/*Schaffner*, Petra: Virtuelle Beschlussfassung in Kapitalgesellschaften und Vereinen, 1. Auflage, München 2021 (Zitiert: *Schindler/Schaffner*, Virtuelle Beschlussfassung)

Schmidt, Karsten: Gesellschaftsrecht, 4. Auflage, Köln 2002 (Zitiert: *Schmidt*, Gesellschaftsrecht)

Schmidt, Karsten: Gesetzliche Formstrenge bei GmbH-Beschlüssen? – Zur Deutung des § 48 GmbHG durch das BGH-Urteil vom 16.1.2006, NJW 2006, S. 2599–2602

Schmidt, Karsten: Mehrheitsbeschlüsse in Personengesellschaften – Stand und Fortbildung des Innenrechts der Personengesellschaften nach dem „Otto"-Urteil des Bundesgerichtshofs, ZGR 2008, S. 1–33

Schmidt, Karsten: Reflexionen über das Beschlussmängelrecht – Dogmatik und Rechtspolitik der Anfechtungsklagen für Heute und Morgen, Die AG 2009, S. 248–259

Schmidt, Karsten: Vom Sonderrecht der „führungslosen GmbH" zur subsidiären Selbstorganschaft? – Überlegungen im Anschluss an das MoMiG, in: Burgard, Ulrich/Hadding, Walther/Mülbert, Peter O. u. a. (Hrsg.), Festschrift für Uwe H. Schneider zum 70. Geburtstag, Köln 2011, S. 1157–1175 (Zitiert: *Schmidt*, Vom Sonderrecht der „führungslosen GmbH" zur subsidiären Selbstorganschaft?, in: FS Schneider, 2001)

Schmidt, Karsten/*Lutter*, Marcus (Begr.)/*Schmidt*, Karsten/*Bayer*, Walter/*Vetter*, Jochen (Hrsg.): Aktiengesetz – Kommentar, Band I: §§ 1–132, 5. Auflage, Köln 2024 (Zitiert: *Bearbeiter(in)*, in: Schmidt/Lutter AktG)

Schmitz-Herscheidt, Stephan: Gesellschafterbeschlüsse der Personenhandelsgesellschaften nach MoPeG, ZIP 2024, S. 2061–2073

Scholz, Franz (Begr.)/*Bochmann*, Christian/*Hohenstatt*, Klaus-Stefan/*Meyer*, André u. a. (Bearb.): Kommentar zum GmbH-Gesetz, Band II: §§ 35–52, 13. Auflage, Köln 2024 (Zitiert: *Bearbeiter(in)*, in: Scholz GmbHG)

Scholz, Franz (Begr.)/*Bitter*, Georg/*Cramer*, Carsten/*Emmerich*, Volker u. a. (Bearb.): Kommentar zum GmbH-Gesetz, Band I: §§ 1–34, 13. Auflage, Köln 2022 (Zitiert: *Bearbeiter(in)*, in: Scholz GmbHG)

Scholz, Franz (Begr.)/*Bitter*, Georg/*Bochmann*, Christian/*Cramer*, Carsten u. a. (Bearb.): Kommentar zum GmbH-Gesetz, Band III: §§ 53–88, EGGmbHG, §§ 15 ff., 135 InsO, 13. Auflage, Köln 2025 (Zitiert: *Bearbeiter(in)*, in: Scholz GmbHG)

Schramm, Stefanie: Effekte der COVID-19-Pandemie auf berufsbedingten Verkehr, geschäftliche Meetings, Home-Office und Klimabilanz, Berlin 2020

Schütz, Holger: Beschlussnachweis in der „Digitalisierungsfalle"?, MittBayNot 2022, S. 424–428

Schwab, Christof: Die Zukunft der Hauptversammlung, Audit Committee Quarterly II/2023, S. 47–49

Schwenn, Dirk/*Blacher*, Leon: Virtuelle Mitgliederversammlungen und Gremiensitzungen von Vereinen und Stiftungen – ein Praxisleitfaden, npR 2020, S. 154–160

Seeling, Rolf Otto/*Zwickel*, Martin: Typische Fehlerquellen bei der Vorbereitung und Durchführung der Gesellschafterversammlung in der GmbH, DStR 2009, S. 1097–1104

Servatius, Wolfgang: Disquotionale Ergebnisverteilung bei der GmbH – gesellschaftsrechtliche Todessünde?, in: Gebauer, Martin/Klötzel, Thomas/Schütze, Rolf A. (Hrsg.), Usus Atque Scienta – Festschrift für Roderich C. Thümmel, Berlin 2020, S. 859–871 (Zitiert: *Servatius*, Disquotionale Ergebnisverteilung bei der GmbH – gesellschaftsrechtliche Todessünde?, FS Thümmel, 2020)

Skauradszum, Dominik: Der Beschluss als Rechtsgeschäft, Berlin 2020

Stefanink, Richard/*Gutsche*, Jan Lucas: Die Bedeutung der Beschlussfeststellung und -mitteilung für die Wirksamkeit von GmbH-Umlaufbeschlüsse, ZIP 2021, S. 70–74

Stelmaszczyk, Peter/*Strauß*, Benedikt: Die Ergänzung der Regelungen zur Umsetzung der Digitalisierungsrichtlinie nach dem Gesetzentwurf der Bundesregierung zum DiREG – eine erste Einordnung, ZIP 2022, S. 1077–1088

Stelzhammer, Vincent: Die virtuelle Versammlung im GmbH-Recht – Ist eine körperliche Zusammenkunft i. R. d. § 48 Abs. 1 GmbHG begriffsnotwendig?, GmbHR 2022, S. 187–191

Stilz, Eberhard/*Veil*, Rüdiger (Hrsg.): beck-online.Grosskommentar, AktG, München 2025 (Zitiert: *Bearbeiter(in)*, in: BeckOGK AktG)

Stürner, Rolf (Hrsg.): Jauernig – Bürgerliches Gesetzbuch – Kommentar, 19. Auflage, München 2023 (Zitiert: *Bearbeiter(in)*, in: Jauernig BGB)

Teichmann, Arndt: Gestaltungsfreiheit in Gesellschaftsverträgen, München 1970

Teichmann, Arndt: Rechte des einzelnen und Befugnisse der Minderheit, in: GmbH-Reform, Bad Homburg v.d.H. 1970, S. 59–93

Teichmann, Christoph: Digitalisierung und Gesellschaftsrecht, ZfPW 2019, S. 247–272

Teichmann, Christoph: Vertragsfreiheit im Innenverhältnis der GmbH-Gesellschafter, RNotZ 2013, S. 346–353

Tillkorn, Stephan/*Peter*, Christian: Digitalisierung des GmbH-Rechts: die virtuelle Gesellschafterversammlung, Audit Committee Quarterly III/2023, S. 56–57

Tröger, Tobias/*Happ*, Benedikt: Unzulässige Institutionenbildung im Beschlussmängelrecht der Personengesellschaft, NZG 2021, S. 133–140

Tuhr, Andreas von: Der Allgemeine Teil des Deutschen Bürgerlichen Rechts – Erster Band: Allgemeine Lehren und Personenrecht, Berlin 1957

Udwari, René/*Rehberger*, Svenja: Anmerkung zu OLG Brandenburg, Beschl. v. 02.01. 2024–7 W 66/23, ZEV 2024, S. 322–333

Ulmer, Peter: Mehrheitsbeschlüsse in Personengesellschaften: definitiver Abschied vom Bestimmtheitsgrundsatz, ZIP 2015, S. 657–662

Ulmer, Peter: Testamentsvollstreckung am Kommanditanteil – Voraussetzungen und Rechtsfolgen, NJW 1990, S. 73–83

Ultsch, Michael: Zugangsprobleme bei elektronischen Willenserklärungen – Darstellung am Beispiel der Electronic Mail, NJW 1997, S. 3007–3009

Vogel, Wolfgang: Gesellschafterbeschlüsse und Gesellschafterversammlung, 2. Auflage, Köln 1986

Vorwerk, Volkert/*Wolf*, Christian (Hrgs.): Beck'scher Online-Kommentar ZPO, 58. Edition, Stand: 01.09.2025, München 2025 (Zitiert: *Bearbeiter(in)*, in: BeckOK ZPO)

Voßen-MacCormaic, Nicole/*Pangerl*, Samuel: Hybride und virtuelle Versammlungen, Der Konzern 2023, S. 481–486

Voßkuhle, Andreas/*Heitzer*, Sonja: Grundwissen – Öffentliches Recht: Verfassungsauslegung, JuS 2023, S. 312–316

Wagner, Ralph: Teilnahme-Quorum als Beschlussfähigkeits-Voraussetzung für die Gesellschafterversammlung?, GmbHR 2019 S. 708–710

Walter, Christopher Finn: Die virtuelle Haupt- und Gesellschafterversammlung – Rechtsfragen de lege lata und Überlegungen de le ferenda, Berlin 2021

Wandt, Andre/*Herold*, Dominic: Der Generalbevollmächtigte von AG und GmbH, NZG 2020, S. 201–210

Wank, Rolf/*Maties*, Martin: Die Auslegung von Gesetzen, 7. Auflage, München 2023

Wenzel, Tobias: Virtuelle Versammlungsfreiheit in Zeiten der Pandemie – Warum Art. 8 GG auch virtuelle Versammlungen schützt, MMR 2021, S. 220–225

Werner, Rüdiger: Die kraft Satzung beschlussunfähige Gesellschafterversammlung, GmbHR 2009, S. 289–294

Wernicke, Thomas/*Albrecht*, Frauke: Kombinierte Beschlussfassung in der GmbH, GmbHR 2010, S. 393–400

Wertenbruch, Johannes: Abgabe und Zugang von Willenserklärungen, JuS 2020, S. 481–488

Wertenbruch, Johannes: Audiovisuelle Zuschaltung verhinderter Gesellschafter in der GmbH-Gesellschafterversammlung, GmbHR 2019, S. 149–156

Wertenbruch, Johannes: Virtuelle Gesellschafterversammlungen der GmbH nach DiREG und der Personengesellschaft nach MoPeG, GmbHR 2023, S. 157–163

Wertenbruch, Johannes: Wahl und Feststellungskompetenz des Versammlungsleiters der GmbH-Gesellschafterversammlung, GmbHR 2020, S. 875–883

Wicke, Hartmut: Beck'sche Kompakt-Kommentare, Gesetz betreffend die Gesellschaften mit beschränkter Haftung (GmbHG), 5. Auflage, München 2024 (Zitiert: *Wicke*, in: Wicke GmbHG)

Wicke, Hartmut: Die GmbH in Zeiten der Corona-Pandemie, NZG 2020, S. 501–504

Wicke, Hartmut: Dos and don‘ts bei der Einberufung und Durchführung von Gesellschafterversammlungen, GmbHR 2017, S. 777–788

Wicke, Hartmut: Gründungen mit Bar- oder Sacheinlagen und Gesellschafterbeschlüsse im Onlineverfahren: Neuerungen durch das DiREG, GmbHR 2022, S. 516–526

Wicke, Hartmut: Kontinuität und Wandel im Recht der GmbH, MittBayNot 2011, S. 23–32

Wicke, Hartmut: Mehrheitsklauseln und unentziehbare Rechte nach Rechtsprechung und MoPeG – Zugleich Anmerkung zu BGH, Urteil vom 13.10.2020, II ZR 359/18, MittBayNot 2021, S. 103–107

Wicke, Hartmut: Zulässigkeit virtueller Versammlungen – BGH-Beschl. v. 5.10.2021 – II ZB 7/21 und die große verbandrechtliche Frage der Stunde, DStR 2022, S. 498–505

Wicke, Hartmut/*Bachmann*, Gregor (Hrsg.): Münchener Handbuch des Gesellschaftsrechts, Band 3 – Gesellschaft mit beschränkter Haftung, 6. Auflage, München 2023 (Zitiert: *Bearbeiter(in)*, in: Münchener Handbuch des Gesellschaftsrechts Band 3)

Wiedemann, Herbert: Gesellschaftsrecht, Band I – Grundlagen, München 1980 (Zitiert: *Wiedemann*, Gesellschaftsrecht Band I)

Winter, Martin: Mitgliedschaftliche Treubindungen im GmbH-Recht, München 1988

Wolf, Andreas: Wege zur virtuellen Haupt- und Gesellschafterversammlung, Frankfurt a.M. 2004

Würdinger, Markus: Die Analogiefähigkeit von Normen – Eine methodische Untersuchung über Ausnahmevorschriften und deklaratorische Normen, AcP 2006, S. 946–979

Zätzsch, Jörg/*Gröning*, Moritz: Neue Medien im deutschen Aktienrecht: Zum RefE des NaStrG, NZG 2000, S. 393–401

Zeilinger, Andreas: Die Einberufung der Gesellschafterversammlung – Fallstricke für die Wirksamkeit von Gesellschafterbeschlüssen, GmbHR 2001, S. 541–551

Ziemons, Hildegard/*Jaeger*, Carsten/*Pöschke*, Moritz (Hrgs.): Beck'scher Online-Kommentar GmbHG, 66. Edition, Stand: 01.11.2025, München 2025 (Zitiert: *Bearbeiter(in)*, in: BeckOK GmbHG)

Zöllner, Wolfgang: Beschluß, Beschlußergebnis und Beschlußergebnisfeststellung – Ein Beitrag zur Theorie und Dogmatik des Bechlußrechts, in: Schneider, Uwe H./Hommelhoff, Peter (Hrsg.), Festschrift für Martin Lutter zum 70. Geburtstag, Köln 2000, S. 821–831 (Zitiert: *Zöllner*, Beschluß, Beschlußergebnis und Beschlußergebnisfeststellung, in: FS Lutter, 2000)

Zöllner, Wolfgang: Die Schranken mitgliedschaftlicher Stimmrechtsmacht bei den privatrechtlichen Personenverbänden, München 1963

Zöllner, Wolfgang/*Noack*, Ulrich: Geltendmachung von Beschlussmängeln im GmbH-Recht, ZGR 1989, S. 525–544

Zwissler, Thomas: Gesellschafterversammlung und Internet, GmbHR 2000, S. 28–30

Stichwortverzeichnis

Arvid Morawe

Einziehung von GmbH-Geschäftsanteilen

Der Abfindungsanspruch zwischen Kapitalerhaltung
und Haftungsbeschränkung

Als Ausgleich für die Einziehung erhält der betroffene Gesellschafter in der Regel eine Abfindung. Kritisch wird es, wenn die Abfindung erst später zu zahlen ist und die Kapitalerhaltungsregeln eine Auszahlung dann untersagen. Nach zwei Grundsatzurteilen des BGH sollen die verbleibenden Gesellschafter in solchen Fällen aus Treuepflicht- und Billigkeitserwägungen persönlich für die Abfindung haften. Die Arbeit setzt sich kritisch mit der Rechtsprechung und den methodischen Brüche dieser Rechtsfortbildung zwischen Kapitalerhaltung und Haftungsbeschränkung auseinander. Darüber hinaus legt die Arbeit dar, dass viel dafür spricht, gesellschaftsvertraglich gestundete Abfindungsansprüche als Gesellschafterdarlehen i.S.v. § 30 Abs. 1 S. 3 GmbHG anzusehen. Wirtschaftlich liegt eine Kreditgewährung vor, sodass eine Auszahlung nach allgemeinen Regeln auch bei Unterbilanz möglich ist. Einer persönlichen Haftung der verbleibenden Gesellschafter bedarf es daher nicht.

Abhandlungen zum Deutschen und Europäischen
Gesellschafts- und Kapitalmarktrecht, Band 295
281 Seiten, 2026
ISBN 978-3-428-19416-2, € 89,90
Titel auch als E-Book erhältlich.

Duncker & Humblot · Berlin